# 船山遺書

第十三册

庄子解　庄子通
愚鼓词　船山经义
相宗络索（增补）

〔清〕王夫之 著

中國書店

# 目录

## 庄子解

王天泰序 ........................................................................3

董思凝序 ........................................................................4

庄子解卷一·内篇　逍遥游 ........................................5

庄子解卷二·内篇　齐物论 ........................................12

庄子解卷三·内篇　养生主 ........................................27

庄子解卷四·内篇　人间世 ........................................31

庄子解卷五·内篇　德充符 ........................................41

庄子解卷六·内篇　大宗师 ........................................48

庄子解卷七·内篇　应帝王 ........................................59

庄子解卷八·外篇　骈拇 ............................................64

庄子解卷九·外篇　马蹄 ............................................69

庄子解卷十·外篇　胠箧 ............................................72

庄子解卷十一·外篇　在宥 ........................................76

庄子解卷十二·外篇　天地 ........................................85

庄子解卷十三·外篇　天道 ........................................95

庄子解卷十四·外篇　天运 ......................................101

庄子解卷十五·外篇　刻意 ......................................109

庄子解卷十六·外篇　缮性 ......................................111

庄子解卷十七·外篇　秋水 ......................................114

庄子解卷十八·外篇　至乐......................................123

庄子解卷十九·外篇　达生......................................127

庄子解卷二十·外篇　山木......................................137

庄子解卷二十一·外篇　田子方..................................144

庄子解卷二十二·外篇　知北游..................................151

庄子解卷二十三·杂篇　庚桑楚..................................161

庄子解卷二十四·杂篇　徐无鬼..................................172

庄子解卷二十五·杂篇　则阳....................................184

庄子解卷二十六·杂篇　外物....................................193

庄子解卷二十七·杂篇　寓言....................................199

庄子解卷二十八·杂篇　让王....................................204

庄子解卷二十九·杂篇　盗跖....................................209

庄子解卷三十·杂篇　说剑......................................214

庄子解卷三十一·杂篇　渔父....................................216

庄子解卷三十二·杂篇　列御寇..................................219

庄子解卷三十三·杂篇　天下....................................225

# 庄子通

叙..........................................................235

庄子通......................................................236

# 愚鼓词

前愚鼓乐....................................................255

后愚鼓乐....................................................257

## 船山经义

经义序 ·······················263

经义 ·······················264

## 相宗络索（增补）

**相宗络索** ·······················307

庄子解

# 王天泰序

今夫古人之书，古人之心也。然其中往往有托物寓意，为洸洋怪诞之词，而后之读之者，多苦于不能解；即能以解解之，亦病于拘文牵义，而非有当于古人之心。使有能读古人之书，任其辞之洸洋怪诞，而于其所托物寓意，无不可以解解之，不致拘文牵义，而未当古人之心，岂非解之者所甚快，而为古人所深望也欤？顾古之去今至远，以百世以下之人，而解百世以上之人之书，欲其毫发无所差谬，则又甚难。而不知非难也；古今之世殊，古今人之心不殊也。故居今之世，读古之书，以今人之心，上通古人之心，则心心相印，何虑书之不可以解解乎？

衡阳船山王先生，故明壬午科孝廉也；抱道隐居，萧然物外，其生平著述，什袭藏之，而勿以传诸其人。乃嗣子虎止，终不忍其父书之湮没，爰增加音注，与二三同人，分任校订，付之剞劂。梓成，以《庄子解》一书，不因余之不敏，而请序焉。时维秋也，蕉桐之下，展卷读之；凡句读段落，通篇大旨，及篇中眼目所注，精神所汇，余向读之而不能解者，今读之而心旷神怡，一若漆园傲吏相对逍遥，几不知扰扰于人间世者之为何矣。因思先生高士也，庄生达人也，上下千古，心相契合，宜于是书解之而无毫发之差谬无难也。然则先生之读《庄》而解之者，为庄也，非为后之读《庄》也。何也？解庄所以慕庄也。故曰，非为后之读《庄》也。而世之读《庄》者，正甚赖乎其有以解之也。其甚赖乎其有以解之者何也？以读《庄》而《庄》不可解，又不能起庄而一一解之，今忽于读先生之解《庄》，不啻庄之自为之解，是又不知庄生之为先生，先生之为庄生矣。此岂第解之者之心所甚快也欤？岂第古人之心之所甚愿也欤？

康熙□□同里后学王天泰撰。

# 董思凝序

　　庄子，楚人也，尝为蒙漆园吏。太史公《列传》谓与梁惠王、齐宣王同时，其学无所不窥，归本于老子之旨。所著十余万言，率寓言也。畏垒虚、亢桑子之属，皆空语无事实，指事类情，虽当世宿学不能自解免。其言洸洋自恣以适己，散道德放论，要亦归之自然。然则庄子诚善属书离词者哉！至今学者皆能洛诵，亦或惊怖其言，若河汉而无极。明方正学云："庄子神于文者，非工于文者所可及。"文而至于神，微子长子瞻其人，其又何足以知之！

　　衡阳王船山先生，学老文巨，著述等身，于经史多所诠释论说，然颇散轶。其子敔与其乡后进宁子绍绪、罗子仲宣，梓其《庄子解》以公之同好。余耳先生名旧矣，行部于此，访其遗书，敔遂以此刻见投，且属为引其端。

　　夫南华之文，纵横驰骋，莫可端倪；《天下》一篇，盖其自序。又以谓"寓言十九，重言十七，卮言日出"，后人复代为之言，不尤骈拇枝指哉！抑闻船山为文，自云有得于南华，故于内外诸篇，俱能辨其真赝。若《让王》以下四篇，诋訾孔子之徒，自坡公以来，皆以为伪作；然其深微之语固有与《内篇》相发者，抑又安可废也？注《庄》者多矣，惟四明沈氏，竟陵谭氏，庶几近之。近闽人林氏《庄子因》出，而诸注悉废。先生既有得于南华之妙，又欲使读之者识达人之变化，则其所诠注，亦所谓知其解而旦暮遇之者欤！我知先生之必有以知之也。

　　康熙己丑孟冬平原董思凝撰。

# 庄子解卷一·内篇

## 逍遥游

寓形于两间，游而已矣。无小无大，无不自得而止。其行也无所图，其反也无所息，无待也。无待者，不待物以立己，不待事以立功，不待实以立名。小大一致，休于天均，则无不逍遥矣。逍者，向于消也，过而忘也。遥者，引而远也，不局于心知之灵也。故物论可齐，生主可养，形可忘而德充，世可入而害远，帝王可应而天下治，皆吻合于大宗以忘生死；无不可游也，无非游也。

**北冥有鱼，其名为鲲。鲲之大，不知其几千里也。化而为鸟，其名为鹏。鹏之背，不知其几千里也；怒而飞，其翼若垂天之云。是鸟也，海运则将徙于南冥，南冥者，天池也。**〔增注〕冥，海也。嵇康曰："取其冥冥无涯也。"方以智曰："鲲本小鱼之名，庄子用为大鱼之名。"鹏即凤也，鹏古凤字。自北而南，寓縣混沌向离明之意。

〔解曰〕其为鱼也大，其为鸟也大，虽化而不改其大，大之量定也。意南溟而后徙，有扶摇而后抟，得天池而后息，非是莫容也，此游于大者也；遥也，而未能逍也。

**《齐谐》者，志怪者也。《谐》之言曰："鹏之徙于南溟也，水击三千里，抟扶摇而上者九万里，去以六月息者也。"**《齐谐》，书名。《尔雅》曰："扶摇谓之焱。"何孟春曰："《齐谐》无是书，是其剧耳。"

〔解曰〕鲲鹏之说既言之，重引《齐谐》，三引汤之问棘以征之，《外篇》所谓"重言"也。所以必重言者，人之所知尽于闻见，而信所见者尤甚于闻。见之量有涯，而穷于所不见，则至大不能及，至小不能察者多矣。诎于所见，则弗获已而广之以闻。有言此者，又有言此者，更有言此者。有是言则人有是心，有是心则世有是理，有是理则可有是物。人之生心而为言者，不一而止，则勿惝于见所不及而疑其非有矣。

**野马也，尘埃也，生物之以息相吹也。**野马，天地间气也。尘埃，气蓊郁似尘埃扬也。生物犹言造物。此下俱言天宇之高，故鹏可乘之以高远。**天之苍苍，其正色邪？其远而无所至极邪？其视下也，亦若是则已矣。**言野马、尘埃、生息，在空升降，故人见天之苍苍，下之视上，上之视下同尔；乃目所成之色，非天有形体也。

〔解曰〕繇野马、尘埃、生物之息纷扰于空，故翳天之正色，不可得察；亦恶知天之高远所届哉！天不可知，则不知鹏之所游与其所资以游者也。

**且夫水之积也不厚，则其负大舟也无力。覆杯水于坳堂之上，则芥为之舟；置杯焉则胶，水浅而舟大也。**堂道谓之坳。剖芥子以为舟，极形其小。胶，滞也。**风之积也不厚，则其负大翼也无力。故九万里则风斯在下矣，而后乃今培风，**培，厚也。厚其风力于下。**背负青天，而莫之夭阏者，而后乃今将图南。**天阏犹言折阻，阏音遏。

〔解曰〕水浅而舟大，则不足以游，大为小所碍也。风积厚而鹏乃培之，大之所待者大也。两言"而后乃今"，见其必有待也。负青天而莫之夭阏，可谓逍遥矣；而苟非九万里之上，厚风以负之，则亦杯之胶于坳堂也，抑且何恃以逍遥耶？

**蜩与鸴鸠，**蜩，蝉也。鸴鸠，小鸟。鸴音学。长尾曰鸴，短尾曰鸠。**笑之曰："我决起而飞，枪榆枋，**枪，突也。榆、枋，二木名。**时则不至，而控于地而已矣。**控，投也。投于地则得所安。**奚以之九万里而南为？"**

〔解曰〕此游于小者也；道也，而未能遥也。

**适莽苍者，三飧而反，腹犹果然。适百里者宿舂粮，适千里者三月聚粮。之二虫又何知？**莽苍，近郊之色。果，饱也。宿舂粮，谓隔宿舂粮。郭象曰："二虫谓鹏蜩也。对大于小，所以均异趣也。"蒙之鸿曰："此言游各有近远，则所以资其游者自别。培风与不必培风，形使之然，于二虫又何知焉？**小知不及大知，小年不及大**

年。支遁曰："以小知结上鹏蜩，以小年生下一段譬喻。"**奚以知其然也？朝菌不知晦朔，蟪蛄不知春秋，此小年也。楚之南有冥灵者，以五百岁为春，五百岁为秋；上古有大椿者，以八千岁为春，八千岁为秋。而彭祖乃今以久特闻，众人匹之，不亦悲乎！**朝菌天阴生粪上，见日则死。杨慎曰："古作鸡菌，今滇名鸡㙡。"蟪蛄，寒蝉也，春生夏死，夏生秋死。彭祖姓篯，名铿，尧封于彭城，至商，年七百岁。冥灵，冥海灵龟也。

〔解曰〕蜩与莺鸠之笑，知之不及也。而适莽苍者，计尽于三月；称长久者，寿止于彭祖；则所谓大知大年亦有涯矣。敬按：读《南华》者不审乎此，故多误看。故但言小知之"何知"，小年之"可悲"，而不许九万里之飞、五百岁八千岁之春秋为无涯之远大。然则"三飧而返，腹犹果然"，亦未尝不可笑"三月聚粮"之徒劳也。小者笑大，大者悲小，皆未适于逍遥者也。

**汤之问棘也是已。**《列子》作殷汤问夏革。**穷发之北，**穷发，不毛地。**有冥海者，天池也。有鱼焉，其广数千里，未有知其修者，**修，长也。**其名为鲲。有鸟焉，其名为鹏，背若泰山，翼若垂天之云；抟扶摇羊角而上者九万里，**抟音团，控也。羊角，风曲上行如羊角然，俗谓之旋涡风。**绝云气，负青天，然后图南，且适南冥也。斥鴳笑之曰：**斥，小泽也。鴳，鴳也，田鼠所化。**"彼且奚适也！我腾跃而上，不过数仞而下，翱翔蓬蒿之间，此亦飞之至也。而彼且奚适也！"此亦小大之辨也。**以蜩鴳譬乡国，以大鹏譬列子。

〔解曰〕辨也者，有不辨也。有所辨则有所择，有所择则有所取，有所舍。取舍之情，随知以立辨，辨复生辨，其去逍遥也甚矣。有辨则有己，大亦己也，小亦己也。功于所辨而立，名于所辨而成；六气辨而不能御，天地辨而非其正；鹏与斥鴳相笑而不知为神人之所笑，惟辨其所辨者而已矣。

**故夫知效一官，行比一乡，德合一君，而征一国者，其自视也亦若此矣。而宋荣子犹然笑之。且举世而誉之而不加劝，举世而非之而不加沮，定乎内外之分，辨乎荣辱之境，斯已矣。彼其于世，未数数然也。**旧注"犹然，笑貌。"数，所角切。数数犹汲汲。评曰：犹然云者，谓不待至人犹能笑之也。然使一乡一国之士，不以蜩鴳笑鹏，忘其小而游焉，则固可以笑宋荣子之未树。宋荣子不知自笑，而犹然笑之，亦适足笑而已，亦彭祖之犹以久闻而已。**虽然，犹有未树也。**评曰：树者，随所植而生者也，出乎土而荣于虚者也。宋荣子自守确，而未能适于物以成其大用，有所树则有所未树矣。**夫列子**列子，郑人，名御寇。**御风而行，泠然善也，**泠音零。

旬有五日而后返；**彼于致福者，未数数然也。此虽免乎行，犹有所待者也。**评曰：知有世而遗之，乘其虚不触其实，福所不期祸所不嬰，此御风也。用意于虚，天下不皆虚也；虽旬有五日，亦必反矣。旬有五日，节序之变也。气变而必阉，未足以御六气而游无穷也。**若夫乘天地之正，而御六气之辨，以游无穷者，彼且恶乎待哉？故曰：至人无己，神人无功，圣人无名。**

〔解曰〕自"知效一官"以上，三絫而乃游无穷。前三者，小大有殊而各有穷也。穷则有所不逍，而不足以及遥矣。视一乡一国之知行，则见为至人；彼之所不至者多，而此皆至也。视宋荣子则见为神人；彼于分有定，于境有辨，以形圉而不以神用，而忘分忘辨者，不测之神也。视列子则见为圣人；彼待其轻清而遗其重浊，有所不极，若游无穷者，尘垢糠秕者可御，而不必泠然之风，则造极而圣也。于乡国见其功名，惟有其己；内外定，荣辱辨，乃以立功。御风者，去己与功而领清虚之誉，远垢浊之讥，自著其名而人能名之。若夫乘天地之正者，无非正也。天高地下，高者不忧其亢，下者不忧其污，含弘万有而不相悖害，皆可游也。"御六气之辨"，六气自辨，御者不辨。寒而游于寒，暑而游于暑，大火大浸，无不可御而游焉；污隆治乱之无穷，与之为无穷；则大亦一无穷，小亦一无穷；乡国可游也，内外荣辱可游也，泠然之风可游也，疾雷迅飙，烈日冻雨可游也。己不立则物无不可用，功不居则道无不可安，名不显则实固无所丧。为蜩、鸑鸠，则眇于小而自有余，不见为小也。为鲲、鹏，则警乎大而适如其小，不见为大也。是乃无游而不逍遥也。

**尧让天下于许由曰：**许由字武仲，阳城人，一曰槐里。**"日月出矣，而爝火不息；**爝、醮、爵二音，炬火也。**其于光也，不亦难乎？时雨降矣，而犹浸灌；其于泽也，不亦劳乎？夫子立而天下治，而我犹尸之，吾自视缺然，请致天下。"许由曰："子治天下，天下既已治也，而我犹代子，吾将为名乎？名者实之宾也，吾将为宾乎？鹪鹩巢于深林，不过一枝；**鹪鹩，小鸟。**偃鼠饮河，**偃鼠，鼢鼠也，伯劳所化。**不过满腹。归休乎君！予无所用天下为！庖人虽不治庖，尸祝不越樽俎而代之矣。"**

〔解曰〕尧不以治天下为功，尧无己也。庖人游于庖。尸祝游于尸祝，羹熟祭毕，悠然忘其有事，小大之辨忘，而皆遂其逍遥。

**肩吾问于连叔曰："吾闻言于接舆，**接舆，旧注："楚狂名陆通。"一说："肩吾，自度也；连叔，及物也；接舆，合载也，皆寓为之名"。**大而无当**，当去声。**往而不返；吾惊怖其言，犹河汉而无极也；大有径庭**，径外而庭内，隔远之意。**不近人情焉。"连叔曰："其言谓何哉？"曰："藐姑射之山**，藐，远貌。姑射山在寰海外。射音夜。**有神人居焉：肌肤若冰雪，绰约若处子**，绰约，轻秀貌。**不食五谷，吸风饮露，乘云气，御飞龙，而游乎四海之外；其神凝**，三字，一部《南华》大旨。**使物不疵疠而年谷熟。吾是以狂而不信也。"**狂诳通。疑其诳己。**连叔曰：然。盲者无以与乎文章之观，聋者无以与乎钟鼓之声。岂惟形骸有聋盲哉？夫知亦有之。是其言也，犹时女也**。时与是通。因是女，故但言此。女音汝。**之人也，之德也，固将磅礴万物以为一世蕲乎乱**，治乱曰乱。**孰弊弊焉以天下为事！**二句互文见意。评曰：磅礴役使错乱之也。之人之德，视彼劳役万物以求治者皆弊弊也，凝神者所不屑为也。**之人也，物莫之伤：大浸稽天而不溺**，稽音启，至也。**大旱金石流、土山焦而不热。是其尘垢糠秕，将犹陶铸尧舜者也。孰肯以物为事？**

〔**解曰**〕物之灾祥，谷之丰凶，非人之所能为也，天也。胈胵黧黑，疲役其身，以天下为事，于是乎有所利，必有受其疵者矣；有所贷，必有受其饥者矣。井田之流为耕战，《月令》之滥为刑名：张小而大之，以己所见之天德王道，强愚贱而使遵；遏大而小之，以万物不一之情，徇一意以为法；于是激物之不平而违天之则，致天下之怒如烈火，而导天下以狂驰如洪流；既以伤人，还以自伤。夫岂知神人之游四海，任自然以逍遥乎？神人之神凝而已尔。凝则游乎至小而大存焉，游乎至大而小不遗焉。物之小大，各如其分，则己固无事，而人我两无所伤。视尧舜之治迹，一尧舜之尘垢秕糠也，非尧舜之神所存也；所存者神之凝而已矣。

**宋人资章甫而适诸越**，资，货也。章甫，殷冠也。殷冠已不合于时，而又适越。**越人断发文身，无所用之。尧治天下之民，平海内之政，往见四子藐姑射之山，汾水之阳，窅然丧其天下焉**。司马彪曰："王倪、齿缺、被衣、许由为四子。"敝按：庄以四子为神人，故在藐姑射之山。汾阳，尧都也。窅音杳，深远貌。

〔**解曰**〕物各有所适，适得而几矣。惟内见有己者，则外见有天下。有天下于己，则以己治天下：以之为事，居之为功，尸之为名，拘鲲鹏于枋榆，驱蜩鸠于冥海，以彭祖之年，责殇子之夭，皆资章甫适越人也，物乃以各失其逍遥矣。不予物以逍遥者，未有能逍遥者也。惟丧天下者可有天下；任物各得，安往而不适其游哉！

惠子谓庄子曰：惠子名施，为梁相。"魏王贻我大瓠之种，我树之成，而实五石；实五石，实中容五石也。以盛水浆，其坚不能自举也；剖之以为瓢，则瓠落无所容；瓠落犹廓落。非不呺然大也，呺然，虚大貌。呺音枵。吾为其无用而掊之。掊音剖，击碎也。庄子曰："夫子固拙于用大矣！宋人有善为不龟手之药者，龟音均，冻坼也。世世以洴澼絖为事。洴澼音屏僻，漂也。絖音旷，絮之细者，漂絮作水絮也。客闻之，请买其方百金。聚族而谋曰：'我世世为洴澼絖，不过数金。今一朝而鬻技百金，请与之。'客得之以说吴王。越有难，吴王使之将，将，去声。冬与越人水战，大败越人，裂地而封之。能不龟手一也。或以封，或不免于洴澼絖，则所用之异也。今子有五石之瓠，何不虑以为大樽，虑犹计也。而浮乎江湖？而忧其瓠落无所容，则夫子犹有蓬之心也夫！"

〔解曰〕五石之瓠，人见为大者；不龟手之药，人见为小者；困于无所用，则皆不逍遥也；因其所可用，则皆逍遥也。其神凝者：不惊大，不鄙小，物至而即物以物物；天地为我乘，六物为我御，何小大之殊，而使心困于蓬蒿间耶？敬按："即物以物物"，谓以物之自物者而物之也。

惠子谓庄子曰："吾有大树，人谓之樗；其大本臃肿而不中绳墨，其小枝卷曲而不中规矩；卷音拳。立之途，匠者不顾。今子之言，大而无用，众所同去也。"庄子曰："子独不见狸狌乎？狌，生、星二音，狸属。卑身而伏，以候敖者；敖音遨，候鸟之翱翔者搏取之也。东西跳梁，不避高下，中于机辟，死于网罟。今夫斄牛，斄音来，旄牛也。其大若垂天之云。此能为大矣，而不能执鼠。今子有大树，患其无用，何不树之于无何有之乡，广莫之野，广莫犹旷渺。彷徨乎无为其侧，逍遥乎寝卧其下；不夭斤斧，物无害者；无所可用，安所困苦哉？"

〔解曰〕前犹用，其所无用。此则以无用用无用矣。以无用用无用，无不可用，无不可游矣。凡游而用者，皆神不凝，而欲资用于物，穷于所不可用，则困。神凝者，窅然丧物，而物各自效其用，奚能困己哉？此其理昭然易见，而局于小大者不知。惟知其所知，是以不知。知以己用物，而不以物用物，至于无用而必穷，穷斯困矣。一知之所知，则物各还物，无用其所无用，奚困苦哉？抑斄牛能为大，狸狌能为小，斄牛愈矣，而究亦未能免于机网，则用亦有所困。然大而不能小，无执鼠之用以自弊弊，则大而无用者，于以丧天下而游无穷也较易。此列子所以愈于宋荣，宋荣所以愈于一乡一国之士也。故曰："众人匹之，不亦悲乎！"

《庄子解》卷一终

# 庄子解卷二·内篇

## 齐物论

当时之为论者夥矣，而尤盛者儒墨也：相竞于是非而不相下，惟知有己，而立彼以为耦，疲役而不知归。其始也，要以言道，亦莫非道也。其既也，论兴而气激，激于气以引其知，泛滥而不止，则勿论其当于道与否，而要为物论。物论者，形开而接物以相构者也，弗能齐也。使以道齐之，则又入其中而与相刃。惟任其不齐，而听其自已；知其所自兴，知其所自息，皆假生人之气相吹而巧为变；则见其不足与辨，而包含于未始有之中，以听化声之风济而反于虚，则无不齐矣。故以天为照，以怀为藏，以两行为机，以成纯为合，而去彼之所谓明，以用吾真知之明；因之而生者，因之而已，不与之同，不与之异，惟用是适；则无言可也，虽有言以曼衍穷年，无不可也。不立一我之量，以生相对之耦，而恶有不齐之物论乎？此庄生之所以凌轹百家而冒其外者也。

**南郭子綦隐几而卧，仰天而嘘，嗒焉似丧其偶。**偶一作耦。评曰：无我无人。**颜成子游立侍乎前，曰："何居乎？！形固可使如槁木，而心固可使如死灰乎？今之隐几者，非昔之隐几者也。"**评曰：昔犹有辨，今忘言。**子綦曰："偃！**子游名。**不亦善乎，而问之也！今者吾丧我，汝知之乎？**

〔**解曰**〕昔者子綦之隐几，尝有言以辨儒墨矣，至是而嗒焉忘言；子游见其丧偶之心矣，故问。夫论生于有偶：见彼之与我异，而若仇敌之在前，不相下而必应之。而有偶生于有我：我之知见立于此，而此以外皆彼也，彼可与我为偶矣。賸物之论，而知其所自生，不出于环中而特分其一隅，则物无非我，而我不足以立。物无非我者，惟天为然。我无非天，而谁与我为偶哉？故我丧而偶丧，偶丧而我丧，无则俱无，不齐者皆齐也。言生于心，有言有我，则舍于心者，如煴火之在灰中；有心而将有言，则见于形者，如春木之欲苗发。繇其形，知其心，窅然之丧，一壶子杜德之形矣。

**"汝闻人籁而未闻地籁，汝闻地籁而未闻天籁夫！"**

〔解曰〕凡声皆籁也。籁本无声，气激之而有声。声本无异，心使气者纵之、敛之、抗之、坠之，而十二宫七调之别，相陵相夺，所谓化声也。以无我无偶之心听之，则伶伦之巧，一鸣鸣已耳。心之巧气之激岂其固然哉？然则唇、齿、喉、舌，一匏竹也。气机之所鼓，因音立字，因字立义，彼此是非，辨析于毫芒，而芒然于所自出，亦恶足纪乎？

子游曰："敢问其方。"子綦曰："夫大块噫气，大块，地也。噫音噫。**其名为风。是惟无作，作则万窍怒呺**；呺音豪，号通。**而独不闻之翏翏乎？山林之畏佳**，翏音聊，一音溜，高貌。畏，平声。佳音崔，与崔嵬通，倒用之。**大木百围之窍穴：似鼻、似口、似耳**，人之鼻口耳亦似之。**似枅**、音机，欂栌也，直窍。**似圈**、圆窍。**似臼**，深窍。**似洼者**，浅窍。**似污者**。平窍。**激者**，其声止。**謞者**，謞音哮，箭去声，其声行。**叱者**，其声出。**吸者**，其声入。**叫者**，**譹者**，譹号通，哭声。叫、譹其声壮。**宎者**，宎音杳，深也。**咬者**；咬者坳，哀切声。宎、咬其声幽。**前者唱于，而随者唱喁**；喁，愚、偶二音。唱于，相引也。唱喁，相应也。**泠风则小和**，泠音零，轻风也。和音贺。**飘风则大和**；飘风，疾风也。**厉风济**，厉风，猛风也。济，风过也。**则众窍为虚**。厉风过而风息矣，俗云飘风不终朝。评曰：飘风大和以上，言其自取；众窍为虚，言其自己。**而独不见之调调、之刁刁乎？"**风息窍虚，但见余风之触物者，调调刁刁而已。调调，缓也；刁刁，细也。

〔解曰〕地本无声，因风而有声。风亦不能为声，假山林之曲、大木之窍而有声。两相待、两相激而声出，声无固然之体也。似人似物，则人物之虚窍，受气之鼓动，亦如此而已。激者、謞者，叱者、吸者、叫者、譹者、宎者、咬者、唱者、和者，至不齐矣，风济而还为虚。虽有调调刁刁之余韵，皆且老洫而莫使复阳，则作而怒呺者，还其无作，而无不齐矣。

子游曰："地籁则众窍是已，人籁则比竹是已，敢问天籁。"子綦曰："夫吹万不同，评曰：人之言万变，天吹之使然。而使其自已也，咸其自取，怒者其谁耶？"终于自已者，始于自取。下文"以坚白之昧终""以文之纶终"，皆自已也；而当其鼓气成言，何怒发也？谁使之耶？

〔解曰〕物之声不一，犹之言也；人之言不一，犹之声也。皆比竹之类也。其已将谓自已，其取将谓自取，而气之激于中者，岂果不容已者乎？浸假无知，则不足以怒发，而亦知何自而有知耶？故诘其为谁，而不穷其知之所自出。

大知闲闲，小知间间；大言炎炎，小言詹詹。闲闲，广博貌。间间，乘隙也。炎炎，凌轹貌。詹詹，细碎也。评曰：大小皆妄。又评曰：以下皆求怒者而不得。

〔解曰〕非知则言不足以繁，知有小大，而言亦随之。小者非独小也，以大形之而见为小；大者非能大也，临乎小而见大。然则闲闲者亦间间耳，炎炎者亦詹詹耳。以闲闲陵小知而讥其隘，以间间伺大知而摘其所略；以炎炎夺小言之未逮，以詹詹翘大言之无实；故言竞起以成论。万有不齐者，知之所自取，而知之所从发者又谁耶？故下文广诘之。

其寐也魂交，形寂而魂合。其觉也形开；形动而魂驰。评曰：言之所自生，因乎知见。敔按：魂交形开，魂形交敝，而神不凝焉。与接为构，接，事物之相接者。构，交结也。日以心斗；缦者，窖者，密者；缦，音瞒，巾车也。窖，藏也。密，深也。三者皆覆藏深固意。小恐惴惴，大恐缦缦。缦，读莫半切，宽心貌。大恐勉为宽心之状。其发若机括，其司是非之谓也。捷辨伤人。其留如诅盟，其守胜之谓也。坚持己见。其杀如秋冬，杀，所界切。以言其日消也；一往之气，气尽而衰。其溺之所为之不可使复之也。虽日消而必不可改。其厌也如缄，以言其老洫也；厌音压。缄，封也。老洫谓熟路成沟也。封于所知所见之中而成沟不变也。近死之心，莫使复阳也。死于成心，便无生气。喜、怒、哀、乐、虑、叹、变、慹，慹音聂，惧也，又不动貌。虑，谋其将来；叹惜其已往；变，迁而游移；慹，惧而株守。姚佚、启态，八者情动而其态百出矣。姚佚，一作姚妷。乐出虚，无定。蒸成菌，无根。日夜相代乎前，而莫知其所萌。

〔解曰〕此极言知之所酿成，为学术机变无穷之终始也。夫魂交而不知知之所自往，形开而不知知之所自来；寐与觉均此一身，至人之所不分，而为物论者，乘觉以动，遂殊乎寐。岂寐者非我，而觉乃为我乎？形一开，而所接之境或攻或取，以相构结。乃以是其所是，非其所非，藏之固"缓者"三句。而持之以战栗；"小恐"二句。一往不复，穷工极辨，趋于一途而他皆不恤；"发如机括"八句。迨乎力尽知索，衰老以止。"其厌也"二句。要皆不出于一隙之知，念念相续，言言相引，无有知其所自萌者，抑无有欲知其萌者；颠倒于八情之中，皆听其如乐之出虚，蒸之成菌。夫果有萌耶？则未有不可知者也。而果谁为之萌乎？下重诘之。

**已乎！已乎！且暮得此，其所繇以生乎！非彼无我，非我无所取。是亦近矣，**彼谓外物。以为所引亦近是。**而莫知其所为使。若有真宰，而特不得其朕；**兆也。**可行已信，而不见其形，**自信为然而遂行之，非有定形之可见。**有情而无形。**有所发而无可据。**百骸、九窍、六藏，赅而存焉，**赅音该，备也。**吾谁与为亲？汝皆说之乎？其有私焉？**三句皆诘词。谁亲耶？皆悦耶？有私耶？自问则曰吾，问人则曰汝。**如是皆有为臣妾乎？其臣妾不足以相治乎？其递相为君臣乎？其有真君存焉？**四句皆疑词。疑其有真君，非果有也。按此与《楞严》七去征心相似。**如求得其情与不得，无益损乎其真。**评曰：全不与至真之理相应。

〔解曰〕此以遍求其所萌而不得也。使其知已也，则一已而无不已，可勿更求其萌矣。不然而试求之。得之以生者，性也；而此与接为构而始有，至于老洫近死，而不可复阳，是出虚之乐，吹止则阒，蒸成之菌，乍荣而萎，其非性明矣。则或谓彼与我相待而成，如磁芥之吸于铁珀，此盖无所萌者，而抑不然：我不取则物固莫能动也。盖以为有萌而终不得其萌。以为无萌，而机之发也必自我，留而守者必有据，厌而缄也必有藏。意者其有真宰乎？乃可行已信，而未信之前无朕；惟情所发，而无一定之形，则宰亦无恒，而固非其真。是不得立真宰以为萌矣。抑其因形之开而始发也，疑其依形以为萌也；乃骸也，窍也，藏也，皆以效于知者。其散寄之乎？则一人之身而有异知耳，目不相喻，内外不相应矣。既非散寄，则必依其一以为主，而私有所悦。将指此官骸窍藏，何者为主，而何者为臣妾？于是而疑之曰，官骸窍藏之外，有真君焉。而虚而无倚者，不足以相役，不足以相君。君且不得，而况其真，历历求之，了无可据。然则莫知其萌者，果非有萌也。天之化气，鼓之、激之，以使有知而有言，岂人之所得自主乎？天自定也，化自行也，气自动也，知与不知无益损焉；而于其中求是非之所司，则愚甚矣！

**一受其成形，不亡以待尽；与物相刃相靡，其行尽如驰而莫之能止，**

不亦悲乎！为天所吹，不能自主，故可悲。**终身役役而不见其成功，苶然疲役**苶音聂，疲貌。刊本作茶，误。**而不知其所归，可不哀耶！人谓之不死，奚益？其形化，其心与之然，可不谓大哀乎！人之生也，固若是芒乎？**芒，昧也。尽一生之云为，皆芒昧也。不知为谁而恕也。**其我独芒而人亦有不芒者乎？**人人尽然，何足深较。

〔解曰〕所谓君者无君也，所谓宰者无宰也。天吹之而成籁，天固无益损，而人恶得有是非乎？然而因知立言，因言立辨，以心斗物，以物斗心，相刃相靡，形化心亡而后已。其芒昧也，可哀矣哉！我与之俱昏昏，而何能使人昭昭？人无有不昏昏，而何用使之昭昭耶？天之静而不受人之益损者，儒听其为儒，墨听其为墨，朗然大明，自生自死于其中，而奚假辨焉。

**夫随其成心而师之，谁独且无师乎？奚必知代而心自取者有之，愚者与有焉。**评曰：不但知世事而取一端以为是者有成心也，愚者亦有成心焉。敏按：愚者自智，则智者亦愚而已。**未成乎心而有是非，是今日适越而昔至也。是以无有为有。**未有成理昭然于心，而豫设是非之辨，皆心所造作，非理本然也。昔，昨日也。今日方适越，而昨日已至，此惠子之言，庄子用之，以见必无此事。**无有为有，虽有神禹且不能知，吾独且奈何哉！**人各以成心为论，谁能止之？方以智曰："禹之神，惟勤俭不自满假而已。"

〔解曰〕乍作乍已，而终芒于所自萌，一言不足以立，而炎炎詹詹且无穷焉，其所挟以为己信之情者，成心而已。成心者，闲闲间间之知所成，于理固未有成也。无可成而姑逞其词，以是其所是，非其所非；一气之所激，笙簧聒耳，辨之不胜辨也，无容奈何者也。

**夫言非吹也。**吹无成响，言则因成心而立言。**言者有言，其所言者，特未定也。**虽有言，而是非固不定也。**果有言耶？**果有所见而立言乎？**其未尝有言耶？**抑漫然言之耳。**其以为有异于鷇音，亦有辨乎，其无辨乎？**评曰：皆天使之言耳。鷇音寇，鸟在壳中，会意。方以智曰："禽言如鹊则报喜，鸦则报凶，布谷催耕，鹳鸣审雨，可听之为准。鷇音未定，则不可为准矣。"

〔解曰〕使言而仅如吹欤？洪纤虽殊而不相争轧。言则有立言之旨，是非相竞而其乱滋甚。乃其所言之是非，惟气所激，以淫于知而无定理，则固可视之如鷇音，一气至而鸣耳，是非奚足论哉！

**道恶乎隐而有真伪？言恶乎隐而有是非？**有真伪是非，故至理以隐。**道恶乎往而不存！言恶乎存而不可！道隐于小成，言隐于荣华。故有儒墨之是非，**评曰：一篇提要。**以是其所非而非其所是。欲是其所非而非其所是，则莫若以明。**欲之者，其成心也；即下文所谓"其好之欲以明之也"。浮明而以之，乃自谓以明，愈明而愈隐矣。

〔解曰〕无言非言也，无道非道也。同为天气之所动，则言皆可言。知之所及，不能超乎道外，有曲、有全，有左、有右，而道皆可道。限于其知以为成心，而凭气之所鼓，不知其两可，两不可，而独有所是，偏有所非，小成之知见，成百家之师说，而儒墨其大者也。儒墨争饰其荣华，而道隐矣，两可之言亦隐矣。夫其所以的然争辨于是非者，自谓明也。斤斤然持而以之，而岂真明也哉？明与知相似，故昧者以知为明。明犹日也，知犹灯也。日无所不照，而无待于炀。灯则或炀之，或熄之，照止一室，而烛远则昏，然而亦未尝不自谓明也。故儒墨皆曰吾以明也。持其一曲之明，以是其所已知，而非其所未知，道恶乎而不隐耶？

**物无非彼，物无非是。**是，此也。**自彼则不见，自知则知之。故曰彼出于是，**此。**是此。亦因彼，彼**是此。**方生之说也。虽然，方生方死，方死方生；**评曰：言止乎所见曰死，又出一议曰生。刘辰翁曰："有彼方生得此，故曰彼是方生之说也。虽然，彼是生而是非死也，是非生而彼是死矣。"**方可方不可，方不可方可；因是因非，因非因是。是以圣人不繇，而照之于天，亦因是**此。**也是。**此。**亦彼也，彼亦是**此。**也彼亦一是非，此亦一是非。果且有彼是**此。**乎哉？果且无彼是**此。**乎哉？彼是**此。**莫得其偶，谓之道枢。**道本无偶。不立偶以敌人，合乎道矣。**枢，**句。**始得其环中，以应无穷。**合于道枢，则得环中。范围众有而中虚曰环中。**是亦一无穷，非亦一无穷也。故曰莫若以明。**评曰：是非无穷，皆自谓以明者所生。敬按："应无穷"，应是非也。两"莫若以明"，与后"此之谓以明"，读《庄》者多混看，《解》中分别观之。

〔解曰〕夫其所谓是非者，岂是非哉！彼此而已矣。我之所谓彼，彼之所谓我也，无定名也。见此之为此，而不知彼之亦有其此，自知而不知彼，遂怙之以为明；两相排而益引其绪，以相因而生，则立此而彼方生，使无此而彼不足以生矣。故有儒而后墨兴，有墨而后儒之说盛。夫相倚以生，则相倚以息，相倚以可其可，相倚以不可其不可，则攻人者召攻之媒也。若是，而圣人其屑以之哉？天之所籁，鸣虽异，而于天无益损也；任物之吹而无倚焉，则无所不照矣。虽然，亦因彼因此之现在吾前而照之耳。使无儒无墨，圣人亦奚照乎？照亦圣人之不得已而因焉者也。释"亦因是"句。照之而彼此皆休矣，皆均矣。其所因者忘，而道定于枢；无穷之化声，以不应应之，而无不可应矣。若彼无穷之化声，生彼此之是非，则惟持其一曲之明而已矣。一曲之明，亦非不明也；故小知大知争炫其知。而照之以天者，无我无此，无耦无彼，固不屑以此为明也。

**以指喻指之非指，不若以非指喻指之非指也。以马喻马之非马，不若以非马喻马之非马也。天地一指也，万物一马也。可乎可，不可乎不可。**人谓之可则可，谓之不可则不可。**道行之而成，物谓之而然。**是非皆人之所造。**恶乎然？然于然。恶乎不然？不然于不然。物固有所然，物固有所可。**虽不然、不可者，必有其然者、可者。**无物不然，无物不可。**合而言之，则无不然，无不可矣。**故为是举莛与楹，**莛，维丝笐也，小而弱；楹，前柱也。**厉与西施，**厉，癞，恶病也。**恢恑憰怪，**恑音诡，憰音谲，与诡谲通，皆变异意。**道通为一。其分也，成也；其成也，毁也。凡物无成与毁，复通为一。**

〔解曰〕指之屈伸，因作用而成乎异象。马之白黑，因名言而为之异称。局于中者执之，超于外者忘之。故以言解言之纷，不如以无言解之也。浸使白其黑而黑其白，屈其伸而伸其屈，则名与象又改矣。则天地万物，岂有定哉？忘言忘象，而无不可通，于以应无穷也，皆无所碍。照之以天，皆一也，但存乎达之者尔。

**惟达者知通为一，为是不用而寓诸庸。庸也者，用也；**随所用而用之，无容言也。**用也者，通也；通也者，得也。适得而几矣，因是已。**已，止也，谓因是而即止也。止谓止而不辨。

〔解曰〕立言者，析至一而执一偏以为一，以为道体。夫缘用而体始不可废，如不适于用而立其体，则骈母枝指而已。达者不立体而惟用之适。用爱于亲，不待言无事于兼也，爱亲而已。爱有可兼，不待言无私于亲也，兼爱而已，用乎其不得不用，因而用之，其用也亦寓焉耳。适得而几，奚有于自立之体哉？故言可已也，因乎彼此而通之，用无不适，而言可已矣。已适而用亦可已矣，知亦可已矣，如寓者之不留于逆旅。又何必于儒墨两端之外别立一宗哉！

已而不知其然谓之道。劳神明为一而不知其同也，谓之朝三。何谓朝三？曰：狙公赋芧，曰："朝三而暮四"，众狙皆怒；曰："然则朝四而暮三"，众狙皆说。狙，子余反，又七虑反，猿属。狙公，养猿猴者。芧音叙，又羊诸反，橡子也。朝三暮四，朝三升，暮四升也。名实未亏，而喜怒为用，亦因是也。评曰：要之不出乎环中。

〔解曰〕适得而几，本无必然之可据。时过事已，忘言忘知，而恶有然哉！必欲知其然者，如狙知四之为多，而迷暮之止三；喜则见同，怒则见异，又岂能固有其知乎？亦因彼此之适然者而挟之不舍。故用亦可寓也，不可执也。执则亦劳神明为一，而不知通于大同也。

是以圣人和之以是非，而休乎天均，是之谓两行。两行，两端皆可行也。适得而已。

〔解曰〕时过事已而不知其然，则是可是，非可非，非可是，是可非，休养其大均之天，而不为天之气机所鼓，则彼此无所不可行矣。无不可行者，不分彼此而两之。不分彼此而两之，则寓诸庸者，彼此皆可行也，无成心也，不劳神明为一也，不以无为有也。如是，则天岂能吹其籁，而众窍之虚，不待厉风之济矣。

古之人，其知有所至矣。恶乎至？有以为未始有物者，至矣、尽矣，不可以加矣。其次以为有物矣，而未始有封也。自立己说曰封。其次以为有封焉，而未始有是非也。因而是己非人。是非之彰也，道之所以亏也。

〔解曰〕有封者，物自物，我自我；我偶两未能丧，而为气之所鼓，以与物相刃相靡于是非，若宋荣子是已。有物则有待，若列子是已。皆限于所知，而不至于未始有物之天。其所不至，则其所亏也。

道之所以亏，爱之所以成。护其成心，爱而不舍。果且有成与亏乎哉？果且无成与亏乎哉？评曰：究竟不能损益其真。有成与亏，故昭氏之鼓琴也。昭氏名文，古善琴者。自成以亏道，则以其所知者鸣。无成与亏，故昭氏之不鼓琴也。评曰：知不能成，道不可亏，则止矣。昭文之鼓琴也，师旷之枝策也，枝，柱也。策，杖也。昔者柱杖，举而击节赏音。惠子之据梧也；梧，琴也，据梧而吟。三子之知，句。几乎皆其盛者也，七字句。故载之末年。自以为盛，故终身守之。惟其好之也以异于彼，好即"爱之所以成"。其好之也欲以明之，所谓"莫若以明"也。欲之者其成心，而谓人之莫若也。彼非所明而明之，故以坚白之昧终；坚白，旧注云："坚石白马之辨也"。"彼非所明而明之"，正与下"此之谓以明"对映。**而其子**其徒。**又以文之纶终，**徒为繁文牵引。**终身无成。**

〔解曰〕昭文之所鼓，师旷之所审，惠子之所吟，皆声也；与比竹之吹，山林大木之风声，自谓有别；然使离乎是非，而均之于天之所籁，则一而已矣。有声而即其声以立是非，是以有知。知已成而不能自舍，是以有爱。其知之也愈盛，则爱之也终其身，而不亡以待尽。至于言已成，是非已立，则为之嗣法者，不必有知，不必其爱，而专家以徇其师说，纶绤牵引，文句繁兴，复奚恤道之亏哉？其以明者非明也，是古人之所不屑以者也。

**若是而可谓成乎？虽我亦成也。**不言亦何尝不成。**若是而不可谓成乎？物与我无成也。是故滑疑之耀，**滑音汨。滑乱不定，疑而不决，恍惚之中，有其真明。**圣人之所图也。为是不用而寓诸庸，此之谓以明。**如此乃可谓之以明。

〔解曰〕莫若以明者，皆非明也；间间闲闲之知，争小大于一曲之慧者也。滑疑之耀，寓庸而无是非，无成亏，此则一知之所知而为真知。然后可谓之以明。夫滑疑之耀者，以天明照天均：恍兮惚兮，无可成之心以为已信；昏昏然其滑也，泛泛然其疑也，而遍照之明耀于六合矣。盖成乎爱则亏乎道，道无可成者也。亏乎道者自亏，而无能益损乎其真，则固无所亏也。繁言杂兴，师说各立，而适以亏道。则尽天下之言，无可是也。而鼓动于大均之中，乘气机而自作自已，于真无损益焉。故两行而庸皆可寓，则尽天下之言无容非也，无所是，无所非，随所寓而用之，则可无成，可有成，而滑疑者无非耀矣。疑儒疑墨，而非儒非墨，物论奚有不齐哉！知者不言，善者不辨。有言有辨，而一如其无言无辨，斯以为圣人。

**今且有言于此，不知其与是类乎，其与是不类乎？类与不类，相与为类，则与彼无以异矣。虽然，请尝言之。**是谓此理，不欲指言之，但曰此。自谓今所言者，未知合乎无言之道否，则亦儒墨之类而已。虽然姑试言之。防人摘已而先自破之。**有始也者，有未始有始也者，有未始有夫未始有始也者。有有也者，有无也者，有未始有无也者，有未始有夫未始有无也者。俄而有无矣，而未知有无之果孰有孰无也。今我则已有谓矣，而未知吾所谓之其果有谓乎，其果无谓乎？**又自解说：言我虽如此说之，亦未尝定执为是也。

〔解曰〕此欲自显其纲宗，而先自破其非一定之论，期于有成，盖亦滑疑之耀也。"今且有言于此"，谓有始以下之言。是者指道而言。不言道而言是者：标道之名为己所见之道，则有我矣；立道之实以异于儒墨之道，则有耦矣；故指现前之所大明者，无耦无名，滑疑而寓庸者曰是。无往而非是，无有为彼者也，统天下之有无而曰是，则彼是莫得其耦矣。既有言矣，则虽恰与是合，而亦儒墨之类矣。故惟无言则绝类而与道类，有言则固不能然。姑且言之如下文所云，则有谓矣。特我之谓，推而上之，以至于无无，则虽有谓而固无谓，非气机之吹挟成心以立言者比；则有谓无谓，滑疑而不必于成，故虽有言可也。

**天下莫大于秋毫之末，而泰山为小；莫寿于殇子，而彭祖为夭。天地与我并生，而万物与我为一。既已为一矣，且得有言乎？既已谓之一矣，且得无言乎？一与言为二，二而一为三。自此以往，巧歷不能得，** 歷曆通。**而况其凡乎？故自无适有以至于三，而况自有适有乎？无适焉，因是已。** 已，止也。止而不辨。

〔解曰〕道合大小、长短、天人、物我而通于一，不能分析而为言者也。有真知者，并其通为一者而无朕，是未始有夫未始有始，未始有夫未始有无者。一尚不立，何况自二而三乎？气机之作止，与无作无止者始离而为二；作与止又自别而为三。鼓动不休，知与言互相增益，有儒有墨，儒有九家，墨不一类，以及乎坚白异同、刑名法术，姚姝启态，各炫其荣华，恶从而辨之哉？圣人休于天均，而不随气机以鼓动，则圣人一天也。万籁皆于此乎取之，可以两行而无不齐于适得，则千轨万辙，无不可行。无不可行，则无不可已，已而合于未始有之本然，以通万不齐之物论于一。岂离众论而别有真哉？亦因是之而已。

**夫道未始有封，言未始有常，为是而有畛也。** 为下八德故有畛。**请言其畛：有左、有右，** 同而亦异，左尊而右有力。**有伦、有义，** 次序曰伦，差等曰义。**有分、有辩，** 物辨曰分，言分曰辩。**有竞、有争，** 言争曰竞，力竞曰争。**此之谓八德。**

〔解曰〕自有适有，而各据为心之所得，见为德而守为常以立其封，发若机括而留如诅盟，皆八德之为也，道未始有之也。故老子曰："道失而后有德"。

**六合之外，圣人存而不论；六合之内，圣人论而不议；春秋经世先王之志，圣人论而不辩。** 此论字，一本作议，非是。**故分也者，有不分也；辩也**

者，有不辩也。曰，何也，圣人怀之，众人辩之以相示也。故曰："辩也者，有不见也。"夫大道不称，大辩不言，大仁不仁，大廉不嗛，嗛音谦，喉含物也，当吞而不吞。**大勇不忮。道昭而不道，**昭，明之也。明之为道，即非道。**言辩而不及，**辩有所及，即有所不及。**仁常而不成，**有常则成，因谓之仁。不知其成也，毁也。大成无成，故曰大仁不仁。**廉清而不信，**《国语》曰："嗛嗛之德，不足就也。"孟子曰："以其小者信其大者，奚可哉？"自以为清，人不信之。**勇忮而不成。**忮物则己先弱丧，乌乎勇！**五者园**音圆**。而几向方矣。**方以智曰："此中何等次第，何等分晓，是岂颟顸者所窥耶？"

〔解曰〕圣人无自见之德，而于至不齐之物论，真知其妄动于气机。然自取者必将自已，本无封而不足以常，则以通一者怀之，而不以示。彼有怀而亟言之者无他，只欲以示人而已。故为道、为言、为仁、为廉、为勇，皆自据为德而迫欲示人，则道本圆而使之向方。方则有左、有右，有分、有辩，各为伦义，而互相竞争，我畸孤而物为仇耦矣。圣人无不见，而焉事此！

**故知止其所不知，至矣。孰知不言之辩，不道之道？若有能知，此之谓天府。注焉而不满，酌焉而不竭，而不知其所繇来，此之谓葆光。**

〔解曰〕怀之，斯其光葆矣。葆之者，非为封为畛，据为己德也；无不在吾所葆之中，故曰天府。为天之府，则天不能以我为籁而吹之使鸣。其为光也，不能以示人，若纷乱而无伦义，则为滑。其可彼可是，非彼非是，而无成可师，则为疑。葆其滑疑，以含天明，则谓之葆光。皆知也，皆不知也。是之谓"知止其所不知"。夫乃无我无偶，而非气机之可簧鼓也。

**故昔者尧问于舜曰："我欲伐宗、脍、胥敖，南面而不释然。其故何也？"舜曰："夫三子者，**宗一、脍一、胥敖一。三子，三国之君也。**犹存乎蓬艾之间。若不释然，何哉？昔者十日并出，万物皆照，而况德之进于日者乎？"**

〔解曰〕十日并照，无彼是也，无小大也，无是非也，滑疑之耀，不劳神明于一以为明者也。日在天之中，而为天所寓之庸耳。德为天府，则十日亦其寄焉耳。若三子存乎蓬艾之间，而与较是非，则尧与蓬艾类矣。

**啮缺问于王倪曰："子知物之所同是乎？"曰："吾恶乎知之！""子知子之所不知耶？"曰："吾恶乎知之！""然则物无知耶？"曰："吾恶**

乎知之！虽然，尝试言之。庸讵知吾所谓知之非不知耶？庸讵知吾所谓不知之非知耶？且吾尝试问乎汝：民湿寝则腰疾偏死，鳅然乎哉？鳅音秋。木处则惴栗恂惧，恂音洵。猿猴然乎哉？三者孰知正处？民食刍豢，麋鹿食荐，荐，稠草也。蝍且甘带，且音疽。蝍且，蜈公；带，蛇也。鸱鸦耆鼠。耆，嗜同。鼠死璞。四者孰知正味？猿、猵狙以为雌，猵狙音篇达，似猿而狗头，一名獝𤟤。麋与鹿交，鳅与鱼游。非其类而犹合。毛嫱、丽姬，人之所美也；毛嫱、丽姬，后世美人，而王倪言之，与庄子见鲁哀公，同一寓言。或真以盗跖为柳下惠之兄，离朱为黄帝时人，恐漆园不任证据也。鱼见之深入，鸟见之高飞，麋鹿见之决骤。决骤，奔蹄也。四者孰知天下之正色哉？自我观之，仁义之端，是非之途，樊然淆乱，吾恶能知其辩！"

〔解曰〕居之所安，食之所甘，色之所悦，皆切于身而为自然之觉，非与仁义是非后起之分辨等。然且物各有适而无定论，皆滑疑也。而况后起之知，随成心而以无有为有也。惟葆光而为天府，则兼怀万物，而任运以寓庸，则无正无不正，听物论自取自已，而恶知其辩？

啮缺曰："子不知利害，则至人固不知利害乎？"王倪曰："至人神矣：大泽焚而不能热，河汉沍而不能寒，疾雷破山、风振海而不能惊。若然者，乘云气，骑日月，而游乎四海之外；死生无变于己，而况利害之端乎？"

〔解曰〕物论之不齐，依于仁义；仁义之辩，生乎是非；是非之争，因乎利害；利害之别，极于生死。生死者，知之生死，敔按：有知则谓之生，无知则谓之死。而非天之有生死也。籁在而天吹之，籁亡而吹息，吹与息弗能损益乎天。死生无变，则休于天均，而无有足劳其神明者。此丧我之至，而物论无不可齐之极致也。故归其要于此，而与《大宗师》无异旨也。

瞿鹊子问于长梧子曰：鹊有知，梧无知。瞿，两目惊视貌。鹊目不宁，梧寿最长，亦寓为之名。"吾闻诸夫子：圣人不从事于务，无所务。不就利，不违害，不喜求，自谓未得而求之。不缘道；自谓已得而缘之。无谓有谓，有谓无谓，而游乎尘垢之外。夫子以为孟浪之言，杨慎曰："孟，古作𥁕。"而我以为妙道之行也。吾子以为奚若？"长梧子曰："是黄帝之所听荧也，而丘也何足以知之，旧注："丘，长梧子名；或谓夫子为孔子，而长梧子斥其名。"且汝亦大早计：见卵而求时夜，时夜，司夜鸡也。见弹而求鸮炙。亟求知，何足以知！必至乎圣而后知之。**予尝为汝妄言之，汝以妄听之**。句。**奚旁日月，挟宇宙！**奚，犹言何不也。**为其吻合，置其滑湣**，滑湣音骨昏，未定貌。**以隶相尊；**隶，贱役也。无是无非，无贵无贱。**众人役役，圣人愚芚；**芚音肫，混沌不分貌。**参万岁而一成纯，万物尽然，而以是相蕴。**

〔解曰〕为物论者：皆求治也，而孰知天下之本滑！皆求明也，而孰知天下之本湣！求治，求明，而为之名曰仁义，为之辩曰是非，以要言之，利害而已矣。此之所谓利，彼之所谓害，利害无有常者也。本无一成之利害，而成心所师，知不屈于其域；则有欣有拒，乃以尊其所欣，贱其所拒，而争竞不已。今夫隶，人之所贱也，而隶固有长以尊于其属，则亦未始无其尊也。仁义是非之说，何容詹詹而炎炎耶？夫利害是非之辩，岂有常哉？或旬日而改，或旬月而改，或数十年而必改，百年而必大改，千年而尽易其故。尧舜之名，篡贼之恶也；周孔之文，俗儒之陋也。然则古之所贱，今之所贵；今之所是，后之所非；厉风变其南北，而籁亦异响。若夫参万岁而一成纯者，大常而不可执，岂言论之所能及哉？忘言、忘知，以天为府，则真知之所彻，蕴之而已，无可以示人者。圣人之愚芚，恰与万岁之滑湣相为吻合，而物论奚足以存！

**"予恶乎知说生之非惑耶？予恶乎知恶死之非弱丧而不知归者耶？丽之姬，艾封人之子也。晋国之始得之也，涕泣沾襟，及其至于王所，**王犹君也。**与王同匡床，食刍豢，而后悔其泣也。予恶乎知夫死者不悔其始之蕲生乎？梦饮酒者，旦而哭泣；梦哭泣者，旦而田猎。方其梦也，不知其梦也；梦之中又占其梦焉，觉而后知其梦也。且有大觉而后知此其大梦也。而愚者自以为觉，窃窃然知之。君乎？**此为贵乎？**牧乎？**彼为贱乎？**固哉！丘也与汝皆梦也，予谓汝梦亦梦也。是其言也，其名为吊诡。**吊音的，吊，至也。诡，异也。**万岁之后而一遇大圣，知其解者，是旦暮遇之也。"**

〔解曰〕说生者，说其生之有知而已。生之有知，生尽而知无寄，况万岁乎？知饮酒之乐，而不知哭泣之哀；知哭泣之哀，而不知田猎之乐；一开一交，哀乐相舛。则既死之后，万岁之奚若，何能知耶？然则生无可说，死无可恶。不但化声为天气之所吹，举凡官骸之用，心知之灵，皆气机之变耳。知至于此，则生死忘而利害其小矣，利害忘而是非其泯矣，是非失而仁义其不足以存矣，仁义不存而物论之成亏无定矣。滑焉，湣焉，以听万岁之不可知，此之谓"知止于其所不知"。

**既使我与若辩矣：**若，汝也。**若胜我，我不若胜，若果是也，我果非也耶？我胜若，若不吾胜，我果是也，而果非也耶？**而亦汝也。**其或是也，其或非也耶？其俱是也，其俱非也耶？我与若不能相知也。则人固受其黮暗，**黮，音啖。黮暗，不明貌。**吾谁使正之？使同乎若者正之，既与若同矣，恶能正之？使同乎我者正之，既同乎我矣，恶能正之？使异乎我与若者正之，既异乎我与若矣，恶能正之？使同乎我与若者正之，既同乎我与若矣，恶能正之？然则我与若与人俱不能相知也，而待彼也耶？**评曰：天谓之彼。

〔解曰〕已极言是非利害生死之不可知，而要之于物论之不可与争胜。莫非滑也，莫非疑也，莫非滑也，行其已信而不得其形，则人与俱芒而可哀莫甚矣。彼者，滑滑之天府，不可为名而固有在之辞。

**何谓和之以天倪？曰：是不是，然不然。是若果是也，则是之异乎不是也亦无辩。然若果然也，则然之异乎不然也亦无辩。化声之相待，若其不相待。**"若其"二字，两疑之词。**和之以天倪，**倪，分际也。**因之以曼衍，**曼音万。曼衍，无极也。**所以穷年也。忘年忘义，振于无竟，故寓诸无竟。**评曰：天籁曰化声，气所化也。

〔解曰〕官骸以为比竹，天之气机以吹之；知横立其中，以为封为畛，为八德，为是非，为彼是，詹詹如泠风，炎炎如飘风，皆化声耳。化声者，本无而随化以有者也。怒者为谁，则固不可知也。以为必有怒焉者，则疑于有待；不知怒者之为谁，则疑于无待；皆滑滑而不得其端倪，不得已而言之。天其倪乎！蕴之怀之以为天府，则倪不倪皆无不可矣。故槁木死灰，无声而杜其化，可也。然而不必然也。天有其倪，而我能禁其不倪乎？声必有化，而我能禁其不化乎？两行耳，寓诸庸耳，则有言而曼衍皆庸也。孰非两行之可寓者乎？生死忘而忘年，是非忘而忘义。无要归之旨以为究竟，则槁木死灰固无妨于曼衍。不然，既知其齐矣，而又言其齐，以异于儒墨之不齐，则亦与物论同其詹詹。子綦之曼衍，不亦可哀乎！有一日之生，尽一日之曼衍，无成心而随化，以不益损乎其真，此《齐物论》之所以无伤于长言也。

**罔两问景曰：**罔两，景外阴也。景影通。**"曩子行，今子止；曩子坐，今子起；何其无特操欤？"景曰："吾有待而然者耶？吾所待又有待而然者**

耶？吾待蛇蚹蜩翼耶？蛇蚹，蛇腹下龃龉可以行者。吾所待者人也，如蛇蚹蜩翼之轻也。恶识其所以然！恶识其所以不然！"

〔解曰〕此明有待无待之不可知也。有待无待皆不可知则忘年，而方其生也固年也；忘义，而一起念一发言皆义也；如景之不离乎形也。必舍此而为特操，以求其所以然、所以不然者，为无待之真君真宰，必不可得。则曼衍可也，无竟可也。庸无竟，寓之也亦无竟，两行可耳，又何拘拘于年义之外立特操欤？故庄生可以卮言日出而不穷。

**昔者庄周梦为胡蝶，栩栩然胡蝶也。**栩栩然，喜貌。**自喻适志与！不知周也。俄然觉，则蘧蘧然周也。**蘧蘧，有形貌。**不知周之梦为胡蝶与？胡蝶之梦为周与？周与胡蝶，则必有分矣。**既分梦觉为二，则有是非。**此之谓物化。**物化，谓化之在物者。敬按：鹳化鹏，蜣蜋化蜩，鹰化鸠，田鼠化斥鴳，大者化大，小者化小。至于庄周化胡蝶，胡蝶化庄周，则无不可化矣。当知物化有分，天均自一。

〔解曰〕声皆化也，未有定也。而但化为声，则亦如比竹之吹，宫商殊而交不相争，一觳音耳。是非之所自成，非声之能有之也，而皆依乎形。有形则有象，有象则有数，因而有大有小，有彼有是，有是有非；知蠡以起，名蠡以立，义蠡以别，以极乎儒墨之竞争，皆形为之也。而孰知形亦物之化，而非道之成纯者乎？故于篇终申言物化，以见是非之在物者，本无已信之成形。梦也，觉也，周也，蝶也，孰是而孰非？物化无成之可师，一之于天均，而化声奚有不齐哉？此以夺儒墨之所据，而使荡然于未始有无之至齐者也。

《庄子解》卷二终

# 庄子解卷三·内篇

## 养生主

形，寓也，宾也；心知寓神以驰，役也；皆吾生之有而非生之主也。以味与气养其形，以学养其心知，皆不恤其主之亡者也。其形在，其心使之然，神日疲役以濒危而不知，谓之"不死奚益"。而养形之累显而浅，养知之累隐而深。与接构而以心斗，则人事之患，阴阳之患，欲遁之而适以割折伤其刀。养生之主者，宾其宾，役其役，薪尽而火不丧其明；善以其轻微之用，游于善恶之间而已矣。

**吾生也有涯，而知也无涯。以有涯随无涯，殆已！已而为知者，殆而已矣！**已而二字，承上为文。

〔解曰〕知之变迁，缘喜、怒、哀、乐、虑、叹、变、慹，而生左右、伦义、分辨、竞争之八德。益气以驰，气日外溢，和日内荡，而生之理不足以存。生理危，则"不亡以待尽"而已。

**为善无近名，为恶**声色之类，不可名之为善者，即恶也。**无近刑，缘督以为经，**奇经八脉，以任督主呼吸之息。背脊贯顶，为督为阳。**可以保身，可以全生，可以养亲，可以尽年。**

〔解曰〕身前之中脉曰任，身后之中脉曰督。督者居静，而不倚于左右，有脉之位而无形质者也。缘督者，以清微纤妙之气循虚而行，止于所不可行，而行自顺以适得其中。不居善之名，即可以远恶之刑。尽年而游，不损其逍遥；尽年而竞，无择于曼衍；尽年而应，不伤于天下；安万岁之不可知，而听薪之尽。则有生之年皆生也，虽死而固不亡也。

**庖丁为文惠君解牛，手之所触，肩之所倚，足之所履，膝之所踦，**踦音纪，觝膝也。**砉然，向然，**砉，虚国切，皮骨相离声。向，刃行无滞也。**奏刀騞然，**奏，进也。騞然，两分貌。騞音画。**莫不中音：合于桑林之舞，**刀环有铃，所谓鸾刀。奏刀有声，合于乐节。桑林之舞，汤乐也。**乃中经首之会。**牛之经脉有首尾，脉会于此则节解。旧说："经首，《咸池》乐章。"合汤乐，又合黄帝之乐，鸾刀之声，讵能兼之？非是。**文惠君曰："谇！善哉！技盖至此乎！"庖丁释刀对曰："臣之所好者道也，**知其理之谓道。**进乎技矣。始臣之解牛之时，所见无非牛者；三年之后，未尝见全牛也。方今之时，臣以神遇而不以目视，官知止而神欲行；**行止皆神也，而官自应之。**依乎天理，**自然之理。**批大郤，**通隙。**导大窾，**音款，空也。**因其固然。技经肯綮之未尝，**肯，著骨肉。綮，筋结处。**而况大軱乎？**軱音孤，大骨也。**良庖岁更刀，割也；**割筋肉。**族庖月更刀，折也。**折骨。**今臣之刀十九年矣，**十年为率，而又九年，形其久也。**所解数千牛矣，而刀刃若新发于硎。**硎音形，磨刀石。**彼节者有间，**虚为间，以喻督。**而刀刃者无厚，**不厚以喻缘。不日薄而日无厚，恶夫厚也。**以无厚入有间，恢恢乎其于游刃必有余地矣。是以十九年而刀刃若新发于硎。虽然，每至于族，吾见其难为，**族，筋脉结聚处也。**怵然为戒，视为止，行为迟；动刀甚微，謋然已解，**謋，霍国切，速貌，此喻阴阳人事之患伤吾生者，静而持之以慎，则不与相触，但微动之而自解也。**如土委地；**喻万感皆退听。**提刀而立，为之四顾，为之踌躇满志，善刀而藏之。"**喻生不伤而待其化。**文惠君曰："善哉！吾闻庖丁之言，得养生焉。"**

〔解曰〕大名之所在，大刑之所婴，大善大恶之争，大险大阻存焉，皆大軱也。而非彼有必触之险阻也，其中必有间矣。所患者：厚其情，厚其才，厚其识，以强求入耳。避刑则必尸其名，求名则必蹈乎刑。名者众之所聚争，肯綮之会，即刑之所自召也。忠不锐，力不竞，术不多，情不笃，以随其自然之理，则无不可行也；不可行者，自知止也。天下之险阻，名者自名，刑者自刑，瓜分瓦裂，如土委地，而天下无全天下矣。天下无全，而吾之情乃全：生理不伤，生气常新，善吾生以俟年之尽而藏之，善吾死矣。

**公文轩见右师而惊，曰："是何人也！恶乎介也？** 介，偏刖。**天与？其人与？"** 二与字平声。**曰："天也，非人也。天之生是使独也。** 天命之使一足。**人之貌有与也。** 相并曰与，他人自两足耳。**以是知其天也，非人也。** 独也，有与也，皆天也。**泽雉十步一啄，百步一饮，不蕲畜乎樊中；神虽王，不善也。"** 蕲，祈通，求也，求免祸则必求邀福，如笼中之雉，畜养虽丰，神气盛而生理伤矣。

〔解曰〕以有涯之生随无涯之知，实则以其知随其生也。为善为恶而至于有厚，无他，求以利其生而已矣。徇耳目口体之欲则近刑，徇见闻毁誉之迹则近名。惟恐其形元伤，而役其知以争大觚，自以为养生而神王，身幸免于剭刖，而违天以全人，恶知人之残也多矣乎？是则知不任过，而残其生者即其生，惟得宾而忘主也。故不得已而宁近右师之刑，勿近樊雉之名。名者，天之所刑也。

**老聃死，秦失吊之，三号而出。** 失，一本作佚。**弟子曰："非夫子之友耶？"曰："然。""然则吊焉若此可乎？"曰："然。始也吾以为其人也，而今非也。向吾入而吊焉，有老者哭之如哭其子，少者哭之如哭其母。彼其所以会之，** 会谓和合之也。**必有不蕲言而言，不蕲哭而哭者。是遁天倍情，** 徇人则天而倍违其真。**忘其所受，古者谓之遁天之刑。适来，夫子时也；适去，夫子顺也。安时而处顺，哀乐不能入也，古者谓是帝之县解。** 县音悬。帝，上天也。命系于天，适去则其系解矣。

〔解曰〕老聃所以死而不能解其悬者，亦未能无厚而近名也。名者众之所会，不游其间而入其会，则虽不蕲言而必有言，不蕲哭而必有哭之者矣。天悬刑以悬小人，悬名以悬君子。一受其悬，虽死而犹萦系之不已，而不知固有间也，不待释而自不悬也。然悬于刑者，人知畏之；悬于名者，人不知解。避刑之情厚，而即入于名。以乐召乐，以哀召哀，自怛其化，而且以纳天下于樊中。养生之主者，所恶莫甚于此。

**指穷于为薪，火传也，不知其尽也。** 薪可屈指数尽，火自传于他薪。岂念昔薪之尽而代为之哀耶？尽，古烬字。

〔解曰〕以有涯随无涯者，火传矣，犹不知薪之尽也。夫薪可以屈指尽，而火不可穷。不可穷者，生之主也。寓于薪，而以薪为火，不亦愚乎！盖人之生也，形成而神因附之。形敝而不足以居神，则神舍之而去；舍之以去，而神者非神也。寓于形而谓之神，不寓于形，天而已矣。

寓于形，不寓于形，岂有别哉？养此至常不易、万岁成纯、相传不熄之生主，则来去适然，任薪之多寡，数尽而止。其不可知者，或游于虚，或寓于他，鼠肝虫臂，无所不可，而何肯听帝之悬以役役于善恶哉？传者主也，尽者宾也，役也。养其主，宾其宾，役其役，死而不亡，奚哀乐之能入乎？

《庄子解》卷三终

# 庄子解卷四·内篇

## 人间世

　　人间世无不可游也，而入之也难。既生于其间，则虽乱世暴君，不能逃也。乱世者，善恶相轧之积。恶之轧善也方酷，而善复挟其有用之材，以轧恶而取其名。名之所在，即刑之所悬矣。惟养无用，而去知以集虚，则存于己者定而忘人。生死可外，而况于名？物不能伤，而后庶几于化。此篇为涉乱世以自全而全人之妙术，君子深有取焉。

　　颜回见仲尼，请行。曰："奚之？"曰："将之卫。"曰："奚为焉？"曰："回闻卫君：其年壮，其行独，自用曰独。**轻用其国，而不见其过；轻用民死，死者以国量乎泽，若蕉。**蕉谓草苇之聚也。蕉叶经霜，状极狼狈，泽中之草苇似之。此言量计一国之死者，若聚而成薮泽之草苇。俗本乎字作平者谬。**民其无如矣！回尝闻之夫子曰：'治国去之，乱国就之，医门多疾。'愿以所闻思其则，庶几其国有瘳乎！"仲尼曰："譆！若殆往而刑耳！夫道不欲杂，杂则多，多则扰，扰则忧，忧而不救。**忧，谓忧与忧相接也。不救，谓莫可救止也。**古之至人，先存诸己而后存诸人。所存乎己者未定，何暇至于暴人之所行？**

　　〔解曰〕颜子之心齐，存诸己者也。夫子所语叶公"托于不得已"而"致命"，存诸人者一存诸己者也。蘧伯玉告颜阖以"形就心和"而"不入不出"，已有以存则可以存诸人也。以存诸己者为至，不得已而应，而持之以慎，要以不迷于己，不亟求于人，则条贯通一而道不杂。惟宅心于虚白而弃其心知之用者能之，暴人固无足畏也。

"且若亦知夫德之所荡，而知之所为出乎哉？德荡乎名，知出乎争。自居善名则人争之。名也者，相轧也，知也者，争之器也。二者凶器，非所以尽行也。且德厚信矼，矼亦厚也。未达人气；人气喜于相胜。名闻不争，未达人心。自谓名闻吾之所不争，而人心方且争之。而强以仁义绳墨之言术暴人之前者，强，去两切。是以人恶有其美也；恶，去声。命之曰菑人。菑人者，人必反菑之。若殆为人菑夫！且苟为悦贤而恶不肖，恶用而求有以异？恶用之恶，平声。悦贤恶不肖，仁义绳墨之言也。恶用此以求异为耶？若惟无诏王公，不诏则已。必将乘人而斗其捷，而目将荧之，荧，乱也。而色将平之，抑之使平。口将营之，容将形之，心且成之。是以火救火，以水救水，名之曰益多，顺始无穷。念一动而顺之以行，则机智且因而不息。若殆以不信厚言，彼不信矣，而此尚厚其言。必死于暴人之前矣！

〔解曰〕心一而已，而使之杂以扰者，是非也。是非交错于天下，皆生于知。知以生是，是以形非，歧途百出；善者一是非也，暴者一是非也，交争而扰不可言矣。夫知生于心，还以乱心，故尽人之心，不可胜诘。心各有知，不知者不肯诎于不知，则气以愤兴，既以忤人之心，复以犯人之气。暴人之气尤为猛烈，则恶其美也深，见为菑己，而报以菑也倍酷。然且以吾心之善、吾气之正，乘而斗之，先自丧其和平，德又恶得而厚，信又恶得而矼邪？欲伸其气则心必杂，心杂而目、口、色、容交失其则；乃至彼此交菑身死国亡，犹曰吾直言之气，自伸于千古。心知之荡德，一至此乎！

"昔者桀杀关龙逢，纣杀王子比干，是皆修其身以下伛拊人之民，以下拂其上者也。修身而爱民，因为上之所忌。故其君因其修以挤之。挤，子礼切，排也，陷也。是好名者也。昔者尧攻丛枝、胥敖，禹攻有扈，国为虚厉，身为刑戮，其用兵不止，其求实无已。是皆求名实者也。而独不闻之乎？名实者，圣人之所不能胜也，而况若乎？荣于外者名也，利于己者实也。君子好名，为暴君所杀；小人好利，而又不受恶名，为圣君所杀。或杀其身，或杀其国人，至于国为虚厉，而圣君亦不免于暴矣。故曰圣人之所不能胜。

〔解曰〕是非者，名而已矣。是者，名之荣也；非者，名之辱也。虽桀纣未有安于名之辱者，而逢比以其心之所是，盛气以凌之，使欲求一逃于辱名之径而不可得。心既逆而气复相持以不下，则岂徒菹于逢比之身哉？逢比死而桀纣之恶益甚，夏殷之亡益速。水火之祸，可胜言邪！丛枝、胥敖、有扈且与尧禹争名，尧禹不假借三国以名，而用兵不止。然则欲免于争名之累者，是非之辨其可执为绳墨乎？

**"虽然，若必有以也，尝以语我来！"颜回曰："端而虚，勉而一，则可乎？"曰："恶！恶可？** 恶，平声。**夫以阳为充孔扬，采色不定，常人之所不违，** 阳，外著也。气凝曰充，意露曰孔扬，此所谓发气满容也，属端。采色不定，所谓载色载笑也，属勉。恃端勉以见于颜色者如此，使人不能违之。**因案人之所感，以求容与其心；** 容与，徐动之也。言我因察人之情，以求动其心。**名之曰日渐之德不成，而况大德乎？** 虽日与相习，犹不能成其志，而况大德轧索，所不相亲者乎？**将执而不化，外合而内不訾，** 不音否。訾音此。不訾者，否之，訾之也。**其庸讵可乎？"** 不违故外合，内不相胜，怨怒不胜计矣。

〔解曰〕诘其所以者，所以夺之也。至于未始有回，则又安从有以哉？以者，乘人之无以而斗之，抑乘人所以者之不善而斗之，以生于心知，而非人心之有。有以则作于其气，而逆人之气：以其端乘其邪，以其虚乘其窒，以其勉乘其惰，以其一乘其纷。"端勉"不可也，"虚一"亦不可也。盖端而虚，则非虚；勉而一，则非一也。以充扬之色伺人之感而乘机以进，自谓之虚；以执而不化者，日渐进之以求成效，自谓之一；皆挟其所以，成乎心而形乎容者也。虽或免乎暴人之暴怒，而内之憎忌益深，岂但德之不成与，菹且逮之矣！

**曰："然则我内直而外曲，成而上比。** 以成言上比古人。**内直者，与天为徒。与天为徒者，知天子之与己，皆天之所子。而独以己言蕲乎而人善之，蕲乎而人不善之邪？若然者，人谓之童子，** 天子者，天之子也。己亦天之子也。视之如同胞，无爵禄之可欣，刑法之可畏，其内坦然，是为内直。于是己必尽言，而于人之从违皆无期必之心，与童子之不知利害同焉。**是之谓与天为徒。外曲者，与人之为徒也。擎跽曲跪，人臣之礼也。人皆为之，吾敢不为邪？为人之所为者，人亦无疵焉。是之谓与人为徒。成而上比者，与古为徒。其言虽教谪之，** 句。**实也；** 实有其理。**古之有也，非吾有也。若然者，虽直不为病。是**

之谓与古为徒。若是则可乎？"仲尼曰："恶！恶可！太多。其术太多。政法而不谍，虽固亦无罪，虽然，止是已耳，夫胡可以及化？谍，狎也，谓如政令法度之不可狎，虽可使人免罪，然终不能化人。犹师心者也。"

〔解曰〕前之端虚勉一者，以为存诸己也，而所存者非己也。与物相刃相劘，案人之感以责人，而自恃其仁义，故虚者非虚，一者不一也。内直、外曲，成而上比以辟咎，则莫非存诸人矣。一念以为天，一念以为人，一念以为古，多其术于心，杂扰而无定，岂己之有固存者乎？固人而欲达其心气耳。前者既有我而有偶，后者又因偶而立我，心之纯一者散，而杂其心知，以曲用为范围人心人气之师，则人亦测其无定而终狎之，不能化物必矣。

颜回曰："吾无以进矣，敢问其方。"仲尼曰："齐，吾将语若。有而为之，其易邪？易之者，皞天不宜！"

〔解曰〕有以者，以其所以者为有。端虚、勉一，曲直、上比，皆其所以，则皆据以为有者也。夫人之应物，有则见易，无则见难。易则若可不慎，取给于所有而有余裕。天之化物，天无自有之天，因之而不齐者皆齐矣。有而见易，则违天而贪于取名，以生其慢易，天所不宜，讵足以化物哉？故使之齐者，除其挟所有之心，而慎持其虚也。

颜回曰："回之家贫，惟不饮酒，不茹荤者数月矣。若此则可以为齐乎？"曰："是祭祀之齐，非心齐也。"回曰："敢问心齐。"仲尼曰："若一志！至一则生虚。无听之以耳，而听之以心；无听之以心，而听之以气。听止于耳，不以干心。心止于符。符，合也。不与物相隔。气也者，虚而待物者也。惟道集虚，虚者心齐也。"颜回曰："回之未始得使，使犹教也。实自回也；得使之也，未始有回也。可谓虚乎？"夫子曰："尽矣！

〔解曰〕心齐之要无他，虚而已矣。气者生气也，即皞天之和气也。参之以心知而气为心使，心入气以碍其和，于是乎不虚。然心本无知也，故婴儿无知，而不可谓无心。心含气以善吾生，而不与天下相构，则长葆其天光，而至虚者至一也。心之有是非而争人以名，知所成也。而知所自生，视听导之耳。乃视者，繇中之明以烛乎外，外虽入而不能夺其中之主。耳之有听，则全乎召外以入者也；故一听而藏之于本虚之心以为实，心虚而乐据之以为实，因以其声别善不善，成己之是而析人之非。故耳窍本虚，而为受实之府。然则师心者，非师心也，师耳而已矣。以耳之所听为心而师之，役气而从之，则逼塞其和，而一触暴人年壮行独之戾气，遂与争名而蓄所不恤矣。游人之樊而寓于不得已者，澄其气以待物尔。耳可使听，而不可使受；心可使符乎气之和，而不符乎耳；将暴人狂荡之言，百姓怨诅之口，皆止乎化声而不以荡吾之气，则与皞天之虚以化者，同为道之所集，外无耦而内无我，庶可以达人之心气而俟其化；虽有机有阱，有威有权，无所施也。此游于人间世之极致，至于未始有我而尽矣。

"吾语若：若能入游其樊，**樊，藩篱也。游其樊，入人间世也。**而无感其名；入则鸣，不入则止；**谓人纳其言。**无门无毒，**有门则有毒，毒自门入，门启毒出。**一宅而寓于不得已，则几矣。绝迹易，无行地难；为人使易以伪，为天使难以伪。闻以有翼飞者矣，未闻以无翼飞者也；闻以有知知者矣，未闻以无知知者也。瞻彼阒者，**阒音缺，牖也，隙也。**虚室生白，**莫非天光。**吉祥止止。夫且不止，是之谓坐驰。**端坐而神游于六虚。**夫徇耳目内通、而外于心知，**徇犹使也。耳目听于虚气，不以心知阉乱也。**鬼神将来舍，而况于人乎？是万物之化也，舜禹之所纽也，**纽，相绳也。**伏羲几蘧之所行终，**几蘧未详。行终，行之终身也。**而况散焉者乎？**散，余也。**"

〔解曰〕暴人之恶声其词溢，乱国之怨讟其词危。启耳为门而受之以成乎心，则慎懘而含毒，以毒撄毒，两相蓄矣。一其宅者，心齐之素，不以听乱也，不得已而寓于鸣，心守其符之寓庸也。如是以入游其樊，知道之所知，而不以心耳生知，其知也，虚室之白，已养其和而物不得戾。若然者，凝神以坐，而四应如驰，即有不止者，亦行乎其所不得不行。则有鸣可也，不鸣亦可也，暴人之萧然者自失，而化之于无迹矣。禹之于舜，舜之于尧，亦此而已。虽暴人亦无容不以此也。圣狂在彼，而虚以待之者存乎我；皞天之所以化物，伏羲几蘧之所以化民，皆此而已矣。

叶公子高将使于齐，问于仲尼曰："王使诸梁也甚重，**诸梁，叶公名。**齐之待使者，盖将甚敬而不急。匹夫犹未可动也，而况诸侯乎？吾甚栗之。子尝语诸梁也曰：'凡事若小若大，寡不道以欢成。'**寡，鲜也。道，言也。莫不谓事成为快。**事若不成，则必有人道之患；事若成，则必有阴阳之患；若成若不成而后无患者，惟有德者能之。吾食也执粗而不臧，**平日甘粗恶。**爨无欲清之人。**爨人供食而已，不别求清洁之物，令人取给。**今吾朝受命而夕饮冰，我其内热与！吾未至乎事之情，而既有阴阳之患矣。事若不成，必有人道之患。是两也，<sub>两患俱集。</sub>为人臣者不足以任之。子其有以语我来！"

〔解曰〕思楚之使之也重，复思齐之待之也不急，而遽成内热，皆存诸人者使然也。知先成乎中，则耳目且荧乎外，震撼回惑，人间世皆桎梏矣！

仲尼曰："天下有大戒二：其一命也，其一义也。子之爱亲，命也，不可解于心；臣之事君，义也，无适而非君也，无所逃于天地之间，是之谓大戒。是以夫事其亲者，不择地而安之，孝之至也。夫事其君者，不择事而安之，忠之盛也。自事其心者，哀乐不易施乎前，知其不可奈何而安之若命，德之至也。为人臣子者，固有所不得已。行事之情<sub>就事之情实而行之。</sub>而忘其身，何暇至于悦生而恶死？夫子其行可矣！

〔解曰〕此"存诸己"者之素定也。不悦生而恶死，而后其虚也果虚，其一也果一矣。自事其心，事者无事也。事无事，则心无心矣，忘其心乃可忘其身。夫五官百骸岂知悦生而恶死哉？心悦之，心恶之耳。哀乐施于前，耳目受色声之震撼，入感其心而摇其气，则阴阳人事交起为患，心不可解，身无可逃。而气之宅于虚者，无死无生，常自定焉，可无疑于行矣。

"丘请复以所闻：凡交，近则必相靡以信，<sub>靡，縻通，维系也。《汉书》"羁縻"亦用靡字。</sub>远则必忠之以言；言必或传之。夫传两喜两怒之言，天下之难者也。夫两喜必多溢美之言，两怒必多溢恶之言。凡溢之类也妄，妄则其信之也莫，<sub>信之而又不信。</sub>莫则传言者殃。故《法言》曰：<sub>古书名。</sub>'传其常情，无传其溢言，则几乎全。'且以巧斗力者，<sub>如今之角技。</sub>始乎阳，<sub>阳谓解数，使人可见。</sub>常卒乎阴，<sub>阴谓暗计伤人。</sub>泰至则多奇巧。<sub>泰至犹言过甚。</sub>以礼饮酒者，始乎治，常卒乎乱，泰至则多奇乐。凡事亦然，始乎谅，常卒乎鄙；<sub>始信而卒薄之。</sub>其作始也简，其将毕也必巨。言者风波也，<sub>如风生波，相乘不息。</sub>行者实丧也。<sub>激于言以行之，而丧其本心。</sub>夫风波易以动，实丧易以危。<sub>丧其心则不可测。</sub>故忿设无繇，巧言偏辞；<sub>忿作则设无根之言词，而用巧用偏，此言之风波也。</sub>兽死不择音，<sub>音与荫通，林木之荫也。受伤之兽，出平地以与人斗。</sub>气息茀然，<sub>茀，悖、勃二音，强盛貌。</sub>于是并生心厉；<sub>厉，瘟疫鬼也。害机交作，不择而施，如瘟疫然。</sub>克核太至，则必有不肖之心应之，而不知其然也。苟为不知其然也，孰知其所终？<sub>此行之实丧也。</sub>故《法言》曰：'无迁令，无劝成，<sub>迁改其辞令，劝人成其事。</sub>过度益也。<sub>迁令劝成，皆增益也。</sub>迁令劝成殆事；美成在久，恶成不及改。'可不慎与！

〔解曰〕此"而后存诸人"之善术也。不任耳而宅于一，亦虚而已矣。以此而游于人间世，岂徒合大国之交为然哉？邱里之间，田夫牧竖之事，相与者莫不然也。敬按：言此以见人人当用此以处世。传溢言、起风波而丧其实，以召不知其然之不肖之心，皆心不宅于一以养其虚，任耳为知而据之为成心，以急于成事者使然耳。故从末而慎之，不胜慎也；从本而慎之，一宅而已矣。耳非不听而止于听，非不有言有行而适其符，于物无所慎，而自无不慎。不然，慎亦栗也，先内热而阴阳人事莫非患矣。

"且夫乘物以游心，托不得已以养中，至矣。何作为报也？报君止此耳，何用他求？莫若为致命，此其难者。"

〔解曰〕乘而游，则凡天下不肖之心，苶然之气，皆泠然之风，莽渺之鸟也。乘而斗，则溢言、迁令、劝成，而克核以召不肖之心，并心生厉，皆其所必至。夫游亦岂有必游之心哉？亦寓于不得已尔。生亦可游也，死亦可游也。忘生忘死，养其存诸己者，则何至溢言、迁令、劝成以愤事？然则所以报君之命者，至于忘生死而已极，又何必有功有名，以为报邪？故以无事无心事其心者，可以忠报君，可以孝报父，而不尸其名，不居其功。非无己、无功、无名之人，孰能与于此？故曰"此其难者"，未常不存诸人，而以存诸己者存之也。

颜阖将傅卫灵公太子，而问于蘧伯玉曰："有人于此，其德天杀：杀，所界反，受于天者本薄。与之为无方，则危吾国；与之为有方，则危吾身，其知适足以知人之过，而不知其所以过。若然者，其奈之何？"蘧伯玉曰："善哉问乎！戒之，慎之！正汝身哉！形莫若就，心莫若和。虽然，之二者有患。就不欲入，勿陷其中。和不欲出。勿超其外。形就而入，且为颠、为灭、为崩、为蹶。心和而出，且为声、为名，为妖、为孽。彼且为婴儿，亦与之为婴儿；彼喜怒无常如婴儿，吾之不识不知亦婴儿也。彼且为无町畦，亦与之为无町畦；彼之荡闲逾捡无町畦，而吾之彼此不隔亦无町畦也。彼且为无崖，亦与之为无崖；彼之卑下为无崖，而吾之若谷若水亦无崖也。达之入于无疵。不入不出，两无疵焉。汝不知夫螳螂乎？怒其臂以当车辙，不知其不胜任也，是其才之美者也。才之美者，往往若是。戒之慎之！积伐而美者以犯之，伐，功也。积功自负其美。几矣！几于危矣。汝不知夫养虎者乎？不敢以生物与之，为其杀之之怒也；不敢以全物与之，为其决之之怒也；时其饥饱，达其怒心。虎之与人异类而媚养己者，顺也；故其杀者逆也。夫爱马者，以筐盛矢，以蜄盛溺；蜄以蛤饰器，今之螺甸。喻积伐。适有蚊虻，虻音萌。仆缘而拊之不时，则缺衔、毁首、碎胸。喻美意。仆，车御也。缘，因也。因拂其蚊虻之不时，而遭蹄齿之害。意有所至而爱有所亡，可不慎耶？

〔解曰〕此存诸人者之善术也。存诸己者不悦生而恶死，定于虚一矣；而后存诸人者，乘物以游心。伯玉之言，一乘物以游心也。形之就，亦"外曲"也；心之和，亦"内直"也。因就而入感其心，则与俱靡而不能"无疵"；以其和者出而示人，则与不肖之心为"町畦崖岸"，而致"毁首碎胸"之患；皆有心知之美，自伐以犯人，几于死亡而不觉者也。傅太子则傅太子，恶用知其德之杀与不杀，而荡吾德以犯之乎？慎之于饥饱喜怒之间，抑末矣。"无门无毒"，宅一以集虚者，不蕲乎慎而自慎；于其就和出入之间，发之至当而无所犯也，则见为慎；所谓"怵然为戒，视为止，行为迟"也。则又涉乱世之末流者不得已之机权也。许由之忘帝尧，"抟扶摇"也。伯玉之教颜阖，"抢榆枋"也。各因所乘而游其心，宜皡天者无异观也。

匠石之齐，至乎曲辕，见栎社树：其大蔽牛，絜之百围；其高临山十仞而后有枝，其可以为舟者旁十数；观者如市。匠石不顾，遂行不辍。弟子厌观之，犹言饱看。走及匠石，曰："自吾执斧斤以随夫子，未尝见材如此其美也。先生行，不肯视，何耶？"曰："已矣，勿言之矣！散木也！散上声。以为舟则沉，以为棺椁则速腐，以为器则速毁，以为门户则液樠，松心木为樠，音瞒，膏液如樠粘人也。以为柱则蠹，是不材之木也。无所可用，故能若是之寿。匠石归，栎社见梦曰："汝将恶乎比予哉！若将比予于文木耶？夫柤、梨、橘、柚、果蓏之属，柤音查，柚音又，蓏音裸。实熟则剥，剥则辱；大枝折，小枝泄。此以其能苦其生者也，故不终其天年而中道夭，自掊击于世俗者也。物莫不若是。且予求无所可用久矣。几死，乃今得之，为予大用。慎之至，惟不犯人之喜怒。使予也而有用，且得有此大也耶？且也，若与予也皆物也，奈何哉其相物也！而几死之散人，匠石以匠用于人，有所用则忘其在己之用，故曰散人。又恶知散木！"匠石觉而诊其梦。弟子曰："趣取无用，则为社何耶？"曰："密！若无言！彼亦直寄焉，以为不知己者诟厉也。不为社者，且几有翦乎？二句一气贯下。诟厉之，因而翦乏，为社则免是矣。**且也，彼其所保与众异。而以义誉之，**誉犹责也。**不亦远乎！"**

南伯子綦游乎商之邱，见大木焉，有异：结驷千乘，隐将芘其所藾。芘、庇通。藾，荫也。郭象曰："其枝所荫，可以隐芘千乘。"**子綦曰："此何木也哉？此必有异材夫！"仰而视其细枝，则拳曲而不可以为栋梁；俯而视其大根，则轴解而不可以为棺椁；**轴解，木纹旋散也。**咶其叶，**咶同舐。**则口烂而为伤；嗅之，则使人狂酲三日而不已。子綦曰："此果不材之木也，以至于此其大也。嗟乎神人，以此不材！"**

宋有荆氏者，宜楸、柏、桑。其拱把而上者，求狙猴之杙者斩之；杙，栖狙猴之架。**三围、四围，求高名之丽者斩之；**高名即高明，大家也。或曰高门。丽与槜通，梁栋也。**七围、八围，贵人富商之家求樿傍者斩之。**棺全一边为樿傍。**故未终其天年而中道夭于斧斤，此材之患也，故解之以牛之白颡者，**解，祭祀禳解也。**与豚之亢鼻者，与人有痔病者，不可以适河。**适河谓沉人于河也，如西门豹之事。**此皆巫祝以知之矣，所以为不祥也。此乃神人之所以为大祥也。**

支离疏者，颐隐于齐，肩高于顶，会撮指天，会音哙。撮，子括反。会撮，髻也。脊凸头低，故指天。**五管在上，**五管，五藏之腧。**两髀为胁；挫针治繲，**挫针，缝衣。治繲，浣衣。繲音戒。**足以糊口；鼓䇲播精，**鼓䇲，簸米也。**足以食十人。上征武士，则支离攘臂于其间；上有大役，则支离以有常疾不受功；上与病者粟，则受三钟与十束薪。夫支离其形者，犹足以养其身、终其天年，又况支离其德者乎？**支离其德者，其弥缝、洗涤、鼓播，又何如耶？

孔子适楚。楚狂接舆游其门，《列仙传》曰："楚狂陆通，食橐卢木实及芜菁子，隐峨嵋山。尸子曰："接舆耕于方地，今黄城山。"**曰："凤兮凤兮！何如德之衰也！来世不可待，往世不可追也。天下有道，圣人成焉。天下无道，圣人生焉。方今之时，仅免刑焉！福轻乎羽，莫之知载；祸重乎地，莫之知避。已乎，已乎！临人以德。殆乎，殆乎！画地而趋。迷阳迷阳，**野草也。朱子以为薇，东坡以为大巢菜。**无伤吾行！吾行郄曲，无伤吾足！"**唐顺之曰："迷阳，晦其明也。郄曲，畏缩貌。"**山木自寇也，膏火自煎也。桂可食，故伐之；漆可用，故割之。人皆知有用之用，而莫知无用之用也。**

〔解曰〕有以者，皆有用也。寓诸庸者，非无用，而不挟所以，以自伐其美以为用。故以翼飞而或弋之矣，以知知而必菑之矣。惟不挟其有用以用于人，则时而为社，亦不得已而寓诸庸；毁之不怒，誉之不喜，暴人日操斧斤以相菑，而与之相忘，惟其虚而已矣。天下皆用实，而无能用虚。人所不能用，人所不能菑也。不近名者之不近刑，夙矣。然而不易得也。所谓几死乃今得之也，慎之至也。不恃所有以易天下，毫厘之不合于皥天者，惟恐犯之，其慎之也至矣。然其所慎者，特化形化声之接构，而固非惴惴焉有内热之伤。则其慎也，一逍遥矣。不材之散木，固未尝有悦生恶生之情。支离疏者，亦未尝以避武士、大役而毁其形。任其所固然，而安于无可奈何，则卫君之暴，齐楚之交，蒯聩之天杀，无不可支离于其侧；故有用之用，不如无用之用也。

　　《庄子解》卷四终

# 庄子解卷五·内篇

## 德充符

　　充者，足于内也；符者，内外合也。内本虚而无形之可执，外忘其形，则内之虚白者充可验也。内外合而天人咸宜，故曰符。外忘而一葆其天光，"謷乎大者"无非天也，则其德充矣。德充而又何加焉！整威仪，饰文辞；行以礼，趋以乐；盛其端冕，华其被佩，峨然为有德之容，则中之枵也必多，而物骇以畏忌，神无二用，侈于容貌者，其知必荡；于是而荣辱、贵贱、贫富、老壮，交相形以相争，是有德之容，人道之大患也。能忘形而后能忘死生，能忘死生而后能忘争竞。争竞忘而后不忘其所不忘，才全内充，于物无不宜，而其符也大矣。

　　**鲁有兀者王骀，** 方以智曰："兀与跀同，古声转也。"骀音台。**从之游者与仲尼相若。常季问于仲尼曰："王骀，兀者也，从之游者与夫子中分鲁；立不教，坐不议，虚而往，实而归。固有不言之教，无形而心成者耶？是何人也？"仲尼曰："夫子，圣人也。丘也直后而未往耳。丘将以为师，而况不若丘者乎？奚假鲁国？丘将引天下而与从之。"常季曰："彼兀者也，而王先生，** 兀者而有王先生之称。**其与庸亦远矣。** 远于常人。**若然者，其用心也独若之何？"仲尼曰："死生亦大矣，而不得与之变；虽天地覆坠，亦将不与之遗；审乎无假** ——真无假。**而不与物迁，命物之化** 物皆于之受命。而守其宗也。"

〔解曰〕此言德之充也，无所不充，至于超天地之成坏，极万物之变化，而不出其宗，而达者之用心在是也。生死者，人之形生而形死也。天地即有覆坠，亦其形覆形坠也。浑然之一气，无生则无死，无形则无覆坠。生死、覆坠，一指之屈伸尔。屈伸改而指自若，此则命物之化而为之宗者也。寓形于死生，皆假也，假则必迁。而浑然流动于两间，宅于至虚而不迁。不能迁则不能遗，不能变。用心于无形，以养其无形之真，则死生听诸形之成毁，而况一足乎？

**常季曰："何谓也？"仲尼曰："自其异者视之，肝胆，楚越也。自其同者视之，万物皆一也。夫若然者，且不知耳目之所宜，而游心于德之和；物视其所一，而不见其所丧；** 视万物皆一，则足亦土也。**视丧其足犹遗土也。"**

〔解曰〕原天之成形也，凝而为土，孕而为人之官骸，皆因其道而为之貌，因其貌而成其形，一也。当其寓庸，则土亦吾之用，而非与我疏；其无所用之，则足与我不相终始，亦寓焉耳。偶集于足而有趾，偶集于形而有生。有趾而有全有毁，有生而有存有亡。道应如是，天不得不如是也，而全毁、存亡，要无益损其真。既已丧，则亦遗土矣。浑然至一者，全乎至大。土且"藐然小"以处乎其中，而况足乎？物化之宗，万有之屈伸，皆其中之尘垢秕糠，同于一化。游心于此，焉往而不和哉？

**常季曰："彼为己：** 特为己而已。**以其知得其心，以其心得其常心，物何为最之哉？"** 最犹功最之最，谓未尝教人而人尊之。**仲尼曰："人莫鉴于流水，而鉴于止水；惟止能止众止。** 一止则众妄皆止。**受命于地，惟松柏独也在，冬夏青青。** 有不可死者在焉。**受命于天，惟舜独也正，** 自正而人正。**幸能正生以正众生。** 亦幸尔，非有心于正人也。视天下悦而归如草芥，而人自归之。**夫保始之征，** 发念欲往破故，而后必征之。**不惧之实；** 实能不惧，《刺客传》所谓神勇也。**勇士一人，雄入于九军。** 九军，《军书》曰："军之数外列八阵，握奇于中，九宫八卦其遗法也。" **将求名而能自要者，** 约结誓死。**而犹若是，而况官天地，府万物，直寓六骸，象耳目，** 以耳目为假设之象。**一知之所知，** 但知至一而不纷。**而心未尝死者乎？彼且择日而登假，** 假音格，吕氏音遐。**人则从是也。** 人自从之耳。**彼且何肯以物为事乎？"** 彼不欲教也。

〔解曰〕常季之所疑者，得常心而忘生忘形，但以释累于己，而无以及物。不知为己者，非以知而得心也，其为己也，则惟其丧己也。夫物之所不亲者，有己有偶，而利害是非不齐以不相得，莫有得其正者。一知于所知之大宗，则杂出之心知皆止矣；物各适其适，而就其不留形之鉴，以相忘于得丧，而莫不正矣。松柏不求冬荣而冬自荣，舜有天下不与而天下自归。得丧忘于己，则同异泯于物。至于生死忘，则无物不可化，犹勇士之不见有九军矣。故独而无耦之体，物化之所受命，不以物为事，物自从之。饰其威仪，藻悦其文辞，表有德之容以立教坐议者，知侈于物而失正于己；德不充，奚有自然之符应邪？

　　**申徒嘉，兀者也，而与子产同师于伯昏无人。子产谓申徒嘉曰："我先出则子止，子先出则我止。"** 耻与刑人同出入，故为立约。**其明日，又与合堂同席而坐。子产谓申徒嘉曰："我先出则子止，子先出则我止。今我将出，子可止乎，其未耶？且子见执政而不违，** 违，避也。**子齐执政乎？"申徒嘉曰："先生之门，固有执政焉如此哉！子而悦子之执政而后人者也！闻之曰：'鉴明则尘垢不止，'止则不明也。久与贤人处，则无过。今子之所取大者先生也，而犹出言若是，不亦过乎？"子产曰："子既若是矣，犹与尧争善。计子之德，不足以自反耶？"申徒嘉曰："自状其过以不当亡者众，** 饰美状以隐过，则幸而免刑。**不状其过以不当存者寡。** 使非饰罪，则人人当刖矣。**知不可奈何而安之若命，惟有德者能之。游于羿之彀中，中央者，中地也。然而不中者，命也。** "中地" "不中"之中去声。**人以其全足笑吾不全足者众矣，我怫然而怒；而适先生之所，则废然而返。不知先生之洗我以善耶？吾与夫子游十九年矣，而未尝知吾兀者也。今子与我游于形骸之内，而子索我于形骸之外，不亦过乎？"子产蹴然改容更貌** 更，平声。**曰："子无乃称！"** 不烦其更说。

　　〔解曰〕妍媸、荣辱、贵贱，皆从形而有者也。外形而游心于无假，则无妍媸，无妍媸则无荣辱，无荣辱则无贵贱。一洗其流俗之得失，而官天地、府万物、豁然之大宗，可得而见矣。子产以寓者象者为生之主，而杂用其知，故见有执政，有刑人，而不知其皆尘垢也。形为遗土而不足惜，形为尘垢而尤不足以留。大明之鉴，充满于天地万物，则天地万物皆效其符，何形之足言哉？若乱世之淫刑不可逃，黜人之匿过以幸免，皆偶然也，命无不可安也。

鲁有兀者叔山无趾，踵见仲尼。仲尼曰："子不谨，前既犯患若是矣。虽今来，何及矣！"无趾曰："吾惟不知务而轻用吾身，吾是以亡足。今吾来也，犹有尊足者存，吾是以务全之也。夫天无不覆，地无不载。吾以夫子为天地，安知夫子之犹若是也！"孔子曰："丘则陋矣。夫子胡不入乎？请讲以所闻。"无趾出。孔子曰："弟子勉之！夫无趾，兀者也，犹务学以补前行之恶，而况全德之人乎？"无趾语老聃曰："孔丘之于至人，其未耶？彼何宾宾以学子为？彼且蕲以诚诡幻怪之名闻。诚音触，诡言也。不知至人之以是为己桎梏耶？"老聃曰："胡不直使彼以死生为一条，以可不可为一贯者，解其桎梏，其可乎？"无趾曰："天刑之，安可解！"

　　〔解曰〕足自犯患，尊足者患不能犯也。惟知之所知者不一，则为尊足者之桎梏耳。死生、可不可，皆于形而有分辨。尊足者无死无生，无可无不可，乃外充于"天府"，内充于"灵府"，天地万物皆合其符，岂在一枝一节之间乎？

　　鲁哀公问于仲尼曰："卫有恶人焉，曰哀骀它。丈夫与之处者，思而不能去也。妇人见之，请于父母曰'与为人妻，宁为夫子妾'者，十数而未止也；未尝有闻其唱者也，常和而已矣。无君人之位以济于人之死，无聚禄以望人之腹，禄饱人腹，使人望之，所谓观我朵颐。又以恶骇天下，和而不唱，知不出乎四域；知，人知之也，犹言名不远出。且而雌雄合乎前，唐顺之曰："言人之与处而不去，如雌雄之相应也。"是必有异乎人者也。寡人召而观之，果以恶骇天下。与寡人处，不至以月数，而寡人有意乎其为人也；不至乎期年，而寡人信之。国无宰，而寡人传国焉，闷然而后应，氾而若辞。闷音门，氾音泛。寡人丑乎，自愧不如。卒授之国。无几何也，去寡人而行。寡人恤焉若有亡也，若无与乐是国也。是何人也？"仲尼曰："丘也常使于楚矣。适见独子食于其死母者，少焉眴若，眴音舜，开目视也。皆弃之而走。不见已焉尔，豕之所以为豕者曰己。不得类焉尔。不与独子之生者类。所爱其母者，非爱其形也，爱使其形者也。战而死者，其人之葬也不以翣；招魂而葬也。翣所以被凶。凶死者，又何被焉！资刖者之履，无为爱之，皆无其本矣。为天子之诸御，不爪翦，不穿耳；取妻者止于外，不得复使。其所娶之妻，曾止宿于外，形不全则不复以之为妻也。形全犹足以为尔，而况全德之人乎？今哀骀它未言而信，无功而亲，使人授己国，惟恐其不受也，是必才全而德不形者也。"

〔解曰〕修饰外貌以侈君子之容者，一狄子之死母，徒有其形而已。外固不与内符，而奚望人之符之也！使其形者不存，则乍亲之必旋弃之，人所弗信也。虽立乎君师之位，而恶焉不能以终日，己所弗信也。信诸己者，自信诸人，何假形哉！

哀公曰："何谓才全？"仲尼曰："死生、存亡，穷达、贫富，贤与不肖、毁誉、饥渴、寒暑，是事之变，命之行也，日夜相代乎前，而知不能规乎其始者也；故不足以滑和，滑音骨。不可入于灵府。使之和、豫、通、而不失于兑，兑，悦也。无往不通，而不失其可悦。使日夜无郤而与物为春，郤陈通。春，群生之所赖也。是接而时生于心者也；与物方接之时，即以当前之境，生其合时之宜，不豫设成心以待之也。是之谓才全。"

〔解曰〕不滑和者德也，而谓之才，然则天下之所谓才者，皆非才也。小有才而固不全者，于其所通则悦，于其所不通则自沮丧而忧戚。其悦也，暂也；其戚也，常也，自炫自鬻而不继，偶一和豫而旋即失之。先自无聊，而安能与物为春？惟遗其貌、全其神、未与物接而常和，则与物接而应时以生其和豫之心；以和召和，凡物之接、事之变、命之行，皆有应时之和豫以与之符；不以才见，而才之所官府者无不全，符达于天下而无不合矣。夫悦之所以失，才之所以困者，无他：死生存亡之十六术，时未至而规之于先，必豫与天下相欣相拒，以自贻其忧；无已则饰形貌以动众，蕲以邀福而免患；灵府乱而外袭其仪容，无德之才，所以终穷于天也。然后知灵府之和，接时以生心者，其才通万变而常全，物安得不最之乎？

"何谓德不形？"曰："平者，水停之盛也。平，准也。停，不动也。盛，极也。水不动，因取以为准。其可以为法也，内保之而外不荡也。德者，成和之修也。不滑其和则成矣。修此者为有德。德不形者，物不能离也。"哀公异日以告闵子曰："始也吾以南面而君天下，执民之纪而忧其死，吾自以为至通矣。今吾闻至人之言，恐吾无其实，轻用吾身而亡吾国。吾于孔丘，非君臣也，德友而已矣。"

〔解曰〕水停则平。平者，万物之无不取法者也。德凝则充。充者，保而不荡者也。凡以才见德者，炫于形以求为物之法，技已穷而狄子弃之走矣。德充而保其和，不饰貌以荡之使易竭，故哀骀它非蕲乎恶骇天下，而恶与之相符，使其形者固春也，雌雄之合，合以天尔。

**闉趾支离无脤**闉跂，跂而守城门。脤音拯。按郭子，脤即肾也，盖刖而宫者。**说卫灵公。**说音税。**灵公说之，**说音悦。**而视全人，其脰肩肩。**脰，颈也。头入于两肩。**瓮䀜大瘿**颈瘤如瓮䀜然。**说齐桓公。桓公说之，而视全人，其脰肩肩，故德有所长而形有所忘，人不忘其所忘，而忘其所不忘，此谓诚忘。**

〔**解曰**〕卫灵齐桓且忘人之形恶，而世人顾不能自忘，则灵符之和外荡，而使其形者、尊足者、审于无假者、日夜无郤者、与物皆春者，诚忘之矣。移其知于彼，则忘于此，不两全之道也。不忘其所可忘，而忘其所不可忘，饰有德之容，以求合于天下，衣冠瞻视，皆狙子之死母也。

**故圣人有所游，而知为孽，约为胶，德为接，工为商。**工谓迎距之巧。四者，圣人视之如此。**圣人不谋，恶用知，不斫，恶用胶？无丧，恶用德？不货，恶用商？四者天鬻也。**鬻古粥字。**天鬻也者，天食也。**食音嗣。**既受食于天，又恶用人？有人之形，无人之情。有人之形，故群于人。无人之情，故是非不得于身。眇乎小哉，**形小听其小。**所以属于人也。謷乎大哉？独成其天。**謷，大也。楚人呼大为謷。

〔**解曰**〕凡饰其形容者，皆以自表其德之所得也，皆役其知而求工者也，皆以要结人而胶固之也。圣人无丧无得，无伤于人，而不谋其离合以与人相贩，游焉而已矣。内之充者天也，使形者也，尊足者也，无假而无郤者也。无游而不逍遥，则与物皆春，一天而已矣。夫天固无假，而雨露霜雪皆真。天固无郤，而春夏秋冬不息。人自依之，天不以为事也。圣人寓形于人之中，而不容不小者，形也；食天之和，与天通一，而固謷乎其大矣。恶能忘其大而争妍媸于其小邪？夫人有憎有忌，有合有离，而于游者两忘而乐与之嬉，惟游者之不以为事耳。游则合天之符，而人效其符，必矣。

**惠子谓庄子曰："人固无情乎？"庄子曰："然。"惠子曰："人而无情，何以谓之人？"庄子曰："道与之貌，**道谓化生之常道。**天与之形，恶得不谓之人？"惠子曰："既谓之人，恶得无情？"庄子曰："是非吾所谓情也。吾所谓无情者，言人之不以好恶内伤其身，常因自然而不益生也。"**不于生求益。**惠子曰："不益生，何以有其身？"庄子曰："道与之貌，天与之形，无以好恶内伤其身。今子外乎子之神，劳乎子之精，倚树而吟，据槁**

**梧而瞑；**<sub>眠通。</sub>**天选子之形，子以坚白鸣！"**

〔解曰〕道与之貌，则貌之美恶皆道也。天与之形，则形之全毁皆天也。忘其内而饰其外，外神劳精，皆于生之外而附益之也。好生而恶死，好存而恶亡，好达而恶穷，好富而恶贫，好誉而恶毁，所好为贤，所恶为不肖；乃至饥渴寒暑，皆不顺其情之所适然，以致饰于威仪酬酢之形容。好恶交滑于外，而忘其灵府之枵，恶知形之与貌，号之为人者，非我也！我一天也，寓于形貌而藐乎小者也。才全而德不形者，视彼皆土；而一知天之所知以休乎天均，则独成其天，充满于六合，如停水之不荡，则物化所从受命而无不合符。接时生心，与物雌雄合者，亦德之既充，寓于不得已耳，孰肯以物为事！而惠子之炫情以鸣，不亦悲乎！

《庄子解》卷五终

# 庄子解卷六·内篇

## 大宗师

凡立言者，皆立宗以为师；而所师者其成心，则一乡一国之知而已，抑不然，而若鲲鹏之知大，蜩莺之知小而已。通死生为一贯，而入于"寥天一"，则"儵、忽"之明昧，皆不出其宗，是通天人之大宗也。夫人之所知，形名象数，是非彼此，吉凶得失，至于死而极。悦生恶死之情忘，则无不可忘，无不可通，而其大莫圉。真人真知，一知其所知，休于天均，而且无全人。以阒虚生白者，所师者此也，故惟忘生死而无能出乎宗。此七篇之大指，归于一宗者也。

**知天之所为，知人之所为者，至矣。知天之所为者，天而生也。**生者，天之为也。**知人之所为者，以其知之所知，**生而有知。**以养其知之所不知，**死而不知。**终其天年而不中道夭者，**评曰：尽生之事，而不伤死之化。**是知之盛也。虽然，有患。夫知有待而后当，其所待者，特未定也。庸讵知吾所谓天之非人乎？**评曰：生恶知非死？**所谓人之非天乎？**评曰：死恶知非生？**且有真人而后有真知。**

〔解曰〕未生而使生，已生而使死，天之为也，不可知者也。一生之中，有其可知者，因以其知、知生之所有事，不得已而应之，而勿劳其精以悦生恶死，而生无穷之好恶，则不伤其和，而不可知之死任之于天，则知不荡而停以盛矣。然当其生也，亦道与之貌，天与之形。天籁之鸣，天物之化，固非我之所可知，则亦不可知者也。及其死也，薪穷于指而火传，则固有未尝死者，亦未尝不可知也。合生与死、天与人而一其知，则生而未尝生，死而未尝死，是乃真人之真知。夫真人者岂真见有人，真知者岂真有其知哉？人皆天也，知皆不容知也；乃可恍惚而遇其知于滑湣。

**何谓真人？古之真人：不逆寡，**不以不足而拒之。**不雄成，**不以有余而居功。**不谟士。**士与事通。不谋事之成败。一说：天下事惟士好谋之，不谟士则不用谋矣。**若然者，过而弗悔，当而不自得也。若然者，登高不栗，入水不濡，入火不蓺。是知之能登假于道也若此。**假音格。登假，升合也。

〔解曰〕此真知之大用也。不逆寡，不雄成，则忘取舍。不谟士，则忘成亏。过而弗悔，当而不自得，则忘毁誉。三者忘，以游于世，险阻皆顺，灾害不得而及之矣。盖水之濡人，火之蓺人，人人焉而触其毒也。真人无门无毒：无人之心则无入之事；不必无入之事，而不以逆寡、雄成、谟士之心，姑尝试之，则不与之相触。水火固无濡人蓺人之心，势将自已，何能为患也？

**古之真人：其寝不梦，其觉无忧，其食不甘，其息深深。真人之息以踵，**评曰：心随气以升降，气归于踵，则心不浮动。**众人之息以喉。屈服者，其嗌言若哇。**嗌音厄，哽于喉也。哇，喉欲出也。中愈屈而外愈求伸，其状如此。**其耆欲深者，其天机浅。**耆、嗜同。一激而即出，故浅。

〔解曰〕此真知藏密之体也。知藏于内而为证入之牖，虽虚而固有体，藏之深浅，知之真假分矣。梦者，神交于魂，而忽现为影，耳目闻见徜徉不定之境，未忘其形象而幻成之。返其真知者，天光内照，而见闻忘其已迹，则气敛心虚而梦不起。生死祸福皆无益损于吾之真，而早计以规未然之忧，其以无有为有，亦犹梦也，皆浮明之外驰者也。浮明之生，依气以动。气之动也因乎息，而天机之出入乘焉。敛浮明而返其真知，则气亦沉静以内向，彻乎踵矣。天机乘息以升降，息深则天机深矣。耆欲者，浮明之依耳目以逐声色者也。壅塞其灵府，而天机随之以上浮，即有乍见之清光，亦浅矣。耆欲填胸，浮明外逐，喜怒妄发，如火熻油镬，投以滴水，而烈焰狂兴。中愈屈服，外愈狂争，觉以之忧，寝以之梦，姚佚启态，无有之有，莫知所萌，众人之所以行尽如驰而可为大哀也。真人之与众人，一间而已。无浮明斯无躁气，随息以退藏而真知内充，彻体皆天矣。

**古之真人：不知说生，**说同悦。**不知恶死；**恶，去声。**其出不欣，**欣合也。**其入不距；**距，拒通。**翛然而往，翛然而来而已矣。**翛音逍，自适貌。**不忘其所始，不求其所终，受而喜之，忘而复之，是之谓不以心捐道，不以人助天，**助字如《孟子》助长之助。**是之谓真人。**

〔解曰〕此真知之本也。说生而非能益生，恶生而无能不死，乘于浮明而忘其天。凡夫狂驰之心，捐道助天，惘于生所自始，而徼求不可知之终，皆说生恶死之心引之歧出也。此之不说，奚说？此之不恶，奚恶？天与形，道与貌。形貌有生死，而天道无始终。浮动之知，孰能乱之？小大、是非，荣辱、得丧，又何足以云？

**若然者：其心志，**志，专一也。俗本作忘，非是。集曰：志字虚用，谓心不可得而窥测惟有一志耳。**其容寂，其颡颀；**颡，去轨切，音频，朴貌。**凄然似秋，**寂静也。**煖然似春；**煖音暄，冲和也。**喜怒通四时，与物有宜而莫知其极。故圣人之用兵也，亡国而不失人心，利泽施于万世，不为爱人。**

〔解曰〕此真知之符也。志者专一，知于所知也。忘生死则浑然一天，寓于形而有喜怒，寓于庸而有生杀，因物而起，随物而止，无不宜而人不能测其极矣。

**故乐通物，非圣人也；**圣无不通，而非以通为乐。**有亲，非仁也；**至仁无私爱。二句一意。下三句别一意。**天时，非贤也；**自谓贤者，必立人以抗天。**利害不通，非君子也；**自谓君子者，必辨天下之利害。评曰：知利害故事是非。**行名失己，非士也；**自谓士者，必欲得名于己。**亡身不真，非役人也。**贤也，士也，君子也，皆其自命也。至于亡其真，要皆役人耳，役人亦自有身。身为人役，岂其身之遽亡乎？亡身不真非役人也，乃贤也，士也，君子也。**若狐不偕、务光、伯夷、叔齐、箕子、胥馀、纪他、申徒狄，**皆贤士君子。**是役人之役，**句。**适人之适，而不自适其适者也。**

〔解曰〕物自无不通也，何待吾通而乐之？仁无不亲，亦无可亲。煖然之春，岂亲物哉？下此者，违天之时，徇物之利害，执己而丧其身，求以适人，皆以通物为乐，而求亲物，贤士、君子，一役人而已。夫真人不说生而恶死，惟以生死者天也，非人也。轻用其死以役于人，而恶其生，以生死为己所与知而自主之，亦喉息之浮激者尔。

**古之真人：其状义而不朋，**朋，类也。义各有类。义而不朋，无所不可。**若不足而不承；**承，受也。不足者必受物。若不足，非不足也，宁更受小物耶？**与乎其觚而不坚也，**与，平声，和适貌。中虚如觚，无物，故不坚。**张乎其虚而不华也；**张，大貌。虚包万有，而不著归于根本。**邴邴乎其似喜乎！**邴、丙通，光明貌。喜其所喜，不为物喜，故曰似。**崔乎其不得已乎！**崔，高貌。超然于物，不得已乃应之。**滀乎进我色也，**滀，昌六切，水聚貌。藏于己者不测，而其容渊然。**与乎止我德也；**与，如字，与乎物者，止充其德而不以物为事。**厉乎其似世乎！**厉，癞病，支离其形也。和光同尘，与世相似。**謷乎其未可制也，**謷，大也。大而无外。**连乎其似好闭也，**连，不绝物也，外不绝物，中密藏而不显。**悗乎忘其言也。**悗音免，从心，从免，不系于心也。虽有言，随即忘之。

〔解曰〕忘生死而寓于庸，以安时处顺，其状如此，人见之如此耳。真人一知其所知，无待而休于天均，一宅而寓于不得已，未尝期于如此也。

**以刑为体，**"为善无近名，为恶无近刑"，近名即近刑也。以为体者，常怀之而不犯。**以礼为翼，以知为时，以德为循。以刑为体者，绰乎其杀也；**杀，所界切。不犯世之刑，简约而自裕。**以礼为翼者，所以行于世；**聊以应世。**以知为时者，不得已于事也；**应时生知，不豫立知。**以德为循者，言其与有足者至于邱也，而人真以为勤行者也。**邱，高处。言与凡有足可行之人，同行而登乎善，无心以善为必行而行之。

〔解曰〕不得已而寓于庸，则刑、礼、知、德，皆犯人之形者所有事，墨儒所争务，而亦可两行，人勤行之，我亦庸之。不测其真知者，以为真人之亦勤乎此，不受也，亦不辞；和之以天倪，其不一者可一也。

**故其好之也一，其弗好之也一。其一也一，其不一也一。其一与天为徒，**一知之所知，无非天也。**其不一与人为徒。**入世而皆无异同。**天与人不相胜也，**天人死生，无所偏据。**是之谓真人。**

〔解曰〕夫使其有真知也，而以其所知所好者却物之不齐，以孤立虚寂之宗，则有天有人，相与为耦而非一矣。以天胜人而相与争，抑不胜矣。夫天，天也，人亦天也。"劳神明为一"者，见天而不见人之一天，则"命物之化"，浑然一致，无能益损之真隐矣。真人者，可似春，可似秋，可刑可礼，可知可德，可亡人之国，可泽及万世，闷然而应，皆翛然往来，无欣无拒，而一之以天；有一日之生，寓一日之庸，天不与人为耦，生不与死为耦，统于一宗而无不"朝彻"；夫是乃谓之无假而真。

**死生，命也；其有夜旦之常，天也。人之有所不得与，皆物之情也。彼特以天为父，而身犹爱之，**形者父生之，而实天之所畀。凡有身者，尚爱其生。**而况其卓乎？**生之理卓立无耦，人也，即天也。**人特以有君为愈乎已，而身犹死之，而况其真乎？**使其形者，形之君也，固宜忘死以事之。

〔解曰〕生之、死之命也。命则有修有短，有予有受，而旦与暮、而天与人相为对待，非独立无耦之真也。不生不死，无对者也。无对则卓然独立而无耦矣。真君者，无君也。我即命也，我即君也。能有此者，终古不已，岂但生之可爱乎？

**泉涸，鱼相与处于陆，相呴以湿，相濡以沫；**呴音煦，又音嘘。人困于小，乃有是非。相呴、相濡，极形其困中无聊之貌。**不如相忘于江湖。与其誉尧而非桀也，不如两忘而化其道。**

〔解曰〕尧桀皆生趣之是非也。人之爱其生，爱其知是非者而已，是涸鱼之湿沫也。豁然合一之大宗，江湖也；忘生忘形，是非不足以立矣。

**夫大块载我以形，劳我以生，佚我以老，息我以死。故善吾生者，乃所以善吾死也。夫藏舟于壑，藏山于泽，谓之固矣。然而夜半有力者负之而走，**夜半，子时，昼夜阴阳之一换也。今日之山，非昨日之山，大气推移，地游天运，人特不知耳。**昧者不知也。藏小大有宜，**藏舟，小也；藏山，大也。**犹有所遁。若夫藏天下于天下、而不得所遁，**生死皆在大化之中，藏于此则无所逃。**是恒物之大情也。特犯人之形而犹喜之。若人之形者，万化而未始有极也，**评曰：万化皆在所藏之中。**其为乐可胜计耶？故圣人将游于物之所不得遁而皆存。善夭善老，善始善终，人犹效之，**善，谓死得其正者。效之，谓送死者效其事。**又况万物之所系而一化之所待乎？**

〔解曰〕于生无所呴濡而均于死，则于死无所丧失而均于生。故善养生者，不养其生，而养其不可死者。大化之推移，天运于上，地游于下。山之在泽，舟之在壑，俄顷已离其故处而人不知；则有生之日，吾之死也多矣。今日之生，昨日之死也。执其过去，忆其未来，皆自谓藏身之固，而瞬未及转，前者已销亡而无余。惟浑然于未始有极之中，生亦吾藏，死亦吾藏，随万化以无极，为一化之所待，无不存也，而奚遁也！虽然，其知此矣，可游也，不可执也。执之则能一其一，而不能一其不一。此列子之御风所以有待，而遁于旬有五日之后也。

夫道：有情有信，无为无形；可传而不可受，可得而不可见；自本自根，未有天地，自古以固存；神鬼神帝，人鬼曰鬼，天之宰曰帝。其神凝则一也。生天生地；在大极之先而不为高，在六极之下而不为深，先天地生而不为久，长于上古而不为老。狶韦氏古有天下者，或曰即豕韦。得之，以挈天地；纲维之。伏戏氏得之，以袭气母；戏音羲，气之母谓神也。维斗得之，终古不忒；维斗，北斗也。斗运四时而不忒。日月得之，终古不息；代明。堪坏得之，以袭昆仑；坏一作坯，音丕。堪坏，地也。昆仑，大山之祖。袭谓覆于其上。冯夷得之，以游大川；冯夷，水神。《山海经》作冰夷，《淮南子》作冯迟。肩吾得之，以处大山；肩吾，泰山神名。黄帝得之，以登云天；黄帝升于鼎湖。颛顼得之，以处玄宫；禺强得之，立乎北极；禺强，北方神名。西王母得之，坐乎少广，莫知其始，莫知其终；西王母见《穆天子传》及《山海经》。彭祖得之，上及有虞，下及五伯；彭祖，注见首篇。傅说得之，以相武丁，奄有天下，乘东维、骑箕尾而比于列星。箕尾之间有傅说星，云是说之精灵。方以智曰："庄子摄拾畅其意耳，其名与事，半真半假。其旨则所谓'神鬼神帝，生天生地'，惟心所造。其理则自古以固存矣。"

〔解曰〕皆一化之所待，万化而未始有极者也。化之所待，不穷于化，有情有信也；未始有极，无为无形也。知者传之，未知者欲受之，则又执之而有极矣。知者得之，未知者欲见之，则滞于化迹而非化之所待矣。天地、日星、山川、神人，皆所寓之庸，自为本根，无有更为其根者。若有真宰，而岂能得其朕乎？

南伯子葵问乎女偊音禹。曰："子之年长矣，而色若孺子，何也？"曰："吾闻道矣。"南伯子葵曰："道可得学耶？"曰："恶！恶可！子非其人也。夫卜梁倚有圣人之才，而无圣人之道；卜梁倚，旧注："人姓名。"敬按：女偊，柔也；卜梁倚，刚也。以柔化刚，以道诲才，似亦寓为之名。我有圣人之道，而无圣人之才。吾欲以教之，庶几其果为圣人乎！不然，以圣人之道，告圣人之才，亦易矣。吾犹守而告之参日，而后能外天下。已外天下矣，吾又守之七日，而后能外物。已外物矣，吾又守之九日，而后能外生。已外生矣，而后能朝彻；如初日之光，通明清爽。朝彻而后能见独，见无耦之天钧。见独而后能无古今，无古今而后能入于不死不生。杀生者不死，生生者不生。评曰："杀生""生生"，皆天也。**其为物：无不将也，无不迎也；无不毁也，无不成也。其名为撄宁。**于撄而能宁。**撄宁也者，撄而后成者也。"南伯子葵曰："子独恶乎闻之？"曰："闻诸副墨之子，**书策也。**副墨之子闻诸洛诵之孙，**诵读也。**洛诵之孙闻之瞻明，**视也。**瞻明闻之聂许，**听也。耳聂而聪许也。聂许闻之需役，**需役，声也。声音在空，亦有待而行。**需役闻之于讴，**小儿声音之始也。**于讴闻之玄冥，**未有知。**玄冥闻之参寥，**参于天之泬寥。**参寥闻之疑始。**疑有始而未始有始。

〔解曰〕以要言之，外生而已矣。生有易尽之期，有易尽之能，故撄之则不能卓立以成其独体。知死生者，知形神之去留，惟大力之所负而趋，而不生不死者，终古而不遁。形之存亡，不足用为忧喜，则天下之物杂然相撄，而能撄其遁者，不能撄其不遁者，不遁者固常宁也。如必绝撄而求宁，则抑恃壑泽以为藏，待沫湿以救涸矣。天下无非独也：无我也，无耦也；无杀也，无生也。将、迎、成、毁，撄者自撄，而宁者自宁，大浸不能濡空洞之宇，大火不能爇一实之块，卓然成其一大。知至于此，则如日之方曙，洞然自达，独光晃耀，成其太宁之宇，非圣人之才不能与于斯。

大道既无形而不可见，则所闻者，竹素、丹墨，诵读、视听、言词、音响而已。所自始者滑涽冥昧，疑有而未始有者也。疑始无始，假化声以传。然则化声者，虽如比竹之吹，不得其萌，而声所自化，又未始非滑疑之耀之所寓。则即象言以寓真知，亦奚不可哉？亦撄而后成者也。

**子祀、子舆、子犁、子来四人相与语曰："孰能以无为首，以生为脊，以死为尻；**首、脊、尻，一体也。**孰知死、生、存亡之一体者，吾与之友矣。"四人相视而笑，莫逆于心，遂相与为友。俄而子舆有病，子祀往问之。曰："伟哉！夫造物者，将以予为此拘拘也！"曲偻发背，上有五管，**面向天。**颐隐于齐，肩高于顶，句赘指天。**句赘与会撮通，发卷曲而髻如赘也。**阴阳之气有沴，**沴，庚、珍二音，气乱也。言自是阴阳之气有庚耳，于心无涉。**其心间而无事。跰𨇤而鉴于井，**跰𨇤音骈先，病不能行貌。**曰："嗟乎！夫造物者，又将以予为此拘拘也！"子祀曰："汝恶之乎？"曰："亡。予何恶？浸假而化予之左臂以为鸡，予因以求时夜。浸假而化予之右臂以为弹，予因以求鸮炙。浸假而化予之尻以为轮，以神为马，予因而乘之，岂更驾哉？且夫得者时也，失者顺也。安时而处顺，哀乐不能入也。此古之所谓县解也。**

县音悬。而不能自解者，物有结之。外物系心。且夫物不胜天久矣，吾又何恶焉？”俄而子来有病，喘喘然将死，其妻子环而泣之。子犁往问之，曰："叱！句。避！句。无怛化！怛，惊也，伤也。"倚其户与之语曰："伟哉造化！又将奚以汝为？将奚以汝适？以汝为鼠肝乎？以汝为虫臂乎？"子来曰："父母于子，东西南北，惟命之从。阴阳于人，不翅于父母。翅、啻通。彼近吾死而我不听，我则悍矣，彼何罪焉？夫大块载我以形，劳我以生，佚我以老，息我以死。故善吾生者，乃所以善吾死也。今大冶铸金，金踊跃曰：'我且必为镆铘'，大冶必以为不祥之金。今一犯人之形，偶触犯使然。而曰：'人耳人耳'，夫造化者必以为不祥之人。今一以天地为大炉，以造化为大冶，恶乎往而不可哉？"成然寐，形死。蘧然觉。神游。

〔解曰〕四子者，以大宗为师，而不师心者也。人各有心而悦生恶死，非悦生也，悦物也。目遇之而成色，耳遇之而成声，心遇之而成爱，为物所结而自悬不欲解也。撄宁者，物自结而我自解，为鸡、为弹、为轮，无不可寓庸，而终无所遁。东西南北皆撄也，则皆宁也。故游可逍遥，物论可齐，人间世可入，帝王可应，德无不充，而所养者一于其主；为生生者，不为所生者，为杀生者，不为所杀者；于化不怛，而恶乎不可哉！

子桑户、孟子反、子琴张三人相与友，曰："孰能相与于无相与，相为于无相为？孰能登天游雾，挠挑无极，挠音象；挑徒尧切，自得不拘意。相忘以生，无所终穷？"三人相视而笑，莫逆于心，遂相与友。莫然有间，莫然犹穆貌。而子桑户死，未葬，孔子闻之，使子贡往待事焉。或编曲，或鼓琴，相和而歌曰："嗟来桑户乎！嗟来桑户乎！而已返其真，而我犹为人猗！"猗，助语词。子贡趋而进曰："敢问临尸而歌，礼乎？"二人相视而笑曰："是恶知礼意！"子贡反，以告孔子曰："彼何人者耶！"修行无有，而外其形骸，临尸而歌，颜色不变，无以命之。彼何人者耶！孔子曰："彼游方之外者也，而丘游方之内者也。内外不相及，而丘使汝往吊之，丘则陋矣。彼方且与造物者为人，而游乎天地之一气；彼以生为附赘悬疣，以死为决疣溃痈。夫若然者，又恶知死生先后之所在！假于异物，托于同体；形骸皆异，而天因托焉。忘其肝胆，遗其耳目；反复终始，不知端倪；芒然彷徨乎尘垢之外，逍遥乎无为之业；彼又恶能愦愦然为世俗之礼，以观众人之耳目哉！"观，示也。子贡曰："然则夫子何方之依？"曰："丘，天之戮民也。虽然，吾与汝共之。"子贡曰："敢问其方。"孔子曰："鱼相造乎水，人相造乎道。相造乎水者，穿池而养给；不相呴濡。**相造乎道者，无事而生定**。评曰：不争是非，则彼此皆道而生自定。**故曰：'鱼相忘乎江湖，人相忘乎道术。'"** 达于江湖，归于道术，不特相造，而相忘矣。子贡曰："敢问畸人。"曰："畸人者，畸于人而侔于天。故曰：'天之小人，人之君子；人之君子，天之小人也。'"

〔解曰〕天奚有君子小人哉！人则有之。畸人而侔于天，则犹宁而不可撄也。彼此皆相造于道，则可以相忘。世俗之礼，一撄也，何不宁也？方无内外，天不与人为耦，无往而不可。夫子曰"丘则陋矣"，惟不自以为得，此其所以为真人。

颜回问仲尼曰："孟孙才其母死，哭泣无涕，心中不戚，居丧不哀；无是三者，以善丧盖鲁国。固有无其实而得其名者乎？回一怪之。"仲尼曰："**夫孟孙氏尽之矣，进于知矣。惟简之而不得**，犹以善丧闻，有所不得简也。**夫已有所简矣**。不戚不哀，无其文矣。**孟孙氏不知所以生，不知所以死；不知就先，不知就后；若化为物，以待其所不知之化已乎！** 当其生也，已知其化为物矣。**方将且化，恶知不化哉？方将不化，恶知已化哉？吾特与汝，其梦未始觉者耶？且彼有骇形**，可骇者生死之形。**而无损心**；形化而心不损。**有旦宅**，一旦宅此，非久居也。**而无情死**。死则忘情。**孟孙氏特觉人哭亦哭，是自其所以乃**。犹云此其所以乃尔。**且也相与吾之耳矣**，评曰：人自于其生而自名曰此吾也。**庸讵知吾所谓吾之乎？** 评曰：吾之者谁也？**且汝梦为鸟而戾于天，梦为鱼而没于渊。不识今之言者，其觉者乎，其梦者乎？造适不及笑**，造而之适，犹有意也。付存亡于一笑，则自得矣。**献笑不及排**。献之于笑，犹有迹也，自然惟天所排，并无可笑。**安排而去化，乃入于寥天一。"** 安听天之排而不受其化，乃与寥天为一。

〔解曰〕此哀乐不能入之徵也。夫岂塞默以杜哀乐之至乎？有杜塞其哀乐之心，而又乌足以知化？简之不得者，撄也。不可简而无庸心于简，可简则简之，宁也。故形可骇，且可宅，而心固不损，死固不足以荡其情，惟自忘其吾而已矣。吾者非吾也，与人相耦而谓之吾，则亦梦而已矣。故忘其所谓吾者，则哀乐无可施之地，一水之不能濡空宇，火之不能蒸块土也。不濡不蒸，则不禁天下之有水火。且而宅之，暮而去之，且宅之可矣。心不损而形可骇，亦骇之可矣。天下皆吾笑资也，忘其笑而任其排，排亦安焉，然后死可而生亦可。寥天者，无生也，无死也；哀乐现其骇形，如浮云丽空而无益损于空，夫乃无撄不宁，而生死一，是之谓大宗。

意而子见许由。许由曰：燕子名鹢鹕，寓为之名，殆谓其傍人门户邪！"尧何以资汝？"意而子曰："尧谓我：必躬服仁义，而明言是非。"许由曰："而奚来为轵！轵，语词，只通。夫尧既黥汝以仁义，而劓汝以是非矣。汝将何以游夫遥荡、恣睢、转徙之途乎？"恣睢，自得貌。睢音讳。意而子曰："虽然，吾愿游其藩。"许由曰："不然。夫盲者无以与乎眉目颜色之好，瞽者无以与乎青黄黼黻之观。"无瞳曰盲，有瞳曰瞽。意而子曰："夫无庄之失其美，据梁之失其力，无庄，美人；据梁，力士。黄帝之亡其知，皆在炉锤之间耳。陶铸之，使自忘而丧我。庸讵知夫造物者之不息我黥而补我劓，使我乘成旧注：乘可成之道。薛应旗曰："乘成者，合《乾》之'时乘''时成'而随游也。"以随先生耶？"许由曰："噫！未可知也。我为汝言其大略。吾师乎！吾师乎！整万物整音齐，碎也。评曰：揉之如整菜然。而不为义，泽及万世而不为仁，长于上古而不为老，覆载天地、刻雕众形、而不为巧，此所游已。"

〔解曰〕此忘生死之效也。所谓吾师者，合天人生死而一之大宗也。不居仁义之功，日新而命物之化，惟其不可得而生，不可得而死尔。与之游而忘之，则仁义是非之屑屑者，方且不拒，而况于欣！

颜回曰："回益矣。"仲尼曰："何谓也？"曰："回忘仁义矣。"曰："可矣，犹未也。"它日复见，曰："回益矣。"曰："何谓也？"曰："回忘礼乐矣。"曰："可矣，犹未也。"它日复见，曰："回益矣。"曰："何谓也？"曰："回坐忘矣。"仲尼蹴然曰："何谓坐忘？"颜回曰："堕肢体，黜聪明，离形去知，同于大通，此谓坐忘。"仲尼曰："同则无好也，同于大通，则不好其形。化则无常也。任天之化，无往不可。而果其贤乎！丘也请从而后也。"

〔解曰〕先言仁义，后言礼乐者，礼乐用也，犹可寓之庸也，仁义则成乎心而有是非，过而悔，当而自得，人之所自以为君子而成其小者也。坐忘，则非但忘物，而先自忘其吾。坐可忘，则坐可驰，安驱以游于生死，大通以一其所不一，而不死不生之真与寥天一矣。

子舆与子桑友，而淋雨十日，子舆曰："子桑殆病矣！"裹饭而往食之。至子桑之门，则若歌若哭，鼓琴曰："父耶！母耶！天乎！人乎！"有不任其声，力不能出声。而趋举其诗焉。不能歌，且口诵之。子舆入，曰："子之歌诗，何故若是？"曰："吾思夫使我至此极者而弗得也。父母岂欲吾贫哉？天无私覆，地无私载，天地岂私贫我哉？求其为之者而不得也。然而至此极者，命也夫！"

〔解曰〕贫富之于人，甚矣。故人有轻生死而不能忘贫富者，思其所以使我贫者而不得，则旷然矣。天地不私贫人富人，抑岂私生人死人乎？弗获已而谓之命，而非有命也。犯人之形，则所以撄之者，不能规之于始。天地不以有所贫有所死而损其心，则贫富无根，生死无本，是非无当，小大无垠，哀乐无所入，浑然万化，不出其宗矣。

《庄子解》卷六终

# 庄子解卷七·内篇

## 应帝王

应者物适至而我应之也。不自任以帝王，而独全其天，以命物之化而使自治，则天下莫能出吾宗，而天下无不治。非私智小材，辨是非、治乱、利害、吉凶者之所可测也。

**啮缺问于王倪，四问而四不知。**《齐物论》中问答凡三，此言四问者：是也，非也，物也，我也。**啮缺因跃而大喜，行以告蒲衣子。蒲衣子曰："而今乃知之乎！有虞氏不及泰氏。有虞氏：其犹藏仁以要人，**要音邀，结也。**亦得人矣，而未始出于非人。**非人者，有我也。**泰氏：其卧徐徐，其觉于于；**徐徐，安舒貌。于于，无知貌。**一以己为马，一以己为牛；其知情信，**信，实也。**其德甚真，而未始入于非人。"**

〔解曰〕见我为我而人非我，则见人非我而我非人。我者为是，人者为非，则以我之是，治人之非，怀挟仁义以要天下，惟此非人之一见为之畛封而成八德。不入于畛域，以立人我是非，则民自安其民，上自安其上，泰然梦觉与物相忘，如牛马之于人，无相与也，乃知其实之民情而为德也真矣。故王倪之四不知，不知我也，不知人也，不知是也，不知非也；"彼是莫得其耦"，而冥合于大宗，帝王之所以入于撄而常宁，而天下莫不宁矣。

**肩吾见狂接舆，狂接舆曰："日中始何以语女？"**〔旧注：日中始，人名。〕<sub></sub>敬按：疑始无始，因据日中以为始，寓为之名也。**肩吾曰："告我：君人者以己出经，**令自己出，建为常道。**式义度人，**以义立式，为人之法度。**孰敢不听而化诸！"狂接舆曰："是欺德也。其于治天下也，犹涉海凿河，而使蚊负山也。夫圣人之治也，治外乎正而后行，**句。外犹异也，犹言异乎世之正而后行者。**确乎能其事者而已矣。且鸟高飞以避矰弋之害，鼷鼠深穴乎神邱之下以避熏凿之患，而曾二虫之无知？"**

　　〔解曰〕正，期必也，必于己之为正，而谓人不正。凡所以治人者，皆式乎己之正以行；河海自深而凿之，山自高而负之，徒劳已耳。夫民，则无不确乎能其事者：农自能耕，女自能织，父子自亲，夫妇自别；忘乎所以然而能自确，害自知远，利自知就。鸟鼠岂待我之出经义，而始能避患哉？物确然者不昧矣。我奚是乎？物奚非乎？应其所不得不应者，寓诸庸而已矣。

　　**天根游于殷阳，至蓼水之上，**蓼音了。**适无名人而问焉，曰："请问为天下。"无名人曰："去！汝鄙人也！**据天以为根，故曰鄙。若人而无名，则圣人也。**何问之不豫也？**豫，快也。**予方将与造物者为人，**造物须我为人，我不得不为。**厌，**句。**则又乘夫莽眇之鸟，**死也。**以出六极之外，而游无何有之乡，以处圹埌之野。**圹埌犹旷荡。**又何帠**或曰古为字；或音诣，法也。**以治天下感予之心为？"**又复问。**无名人曰："汝游心于澹，合气于漠，顺物自然而无容私焉，而天下治矣。"**

　　〔解曰〕澹心漠气以忘其生，无益损于生而生不伤；澹心漠气以顺乎物，无益损于物而物不害；一也。惟才全而德不形，不悦生而恶死，可以养生，即可以养民。谓生死之在我，则贼其生；谓民之生死在我，则贼其民。以心使气，盛气加人，鄙人之为也。大公者，无我而已。惟无生而后可以无我，故乘莽眇之鸟而天下治。

　　**阳子居见老聃曰："有人于此，向疾强梁，**向往敏疾，强干自任，如梁之举屋。**物彻疏明，**物无不通。**学道不倦，如是者可比明王乎？"老聃曰："是于圣人也，胥易技系，**胥，徒也。更换充役，故曰易。技，工也。系身于肆，故曰系。**劳形怵心者也。且也虎豹之文来田，**致取。**猨狙之便、执斄之狗来藉，**致人羁縻。**如是者可比明王乎？阳子居蹴然曰："敢问明王之治。"老聃曰："明**

**王之治：功盖天下而似不自已，化贷万物而民弗恃；有莫举名，**有莫能名其化功者。**使物自喜；立乎不测而游于无有者也。"**

〔解曰〕知而彻，为而勤，皆自为名，以致天下之来求。天下舍其确然之能而来求，则天下皆丧其真。故待人哺者不饱，待人教者不明。应帝王者以帝王为迹，寓于不得已而应之，不招物之来，物将不来。物不来则反而自能其事，澹漠之德，功化莫尚矣。

**郑有神巫曰季咸，知人之死生、存亡、祸福、寿夭，期以岁、月、旬、日，若神。郑人见之，皆弃之而走。**畏其先言死期。**列子见之而心醉，归以告壶子曰："始吾以夫子之道为至矣，则又有至焉者矣。"壶子曰："吾与汝既其文，未既其实，而固得道欤？**而，尔也。责其轻言，以道为至，初未得道。**众雌而无雄，而又奚卵焉？**言受训未化也。**而以道与世亢，**与世亢，即未闻道。**必信夫，**未闻道，必妄信。**故人得而相汝。尝试与来，以予示之。"明日，列子与之见壶子，出而谓列子曰："嘻！子之先生死矣！弗活矣！不以旬数矣！吾见怪焉，见湿灰焉。"**不能起也。**列子入，泣涕沾襟以告壶子。壶子曰："乡吾示之以地文，**地，块然耳。**萌乎不震**一念不动。**不正，**无所期必。**是殆见吾杜德机也。**评曰：德尚杜之，何况非德？**尝又与来。"明日，又与之见壶子，出而谓列子曰："幸矣，子之先生遇我也！有瘳矣！全然有生矣！吾见其杜权矣。"**杜之中有权，谓闭藏中有活机也。**列子入，以告壶子。壶子曰："乡吾示之以天壤，**天入于壤中。**名实不入，**名实皆不入于心。**而机发于踵，是殆见吾善者机也。**浑然善者，仅示其机。**尝又与来。"明日，又与之见壶子，出而谓列子曰："子之先生不齐，**齐，侧皆反。心无专注，似乎不齐。**吾无得而相焉。试齐，且复相之。"列子入，以告壶子。壶子曰："吾乡示之以太冲莫胜，**器中之虚曰冲。太冲，无不胜也。无不可胜，故物莫胜。**是殆见吾衡气机也。**衡所以平物者。无不可入而皆平，游心于无碍也。**鲵桓之审为渊，**鲵桓，鲵鱼盘桓处也。鲵，大鱼名。审，《列子》作潘，音蒲官切，水之盘旋曰潘。**止水之审为渊，流水之审为渊。渊有九名，**《列子》于三渊外，加滥水、沃水、氿水、壅水、汧水、肥水之潘为九渊。**此处三焉。**评曰：入大、入止、入行，皆渊所涵也。三者可涵，犹有未可涵者在。**尝又与来。"明日，又与之见壶子，立未定，自失而走。壶子曰："追之！"列子追之不及，反以报壶子曰："已灭矣，已失矣，吾弗及已。"壶子曰："吾乡示之以未始出吾宗。吾与之虚而委蛇，不知其谁何，**

因以为弟靡，弟字从人、从吊，音颓。弟靡，逊伏貌。因以为波流，故逃也。"然后列子自以为未始学而归。三年不出，为其妻爨，食豕如食人，食同饲。于事无与亲；雕琢复朴，块然独以其形立，纷而封哉，评曰：纷者皆封，即撄宁也。一以是终。

〔解曰〕未始出吾宗，则得环中以应无穷，不薪治天下而天下莫能遁也。耕者自耕，织者自织，礼者自礼，刑者自刑，相安于其天，而恩怨杀生，不以一曲之知、行其私智。此则游于无有，而莫能举名者也；顺物自然，而无私者也；确乎能其事者也；出于非人者也；其庸也，寓也；其藏天下于天下，一其不一者也；謷乎独成其天者也；接而时生于心者也；以无厚入有间者也；参万岁而一成纯者也；以无知知而虚白吉祥者也；哀乐不入者也；乘天地、御六气、以游无穷者也。立于不测，虽神巫其能测乎！乃其所以致此者，始之以地文，而不以物动其心；俄而天机发于甚深之藏，而不急于见；俄而无择于流止鲵桓之小大，以平情处之而皆定。夫乃合万化于一心，无不知也，无不用也；一无知也，一无用也；刑赏质文，民"自取"之，"自已"之，不竞于名，不争于实；帝王之任及于身，可应则应也，天下之待于帝王者无不应也。未尝唱而随应以和，合内外而通于一，谁弊弊焉以天下为事哉？尧舜以天下为事，汤武效之而兵争起；汤武以天下为事，七国强秦效之而祸乱极。有井田则有耕战，有学校则有儒墨，纷不可复理矣。封之于召纷之源，则不出吾宗者，弗能以知见自立小成之宗；大小无不可游，物论无不可齐，德无不充，生无不可养，死无不可忘，人间世无不可入。此浑然至一之宗也，于以应帝王也何有！

能为地文，自有发踵之机，自有莫胜之太冲，自有虚而委蛇之妙用，以为万化之宗。故列子之学，学地文而已；壶子之以雄化其雌卵者，莫湿灰若也。纷而封，弟靡波流，独以形立，皆地文也。其要则以忘生死为归，故季咸曰"弗活矣"。

无为名尸，无为谋府，无为事任，无为知主。体尽无穷，而游无朕，尽其所受乎天而无见得，亦虚而已。

〔解曰〕此纷封之实也。名也，谋也，事也，知也，皆自以为治天下而只以纷也。四者虚，无不虚矣，虽为籁而不受天之吹。心不生气，气不益心，无成心以应天下：无功者，功无与匹矣；陶铸尧舜，而秕糠皆纯粹矣。

**至人之用心若镜：不将不迎，应而不藏，故能胜物而不伤。**<sub>胜音升，</sub>
<sub>任也。</sub>

〔解曰〕镜以光应物，而不炫明以烛物，一知其所知，而不以知示物，
虽知妍媸而不是妍以非媸，物皆其影而自无影，现可骇之形而固无损，故
于物无伤而物亦不能伤之。帝王之道，止于无伤而已。

**南海之帝为倏，**<sub>倏然之明。</sub>**北海之帝为忽，**<sub>忽然之暗。</sub>**中央之帝为浑沌。**
<sub>无明而无不明。</sub>**倏与忽时相与遇于浑沌之地，浑沌待之甚善。**<sub>评曰：明暗皆取给</sub>
<sub>于浑沌。</sub>**倏与忽谋报浑沌之德，曰："人皆有七窍，以视听食息，此独无有，**
**尝试凿之。"日凿一窍，七日而浑沌死。**<sub>方以智曰："浑沌一作混沌，一作倱伅。</sub>
<sub>按昆仑即浑沦也，浑沦即混沌也。太岁在子曰困敦，《淮南子》曰坤屯、鞾鞸，皆浑沌之声</sub>
<sub>义。《道藏》曰：倏表南心之炎火，识王；忽表北肾之命门，情君；浑沌表中央，土也。浑</sub>
<sub>沌一也，倏忽二也。</sub>

〔解曰〕知与不知，皆出于一真之大宗，而还以戕贼其宗。知者任其
知，不知者任其不知，心无与焉，则混沌常存，应物而不死。故或欲明
民，或欲愚民，皆非以复其朴也。

《庄子解》卷七终

# 庄子解卷八·外篇

《外篇》非庄子之书，盖为庄子之学者，欲引伸之，而见之弗逮，求肖而不能也。以《内篇》参观之，则灼然辨矣。《内篇》虽参差旁引，而意皆连属；《外篇》则踳驳而不续。<sub>踳音蠢。</sub>《内篇》虽洋溢无方，而指归则约；《外篇》则言穷意尽，徒为繁说而神理不挚。<sub>古挚字。</sub>《内篇》虽极意形容，而自说自扫，无所粘滞；《外篇》则固执粗说，能死而不能活。《内篇》虽轻尧舜，抑孔子，而格外相求，不党邪以丑正；《外篇》则忿戾诅诽，徒为轻薄以快其喙鸣。《内篇》虽与老子相近，而别为一宗，以脱卸其矫激权诈之失；《外篇》则但为老子作训诂，而不能探化理于玄微，故其可与《内篇》相发明者，十之二三，而浅薄虚嚣之说，杂出而厌观；盖非出一人之手，乃学庄者杂辑以成书。其间若《骈拇》《马蹄》《胠箧》《天道》《缮性》《至乐》诸篇，尤为惝劣。读者遇庄子之意于象言之外，则知凡此之不足存矣。

## 骈拇

此篇亦"为善无近名，为恶无近刑"之旨，其言"至正"，言"常然"，亦与"缘督为经"相近；而徒非斥仁义，究竟无独见之精。何为"至正"，何为"常然"，皆不能以微言达之；且诋诃曾、史、伯夷，以是其所是，非其所非，矜气以固其封畛，故曰非庄子之言。

**骈拇枝指**，骈拇，足大指连第二指也。枝指，手多指也。**出于性哉，而侈于德。**侈，过也。评曰：生而有者曰性，所宜得乎天而利用者曰德。**附赘县疣**，赘，息肉。县音悬。县疣，结而悬之不绝也。**出于形哉**，成形之后乃有之。**而侈于性。多方乎仁义而用之者，列于五藏哉**，肝神仁，肺神义，心神礼，肾神智，脾神信。**而非道德之正也。是故骈于足者，连无用之肉也；枝于手者，树无用之指也；多方骈枝于五藏之情者，淫僻于仁义之行，而多方于聪明之用也。是故骈于明者，乱五色，淫文章，青黄黼黻之煌煌非乎？而离朱是已。多于聪者，乱五声，淫六律，金石丝竹，黄钟大吕之声非乎？而师旷是已。枝于仁者，擢德塞性，以收名声，使天下簧鼓以奉不及之法非乎？**簧鼓，如簧之鼓动于笙管之中。不及，美其不可及也。**而曾史是已。**曾参之孝，仁也。史鱼之忠，义也。**骈于辩者，累瓦结绳**，叠词如累瓦，连意如结绳。**窜句游心**点窜文句，游冶其心。**于坚白同异之间，而敝跬誉无用之言非乎？**旧注：跬当作毁。一说：敝跬如蹩人半步而行，若韩退之所谓"行若遗而处若忘"也。**而杨墨是已。故此皆多骈旁枝之道，非天下之至正也。**

〔解曰〕生而然者，则谓之性矣。性因乎气质，不足于义则余于仁，不足于仁则余于义；有余则皆骈枝也，皆五藏之蕴，有余之情也。习俗之毁誉为声名之荣辱，又非性之所有，增加于生后，为赘疣而已。侈于性者，且非性之常然，况非性之所有者乎？性之常然者，情不得与，而况于名？暖然似春而不可名以仁，凄然似秋而不可名以义。五色无所别于妍媸，五声无所别于《雅》《郑》。妍不立则无媸，《雅》不立则无《郑》。名无可名，谁为曾史！至正者无正，无正则无不正已。

**彼正正者**，正正，无所不正，一曰：当作至正。**不失其性命之情。故合者不为骈，而枝者不为跂**，跂、歧通。按当云跂者不为枝，或字讹，或有意变文。**长者不为有余，短者不为不足。是故凫胫虽短，续之则忧；鹤胫虽长，斯之则悲。故性长非所断，性短非所续，无所去忧也。**不以去之为忧。**意嘻同。仁义其非人情乎！彼仁义何其多忧也！**

〔解曰〕役于仁义之名者，矫不正而欲使之正。其矫之也，仁有穷，义有诎，将必惴惴然忧不仁不义之不易去。夫立一表以为正者，东望之成西，南望之成北，正果安在哉？去东西南北之名，则随在皆正；去仁不仁义不义之名，则同归于至正。无所不可正，而抑又何忧！忧困其情，则情不可返通于性命。惟忘忧以顺情，乃可以养生而冥合于道。

且夫骈于拇者，决之则泣；枝于手者，龁之则啼。二者或有余于数，或不足于数，其于忧一也。评曰：近名近刑，皆非所以养生。今世之仁人，蒿目而忧世之患；旧注：蒿目言薰散也。不仁之人，决性命之情而饕富贵。故意仁义其非人情乎！自三代以下者，天下何其嚣嚣也！

〔解曰〕忧皆生于所欲去：小人欲去仁义，而情终碍于其性；君子欲去不仁不义，而性终拂于其情。一人之身，性情交构，而况于天下？嚣嚣者宜其不息也！故近名之善，近刑之恶，终身大惑而不解。

且夫待钩绳规矩而正者，是削其性也；待绳约胶漆而固者，是侵其德也；屈折礼乐，呴俞仁义，呴音吁，义通。屈折肢体以为礼乐，吁俞言词以为仁义。以慰天下之心者，此失其常然也。天下有常然。常然者：曲者不以钩，直者不以绳，圆者不以规，方者不以矩，附离不以胶漆，离、丽通。约束不以缠索。缠，黑索也。故天下诱然皆生，而不知其所以生；同然皆得，而不知其所以得。诱然，相从也。同然，相比也。故古今不二，不可亏也。则仁义又奚连连如胶漆缠索，而游乎道德之间为哉？使天下惑也！也字，一本作矣。

〔解曰〕名依法以立，名立而抑即名以为法。名法相生，擢德塞性，窜句游心，嚣嚣而不止，皆以求合于法，而不知戕贼山木以为器用，强合异体以为弓轮，非其常然也。一曲之仁，不足以周万物；一端之义，不足以通古今。可名者固非常名。名且不常，而况于法，法固不常，而况于道乎？遇方而方，遇圆而圆，合者自合，离者自离。因其常然，则仁可也，义可也，非仁非义可也，性命之情也。不然，喝于夏者，冬而饮水；冻于冬者，夏而拥絮。古之所谓荣名，今之所谓覆辙，规规然据以为常，自惑而惑天下矣！名惑之，法惑之也。

夫小惑易方，不知南北。大惑易性。何以知其然邪？自有虞氏招仁义以挠天下也，招音翘，举也。挠，乱也。天下莫不奔命于仁义，是非以仁义易其性与？

〔解曰〕有虞氏之仁义，非今之仁义也。使取有虞氏之命官诛凶，强在廷在野之臣民而效之，未有不乱者。惟舜以仁义名，而奉其名以为法，有一不肖，则窃窃然忧之，究不知仁义之为何物。习之习之而成乎性，则戕性、逆情、夭命，皆其惑之所必至。故招挠之过，归之有虞氏而不可辞。

故尝试论之：自三代以下者，天下莫不以物易其性矣！小人则以身殉利，士则以身殉名，大夫则以身殉家，圣人则以身殉天下。故此数子者，事业不同，名声异号，其于伤性，以身为殉，一也。臧与谷臧，善也。谷，利也。二人相与牧羊，而俱亡其羊。问臧奚事，则挟策读书。挟策，执卷也。问谷奚事，则博塞以游。塞、簺通，音赛。古簺用五木。二人者事业不同，其于亡羊均也。伯夷死名于首阳之下，盗跖死利于东陵之上。二人所死不同，其于残生伤性均也。奚必伯夷之是而盗跖之非乎？天下尽殉也。彼其所殉仁义也，则俗谓之君子；其所殉货利也，则俗谓之小人。其殉一也，则有君子焉，有小人焉。若其残生损性，则盗跖亦伯夷也。又恶取君子小人于其间哉！

〔解曰〕以生从他人之死曰殉。名者人之所名也，犹夫利者非必果利于己。宫室、妻妾、交游之肶厚，皆物受之而已，徒为之殉也。当其殉也，忘天地之广大，忘万物之变迁，忘饥疲之苦形，忘忧患之困心，忘刀锯之加身，瞀乱奔驰，莫能自止。君子之情亦何异于小人哉！逐于外而弃其中心之常然，近名近刑，孰与辨其得失哉！

且夫属其性乎仁义者，虽通如曾、史，非吾所谓臧也；属其性于五味，虽通如俞儿，俞儿，古之知味者，见《尸子》。《淮南子》作申儿。非吾所谓臧也；属其性乎五声，虽通如师旷，非吾所谓聪也；属其性于五色，虽通如离朱，非吾所谓明也。吾所谓臧，非仁义之谓也，臧于其德而已矣。吾所谓臧者，非所谓仁义之谓也，任其性命之情而已矣。吾所谓聪者，非谓其闻彼也，自闻而已矣。吾所谓明者，非谓其见彼也，自见而已矣。夫不自见而见彼，不自得而得彼者，是得人之得而不自得其得者也，适人之适而不自适其适者也。夫适人之适而不自适其适，虽盗跖与伯夷，是同为淫僻也。属音烛。

〔解曰〕性之于人：至尊也，无所属者也；至亲也，不外属者也。闻自闻，见自见，性自性，不属于相缘相取之声色，况属之他人，岂人谓之仁而仁，人谓之义而义乎？故既曰"仁义之谓"，又曰"所谓仁义之谓"。始而见有仁而属性于仁，见有义而属性于义，非其性，犹其仁义；至于谓之仁谓之义，则并不知有仁，知有义，而但知有谓而已。人之所谓，名之所自起，法之所自立，性之所自塞也；皆在彼者也，非自也，故曰殉也。

**余愧乎道德，是以上不敢为仁义之操，而下不敢为淫僻之行也。**

〔解曰〕以善不近名、恶不近刑结之。无骈无枝，又奚有决去之伤哉！

《庄子解》卷八终

# 庄子解卷九·外篇

## 马蹄

引老子无为自正之说而长言之。

马：句。蹄可以践霜雪，毛可以御风寒，龁草饮水，翘足而陆，陆犹陆梁之陆，跳也。此马之真性也。虽有义台路寝，无所用之。及至伯乐，曰"我善治马"：烧之、剔之，烧其毛如今火印，剔其蹄。刻之、雒之，旧注：雒络通。刻之以甲，络之以辔。连之以羁馽，络首曰羁，络足曰馽。馽，絷本字。编之以皂栈，栈音斩。皂栈，槽枥也。马之死者十二三矣；饥之、渴之，驰之、骤之，整之、齐之，前有橛饰之患，衔曰橛，缨曰饰。而后有鞭策之威，筴、策同。而马之死者已过半矣。陶者曰："我善治埴，圆者中规，方者中矩。"匠人曰："我善治木，曲者中钩，直者应绳。"夫埴、木之性，岂欲中规矩钩绳哉？然且世世称之，曰："伯乐善治马，而陶、匠善治埴、木"，此亦治天下者之过也。吾意善治天下者不然。彼民有常性：织而衣，耕而食，是谓同德；一而不党，名曰天放。放与仿同。天如是，则亦如是。

〔解曰〕以其意之所趋，矫人之固不然者合之于己，自谓足以齐一天下，而不知适欲其党己也。驭马者乘之骑之，马效于己以从其意之所趋、喻其所欲为而顺之，是人与马为党也。既已党矣，而又安能一乎！一者，一之于天也。天之所然而然之，天之所未有而不然，惟天是效而已不参焉，岂容以斯人为马，己为伯乐，以治之哉？非天是放，是谓逆天，故曰"暌天不宜"。

**故至德之世，其行填填，**旧注：填音田，迟重貌，行不遑也。**其视颠颠。**颠颠，专一也，目不游也。**当是时也：山无蹊隧，泽无舟梁，万物群生，连属其乡，**自相聚于林薮。**禽兽成群，草木遂长。**长，上声。**是故禽兽可系羁而游，鸟鹊之巢可攀援而窥。夫至德之世，同与禽兽居，族与万物并，恶知乎君子小人哉？同乎无知，其德不离；同乎无欲，是谓素朴；素朴而民性得矣。**评曰：民本无知无欲，因而顺之。

〔解曰〕导以知，则将知其所不当知；节其欲，则愈节而愈启其欲。天不使之有知，而固使不欲其所不欲。惟天是放，性无不得矣。性者天之所与，非天则非性也。

**及至圣人，蹩躠为仁，**蹩躠音别萨，又音撇屑，行不正貌，不能行而强行。**踶跂为义，**踶，丈几切，音止，驻足用力也。跂音企，举足望也。不可及而企及。**而天下始疑矣；澶漫为乐，**澶音但，从衍也。漫，靡也。烦杂众声，靡靡娱人。**摘僻为礼，**摘，取也。僻，擘通，挥也。多其去取，劳伤肌骨。僻一本作辟。刘辰翁曰："摘如摘埴之摘，辟如鞭辟之辟。"**而天下始分矣。故纯朴不残，孰为牺尊？**牺音莎。**白玉不毁，孰为珪璋？道德不废，安取仁义？性情不离，安用礼乐？五色不乱，孰为文采？五声不乱，孰应六律？夫残朴以为器，**残，戕通。**工匠之罪也；毁道德以为仁义，圣人之过也！**

〔解曰〕鸟兽自成其群，草木自长其类，各相为体而不淆杂，不一者乃一也。以一人之情，蹩躠焉求合于众人，而谓之仁；以一事之法，踶跂焉求合于众事，而谓之义；齐其不齐而为礼，摘僻而已；和其不和而为乐，澶漫而已。此物不足，贷彼物以就之；一人不足，联众人以成之；能之者号为君子，不能者号为小人。人无非党也，此仁义礼乐之必继以兵戎寇仇也。皆圣人有为之心启之，而恶能禁之！

**夫马：陆居则食草饮水，喜则交颈相靡，**靡、摩通。**怒则分背相踶，**踶音蹄，蹋也。**马知已此矣。**已此犹止此。**夫加之以衡扼，齐之以月题，**月题，马鬣饰。旧注：马额上当颅如月形，乃的卢也，非是。**而马知介倪、**介音戛。介倪犹睥睨也，邪视不肯行。**闉扼、**闉，曲也。扼音厄，按也。回身不受鞍。**鸷曼、**鸷，抵也。曼，突也。谓冲腾也。**诡衔、**不受衔。**窃辔。**潜脱去辔。**故马之知而能至盗者，伯乐**

之罪也。夫赫胥氏之时，<sub>上古帝氏。</sub>民居不知所为，行不知所之，含哺而嬉，鼓腹而游，民能已此矣。及至圣人，屈折礼乐以匡天下之形，<sub>屈折与曲折通。</sub>县跂仁义以慰天下之心，<sub>县音悬，悬之使人跂及。</sub>而民乃始踶跂好知，争归于利，不可止也。此亦圣人之过也！

〔**解曰**〕踶跂好知，乱之所繇生也。所好之知，皆非性之所有也。圣人匡之，而人始知吾形之可奋迅曲折以为其所难为；圣人慰之，而人始知吾欲之可侥幸县跂以希所难得；赫胥氏之民，化而为争夺之民，朴雕德离，不可复一矣。

《庄子解》卷九终

# 庄子解卷十·外篇

## 胠箧

引老子"圣人不死，大道不止"之说，而凿凿言之。盖惩战国之纷纭，而为愤激之言，亦学庄者已甚之成心也。

**将为胠箧、探囊、发匮之道而为守备，**胠，腋也，旁开其箧，如从腋取去也。探囊，摸其囊中之有无而取之也。发匮，窃发其扃也。**则必摄缄縢，固扃镉，**缄，古咸切。镉音决。缄以针缝也，縢以绳束也，扃以门户关也，镉以钮环锁也。**此世俗之所谓知也。然而巨盗至，则负匮、揭箧、担囊而趋，惟恐缄縢扃镉之不固也。然则乡之所谓知者，**乡音向。**不乃为大盗积者也？**"不乃"之不，一本作"今"为是。**故尝试论之：世俗所谓知者，有不为大盗积者乎？所谓圣者，有不为大盗守者乎？何以知其然邪？昔者齐国，邻邑相望，鸡狗之音相闻，网罟之所布，**《诗》所谓"施罛岁岁"。**耒耨之所刺，**刺，刺人于地也，孟子所谓"深耕"。**方二千余里；阖四竟之内，所以立宗庙社稷，治邑、屋、州、闾、乡曲者，曷尝不法圣人哉？然而田成子**名恒。**一旦杀齐君而盗其国。所盗者岂徒其国邪？并与其圣知之法而盗之。故田成子有乎盗贼之名，而身处尧舜之安，小国不敢非，大国不敢诛，十二世有齐国。则是不乃窃齐国，并与其圣知之法，以守其盗贼之身乎？**

〔解曰〕察于理之谓圣，通于事之谓知。理无定在，事有迁流，故圣知之所知，含之于心，而不可暴之为法者也。以是为法而蕲以止盗，则即操我之戈，以入我之室，嗣守吾法者，不能如我之圣知，而法固可窃，强有力者胜矣。陈氏以豆区之仁，收姜氏之齐，太公之教也。陈氏之守固，而姜氏熸矣。

尝试论之：世俗之所谓至知者，有不为大盗积者乎？所谓至圣者，有不为大盗守者乎？何以知其然邪？昔者龙逢斩，比干剖，苌弘胣，胣音以，剖肠也。子胥靡。烂之江中也。故四子之贤而身不免乎戮。故跖之徒问于跖曰："盗亦有道乎？"跖曰："何适而无有道邪？夫妄意室中之藏，圣也；入先，勇也；出后，义也，知可否，知也；分均，仁也。五者不备而能成大盗者，天下未之有也。"繇是观之：善人不得圣人之道不立，跖不得圣人之道不行；天下之善人少而不善人多，则圣人之利天下也少而害天下也多。故曰："唇竭则齿寒，鲁酒薄而邯郸围，事生于此，而责成于彼。圣人生而大盗起。"掊击圣人，纵舍盗贼，而天下始治矣。夫川竭而谷虚，邱夷而渊实，圣人已死则大盗不起，天下平而无故矣。圣人不死，大盗不止。虽重圣人而治天下，则是重利盗跖也。

〔解曰〕圣知之法，刑赏为其大用，而桀纣即以之赏邪佞，而加刑于逢比。逢比之戮，亦四凶之窜有所守也。道暴于法，则何适非法？法以暴道，则何适非道？法之所以纷，道之所以诡也。无道可托，无法可按，天下奚不治哉？圣人用法，仅可以弭一时之盗。施及后世，惟重圣人之法，而丧其所重，乃法徒为盗守，徒为盗积。所重惟法，则已轻矣。外重者，内泄其含也。惟含者为人所不能窃。故甚患夫圣人之不含而亟暴之也。

为之斗斛以量之，则并与斗斛而窃之，为之权衡以称之，则并与权衡而窃之；为之符玺以信之，则并与符玺而窃之；为之仁义以矫之，则并与仁义而窃之。何以知其然邪？彼窃钩者诛，窃国者为诸侯。诸侯之门而仁义存焉，则是非窃仁义圣知邪？故逐于大盗、揭诸侯、揭，举也。驰逐而为大盗者，举诸侯之窃以为口实。窃仁义、并斗斛权衡符玺之利者，虽有轩冕之赏弗能劝，赏之以卿相之服而不屑。斧钺之威弗能禁。此重利盗跖而使不可禁者，是乃圣人之过也！

〔解曰〕大小、轻重、真伪，人之所固能知者，不待斗斛、权衡、符玺而始知。圣人以其圣知立法，以齐一天下之聪明。法繇心生，窥见之者窃之而有余矣。治人揭圣人之法以禁天下，曰"奚不如法"？乱人亦揭圣人之法以禁天下，曰"奚不如法"？则盗国毒民者，方且挟法以禁天下，而恶能禁之，欲不归过于圣人而不得已。

故曰："鱼不可脱于渊，国之利器不可以示人。"彼圣人者，天下之利器也，非所以明天下也。明谓明示人。故绝圣弃知，大盗乃止；摘玉毁珠，摘、掷通。小盗不起；焚符破玺，而民朴鄙；掊斗折衡，而民不争；殚残天下之圣法，而民始可与论议。擢乱六律，铄绝竽瑟，塞瞽旷之耳，而天下始人含其聪矣。灭文章，散五采，胶离朱之目，而天下始人含其明矣。毁绝钩绳，而弃规矩，攦工倕之指，攦，厉、列二音，折之也。而天下始人有其巧矣。故曰："大巧若拙。"削曾史之行，钳杨墨之口，攘弃仁义，而天下之德始玄同矣。彼人含其明，则天下不铄矣；铄，闪铄也。人含其聪，则天下不累矣；人含其知，则天下不惑矣；人含其德，则天下不僻矣。彼曾、史、杨、墨、师旷、工倕、离朱者，皆外立其德，而以炫乱天下者也，法之所无用也。所无用，犹言所以无用。

〔解曰〕"圣人怀之"，含之谓也。圣人含之，而天下固莫能不含矣。人皆能含，而盗恶从起哉？有人于此，未尝为盗，而诏之曰"汝勿为盗！吾有法在，汝欲为盗而固不能"。于是而盗心起矣。且思以其聪明争巧，而一人之利器不能敌天下之锋芒。惟含其止盗之心，以使忘其机变，则巧无所矜，力无所竞，而其意自消，持天下于灵府，以俟其衰而自已。含之为利器，非干将莫邪之所可拟也，故云将曰："毒哉！"

子独不知至德之世乎？昔者容成氏、大庭氏、伯皇氏、中央氏、栗陆氏、骊畜氏、轩辕氏、赫胥氏、尊卢氏、祝融氏、伏羲氏、神农氏，当是时也：民结绳而用之，甘其食，美其服，乐其俗，安其居，邻国相望，鸡狗之音相闻，民至老死而不相往来。若此之时，则至治矣。今遂至使民延颈举踵，曰"某所有贤者"，赢粮而趋之，赢音盈，担负曰赢。《汉志》"赢三日粮。"则内弃其亲，而外去其主之事；足迹接乎诸侯之境，车轨结乎千里之外，则是上好知之过也。上诚好知而无道，则天下大乱矣。何以知其然邪？夫弓、弩、毕、弋、机变之知多，兔网曰毕。则鸟乱于上矣；钩饵、网罟、罾笱之知多，则鱼乱于水矣；削格、罗落、罝罘之知多，则兽乱于泽矣；削格所以罗网者。鸟罟为罗。落、络通，以绳为机而取狐兔者。兔罟为罝。罘罝通，翻车也。**知诈渐毒、颉滑坚白、解垢同异之变多，则俗惑于辨矣。**知，去声，渐，音尖，浸渍也。旧注："颉滑，不正之语，解垢，诡曲之辞。"**故天下每每大乱，罪在于好知。**

〔解曰〕春秋之世，延及战国，好为人师者，日暴其知以争言法，而天下日乱，下达于申商，而残刘天下极矣。乃申商虽谬于圣人，而实因圣人之成迹，缘饰而雕凿之，则亦圣人启之也。夫圣人有所含而后有所暴。其有所含也，可以治一时之天下；乃有所暴矣，则必为盗贼之守。若无所含而徒好知者，日为揣摩以求明，则法旦立而天下夕受其残刘。士好之，上因好之；上好之，士愈见其可好；人士赢粮以执贽，诸侯郊迎而授馆；好之也无已，而不顾其中之一无所含，天下相铄以成乎大乱，此战国之所以灭裂而不可止也。夫欲起已死之圣人为好知之口实，是发冢胠箧传之盗魁也。非死圣人，其祸奚止？死者，含之于心，如汞之得铅，不使流宕泛澜于天下也。

**故天下皆知求其所不知，而莫知求其所已知者，皆知非其所不善，而莫知非其所已善者；是以大乱。故上悖日月之明，下烁山川之精，中堕四时之施；**堕音隳。**喘耎之虫，肖翘之物，**喘，一本作惴。耎音软。喘耎，无足虫也。肖翘，翾飞之属。**莫不失其性。甚矣好知之乱天下也！自三代以下者是已。含夫种种之民，而悦夫役役之佞；释夫恬淡无为，而悦夫哼哼之意；**哼谆通。**哼哼已乱天下矣！**

〔解曰〕所已知者已知矣，而又何求！所已善者已善矣，而又何非！惟含之也。"参万岁而一成纯"，其所知之不知者多矣。"得其圜中以应无穷"，其所善者固有不善矣。有不知、有不善，而亟于立法，则日月、山川、四时、万物之性，皆在吾法之外，而一成之法，适为盗资。民之情，种种不一也。种种者，非役役之可治也。恬淡无为，利器藏于中，而人莫知其所向，则盗无可窃，而种种者各以其太朴之聪明，乐其俗，安其居，而天下治矣。

《庄子解》卷十终

# 庄子解卷十一·外篇

## 在宥

在之为言存也，不言而存诸心也：是焉而在，非焉而在，利焉而在，害焉而在；不随之以流，不激之以反，天下将自穷而不出于环中。宥之为言宽也：是焉而不以为是，非焉而不以为非，利者勿使害，害者不为之利，天下宽然足以自容，而复其性有余地。在之宥之，则无为而无不为矣。乃人所以亟于治天下，而不能在宥之者，有故焉。身之未正，心之未宁，嗜欲积中而天机外荡，忘其有涯之生而佚无涯之知，心与身不相谋，形与神不相浃，舍其身以汲汲于天下，为功名而自盖覆其所不正，摇精以逐阴阳之末流，役其见闻觉知以与物相斗，如浮气聚于太虚，为云以雨，将谓以泽万物，而不知适为，渗也。天惟无为恩于物之心，故不受怨，惟不治物，故物不能乱。立体莫善于在，而适用莫善于宥。天惟无不在、无不宥，故阴阳不毗，节宣自应其候。在宥天下者，喜怒忘于己，是非忘于物，与天合道而天下奚不治，又奚治邪？此篇言有条理，意亦与《内篇》相近，而间杂老子之说，滞而不圆，犹未得乎象外之旨，亦非庄子之书也。

**闻在宥天下，不闻治天下也。**方以智曰："在如持载，围中之范；宥如覆帱，范中之围。"**在之也者，恐天下之淫其性也。**随上意而流。**宥之也者，恐天下之迁其德也。**惧而丧其所守。**天下不淫其性，不迁其德，有治天下者哉？**评曰：己无不治，何治之有！

〔解曰〕此一篇之纲也。不在则心随物往，天下乘之以俱流；不宥则心激物伤，天下莫知其所守。今有人于此，即有不肖之心，勃然欲动，无与劝之，无与沮之，则亦芒然少味而渐以忘。渐以忘，又奚待治哉？

昔尧之治天下也，使天下欣欣然人乐其性，是不恬也。桀之治天下也，使天下瘁瘁焉人苦其性，是不愉也。夫不恬不愉，非德也。非德也而可长久者，天下无之。人大喜邪？毗于阳。大怒邪？毗于阴。阴阳并毗，四时不至，温凉生杀之候，当至而不至。寒暑之和不成，其反伤人之形乎！使人喜怒失位，居处无常，思虑不自得，中道不成章，无恒而失守。于是乎天下始乔诘卓鸷，而后有盗跖、曾、史之行。旧注：乔诘，意不平；卓鸷，行不平也。故举天下以赏其善者不足，举天下以罚其恶者不给。故天下之大，不足以赏罚。自三代以下者，匈匈焉终以赏罚为事，彼何暇安其性命之情哉！

〔解曰〕喜则其性必淫，欣欣然趋乐利者导之以靡也。怒则其德必迁，瘁瘁焉恶死亡者，为善不能、为恶不可、无所据以自安也。种种之民，喜怒人殊，而一淫一迁，则嚣然并起，如巨浸之滔天，而莫之能遏。乃要其所自生，则惟一人之喜怒，有权有力，而易以鼓天下也。阳之德生，知生之为利，而不知生之必有杀，则足以召天下之狂喜，而忘其大忧。阴之德杀，谓杀为固然，而不知杀之害于生，则足以召天下之狂怒，而丧其不忍。夫阳有至和，阴有至静。至静以在，至和以宥，而其发为喜怒者，乃阴阳之委也。一念毗于阳，而天下奔于喜，罚莫能戢也。一念毗于阴，而天下奔于怒，赏莫能慰也。君天下者与天下均在二气之中，随感而兴。天气动人而喜怒溢，人气动天而寒暑溢，非得环中以应无穷者，鲜不毗也。圣之毗无以异于狂矣。

而且说明邪？说音悦。是淫于色也。说聪邪？是淫于声也。说仁邪？是乱于德也。说义邪？是悖于理也。说礼邪？是相于技也。与之偕而自失曰相。说乐邪？是相于淫也。说圣邪？是相于艺也。说知邪？是相于疵也。天下将安其性命之情，之八者存可也，亡可也。天下将不安其性命之情，之八者始脔卷㑋囊而乱天下也。旧注：脔卷，不伸舒之貌。㑋囊犹抢攘。而天下乃始尊之惜之，甚矣天下之惑也！岂直过也而去之邪？评曰：过而去之，暂用而不固执，未尝不可。**乃斋戒以言之，跪坐以进之，鼓歌以儛之。**儛、舞同。**吾若是何哉！**

〔解曰〕八者，尧之治具也。而在宥天下者，亡可也，存可也，亦非必恶之也。恶之者，亦自以为有八德而说之，因以恶尧。故桀恶之而天下怒，尧说之而天下喜。说而喜，则上与民之性皆淫，其愈于恶者无几矣。惟过而去之，己心先无所毗，则天下不能自毗；即有自毗者，在之宥之，且自消也。陈公甫之诗曰："刘郎莫记归时路，只许刘郎一度来"，则善行无辙迹，而天下之性命自安。陈公甫名献章，学者称为白沙先生。敬按：其桃花诗曰："云锁千峰午未开，桃花流水隔天台，刘郎莫记归时路，只许刘郎一度来。"先子《柳岸吟》和曰："花到灵云只一开，桃根桃叶隔天台，刘郎前度人无恙，日日看花不厌来。"并记云："白沙诗为浮屠见闻觉知之说所自据，附会其灵云见桃花不再见宗旨，为驳正之。"是则《南华》为漆园寓言，而解《南华》为先子偶笔也。附此诗以见一斑。

**故君子不得已而临莅天下，莫若无为。无为也，而后安其性命之情。故"贵以身为天下，则可以托天下：爱以身为天下，则可以寄天下"。故君子苟能无解其五藏，无擢其聪明，尸居而龙见，**不动而彰变化。**渊默而雷声，**不言而震虚空。**神动而天随，从容无为而万物炊累焉。**郭象曰："若游尘之自动。"评曰：若炊者，虽累上而气皆至。**吾又何暇治天下哉？**

〔解曰〕吾身固有可在天下、可宥天下者，吾之神也。贵之爱之，弗摇之以外淫，而不与物迁，则五藏保其神明，聪明自周乎天下，龙见雷声，物莫能违，合天下于一治，而阴阳自得其正矣。喜怒者，人气也。神者，天气之醇者也。存神以存万物之天，从容不迫，而物之不待治而治者十之七；聊以八德治之，过而去之，而天下速治者十之二；其终不可治者一而已，逮及久而自消矣。民气不扰，天气不乱，风霆霜露，吉凶生死，自为我而施政教，奚容治哉？乃君子于此，尸居渊默，而龙雷默动以不息，致虚守静，如护婴儿，抑何暇辍此以役天下乎？

**崔瞿问于老聃曰："不治天下，安臧人心？"老聃曰："汝慎无撄人心。人心排下而进上，**排，斥也。其下也如排，日陷而不反。其上也如进，屡上而不休。**上下囚杀；**排下则拘系如囚，进上则争竞欲杀。**淖约柔乎刚强，**如女子之淖约，而刚强者为之柔。**廉刿雕琢；**刿，音贵，割也。如刀刃之廉刿，而坚镇者为之琢。老子曰："廉而不刿。"**其热焦火，其寒凝冰；**炎凉之极。**其疾速也。俯仰之间，而再**

抚四海之外；俯、俛同。一俯一仰之间，而往返于四海之外。**其居也渊而静，**时而渊，时而天，暂而静，忽而动。**其动也县而天。**谓悬空而无所止竟。**偾骄而不可系者，**排下则偾，进上则骄。刚柔、寒热、迟速、动静，总不可系。**其惟人心乎！昔者黄帝始以仁义撄人之心，尧舜于是乎股无胈、胫无毛，以养天下之形，愁其五藏以为仁义，矜其血气以规法度。然犹有不胜也。尧于是放欢兜于崇山，投三苗于三峗，流共工于幽都。此不胜天下也。夫施及三王而天下大骇矣！下有桀跖，上有曾史，而儒墨毕起，于是乎喜怒相疑，愚知相欺，善否相非，诞信相讥，而天下衰矣！大德不同，而性命烂漫矣！**烂，不纯也。漫，漫淫也。**天下好知，而百姓求竭矣！**营求而丧其所有。**于是乎钘锯制焉，**钘即斧斤之斤。**绳墨杀焉，**杀如字。如杀青之杀。**椎凿决焉。天下脊脊大乱，**脊脊，相践籍也。**罪在撄人心。故贤者伏处大山嵁岩之下，**嵁音堪。嵁岩，不平处。**而万乘之君忧栗乎庙堂之上。今世殊死者相枕也，**殊死，尸首分也。**桁杨者相推也，**长械铜颈及胫曰桁杨。推谓取此加彼。**刑戮者相望也；而儒墨乃始离跂攘臂乎桎梏之间。意！**音噫。离跂，跃足也。攘臂，麾肱也。**甚矣哉！其无愧而不知耻也甚矣！吾未知圣知之不为桁杨椄槢也，**椄音接，续木也。槢音习，坚木也。续木用坚，言不得续也。**仁义之不为桎梏凿枘也。**枘音内，木耑所以入凿者。入则难出，言不得脱也。**焉知曾史之不为桀跖嚆矢也！**嚆，虚交切，与髇通，鸣镝也。今谓之响箭，盗贼之先声，言劫杀之踵至也。**故曰："绝圣弃知而天下大治。"

〔解曰〕人有异形而无异心。心有柔强明昧之不一，而其为情为识，含阴阳之动几以生起者，一也。故一人之心，无端微起，而应之者无涯，况居上而有权力者乎？撄人心者，非待取人之心撄之而后撄也，以所说者自撄其心，而人心无不受撄矣。含仁义于心，不得已而临莅天下，亦过而去之，无所说焉，则虽撄而宁，人莫能我撄也。人不知我撄，则我亦无撄于人，相安于恬愉。即有恶如四凶者，亦意消而自已。圣知无所施，儒墨无所辨，圣不待绝而自绝，知不待弃而自弃，天下之撄者皆宁，而奚不治之足忧？慎于撄者，慎于说而已矣。故君子惟自慎其心以贵爱其身，而勿待取人之心，问其撄与不撄也。

黄帝立为天子十九年，令行天下，闻广成子在于空同之上，故往见之，曰："我闻吾子达于至道，敢问至道之精。吾欲取天地之精，以佐五谷，以养民人；吾又欲官阴阳以遂群生，为之奈何？"广成子曰："而所欲问者，物之质也；而所欲官者，物之残也。自而治天下，云气不待族而雨，族，聚也。云不聚而雨，言泽少也。草木不待黄而落，言杀气多也。日月之光，益以荒矣！而佞人之心翦翦者，又奚足以语至道！"旧注：翦翦，佞貌。黄帝退，捐天下，筑特室，席白茅，闲居三月，复往邀之。广成子南首而卧，黄帝顺下风膝行而进，再拜稽首而问曰："闻吾子达于至道，敢问治身，奈何而可以长久？"广成子蹶然而起曰："善哉问乎！来！吾语女至道！至道之精，窈窈冥冥；至道之极，昏昏默默；无视无听，抱神以静，形将自正；必静必清，无劳女形，无摇女精，乃可以长生；目无所见，耳无所闻，心无所知，女神将守形，形乃长生，慎女内，闭女外，多知为败。我为女遂于大明之上矣，至彼至阳之原也；为女入于窈冥之门矣，至彼至阴之原也。天地有官，阴阳有藏，慎守女身，物将自壮。我守其一，以处其和；故我修身千二百岁矣，吾形未尝衰。"

〔解曰〕其要，收视反听而已。视听外闭，则知不待去而自去。知去则心不撄，心不撄则天下无可说，而己无可为。人之心不待安之、抚之、养之、遂之，而自无所撄也。阴阳之可官者，皆其绪余萎于形中者，故曰残。至阳之原，无所喜而物自生；至阴之原，无所怒而物自杀。过而去之，不损其真，不以有所说而治物、而以扰物，则守者一而无不和。道止于治身，而治天下者不外乎是。此段意盖止此，而其语与老子"窈兮冥兮"之言相类。后世黄冠之流，窃之以为丹术，而老庄之意愈晦。大抵二子之书，多为隐僻之辞，取譬迂远，故术士得托以惑世。其下流之弊，遂成外丹彼家之妖妄。修辞不以达意而止，则适以资绌人之假窃而已。

黄帝再拜稽首曰："广成子之谓天矣！"广成子曰："来！余语女！彼其物无穷，而人皆以为终；彼其物无测，而人皆以为极。得吾道者，上为皇而下为王；失吾道者，上见光而下为土。死则昭明升上，形魄降下。今夫百昌皆生于土，而返于土。故余将去女，入无穷之门，以游无极之野。吾与日月参光，吾与天地为常。当我缗乎！缗同绵。《老子》："绵绵若存。"远我昏乎！人其尽死而我独存乎！"

〔解曰〕物固无可穷，物固不可测。而欲治之者，穷其无穷，测其不测，适以撄物而导之相疑相欺、相非相诮、以成乎乱而已。盖自撄其心，则仰而见阳之浮光，遂以为明；俯而见阴之委形，遂以为冥；魂逐光而魄沉于质，则方生之日，早入于死，以其自死者死天下。日月之光所以荒，云雨之所以错，草木之所以凋，皆民喜怒、湮滞、飞扬之气，干阴阳之和召之也。夫死固不能不死矣，必反于土矣。而至阳之明不乱于浮炎，则至阴之冥不随形以阴为野土，阴音荫。与天地为无穷，物皆在其所含之中，无有可说以相撄者，相就以化，缙缙常存而去其昏，群生遂矣，皇王之道尽矣。

　　**云将东游，过扶摇之枝而适遭鸿蒙。** 云将，云也。扶摇，风也。鸿蒙，太虚一气之未分也。**鸿蒙方将拊髀雀跃而游。** 髀音彼，股骨也。一本作脾，非是。**云将见之，倘然止，贽然立，** 贽，不动貌。**曰："叟何人邪？叟何为此？"鸿蒙拊髀雀跃不辍，对云将曰："游"。云将曰："朕愿有问也"。鸿蒙仰而视云将曰："吁！"云将曰："天气不和，地气郁结，六气不调，四时不节。今我愿合六气之精以育群生，为之奈何？"鸿蒙拊髀雀跃掉头曰："吾弗知，吾弗知。"云将不得问。又三年，东游，过有宋之野，** 心之分野。**而适遭鸿蒙。云将大喜，行趋而进曰："天忘朕邪？天忘朕邪？"再拜稽首，愿闻于鸿蒙。鸿蒙曰："浮游不知所求，猖狂不知所往，游者鞅掌，以观无妄。** 鞅掌，劳也。其游似劳而非劳。**朕又何知？"云将曰："朕也自以为猖狂，而民随予所往；朕也不得已于民，今则民之放也。** 放、仿同。**愿闻一言。"鸿蒙曰："乱天之经，逆物之情，玄天弗成。解兽之群，而鸟皆夜鸣；** 鸟兽弗安，二句互文见意。**灾及草木，祸及昆虫，** 昆，一本作止，止乡通。**意！** 噫同。**治人之过也！"云将曰："然则吾奈何？"鸿蒙曰："意！毒哉！** 绝物者毒也。老子曰："亭之毒之。" **仙仙乎归矣！"云将曰："吾遇天难，愿闻一言。"鸿蒙曰："意！心养。** 句。**汝徒处无为。** 徒处，空虚也。**而物自化。堕尔形体，吐尔聪明；伦与物忘，大同乎涬溟；解心释神，莫然无魂；** 莫然，无貌。**万物云云，** 云云，自然貌。**各复其根。各复其根而不知，浑浑沌沌，终身不离。若彼知之，是乃离之。无问其名，无窥其情，物故自生。"云将曰："天降朕以德，示朕以默，躬身求之，乃今也得。"再拜稽首，起辞而行。**

　　〔解曰〕有形而无迹，有为而无情，轻微飘忽而能蝹蚪以泽万物者，莫云若也。然而至阳之原，日月之所不至，不得而至；至阴之原，重渊之所不彻，不得而入。亦用阴阳之残以为质，而撄太虚之清宁，则功小而过大，利短而害长。兽解鸟鸣，草木昆虫有受其恩者，即有受其灾者。自以为猖狂，而终与民相往放。玄天且受其扰，而况于物？固宜为鸿蒙之不屑诏也。大明者，无所施明于物也。窈冥者，物且不知其窈冥也。有所施则随物俱往，说于物而以物撄其心；物知之则且放之，而物撄我，我固不容已于撄物。惟鸿蒙之游，游而未尝不游也。无形无体，无明无冥，含物而忘物，与物同而不同乎物，此天地之本体，而于人为心。心之至虚者，一影不存于昭旷之中，无所郁结以成乎浮云之体，六气自行，而不屑以育群生为说。是其挥斥群有，无求无往无放者，真毒矣哉！能然，则劝不以赏，畏不以威，为皇为王而不歆，为光为土而不戚。其于天下也，无功无名，耕者自耕，凿者自凿，人自亲其亲，人自长其长，无所桎梏于名法之中，斯乃与天同道，而非云将之所能拟其万一也。不以知撄心，则亦不撄物之知，而物自养其知以护其根。率群生以各贵爱其身，而又何育焉？然则尧之仁天下也，亦云也，其如天者不在此也。云恶足以仁天下哉！不能在也，不能宥也。

**世俗之人，皆喜人之同乎己，而恶人之异于己也。同于己而欲之，异于己不欲者，以出乎众为心也。夫以出乎众为心者，曷常出乎众哉？因众以宁所闻？**宁，诘词。诘其所闻者何如。**不如众技众矣。**不如众人之才技者多矣。**而欲为人之国者，**"为人之国"，与"为邪""为政"之同同。**此揽乎三王之利，而不见其患者也。此以人之国侥幸也。几何侥幸而不丧人之国乎？其存人之国也无万分之一，而丧人之国也，一不成而万有余丧矣！**

〔解曰〕有所说者众矣，莫甚于说出乎众以为心。撄心者多矣，莫甚于因出众为心而侥幸。撄人者多矣，莫甚于恶人之异己而强之使同。凡夫以仁义臧人之心，取天地之质，官阴阳之残，合六气之精，以求遂群生者，皆自谓首出万物，而冀天下之同己者也。故言利物者以三王为最。将揽之以为众之所放，而不达人心，不达人气，同其不同，以标己异，幸愚贱之可惟吾意而驾其上，摇精劳形，以困苦天下；不知自爱，因以伤人；不知自贵，因以役人；人心一撄，祸难必作，故以丧人之国而有余。

**悲夫！有土者之不知也！夫有土者，有大物也。有大物者，不可以物。**为物所物。**物而不物，**亦物也，然而不物。**故能物物。**故凡物我皆可得而物之。**明乎物物者之非物也，岂独治天下百姓而已哉？出入六合，游乎九州，独往独来，是谓独有。独有之人，是之谓至贵。大人之教，若形之于影，声**

之于向；向、响同。**有问而应之，尽其所怀，为天下配；处乎无向，行乎无方；挈汝适，**评曰：以其身行游。**复之挠挠，**评曰：自反而挠弱。**以游无端；出入无旁，与日无始；**评曰：昨日往而今日来，何始之有! **颂论形躯，**寓言寓形，释氏所谓动身发语也。**合乎大同；大同而无己。无己，恶乎得得有有?**不曰有物，而曰有有，是并其独有而不有也。**睹有者昔之君子，睹无者天地之友。**

〔解曰〕小而治一国，大而出入六合，游乎九州，无他道焉，知有独而已矣。惟知有独而不物于物，则独往独来，有其独而独无不有。不得已而临莅天下，亦莅之以独而已。一人之身，其能尽万类之知能、得失、生死之数乎? 而既全有于己，则遗一物而不可。能此者不能彼，能清者不能浊，能广者不能狭。惟贵爱其身者，静而与地同其宁，喜怒不试；虚而与天同其清，生杀无心；则身独为吾之所有，而不为物有。灵府之所照烛，惟有其身而不有物，则物不撄己，己不撄物，神动天随，人皆自贵爱以胥化，若形影声响之相应，不召而自合矣。独有者，有其无物者也。有其无，而有者无穷，其于大物也，蔑不胜矣。有其有，则且以所说者为有，而仁义之名归，道德之真丧矣。此三王之利所以害也。

**贱而不可不任者物也，卑而不可不固者民也，匿而不可不为者事也，粗而不可不陈者法也，远而不可不居者义也，亲而不可不广者仁也，节而不可不积者礼也，中而不可不高者德也，一而不可不易者道也，神而不可不为者天也。故圣人观于天而不助，成于德而不累，出于道而不谋，会于仁而不恃，薄于义而不积，**薄，普各切，泊通，如舟之叙岸然。**应于礼而不讳，**无所忌讳以殉名。**接于事而不辞，齐于法而不乱，恃于民而不轻，因于物而不去。物者莫足为也，而不可不为。**

〔解曰〕此十德者皆有也，有之皆可说也，说之皆因也。心在于十德，则不能在天下矣。据一德以使天下同也，则不能宥天下矣。然其本无也，不待无之而后无也。绝圣者非绝之，弃知者非弃之。有绝之弃之之心，则亦多知之败矣。无有者，过而去之而已。夫云将亦几于过而去矣；而聚之成其蝹蛇，散之流为雨液，则亦未尝去也。至阳至阴之原，大明而云不能掩，窈冥而云不能入，独有万有而任物之间，顺应之以与相配，此十德者复何碍哉? 可名为十德，而不可以十德名之，是之谓天地之友。

**不明于天者，不纯于德；不通于道者，无自而可。不明于道者，悲**

**夫！何谓道？有天道，有人道。无为而尊者，天道也；有为而累者，人道也。主者，天道也；臣者，人道也。天道之与人道也，相去远矣，不可不察也。**

〔**解曰**〕人莫不在宥于天，而各因仍于其道，则不以物撄己，不以己撄物，虽乱而必治，物自治也。物之自治者，天之道也。屑屑然见有物而说之，以数撄之者，人也；有司之技也。主贵而臣贱。臣道者，一官一邑之能，宋荣子犹然笑之，人役而已，贵爱其身者弗屑也。

《庄子解》卷十一终

# 庄子解卷十二·外篇

## 天地

　　此篇畅言无为之旨，有与《应帝王》篇相发明者；于《外篇》中，斯为邃矣。

　　**天地虽大，其化均也；万物虽多，其治一也；人卒虽众，其主君也。君原于德，**有德乃可君天下。**而成于天，**天命之。**故曰玄。**玄，天德也。君受天之成德，必合天。**古之君天下，无为也，天德而已矣。以道观言而天下之君正，以道观分而君臣之义明，以道观能而天下之官治，以道泛观而万物之应备。**立于无为之宇而下观之。**故通于天地者德也，行于万物者道也，上治人者事也，能有所艺者技也。技兼于事，事兼于义，义兼于德，德兼于道，道兼于天。故曰："古之畜天下者，无欲而天下足，无为而万物化，渊静而百姓定。"《记》曰："通于一而万事毕，**惟天则一。无心得而鬼神服。"夫子曰：**唐顺之曰："夫子指孔子。"**"夫道，覆载万物者也，洋洋乎大哉！君子不可以不刳心焉。**刳，去之也。**无为为之之谓天，无为言之之谓德，爱人利物之谓仁，不同同之之谓大，行不崖异之谓宽，有万不同之谓富。故执德之谓纪，德成之谓立，循于道之谓备，不以物挫志之谓完。君子明于此十者，则韬乎其事心之大也，沛乎其为万物逝也。**逝，归往也。**若然者：藏金于山，藏珠于渊；不利货财，不近贵富；不乐寿，不哀夭；不荣通，不丑穷；不拘一世之利以为己私分，不以王天下为己处显；显则明，万物一府，死生同状。"天德合一。

〔解曰〕无所谓道，天而已矣，即《在宥》篇所谓"主者天道也"。"万物一府"，天府也；"死生同状"，同于天也。于人见异，观于天则几无不同矣。玄同者，同于玄也。可见者则异矣，其死生圆运于大钧，而函万有于一环者，不可见也，蔑不同也。体其玄以泛观，则知其同；知其同，则无不在而无不可宥；迎我者不可见喜，拒我者不容或怒；赏罚为应迹而不系于心，是谓"刌心"。刌心者，刌去其心之知也，是谓弃之，故因而应之，见有十德；通之于一，则无为无欲，函于一府，浑于同状，而与天均化矣。

夫子曰："夫道：渊乎其居也，不动。漻乎其清也，谬音聊，清深也。金石不得，无以鸣。故金石有声，不考不鸣，评曰：作用。万物孰能定之？夫王德之人，素逝而耻通于事，素逝者，虚心以游也。立之本原而知通于神，故其德广，其心之出，有物采之。郭象曰："物采之而后出，非先物而倡也。"故形非道不生，生非德不明。存形穷生，穷，尽也。存其形，尽其生。评曰：贵爱其身。立德明道，立其德，明其道。评曰：反于天均。非王德者邪？王，去声。有王者之德。荡荡乎忽然出，勃然动，而万物从之乎！此之谓王德之人。视乎冥冥，听乎无声；冥冥之中，独见晓焉；无声之中，独闻和焉。故深之又深，而能物焉；物物。神之又神，而能精焉。故其与万物接也，至无而供其求，时骋而要其宿，骋，驰骋也。宿，归宿也。大小、长短、修远。"修，一本作近。大小也，长短也，近远也，皆供其求，皆要其宿。

〔解曰〕通于事者技也，臣道也，贱也。愈著则愈浅，愈成则愈粗，殉一世之利而可贵爱者亡矣。事之为数，大小、长短、修远而已。逐于其数，迷而不反，自矜为通，则独见独闻者汶暗而不知有。惟独有而后见独，见独而后其见闻皆独，大小、长短、修远皆不出其所在而为其所宥；故无求不可供，忽然勃然，驰骋百为，而过而去之，以不迷于所宿。若然，则通于一而不屑通于事，以天道为天德，无为而为天下君者也。

黄帝游于赤水之北，杳冥之中。登于昆仑之邱，将与天通。而南望还归，遗其玄珠；评曰：欲以天道明人心而遗其德。玄珠渊深圆润，天德之在人心者。使知索之而不得，使离朱索之而不得，离朱，明也。使喫诟索之而不得也；喫，去逆切，又口懈切。喫诟，文言也。**乃使象罔，象罔得之。**方以智曰："象则非无，罔则非有。"**黄帝曰："异哉！象罔乃可以得之乎！"**评曰：绝其南归之想矣。

〔解曰〕游乎冥默，登乎高旷，几与天地通矣。然因此以通乎事而明民，则抑有阴阳以遂群生之情也，而玄同圆运之德丧矣。盖终忘其独而撄人之心也。心知也，聪明也，文言也，皆强索而不能遇者也。知事无事，知通无通，收视反听，无为为之，过而去之，象罔矣，乃可以无得而得也。

**尧之师曰许由，许由之师曰啮缺，啮缺之师曰王倪，王倪之师曰被衣。尧问于许由曰："啮缺可以配天乎？吾藉王倪以要之。"许由曰："殆哉圾乎天下！**圾与岌同。**啮缺之为人也：聪明睿知，给数以敏，**数谓事物之数。给，应也。敏，捷也。**其性过人，而又乃以人受天。彼审乎禁过，而不知过之所繇生。与之配天乎？彼且乘人而无天，方且本身而异形，**见有身而示异。**方且尊知而火驰，**恃明而速骋。方且为绪使，**为事之所役。**方且为物䋨，**䋨，公才切，绹束也，为物之所缚。**方且四顾而物应，**为物䋨矣，而望其应我。**方且应众宜，**为绪使矣，而求其得宜。**方且与物化而未始有恒。**不能通于一。**夫何足以配天乎？虽然，有族有祖，可以为众父，而不可以为众父父。**即无上八过，犹止可以为众父，不可以为祖。**治乱之率也，北面之祸也，南面之贼也。"**

〔解曰〕为尧师之师者，尚不足以配天，故许由自谓爝火而不敢代庖，况师尧之圣知而蕲以治天下乎？万物之大小长短，相与为族，而所祖者惟天。合天道之无为，乃与天配。否则治之适以乱之，福之适以祸之，育之适以贼之。

**尧观乎华，华封人曰："嘻！圣人！请祝圣人，使圣人寿。"尧曰："辞。""使圣人富。"尧曰："辞。""使圣人多男子。"尧曰："辞。"封人曰："寿、富、多男子，人之所欲也。女独不欲，何邪？"尧曰："多男子则多惧，富则多事，寿则多辱。是三者非所以养德也，故辞。"封人曰："始也我以女为圣人邪，今然君子也。天生万民，必授之职，多男子而授之职，则何惧之有？富而使人分之，则何事之有？夫圣人鹑居，**鹑无常居，而有常匹。尸子曰："尧鹑居。"郭象曰："无意而安。"**而鷇食，**郭象曰："仰物而足。"**鸟行而无彰，**郭象曰："率性而动，非常迹也。"林云铭曰："鸟行虚空，过而无迹。"**天下有道，则与物皆昌；天下无道，则修德就闲；千岁厌世，去而上仙，乘彼**

白云，至于帝乡；三患莫至，身常无殃；则何辱之有？"封人去之，尧随之，曰："请问。"封人曰："退己！"

〔解曰〕北面奚足以祸？南面奚足以贼？无所歆，无所厌，函万物于一府，等死生于同状，则祸且不辞，奚有于福？因而用之，莫非天也。无物不物，而不物于物，可以爱身，即可以托天下。

尧治天下，伯成子高立为诸侯。《通变经》云：老子从天开辟以来，身一千三百变，后世得道，伯成子高是也。尧授舜，舜授禹，伯成子高辞为诸侯而耕。禹往见之，则耕在野。禹趋就下风，立而问焉，曰："昔尧治天下，吾子立为诸侯。尧授舜，舜授予，而吾子辞为诸侯而耕。敢问其故何也？"子高曰："昔尧治天下，不赏而民劝，不罚而民畏。今子赏罚而民且不仁，德自此衰，刑自此立，后世之乱，自此始矣！夫子阖行邪？无落吾事！"俋俋乎耕而不顾。俋，音邑。俋俋，低首耕状。

〔解曰〕君人者之通于事，所资者赏罚而已。赏其所当赏，罚其所当罚，可谓于事皆通矣，是乘人而无天也，为绪使、为物缘也，求宜于四应而无恒也；治繇此成，而乱亦繇此生，是曰治乱之率。盖为政教，为礼乐，为仁义，多为之名以撄人心，则必同乎我者赏，异乎我者罚；以此火驰于天下而禁其过，乃天下之过即繇此而深；故伯成子高耻而去之。

泰初有无，无有无名。一之所起，一者数之始。一之所起，则太始也。有一而未形。一尚未形，则太虚也。物得以生谓之德。未形者有分，且然无间谓之命。未形者必有分也。既分，则与生俱生，相为终治矣。而当其未分时，则犹然无间也，是天命之初也。留动而生物，物成生理谓之形。留而动，动而留，一动一静也。形体保神，神保合于形之中。各有仪则谓之性。性修反德，此下言有道者。德至同于初。同乃虚，虚乃大；合喙鸣，喙鸣合，如鸟之合喙以鸣；而喙鸣相合，因天机之自然，无名义之可立也。与天地为合，其合缗缗，同绵。若愚若昏，是谓玄德，同乎大顺。

〔解曰〕无者，浑然太虚，化之所自均，无可为名，而字之曰无。函于人心为玄珠，超于形象为象罔，有一而不可以形求曰玄德。万物一府，死生同状，而自旋运于其间，无本无棑，而日固无始。大小、长短、修远殊异而并存者，形也。合而在人，则性也。繇天顺下而成性者，繇人顺之以上而合天，则时有云为，不出于大圜流动之中，喙鸣也，一比竹之吹也。

因乎天而不以为为，何容心于赏罚以撄人之心而逆天经哉？顺之而已。

夫子问于老聃曰："有人治道若相放，放音仿。可不可，然不然，辩者有言曰：'离坚白若县寓。'县音悬。寓，宇通。天宇高悬也。离，剖析之也。评曰：于可者、不可者，然者、不然者，虽辩言日进，彷佛难决，而破其坚白，若高天在上，无不昭晰，以决于从违。若是则可谓圣人乎？"老聃曰："是胥易技系，劳形怵心者也。解见《应帝王》。执狸之狗成思，狸，一本作留。成思，谓被絷而思逸也。猿狙之便自山林来。虽便巧，而人可自山林絷之以来。丘！予告若，而所不能闻与而所不能言：凡有首有趾，无心无耳者众，庸众之人，皆失其见独之心，以耳徇人，而思通乎事。有形者与无形无状而皆存者尽无。合有无于一致而皆存之，是在天下者也。能此者，未之有也。其动止也，其死生也，其废起也，此又非其所以也。评曰：动止、死生、废起，迭相循环倚伏，机也；若其所以者，则大同而通于一。有治有人。忘乎物，忘乎天，其名为忘己。评曰：己一天也，物一己也。忘物忘天而独见己，则己亦不立而浑乎天矣。忘己之人，是之谓入于天。

〔解曰〕通于事者，通其可不可，然不然而已。于是而以其技鸣，为天下之所系，则有心而适以迷其心，有耳而适以惑于听。夫可不可、然不然以为动止，因而见废，因而见起，因而以生为恩，因而以死为怨，而不知此数之迭相倚伏，而未有恒，若其所以然者，则通于一而恒者也，生死于此，废起于此，动止于此，参而成纯。合死生于一状，万物于一府，则不于物见然否。不于物见然否，则己之然否不立，浑然一天，包含万有，在而宥之；喜而非喜，怒而非怒，赏而非赏，罚而非罚，任物自取以同乎天化；则其合天也，绵绵而与为无极，撄者皆宁，而天下已化矣。

蒋闾葂见季彻，曰：字书无葂字。《庄子》书中用字多加旁首。二子亦寓为之名。葂取勉强，彻取通达之义。"鲁君谓葂也曰，'请受教'，辞不获命，既已告矣，未知中否，请赏荐之。吾谓鲁君曰：'必服恭俭，拔出公忠之属而无阿私，民孰敢不辑！'"季彻局局然笑曰："若夫子之言，于帝王之德，犹螳螂之怒臂以当车轶，轶，一本作辙。则必不胜任矣。且若是，则其自为处，危其观台，观，去声，谓高居自命也。多物将往，投迹者众。"蒋闾葂觑觑然惊曰：觑，一本作觊，一本注与觊通，俱惊貌。"葂也汒若于夫子之所言矣。汒同茫。虽然，愿先生之言其风也。"季彻曰："大圣之治天下也，摇荡民心，使之成声易俗，举灭其贼心而皆进其独志，若性之自为，而民不知其所繇然。若然者，岂兄尧舜之教民，溟涬然弟之哉！涬，下顶切。溟涬，混茫貌。郭象曰："溟涬，自贵之谓也。"欲同乎德而心居矣。"同乎天德而存之于心。

〔解曰〕人无不有其意欲，抑无不有其德性，故咸知自爱其身，愚者与有焉。人知自爱其身，则不善之心自消沮矣。独志者，自爱自贵也。贼心者，窃人之名言，而忘其身之爱贵者也。上既危其观台，以自标异于公忠恭俭之名，而使之投迹，则假窃其名，以并一其志于好知尚贤之途，而适以日长其贼心而已。善可居也，不可出以示人也。圣人藏其利器，而民反其独志，秉天德以摇荡之于独见独闻之中，使之自动，意欲得而性亦顺；夫然后可以与民同德而入乎天。

　　子贡南游于楚，反于晋，过汉阴，见一丈人，方将为圃畦，凿隧而入井，抱瓮而出灌，搰搰然用力甚多搰，苦骨反。而见功寡。子贡曰："有械于此，一日浸百畦，用力甚寡而见功多，夫子不欲乎？"为圃者卬而视之，卬同仰。曰："奈何？"曰："凿木为机，后重前轻，挈水若抽，数如泆汤，泆音溢。其名为槔。"为圃者忿然作色而笑曰："吾闻之吾师：有机械者必有机事，有机事者必有机心。机心存于胸中则纯白不备，纯白不备则神生不定；神生不定者，道之所不载也。吾非不知，羞而不为也。"子贡瞒然惭，俯而不对。瞒然，目失神貌。有间，为圃者曰："子奚为者也？"曰："孔丘之徒也。"为圃者曰："子非夫博学以拟圣，于于以盖众，于于或作于吁，恃声气以压人也。独弦哀歌，以卖名声于天下者乎？汝方将忘汝神气，堕汝形骸，而庶几乎！而身之不能治，而何暇治天下乎？子往矣，无乏吾事！"子贡卑陬失色，顼顼然不自得，顼顼，自失貌。行三十里而后愈。其弟子曰："向之人何为者也？夫子何故见之变容失色，终日不自反邪？"曰："始吾以为天下一人耳，指孔子。不知复有夫人也，吾闻诸夫子：事求可，功求成，用力少而见功多者，圣人之道。今徒不然。执道者德全，德全者形全，形全者神全。神全者，圣之人道也。托生其生也，托也。与民并行，而不知所之；不识知，随其所往。汒乎淳备哉！功利机巧必忘夫人之心。若夫人者：非其志不之，非其心不为，虽以天下誉之，得其所谓，謷然不顾；以天下非之，失其所谓，傥然不受；天下之非誉无益损焉。是谓全德之人哉！我之谓风波之民！"反于鲁，以告孔子。孔子曰："彼假修混沌氏之术者也：识其一，不知其二；治其内，而不治其外。夫明白入素，无

**为复朴，体性抱神，以游世俗之间者，汝固将惊邪？且浑沌氏之术，予与汝又何足以识之哉？"**

〔解曰〕机者，贼心也。忘机，忘非誉以复朴者，独志也。进独志以灭贼心，圣人以之治天下；然初非劳劳然日取天下之人而灭之、而进之也，但不自我危其观台以导之耳。若圣人之见独，韬乎傀乎，事心大而与物游，则两端兼至，内外通一，机与忘机，举不出吾在宥之覆载，而合于天德。抱瓮者自抱，槔者自槔，又何机巧之必羞邪？子贡不知而惊之，子曰"何足识哉"，以此。

**谆芒将东之大壑，适遇苑风于东海之滨**。苑，渊上声，文貌。取生物之风，与云将同意。**苑风曰："子将奚之？"曰："将之大壑。"曰："奚为焉？"曰："夫大壑之为物也，注焉而不满，酌焉而不竭，**虚中而涵万化。**吾将游焉。"苑风曰："夫子无意于横目之民乎？愿闻圣治。"谆芒曰："圣治乎！官施而不失其宜，**命官施布，各得其宜。**拔举而不失其能，毕见其情事而行其所为；**有能者举之，使之各尽其长。**行言自为而天下化，**所行所言，非为天下，而天下自化。**手挠顾指，四方之民莫不俱至；**挠，屈手以招。手之所招，目之所指，而四方莫不应之。**此之谓圣治。""愿闻德人。"曰："德人者，居无思，行无虑；不藏是非美恶；四海之内共利之之为悦，共给之之为安；怊乎若婴儿之失其母也，**怊音超，怅望也。无所用其恃赖。**傥乎若行而失其道也；**无择于所往。**财用有余而不知其所自来，饮食取足而不知其所从；此之谓德人之容。""愿闻神人。"曰："上神乘光，与形灭亡，此谓照旷。**评曰：上其神以御天光而乘之，不滞于形，神亦不显。**致命尽情，**委致之于自然之数，而无所留情。**天地乐而万事销亡，万物复情，**自得于天地之间，不以事为事，使万物各循其自然之情，而己不与。**此之谓混冥。"**

〔解曰〕神人则忘乎德矣，德人则忘乎治矣。德者自得也，自得而天下无不得，抱德不以撄其心，而天下固不撄也，奚待于治？神则不依形以存，无形无自，无自无得，不于己见有心，而无所容其撄与不撄，则与天下同乐天地之乐，事不兴而情无所向，又何德之可据乎？大壑者，任万物之出入而无与者也；神之所往来，而光之无所掩者也。天地犹是也，万物犹是也，参万岁而成纯，受万事而不绖。游此者，灼见夫神光之四彻，而不局闭于偶尔之明，以争昭暗；万物并作而神者自入，不测物则物亦莫縣测之。其昭旷者，其独见也。独而莫得其偶，则天下皆在其覆载中矣。

门无鬼与赤张满稽观于武王之师。赤张满稽曰："不及有虞氏乎！故离此患也。"门无鬼曰："天下均治而有虞氏治之邪？其乱而后治之与？"赤张满稽曰："天下均治之为愿，而何计以有虞氏为？有虞氏之药疡也，疡不易药。药疡，犹言治难治之疾。秃而施髢，髢，髲也，音弟。病而求医。病，疾甚也。孝子操药以修慈父，其色燋然，燋，枯瘁貌。圣人羞之。发不可假，医不可恃。徒为燋然之容以示孝慈，可羞孰甚！至德之世，不尚贤，不使能；上如标枝，立枝为标，不言而人喻。民如野鹿；端正而不知以为义，相爱而不知以为仁；实而不知以为忠，当而不知以为信；蠢动而相使，不以为赐。是故行而无迹，事而无传。"

〔解曰〕有虞氏能不离患矣，而不能忘治也。天下已治，焉用治为？天下乱而治之，予之以所不受，则貌顺而心违，治乱相激，而乱乃滋甚。故有虞氏之治，则必有武王之师；有武王之师，则必有五伯七雄之祸矣。以为义而使之端正，以为仁而使之相爱。桀纣正君臣之分，亦义也；施爱于蜚廉恶来，亦仁也。各贤其贤，各知其知，以不相下，皆有迹之可践，有事之可传者也。故仁义者，撄人之心，至德之世所不庸也，通于昭旷者，物各复其情，未尝不摇荡天下以自然之德，而不著其可传之事，然后争患永息，而民不知兵。

孝子不谀其亲，忠臣不谄其君，臣子之盛也。亲之所言而然，所行而善，则世俗谓之不肖子。君之所言而然，所行而善，则世俗谓之不肖臣。而未知此其必然邪？人之于人类然。世俗之所谓然而然之，所谓善而善之，则不谓之道谀之人也。道同导。然则俗固严于亲而尊于君邪？谓己道人，则勃然作色；谓己谀人，则怫然作色；而终身道人也，终身谀人也，合譬饰辞牵合取譬，以饰其辞。聚众也。以众其徒子。是终始本末不相坐。谓儒墨之言，终不顾其始，末不恤其本。坐犹安也。垂衣裳，设采色，动容貌，以媚一世，而不自谓道谀；与夫人之为徒，入乎流俗。通是非，顺众人之是非。而不自谓众人；愚之至也。知其愚者，非大愚也；知其惑者，非大惑。大惑者终身不解，大愚者终身不灵。三人行而一人惑，所适者犹可致也，惑者少也。二人惑则劳而不至，惑者胜也。而今也以天下惑，予虽有祈向，不可得也。不亦悲乎！大声不入于里耳，《折扬》《皇荂》古歌曲名，俚词也。则嗑然而笑。嗋、合通。同声而笑也。**是故高言不止于众人之心，至言不出，俗言胜也。以二缶钟惑，而所适不得矣。**缶钟，量器也。言惑之积也。**而今也以天下惑，子虽有祈向，其可得乎！知其不可得也而强之，又一惑也。故莫若释之而不推。**置之忘言，听其自已。**不推，谁其比忧？**比，近也。不推矣，岂屑近众人之所虑乎？

〔解曰〕世之言治者，皆非独见而信诸己也。前之人为之而偶效，因而有治迹之可传，天下后世相与传之以为必然之善，流俗因而善之然之，而曰仁也义也，尊之逾于君，亲之逾于父。乃不知所谓仁义者，非但离德背道，抑非果能端正而相爱者也。人然亦然，人善亦善，合臂饰词，垂衣设采，取悦于人之耳目，交相道谀以成乎风俗。于是至言不能感动，祈向不能孤行，处大惑大愚之天下，孰从而诏之哉？自独见者观之，至言可以不出，祈向无求其得，惑与不惑，任之天下，要不出吾环中，忘义忘言而听其自已，则在我者无迹而人不能传。神人之乘光以销亡万事者以此。

**厉之人**厉与癞通。**夜半生其子，遽取火而视之，汲汲然惟恐其似己也。**

〔解曰〕以迹传者，欲人之似己；道谀者，惟恐其不似人。而不知可传之迹，怵心劳形，以仁义拂人之性，为厉而已。西施之颦，西施之病也。岂欲人之似之哉？独见独闻者，视其颦一若厉；不乐人之似，人亦何乐道谀以求似哉？

**百年之木，破为牺尊，青黄而文之，其断在沟中。**断，斫木余屑也。**比牺尊于沟中之断，则美恶有间矣，其于失性一也。跖与曾史，行义有间矣，然其失性均也。且夫失性有五：一曰五色乱目，使目不明；二曰五声乱耳，使耳不聪；三曰五臭熏鼻，困惾中颡；**惾，子公切，字书作苏奏切。困惾，气臭熏鼻不通貌。**四曰五味浊口，使口厉爽；**厉，乖也；爽，失也。**五曰趣舍滑心，使性飞扬。此五者，皆生之害也。而杨墨乃始离跂自以为得，非吾所谓得也。夫得者困，**自以为得，直困而已。**可以为得乎？则鸠鸮之在于笼也，亦可以为得矣。且夫趣舍声色以柴其内，**柴、砦通，言固立而守之。皮弁、鹬冠、搢笏、绅修以约其外，内支盈于柴栅，**支盈，支吾充盈也。**外重缴缴，睆睆然在缴缴之中。**睆音缓，穷视貌。**而自以为得，则是罪人交臂历指，**交臂，反其臂。历指，拶其指。**而虎豹在于囊槛，亦可以为得矣。**

〔解曰〕有迹可传者，倚于声色臭味之趣舍而已，离此则更无独志。世俗之沉溺者，固为沟中之断；离跂以自为得者，亦牺尊耳；皆戕贼其性之贼心也。襄槛其玄同大顺之天德于声色臭味之中，自为柴栅缰缴，而柴栅缰缴乎天下，方且谓兄尧舜而为之弟，其敝不至战争而不止。此有虞之治所以二降而成乎战国之兵争也。

　　《庄子解》卷十二终

# 庄子解卷十三·外篇

## 天道

此篇之说，有与庄子之旨迥不相侔者；特因老子守静之言而演之，亦未尽合于老子；盖秦汉间学黄老之术，以干人主者之所作也。无为固老庄之所同尚，而庄子抑不滞于无为，故其言甫近而又远之，甫然而又否之，不示人以可践之迹。而此篇之说，滞于静而有成心之可师，故其辞卞急烦委，以喉息鸣，而无天钧之和。庄子之说，合上下、隐显、贵贱、小大而通于一。此篇以无为为君道，有为为臣道，则剖道为二，而不休于天钧。且既以有为为臣道矣，又曰"以此南乡，尧之为君也，以此北面，舜之为臣也"，则自相剌谬，而非若《内篇》虽有随埒之说，终不相背戾也。大抵《外篇》多掇拾杂纂之言，前后不相贯通；而其文辞汗漫冗沓，气弱而无神，所见者卑下，故所言者颓靡；定非庄子之书，且非善学庄子者之所拟作，读者所宜辨也。余篇多有类此者，推之可见。

天道运而无所积，故万物成；帝道运而无所积，故天下归；圣道运而无所积，故海内服。随时而动，曰运。有心为主，藏之而不舍，曰积。明于天，通于圣，六通四辟于帝王之德者，辟、阖通。其自为也，昧然无不静者矣。昧然，昏默也。圣人之静也，非曰静也善，故静也。万物无足以铙心者，故静也。铙，乃交切，小钲以止鼓者。其止自止，不因物止。一曰：铙与挠通。水静则明烛须眉，平中准，大匠取法焉。水静犹明，而况精神？圣人之心，静乎！天地之鉴也，万物之镜也。夫虚静恬淡、寂寞无为者，天地之平，而道德之至，故帝王圣人休焉。休则虚，虚则实，实则伦矣。"实则"之则，一本作者。虚则静，静则动，动则得矣。静则无为，无为也则任事者责矣。无为则俞俞，俞俞，有俞而无咈也。俞俞者忧患不能处，年寿长矣。无所不可。夫虚静恬淡、寂寞无为者，万物之本也。明此以南乡，乡，一本作向。尧之为君也；明此以北面，舜之为臣也。以此处上，帝王天子之德也；以此处下，玄圣素王之道也。以此退居而闲游江海，山林之士服；以此进为而抚世，则功大名显而天下一也。静而圣，动而王，无为也而尊，朴素而天下莫能与之争美。夫明白于天地之德者，此之谓大本大宗，与天和者也。所以均调天下，与人和者也。与人和者谓之人乐，与天和者谓之天乐。乐音洛。

〔解曰〕此老子所谓"守静笃"也。与天和，自于人无不和。与人和，未必能和于天。静极，则于人自无竞，随所运而皆乐，其乐也天矣。

庄子曰："吾师乎！吾师乎！师者，言其所效法也。齑万物而不为戾，齑音斋，剂通，分析之也。一说，与虀同，揉而熟之也。泽及万世而不为仁；长于上古而不为寿，覆载天地、刻雕众形而不为巧，此之谓天乐。故曰：知天乐者，其生也天行，其死也物化；静而与阴同德，动而与阳同波。流也。故知天乐者，无天怨，无人非，无物累，无鬼责。故曰：其动也天，其静也地，一心定而王天下；其鬼不祟，其魂不疲，一心定而万物服。言以虚静推于天地，通于万物，此之谓天乐。天乐者，圣人之心以畜天下也。"畜，昌六切，止也。沈括曰：《易》妙二《畜》。夫帝王之德，以天地为宗，以道德为主，以无为为常。无为也，则用天下而有余；有为也，则天下用而不足。

〔解曰〕定者，一于静也。静则无为，无为则己不立宗，而以天下为宗。己自立宗，则强物同己而多忧。以天下为宗，则任天下之自为而己不劳，所以休其心而恒乐。

故古之人贵夫无为也。上无为也，下亦无为也，是下与上同德。下与上同德，则不臣。下有为也，上亦有为也，是上与下同道。上与下同道，则不主。上必无为而用天下，下必有为为天下用，此不易之道也。故古之王者，知虽落天地，落，尽也。不自虑也；辩虽雕万物，不自说也；能虽穷海内，不自为也。天不产而万物化，地不长而万物育，帝王无为而天下功。故曰：莫神于天，莫富于地，莫大于帝王。故曰：帝王之德配天地。此乘天地、驰万物，而用人群之道也。

〔解曰〕上不自为而任之下，亦与用人则逸，自用则劳之言相似。然君子之任人，以广益求治，而此以自尊求乐，既非老庄无为之旨，抑且为李斯赵高冈上自专之倡。甚矣其言之悖也！

本在于上，末在于下；要在于主，详在于臣。三军、五兵之运，德之末也。赏罚、利害、五刑之辟，教之末也。礼法、度数、刑名、比详，治之末也。钟鼓之音，羽旄之容，乐之末也。哭泣、衰绖、隆杀之服，哀之末也。此五末者，须精神之运、心术之动，然后从之者也。末学者古人有之，而非所以先也。君先而臣从，父先而子从，兄先而弟从，长先而少从，男先而女从，夫先而妇从。夫尊卑先后，天地之行也，故圣人取象焉。天尊地卑，神明之位也。春夏先，秋冬后，四时之序也。万物化作，萌区有状，盛衰之杀，变化之流也。夫天地至神，而有尊卑先后之序，而况人道乎？宗庙尚亲，朝廷尚尊，乡党尚齿，行事尚贤，大道之序也。语道而非其序者，非道也。语道而非其道者，安取道？

〔解曰〕以要为本，以详为末，分上下之序，乃以自尊而恣其逸乐。

是故古之明大道者，先明天而道德次之，道德已明而仁义次之，仁义已明而分守次之，分守已明而形名次之，形名已明而因任次之，因其形名而委任之。因任已明而原省次之，原其所不能，以省其所能。原省已明而是非次之，又不能矣，而后定其是非。是非已明而赏罚次之。赏罚已明而愚知处宜，贵贱履位，仁贤不肖袭情；必分其能，必繇其名。以此事上，以此畜下，以此治物，以此修身，知谋不用，必归其天，此之谓太平，治之至也。故《书》曰："有形有名。"形名者，古人有之，而非所以先也。古之语大道者，五变而形名可举，九变而赏罚可言也。骤而语形名，不知其本也。骤而语赏罚，不知其始也。倒道而言，迕道而说者，人之所治也，安能治人？骤而语形名赏罚，此有知治之具，非知治之道，可用于天下，不足以用天下；此之谓辩士一曲之人也。礼法、度数、形名、比详，古人有之，此下之所以事上，非上之所以畜下也。

〔解曰〕其意以兵刑、法度、礼乐委之于下，而按分守、执名法以原省其功过。此形名家之言，而胡亥督责之术、因师此意，要非庄子之旨。

昔者舜问于尧曰："天王之用心何如？"尧曰："吾不敖无告，敖、傲同。无告，无所告诉者。不废穷民，苦死者，恤死者之苦。嘉孺子，而哀妇人；此吾所以用心已。"舜曰："美则美矣，而未大也。"尧曰："然则何如？"舜曰："天德而出宁，其出也，定而不劳。日月照而四时行，若昼夜之有经，云行而雨施矣。"尧曰："然则胶胶扰扰乎！言已之用心徒劳耳。子，天之合也；我，人之合也。"夫天地者，古之所大也，而黄帝尧舜之所共美也。故古之王天下者，奚为哉？天地而已矣。

〔解曰〕于人求合者，必勤人之事。天道运而不积，日月、云雨、四时各效其功，而天不劳以收成功，合之者逸而乐矣。

孔子西藏书于周室，子路谋曰："繇闻周之征藏史有老聃者，免而归居。夫子欲藏书，则试往因焉。"孔子曰："善。"往见老聃，而老聃不许，于是繙十二经以说。老聃繙音翻，绎也，申绎其说也。十二经，六经六纬。按纬书，汉人所造，则此篇非漆园之书明矣。中其说曰："大谩。愿闻其要。"孔子曰："要在仁义。"老聃曰："请问仁义人之性邪？"孔子曰："然。君子不仁则不成，不义则不生。仁义真人之性也。又将奚为矣！"老聃曰："请问何谓仁义？"孔子曰："中心物恺，兼爱无私，此仁义之情也。"老聃曰："意！噫。几乎后言！早闻则早斥之矣。夫兼爱不亦迂乎！无私焉，乃私也。夫子若欲使天下无失其牧乎！则天地固有常矣，日月固有明矣，星辰固有列矣，禽兽固有群矣，树木固有立矣。夫子亦仿德而行，循道而趋，已至矣；又何偈偈乎揭仁义，偈音结，用力貌。若击鼓而求亡子焉？意！同噫。夫子乱人之性也！"

〔解曰〕因其自然，则仁义之形且不立，而况于名？仁义之形名不立，而况于是非？击鼓而求亡子者，循名以求形之谓。

士成绮见老子而问曰："吾闻夫子圣人也，吾固不辞远道而来愿见，百合重跰，跰，古显切，胝也。而不敢息。今吾观子，非圣人也：鼠壤有余蔬而弃妹，鼠壤，谓蔬多为鼠所窃。不仁也；有余惠而不以施于所爱。生熟不尽于前，生，腥也；熟，烹也。而积敛无崖。物至受之，而不却之以立义。"老子漠然不应。士成绮明日复见，曰："昔者吾有刺于子，今吾心正却矣。却，止也。何故也？老子曰："夫巧知神圣之人，吾自以为脱焉。不以为事。昔者子呼我牛也而谓之牛，呼我马也而谓之马。苟有其实，人与之名而弗受，再受其殃。**吾服也恒服，**不与人争得失，自安屈服。**吾非以服有服。**非以有所愧而屈服，自不与人竞耳。"**士成绮雁行避影，履行遂进，而问修身若何。老子曰："而容崖然，**立异。**而目冲然，**目光射人。**而颡頯然，**高视貌。**而口阚然，**气盈，常若欲言。**而状义然，**自以为得。**似系马而止也；**驰骋之心不息。**动而持，**恒有所挟持。**发也机，**应之速。**察而审，**知之必详。**知巧而睹于泰，**作盛满之观。**凡以为不信。**皆不能自信，而外假于仁义。**边竟有人焉，其名为窃。"**竟、境通。名为窃，与盗相去不远也。

〔解曰〕不自信而欲有其美者，皆所谓贼心也。窃物之余，以施惠于所亲爱而为仁，乘己之足，以攘廉节而为义，皆不能自信，而窥觊天下之美，欲居之耳。无其实而贪其名，贪其名而袭其实以自骄，而辞不美之名。贼心不息，而天下以巧知神圣之名归之。脱此者而后于己无不信，于物无不服。呼马呼牛，皆服也，老子所谓"早服"也。此节于庄子之旨为合，但上下不相为类。有为则有名；巧知神圣皆为也，凡为皆窃也。若如上文所云"臣道有为"，则臣可以窃为道乎？《外篇》之文，杂纂而无定论，纯驳相间，非有得于庄子之言者所撰次，益可见矣。

**老子曰："夫道：于大不终，于小不遗，**评曰：天之所至，皆道之至；天之所有，皆道之有。**故万物备；广广乎其无不容也，**大之至也。**渊乎其不可测也。**深之至也。**形德、仁义，神之末也；非至人孰能定之？**评曰：定则不为其所鹜。**夫至人有世，**世为其所有。**不亦大乎！而不足以为之累；**天下之大，有之不累。**天下奋棅，而不与之偕；**棅同柄。人各奋起争权柄，而己否。**审乎无假，而不与利迁；极物之真，能守其本；故外天地，遗万物，而神未尝有所困也。通乎道，合乎德，退仁义，宾礼乐，至人之心有所定矣。"**

〔解曰〕形之于德而为仁为义，皆逐形名之末，以与世争持权棅；而不知前此者之未有，后此者之不留，则所为皆假耳，夫穹然而为天，頹然而为地，以有风雨露雷，飞潜动植之利，而人所惊为天地至大莫测之化者，实神之末耳，况万物乎？故外天地，遗万物，乃以得天地之神，太虚无形，合万化而不形者，天地之神也。静定无为，含众德而不形者，至人之神也。善恶、得失，荣辱、吉凶，皆备容之，而无迹以使人易测，则物自化而天自定，斯以为圣人之心；此无为而静之本也。

**世之所贵道者，书也。书不过语，语有贵也。语之所贵者意也，意**

有所随。因事会之适然而生其意。意之所随者，不可以言传也。而世因贵言传书！世虽贵之哉？犹不足贵也，为其贵非其贵也。故视而可见者，形与色也；听而可闻者，名与声也。悲夫！世人以形色、名声为足以得彼之情！夫形色、名声，果不足以得彼之情，则知者不言，言者不知，而世岂识之哉？桓公读书于堂上，轮扁斫轮于堂下，释椎凿而上，问桓公曰："敢问公之所读者何言邪？""读者"者字，一本作"为"，一本有"者为"二字。公曰："圣人之言也。"曰："圣人在乎？"公曰："已死矣。"曰："然则君之所读者，圣人之糟魄已夫！"桓公曰："寡人读书，轮人安得议乎？有说则可，无说则死。"轮扁曰："臣也以臣之事观之。斫轮，徐则甘而不固，疾则苦而不入；疾徐指辐毂相受之枘而言。徐，宽也。疾，紧也。甘易入、苦难入也。松则不坚，紧则不受。相争毫忽，规矩所不及也。不徐不疾，得之于手而应之心；口不能言，有数存焉于其间。臣不能以喻臣之子，臣之子亦不能受之于臣，是以行年七十而老斫轮。古之人与其不可传也死矣。然则君之所读者，古人之糟魄已夫！"

〔解曰〕极有为者之所为，仁义而已。乃其所为仁义者，岂果有以自信而审其无假哉？读书而闻有仁，则以为仁；读书而闻有义，则以为义。不知古之为此言者，适乎时，因乎化，而非其必然之情也。窃其所言以自贵，而挠万物之情，此儒墨之所以多为多败，而撄人之心也。其无独见而惟人言之从也，曰道谀。其有人之有而自忘也，曰贼心。

《庄子解》卷十三终

# 庄子解卷十四·外篇

## 天运

　　此篇之旨，以自然为宗。天地之化，无非自然。上皇因而顺之，不治而不乱；后世自勉以役其德，而自然者失矣。以为天下可自我而勉为之，而操之以为魁柄，然则天地、日月、风云，亦有主持而使然者乎？人无不可任，天无不可因，物无不可顺。至于顺物之自然，而后能使天下安于愚而各得。无故常者，大常也。无穷极者，无不极也。勉而役者，不过因已往之陈迹，蹑跂蹩躠以为仁义，执之愈固而德愈小，劳己以劳天下，执一而不应乎时变。老子所欲"绝圣弃知"者，此也。

　　**天其运乎？地其处乎？**疑词。**日月其争于所乎？**谓争驰于黄道赤道。**孰主张是？**为主以张设之。**孰纲维是？**为纲以维系。**孰居无事，推而行是？意者其有机缄而不得已邪？意者其运转而不能自止邪？云者为雨乎？雨者为云乎？孰隆施是？**其施也，普遍盛大。**孰居无事，淫乐而劝是？**淫乐，快意，相劝不止也。**风起北方，一西一东，有上彷徨。**有上犹在上也。**孰嘘吸是？孰居无事而披拂是？敢问何故？**

　　〔解曰〕此一问，直令以度数阴阳窥测天道者，无可下语，尽古今言道、言治者，人百其喙，俱无可下语。所以然者，非有故也。谓其有故，岂天地日月风云之外，别有一物司其主宰，当是何物也？若以为天能使地处，使日月推行，使风云隆施而嘘吸，则天其有耳目可以审察，手足可以推移，心思可以使令。惟有故，则可求得其故以自勉，而效之以为德。今既详诘而终不能明言其故，则自然者本无故而然。既无故矣，将何所师以勉效法之乎？

巫咸祒曰："来！祒音超。吾语女！天有六极评曰：天、地、日、月、风、云，各尽其极。五常，评曰：地也，日月也，风云也，天皆因其常而用之。敔按：语意谓理之至极而甚常者天也，无所容其诘问也。并而言之则六，以天为主则五。帝王顺之则治，逆之则凶。九雒之事，九雒，或上世之君。方以智曰："黄帝表新雒因雒，即九雒也。"治成德备，监临下土，天下戴之，此谓上皇。"

〔解曰〕荅不如所问者，荅即在问中也。"孰主张是"，"孰纲维是"，"孰推行是"，"孰淫乐以劝"，"孰披拂是"，皆无也。而天运不息，地处而不迁，日月推行而不辍，风云隆施嘘吸而不吝；极乎此而不忧彼之不逮，极乎彼而不碍此之方兴；皆自然极至而无不极。天之毂转，地之蕃育，日月风云之变易，无有常也，而终古类然，又至常也。极而常者，一自然而无不定。顺之以逮治者，亦惟因其极而极之，因其常而常之，无机无缄，无待于劝，无事于披拂，因其自然以并载天下，上皇之治，与天同道，孰有主张纲维之，可示人以迹而使勉乎？

商太宰荡问仁于庄子。庄子曰："虎狼，仁也。"曰："何谓也？"庄子曰："父子相亲，何为不仁？"曰："请问至仁。"庄子曰："至仁无亲。"太宰曰："荡闻之：无亲则不爱，不爱则不孝。谓至仁不孝，可乎？"庄子曰："不然。夫至仁尚矣，孝固不足以言之。此非过孝之言也，不及孝之言也。非孝过于仁，乃孝不及仁。夫南行者至于郢，北面而不见冥山。是何也？则去之远也。故曰：'以敬孝易，以爱孝难；以爱孝易，而忘亲难；忘亲易，使亲忘我难；使亲忘我易，兼忘天下难；兼忘天下易，使天下兼忘我难。'夫德遗尧舜而不为也，利泽施于万世而天下莫知也。岂直太息而言孝乎哉？夫孝悌、仁义、忠信、贞廉，此皆自勉以役其德者也，不足多也。故曰：'至贵，国爵并焉；至富，国财并焉；至愿，名誉并焉。'是以道不渝。"评曰：无不并而后可谓至。至德兼八德而无所役，故终不可变。

〔解曰〕虎狼之仁，亦不容已者也。不容已，则近于自然矣。然而非自然者，触于父子而亲，则其发也有机；非其父子而不仁，则其止也有缄。

有机而不忘其所役，则仁速渝而之于不仁，故虎狼噬物以饲其子为万物贼。然则勉于爱敬而役之以为德，其为仁也，亦虎狼之仁而已。与天下相忘者，不私其亲，其亲亦不私焉。老者自安，少者自育，胥相各得，天下莫知其为谁之赐。仁孝之名不立，奚勉勉于敬爱以扰天下哉？至贵不可以品秩序，至富不可以积聚计，至德不可以仁知名，至仁不可以爱敬言。亲者自亲，长者自长，此无所益，彼无所损，通之天下而无所渝，乃以与天地日月风云之自然者合其德。

北门成问于黄帝曰："帝张《咸池》之乐于洞庭之野。吾始闻之惧，复闻之怠，卒闻之而惑，荡荡默默，乃不自得。"帝曰："女殆其然哉！吾奏之以人，人道。征之以天，行之以礼义，人事。建之以太清。天理。夫至乐者，先应之以人事，顺之以天理，行之以五德，应之以自然；然后调理四时，太和万物。或曰："以上三十五字是注，误作大书。"四时迭起，万物循生；一盛一衰，文武伦经；一清一浊，阴阳调和，流光其声；流动以发其光。蛰虫始作，吾惊之以雷霆；启人之所未知，如雷起蛰。其卒无尾，其始无首；一死一生，一偾一起；所常无穷，而一不可待，无穷者其所常也，不主一声，使人待之。女故惧也。吾又奏之以阴阳之和，天道。烛之以日月之明。其声能短能长，能柔能刚；变化齐一，不主故常；即短即长，即柔即刚。在谷满谷，在坑满坑，大无不充，小无不入。涂郤守神，郤、隙通。涂郤，泯其陈也。无蹊迳之可寻，守之以神。以物为量；因其物而称之。其声挥绰，其名高明。是故鬼神守其幽，日月星辰行其纪，吾止之于有穷，流之于无止。方止而行，方行而止。子欲虑之而不能知也，望之而不能见也，逐之而不能及也，傥然立于四虚之道，倚于槁梧而吟，目知穷乎所欲见，力屈乎所欲逐，吾既不及已矣。矣，一本作夫。形充空虚，乃至委蛇；女委蛇故怠。听者自以为不可及，思虑无所容其生，尽形之中，皆如空虚，懈散而与相忘。吾又奏之以无怠之声，散寄于物，非人非天。调之以自然之命。故若混逐丛生，林乐而无形；丛生如林，无有定形。布挥而不曳，散漫而无留余。幽昏而无声，众声亦若无声。动于无方，居于窈冥，或谓之死，或谓之生，或谓之实，或谓之荣；行流散徙，不主常声。世疑之，稽于圣人。人皆疑之，惟圣知之。圣也者，达于情而遂于命也。凡有情者，皆天命也。天机不张而五官皆备，此之谓天乐，无言而心说。故有焱氏为之颂曰：焱，呼昊切，字亦音焰。或音标，则当作飙。'听之不闻其声，视之不见其形，充满天地，苞裹六极。'女欲听之而无接焉，<small>不可以心接之。</small>而故惑也。乐也者始于惧，惧故祟。<small>祟音岁，怪之也；从出，从示，俗本作祟，谬。</small>吾又次之以怠，怠故遁；<small>意不属也。</small>卒之以惑，惑故愚；愚故道，道可载而与之俱也。"<small>乃可载道而与合。</small>

〔解曰〕人也，天也，物也，皆自然之化也，得其自然之化而无不乐，故乐之出虚，以有形象无形，摇动天人万物之和者，可以征道焉。专于己而不通于人，则困于小而忤于物；通于人而未合于天，则成于事而亏于道；合乎天而不因乎物，则执其常而不达于变。不通于人，无所震耀，则情不警而乐不动；惧者所以动之也。不合于天，日勤于为，则志不宁而乐不安；怠者所以忘人而安也。不因乎物，则守其常以为明，而不协于苞愚之化，以胥物而乐；惑者所以随物而化也。始奏以人，中奏以天，终奏以物，则均一之化备焉；所谓德备而照临下土也。至于人天万物之皆备，何常声之有哉？灵者自灵，蠢者自蠢，生者自生，死者自死，荣者自荣，实者自实，充满天地而机不张；此乃谓之自然之命。自然者，万德之所并，而无一德之可役者也。莫愚于物而同其惑，不炫知以求乐，愈怠愈惑；去其勤劳，捐其明慧，乃载道而与之俱。

孔子西游于卫。颜渊问师金曰："以夫子之行为奚如？"师金曰："惜乎！而夫子其穷哉！"颜渊曰："何也？"师金曰："夫刍狗之未陈也，盛以箧衍，巾以文绣，尸祝斋戒以将之；及其已陈也，行者践其首脊，苏者<small>樵人也。</small>取而爨之而已。将复取而盛以箧衍，巾以文绣，游居寝卧其下，彼不得梦，必且数眯焉。<small>眯音米，物入目中，令人盲眩也。言不有怪梦，必至眩惑。一曰：眯或作魇，梦中怪也。</small>今而夫子，亦取先王已陈刍狗，聚弟子游居寝卧其下。故伐树于宋，削迹于卫，穷于商周，是非其梦邪？围于陈蔡之间，七日不火食，死生相与邻，是非其眯邪？夫水行莫如用舟，而陆行莫如用车。以舟之可行于水也，而求推之于陆，则没世不行寻常。<small>一寻一常之地，亦不能行。</small>古今非水陆与？周鲁非舟车与？今蕲行周于鲁，是犹推舟于陆也，劳而无功，身必有殃。彼未知夫无方之传，应物而不穷者也。且子独不见夫桔槔者乎？引之则俯，舍之则仰。彼人之所引，非引人也，故俯仰而不得罪于人。故夫三王之礼义法度，不矜于同而矜于治。故譬三王五帝之礼义法度，其犹柤梨橘柚邪！其味相反，而皆可于口。故礼义法度者，应时而变者也。今取猿狙而衣以周公之服，彼必龁啮挽裂，尽去而后慊。观古今之异，犹猿狙之异乎周公也。故西施病心而矉其里，<sub>以矉见里之人。</sub>其里之丑人见而美之，归亦捧心而矉其里；其里之富人见之，坚闭门而不出，贫人见之，挈妻子而走。彼知美矉，而不知矉之所以美。<sub>矉同颦。</sub>惜乎！而夫子其穷哉！"

〔解曰〕自然者，无必然也。以其必然，强其不然，则违其自然者多矣。或水或陆，或柤梨或橘柚，或謷或笑，或古或今，或周或鲁，各因人、因天、因物，而皆其自然。取彼之所然，为此之所然，则舟其车、甘其酸、妍其嫭、以冀同于有方，进不成乎治，而退且失其故。故自然者，无不可因也。因其自然，乃以应时物而不穷。

孔子行年五十有一而不闻道，乃南之沛，见老聃。老聃曰："子来乎！吾闻子北方之贤者也。子亦得道乎？"孔子曰："未得也。"老子曰："子恶乎求之哉？"曰："吾求之度数，五年而未得也。"老子曰："子又恶乎求之哉？"曰："吾求之于阴阳，十有二年而未得。"老子曰："然。使道而可献，则人莫不献之于其君；使道而可进，则人莫不进之于其亲；使道而可以告人，则人莫不告其兄弟；使道而可以与人，则人莫不与其子孙。然而不可者，无他也，中无主而不止，外无正而不行。<sub>正，证也。</sub>繇中出者，不受于外，<sub>人无证据则不受。</sub>圣人不出；<sub>不出言以告之。</sub>繇外入者，无主于中，圣人不隐。<sub>其人心先无之，不告之以隐微之旨。</sub>名，公器也，不可多取。仁义，先王之蘧庐也，<sub>庐有脊无柱；蘧谓蘧麦，以野草杂覆之。</sub>止可以一宿，而不可以久处，觏而多责。<sub>以此为知见，则多受人之责。</sub>古之至人：假道于仁，托宿于义，以游逍遥之墟，食于苟简之田，立于不贷之圃。逍遥，无为也；苟简，易养也；不贷，无出也；<sub>不出之以资人。</sub>古者谓是采真之游。<sub>外采而内真。</sub>以富为是者，不能让禄；以显为是者，不能让名；亲权者，不能与人柄。操之则栗，舍之则悲，而一无所鉴，以窥其所不休者，<sub>不以为鉴戒，而探索不已。</sub>是天之戮民也。恩、怨、取、与、谏、教、生、杀八者，正之器也。惟循大变无所湮者，<sub>湮，滞也。</sub>为能用之。故曰：'正者正也。'其心以为不然者，天门弗开矣。"<sub>正者自正也。立一心以为物不正而待我正之，则闭其天门，不能通达。</sub>

〔解曰〕天地人物之化，其阴其阳，其度其数，其质其才，其情其欲，其功其效，好恶离合，吉凶生死，有定无定，变与不变，各有所极；而为其太常，皆自然也。因其自然，各得其正，则无不正矣。无不正者，无一待我而正也。我有所见之正，操之惟恐其失，舍之则芒然自丧，勉勉不休，以自役而役天下，则是自闭于蓬户之中，而四通八达之门不启，终日在天中，而不见天之所戮矣。知天地人物之无不极、无不常而无不正，逍遥苟简而无所贷，则能爱而不勉以役仁，端正而不勉以役义，人为我名，因而名之，而不勉以役名；我所出者，物皆乐受；物所感者，不易吾主；历大变而适如其常，所以应物者无非蓬庐也，与天下公善而己不私；此独见之真，无迹可传，而世或以为不然者也。

**孔子见老聃而语仁义。老聃曰："天播糠眯目，则天地四方易位矣；蚊虻噆肤，** 噆同咂。**则通昔不寐矣。** 昔同夕。**夫仁义憯然，乃愤吾心，乱莫大焉。吾子使天下无失其朴，吾子亦放风而动，** 依风之自然。**总德而立矣；** 通于一。**又奚杰然若负建鼓而求亡子者邪？** 郭象曰："言揭仁义以趋道德之乡，犹揭鼓而求逃者，无繇得也。" **夫鹄不日浴而白，乌不日黔而黑。黑白之朴，不足以为辩；名誉之观，不足以为广。泉涸，鱼相与处于陆，相呴以湿，相濡以沫，不若相忘于江湖。"**

〔解曰〕民未尝不自知爱也，而乌用吾爱？有所爱者，必有所伤，无伤焉足矣。立仁义之名，为成心而师之，益吾之所本无，而强以与物；陆鱼相呴之泾，能几何哉？离江湖自然之乐而处于陆，乃见呴湿之恩。自然者丧，徒以累心；目为之眯，寐为之不安。惟自矜高以不屑苟简，及物已变，则必湮滞而不行。好辩以修名，自眯而自噆也。自然之美利，黑者自黑，白者自白，机缄固不在我也。

**孔子见老聃归，三日不谈。弟子问曰："夫子见老聃，亦将何规哉？"** 模仿之。**孔子曰："吾乃今于是乎见龙。龙：合而成体，散而成章，乘乎云气而养乎阴阳。予口张而不能嗋，** 嗋音胁，呵欠也。口开而即合，不能嗋开而不合，惊羡之状。**予又何规老聃哉！"子贡曰："然则人固有尸居而龙见，雷声而渊默，发动如天地者乎？赐亦可得而观乎？"遂以孔子声见老聃。** 声，通名也。**老聃方将倨堂，而应微** 倨堂，夷俟也。应微，不介意以应也。**曰："予年运而往矣，子将何以戒我乎？"** 为谦抑之词。**子贡曰："夫三王五帝之治天下不同，其系声名一也。而先生独以为非圣人，如何哉？"老聃曰："小**

子少进！子何以谓不同？"对曰："尧授舜，舜授禹，禹用力而汤用兵，文王顺纣而不敢逆，武王逆纣而不肯顺，故曰不同。"老聃曰："小子少进！余语女三王五帝之治天下。<sub>句。</sub>黄帝治天下，使民心一：民有其亲死不哭，而民不非也。尧之治天下，使民心亲：民有为其亲杀其杀，<sub>杀，所界切，减也。减杀事亲之礼，其减者又复减之。</sub>而民不非也。舜之治天下，使民心竞：民孕妇十月生子，子生五月而能言，不至乎孩<sub>儿三岁曰孩。</sub>而始谁，<sub>知辨谁何。</sub>则人始有夭矣。禹之治天下，使民心变：人有心而兵有顺，<sub>人各有心，用兵乃顺。</sub>杀盗非杀，<sub>不能无盗，至用刑杀而犹自以为非杀。</sub>人自为种而天下耳。<sub>人皆自私其种类而弃天下，曰天下耳，非吾所恤也。</sub>是以天下大骇，儒墨皆起。其作始有伦，而今乎妇女，<sub>其倡端各有伦类，而迤今巧诈及于妇女。妇女安知有儒墨？而《泯》妲能《诗》，穆姜知《易》，真可慨已。方以智曰："作始有伦而今乎妇女者，世惟有好色而已。孝衰于妻子，亲爱畏敬之僻，几能解脱？"</sub>何言哉！<sub>叹其不足言也。</sub>余语女：三皇<sub>"王"通。</sub>五帝之治天下，名曰治之，而乱莫甚焉。三皇之知，上悖日月之明，下暌山川之精，中堕四时之施。其知憯于蛎虿之尾、<sub>蛎，力盖切，毒虫。</sub>鲜规之兽，<sub>无所柙制之虎兕。</sub>莫得安其性命之情者，而犹自以为圣人，不可耻乎？其无耻也！"子贡蹴蹴然立不安。

〔解曰〕哀至则哭，不勉于哀也。因其隆而隆之，因其杀而杀之，无所勉也。哀乐因其自然，则虽极哀乐而性不屈，命不摧，寿夭各尽其天年。以此听天下之治，其仁天下也至矣。惟无成心而一因乎自然，则万变而不渝其真，日月以此保其自然之明，山川以此养其自然之精，四时以此顺其自然之序，无机无缄，合而为一大之体，散而成万有之章。圣人亦因天、因人、因物而已。自本无圣，而恶自以为圣哉！

孔子谓老聃曰："丘治《诗》《书》《礼》《乐》《易》《春秋》六经，自以为久矣，<sub>孰熟通。</sub>知其故矣；以奸者七十二君，<sub>奸、干通。</sub>论先王之道，而明周召之迹，一君无所钩用。<sub>钩用犹取用。</sub>甚矣夫人之难说也！道之难明耶？"老子曰："幸矣，子之不遇治世之君也！夫《六经》，先王之陈迹也，岂其所以迹哉？今子之所言，犹迹也。夫迹，履之所出，而迹岂履哉？夫白鶂之相视，眸子不运而风化；<sub>鶂音逆，水鸟。</sub>虫，雄鸣于上风，雌应于下风而风化。<sub>一本此"化"上无"风"字。</sub>类自为雌雄，故风化，性不可易，命不可变，时不可止，<sub>时方行不可止。</sub>道不可壅。<sub>滞也。</sub>苟得于道，无自而不可；失焉者，无自而可。"孔子不出三月，复见，曰："丘得之矣。乌鹊孺，孚而生也。鱼傅沫，鱼不交，但仰其沫。细要者化，螟蛉之属。有弟而兄啼。唐顺之曰："乌鹊孺卵生，鱼傅沫泾生，细要者化生，有弟而兄啼胎生，佛所谓四生本此。"久矣夫，丘不与化为人！不与化为人，安能化人？"老子曰："可。丘得之矣。"

〔解曰〕皇治皇之天下，帝治帝之天下，王治王之天下，皆蘧庐也。时已去而欲止之，怀蘧庐以为安居，变易人之性命，而道壅不行，恶足以及于化哉！顺其自然，则物固各有性命；虽五伯七雄之天下，可使反于其朴。盖我与物皆因自然之化而生，不自立为人之标准，风且为我效化，而无待于雌雄。已往之陈迹，其不足据为必然，久矣。

《庄子解》卷十四终

# 庄子解卷十五·外篇

## 刻意

　　此篇之说，亦《养生主》《大宗师》绪余之论，而但得其迹耳。庄子之学，虽云我耦俱丧，不以有涯之生殉无涯之知，而所存之神，照以天，寓诸庸，两行而小大各得其逍遥，怀之含之，以有形象无形，而持之以慎，德不形而才自全，渊涵而天地万物不出其宗；则所以密用其心者，固以心死为悲。而此篇之指归，则啬养精神为干越之剑，盖亦养生家之所谓"炼己铸剑"，"龙吞虎吸"鄙陋之教，魏伯阳、张平叔、葛长庚之流，以之乱生死之常，而释氏且诃之为守尸鬼；虽欲自别于导引，而其末流亦且流为炉火彼家之妖妄，固庄子所深鄙而不屑为者也。且其文词软美肤俗，首尾结构一若后世科场文字之局度，以视《内篇》穷神写生灵妙之文，若厉与西施之悬绝。《外篇》非庄子之书，于此益验矣。其言肤浅，合于俗目，凡沉没于时文者，皆能解之，故不为释。

　　**刻意尚行，离世异俗，高论怨诽，为亢而已矣；此山谷之士，非世之人，枯槁赴渊者之所好也。语仁义忠信，恭俭推让，为修而已矣；此平世之士，教诲之人，游居学者之所好也。语大功，立大名，礼君臣，正上下，为治而已矣；此朝廷之士，尊主强国之人，致功并兼者之所好也。就薮泽，处闲旷，钓鱼闲处，无为而已矣；此江海之士，避世之人，闲暇者**

之所好也。吹呴呼吸，吐故纳新，熊经鸟申，道引之术。熊经如熊之攀树，鸟申如鸟之申颈。为寿而已矣；此道引之士，养形之人，彭祖寿考者之所好也。若夫不刻意而高，无仁义而修，无功名而治，无江海而闲，不道引而寿；道同导。无不忘也，无不有也，淡然无极，而众美从之；此天地之道，圣人之德也。故曰："夫恬淡、寂寞，虚无、无为，此天地之平而道德之质也。"故曰："圣人休；句。休焉则平易矣，平易则恬愉矣；愉，徒览切，与澹通。平易恬愉则忧患不能入，邪气不能袭，故其德全而神不亏。"故曰："圣人之生也天行，其死也物化：静而与阴同德，动而与阳同波；不为福先，不为祸始；感而后应，迫而后动，不得已而后起；去知与故，循天之理；故无天灾，无物累，无人非，无鬼责；其生若浮，其死若休；不思虑，不豫谋；光矣而不耀，信矣而不期；其寝不梦，其觉无忧；其神纯粹，其魂不罢；罢同疲。虚无恬愉，乃合天德。"故曰："悲乐者德之邪，喜怒者道之过，好恶者德之失。"故心不忧乐，德之至也；一而不变，静之至也；无所于忤，虚之至也；不与物交，淡之至也；无所于逆，粹之至也。故曰："形劳而不休则弊，精用而不已则劳，劳则竭。"水之性：不杂则清，莫动则平，郁闭而不流，亦不能清，天德之象也。故曰："纯粹而不杂，静一而不变，淡而无为，动而以天行，此养神之道也。"夫有干越之剑者，吴有干溪出剑。吴越之剑，干将湛卢之属。柙而藏之，不敢用也，宝之至也。精神四达并流，无所不极：上际于天，下蟠于地，化育万物，不可为象，其名为同帝。纯素之道，惟神是守；守而勿失，与神为一；一之精通，合于天伦，天伦谓与天为伦。野语有之曰："众人重利，廉士重名，贤士尚志，圣人贵精。"故素也者，谓其无所与杂也；纯也者，谓其不亏其神也。能体纯素，谓之真人。

《庄子解》卷十五终

# 庄子解卷十六·外篇

## 缮性

此篇与《刻意》之旨略同。其言恬知交养，为有合于庄子之指，而语多杂乱，前后不相侔。且其要归不以轩冕为志，而叹有道之人不与而隐处，则庄子虽非无其情，而固不屑言此以自隘。盖不得志于时者之所假托也。文亦滑熟不足观。

**缮性于俗学以求复其初，滑欲于俗思以求致其明，谓之蔽蒙之民。古之治道者，以恬养知；生而无以知为也，谓之以知养恬；知与恬交相养，而和理出其性。夫德，和也；** 和乃德也。**道，理也。** 理乃道也。**德无不容，仁也；** 和则无不容。**道无不理，义也；** 因其自然之理。**义明而物亲，忠也；中纯实而反乎情，乐也；信行容体而顺乎文，礼也。** 信，实心也。容，体身也。**礼乐偏行，** 不本于道德仁义忠信而谈礼乐曰偏行，文滥于情也。**则天下乱矣。彼正而蒙己德；** 彼自正也，而使之蒙己以为德。**德则不冒，** 冒，蒙也，夫德固不以蒙人者也。**冒则必失其性也。**

〔解曰〕《刻意》篇之五类士，皆俗学也。为之者有迹可传，传之者有迹可学，群然道諛以相尚，皆俗也，非真也。适然而无所好之谓恬，无所好，则知之而不为累，是以恬养知也。知愈大，则愈见天下之无可好而无不可适，是以知养恬也。故保其和以兼容顺逆，而各因其自然之理；仁义、忠信、礼乐、赅而存焉，而皆其寄迹；物至斯应，不以心识之德蒙覆天下，使出于一涂而碍其大通，徒滋好恶之扰；是恬知之交相养也。

古之人在混芒之中，与一世而得澹漠焉。当是时也：阴阳和静，鬼神不扰，四时得节，万物不伤，群生不夭；人虽有知，无所用之；此之谓至一。当是时也，莫之为而常自然。逮德下衰，及燧人伏戏，戏同义。始为天下，是故顺而不一。德又下衰，及神农黄帝，始为天下，是故安而不顺。德又下衰，及唐、虞，始为天下，兴治化之流，澆淳散朴，澆、浇过。离道以善，险德以行，然后去性而从于心；心与心识，初生之念曰心，因而别白可否是非曰心识。知而不足以定天下，然后附之以文，益之以博；文灭质，博溺心，然后民始惑乱、无以反其性情而复其初。

〔解曰〕以己之德而使天下顺之安之，兴其治化，是亦以德冒天下，而德衰矣。所谓德者，心之所然，非必天下之然也。心既生矣，识益发矣，不极乎文而不止。文者，人情之所本无，以灭质而溺心，则人皆尽忘其初，而从吾心之所好；是以知乱天下之恬，惑乱之所以日滋也。

繇是观之：世丧道矣！道丧世矣！世与道交相丧也，道之人有道之人。何繇兴乎世，起为君师。世亦何繇兴乎道哉？道无以兴乎世，世无以兴乎道，虽圣人不在山林之中，其德隐矣。隐故不自隐。古之所谓隐士者，非伏其身而弗见也，非闭其言而不出也，非藏其知而不发也，时命大谬也。当时命而大行乎天下，则反一无迹；不当时命而大穷乎天下，则深根宁极而待；此存身之道也。古之存身者：不以辨饰知，不以知穷天下，不以知穷德，危然处其所而反其性，己又何为哉？道固不小行，德固不小识，小识伤德，小行伤道。故曰："正己而已矣。"乐全之谓得志。古之所谓得志者，非轩冕之谓也，谓其无以益其乐而已矣。今之所谓得志者，轩冕之谓也。轩冕在身，非性命也，物之傥来寄也。寄之，其来不可圉，其去不可止。故不为轩冕肆志，不为穷约趋俗；其乐彼与此同，彼谓轩冕，此谓穷约。故无忧而已矣。今寄去则不乐，繇是观之，虽乐未尝不荒也。故曰："丧己于物，失性于俗者，谓之倒置之民。"

〔**解曰**〕与上文不相为类。其曰"时命大谬",又曰"根深宁极而待",则林逋魏野之所不屑言,而况庄子!

《庄子解》卷十六终

# 庄子解卷十七·外篇

## 秋水

　　此篇因《逍遥游》《齐物论》而衍之，推言天地万物初无定质，无定情，扩其识量而会通之，则皆无可据，而不足以撄吾心之宁矣。盖物论之兴，始于小大之殊观；小者不知大，大者不知小；不知小，则亦大其所大而不知大。繇其有小大之见，而有贵贱之分；繇其有贵贱之分，因而有然否是非之异。繇其有小大之见，因而有终始之规；繇其有终始之规，因而有悦生恶死之情。繇其有小大之见，因而有精粗之别；繇其有精粗之别，因而有意言之繁。于是而有所必为，有所必不为，以其所长，怜其所短。量有涯则分有所执，时有碍则故有所滞，彼我不相知，而不能知其所不知。乃至穷达失其守，荣辱易其情，辩言烦兴而不循其本，于内无主，倒推于外，殉物以丧己；而不知达者之通一，无不可寓之庸也。

　　**秋水时至，百川灌河，泾流之大，**泾，浊也。泾水浊，故借用。**两涘渚崖之间，不辨牛马。**水面广阔，见之不真。**于是焉河伯欣然自喜，以天下之美为尽在己，顺流而东行，至于北海。东面而视，不见水端，于是焉河伯始旋其面目，盰洋向若而叹曰：**盰同望。**"野语有之曰：'闻道百以为莫己若'者，我之谓也。且夫我尝闻少仲尼之闻，而轻伯夷之义者，始吾弗信。今我睹子之难穷也，吾非至于子之门，则殆矣！吾长见笑于大方之家！"**北海若曰："井蛙不可以语于海者，拘于虚也；虚同墟。夏虫不可以语于冰者，笃于时也；笃犹专也。曲士不可以语于道者，束于教也。今尔出于崖涘，观于大海，乃知尔丑，尔将可与语大理矣。天下之水，莫大于海：万川归之，不知何时止而不盈；尾闾泄之，不知何时已而不虚；尾闾，沃焦也，见《山海经》。春秋不变，水旱不知。此其过江河之流，不可为量数。而吾未尝以此自多者，自以比形于天地，而受气于阴阳，吾在于天地之间，犹小石小木之在大山也，方存乎见少，又奚以自多？计四海之在天地之间，也不似礨空之在大泽乎？礨音畾，空音孔。礨空，石上小孔也。计中国之在海内，不似稊米之在太仓乎？号物之数谓之万，人处一焉。人卒九州谷食之所生，舟车之所通，人处一焉。卒，尽也。尽九州之人而合计之。此其比万物也，不似毫末之在于马体乎？五帝之所连，连，相禅也。三王之所争，仁人之所忧，任士之所劳，尽此矣。伯夷辞之以为名，仲尼语之以为博，不似尔向之自多于水乎？"

〔解曰〕此初破小之不知大也。不知大，则自大其小；自大其小，而识穷于大；故初示之以大，而使破小大以游于大焉。海之神谓之若者，若有若无之谓；不自有而后可以知大之无穷。不然，有其大，以傲河之小，又奚以愈于河伯乎？

河伯曰："然则吾大天地而小豪末可乎？"豪，毫通。北海若曰："否。夫物：句。量无穷，时无止，分无常，终始无故。分，去声。得失之数曰分。生死之变曰终始。故，有因也。是故大知观于远近，故小而不寡，大而不多，知量无穷；大知之知，去声。证向今故，故遥而不闷，掇而不跂，知时无止；故、古通。遥而不闷，不远而迷也。掇而不跂，近可掇拾者，不于目前跂望也。察乎盈虚，故得而不喜，失而不忧，知分之无常也；明乎坦途，故生而不说，死而不祸，知终始之不可故也。说音悦。计人之所知，不若其所不知；所知者，不敌其所不知者亿万之一。其生之时，不若未生之时，未生之时无穷，已死亦然。以其至小，求穷其至大之域，是故迷乱而不能自得也。繇此观之，又何以知豪末之足以定至细之倪？又何以知天地之足以穷至大之域！"

〔解曰〕既破小以知大矣，则将大其所大，而小其所小乎？不知小不可囿，而大亦未可恃也。从近远而计之则有量，从今昔之长短而计之则有时，而量之外非无境也，时之前后非有极也。是小与大皆囿于量之有涯，而困于时之有止，其不可执大以为大，犹之乎不可执小以为小也。执大以为大而小其小，乃不知所执之大而固亦小。见见闻闻，思虑之所不通，如彼其无穷，而所见之天地亦小矣。未生以前，既死以后，前无可闻，后无可知之绵邈，如彼其无止也，而所谓今古者亦旦夕矣。故析豪末而至于无形，更有小也，小亦一量也。地在天中，天包地外，浑然一球。而既有内则必有外，非可以量计也。故能破小以知大者，必破大之见而后小之见亡。

河伯曰："世之议者皆曰：'至精无形，至大不可围。'是信情乎？"情，实也。北海若曰："夫自细视大者不尽，自大视细者不明。夫精，小之微也；垺，大之殷也；垺音孚，郭也。城外有郭，故借为粗字之用。殷，盛也。故异便。此势之有也。夫精粗者，期于有形者也。无形者，数之所不能分也；不可围者，数之所不能穷也。可以言论者，物之粗也；可以意致者，物之精也；言之所不能论，意之所不能察致者，不期精粗焉。是故大人之行，不出乎害人，不多仁恩；不害人，仁也。不煦煦以为仁，则仁而非仁。动不为利，不贱门隶；不为利，义也。不自贵以崇义，则义而非义。货财弗争，不多辞让；财弗争，让也。不矫辞以为让，则让而非让。事焉不借人，不多食乎力；不藉人力，廉也。不矜自食其力以为廉，则廉而非廉。不贱贪污，行殊乎俗；不求异而自不同。不多辟异，为在从众；不创辟异说，因人而处乎正。不贱佞谄，世之爵禄不足以为劝，戮耻不足以为辱；非为刑赏沮劝，则和光同尘，而自非谄佞。知是非之不可为分，细大之不可为倪。闻曰：'道人不闻，不以所闻者为道。至德不得，大人无己'，约分之至也。"约分，谓约之适如其分。评曰：极乎无形，规乎不可围，而适如其分。

〔解曰〕夫小大无中止之量，则小极于无形，大极于不可围，虽言之所穷，而可以意揣知之。可以意揣而知，则言无形，而无形即其形矣；言不可围而即其围矣；是粗者粗，而精者未尝不粗也。以数测之，则有形无形分矣，可围不可围辨矣。若忘言忘意，而又何精粗之有乎？有精有粗，则将舍其粗而求其精，故世之所谓小人者，执近小以为尊荣，而不仁不义，不让不廉，贪污辟异，佞谄营营焉，皆知粗而不知精。其名为君子者，刻意缮行，以恩为仁，以自贵为义，以辞为让，以不食力为廉，异俗离众以排佞谄，则知精而不知精之亦粗也。若因乎分之所适然，合无形有形于一致，齐可围不可围于同观，适然而然，言不立而意无所测，泯精粗之见，而又何小大之足云！

河伯曰："若物之外，若物之内，恶至而倪贵贱？恶至而倪小大？倪犹分也。"北海若曰："以道观之，物无贵贱；总一句，下文以差观、以功观、以趣观，皆以道观之也。以物观之，自贵而相贱；以俗观之，贵贱不在己。物情俗论，皆离乎道者。不自己，谓随人之所贵贱而贵贱之。以差观之：评曰：用物以为差等，己无差等。因其所大而大之，则万物莫不大；因其所小而小之，则万物莫不小；知天地之为稊米也，知豪末之为邱山也，则差数睹矣。评曰：知其一致，乃可知其万殊。以功观之：因其所有而有之，则万物莫不有；因其所无而无之，则万物莫不无；评曰：有此者无彼。知东西之相反而不可以相无，则功分定矣。以趣观之：因其所然而然之，则万物莫不然；因其所非而非之，则万物莫不非；知尧桀之自然而相非，评曰：自然相非，己无所非也。则趣操睹矣。昔者尧舜让而帝，之哙让而绝，汤武争而王，白公争而灭。繇此观之，争让之礼，尧桀之行，贵贱有时，未可为常也。各有其时，不能强彼以同此。梁丽大木。可以冲城，而不可以窒穴，言殊器也。骐骥骅骝一日而驰千里，捕鼠不如狸狌，言殊技也。鸱鸺夜撮蚤、目夜可以撮蚤。蚤，跳虫。察豪末，昼出瞋目而不见邱山，言殊性也。故曰：'盖师是而无非，师治而无乱乎！'盖，胡各切，盍通。是未明天地之理，万物之情者也。是非治乱，各因其时，不立一法以为师。是犹师天而无地，师阴而无阳，其不可行明矣。然且语而不舍，非愚则诬也。帝王殊禅，三代殊继。差其时，逆其俗者，谓之篡夫；当其时，顺其俗者，谓之义之徒。默默乎河伯！女恶知贵贱之门，小大之家！"

〔解曰〕大小无定量，精粗无定形，则贵贱亦不足以立矣。然而物之大者终不可谓之小，贵者终不能贱之，此必有所自始，疑乎必有端倪，而后天下奉之以为定分，群然守之而信从不疑，此物论之必然者也。虽然，亦奚有倪哉！天地万物林立而各约其分，不自为大，不自为小，不能自贵，不欲自贱；其所以有小大贵贱之云云者，存乎人之观之耳。惟以道观之，并育于天地之中，无贵贱也。而以道观者鲜矣。以物之情观之，则各自贵其贵，而异己者贱，故鱼鸟贱毛嫱丽姬，而人贵之，尧舜贱巧言令色，而桀纣贵之。惟己之意，而贵贱倪矣。人各有所贵，而贱其所不贵，则贵贱纷矣。又其下者，信耳以从人之好恶，故誉尧者不知尧，惟人之誉而贵之也；非桀者不知桀，惟人之毁而贱之也；人倪之，己因增长之，而贵贱之垒坚矣。若夫以道而观者，非但通于一以成纯，而两行不碍，各得其逍遥也。即以差等观之，小者非必小，以大视小而见其小；大者非必大，以小视大而见其大；则知小者更有小者，大者更有大者，小无所终，大无所竟，是虽差等相形而有小大，抑知其不可止量，而无必然之贵贱矣。即以其为功者观之，则当其为功，无物可无也；当其不为功，则无物必于有也；有此则可无彼，而必有彼而后有此，亦各约其分于所致功，而有无不足辨矣。抑繇人之所趣向而观之，则所向者其所然，所背者其所非；夏然葛而非裘，而裘未尝非也；冬然裘而非葛，而葛未尝非也；则天下无不然而无不非，而是非不足辨矣。夫既大小、有无、是非之无定，而从乎差类、功能、趣向以观，则又不妨大者自大，小者自小，贵者自贵，贱者自贱，各约其分而不必尽铲除之，以明一致，此大小贵贱之名所自立，存乎观之者耳。观之者因乎时，而不执成心以为师，则物论可齐，而小大各得其逍遥矣。

**河伯曰："然则我何为乎？何不为乎？**无大无小，无粗无精，无贵无贱，则无可自处。**吾辞受、趣舍，吾终奈何？"北海若曰："以道观之：何贵何贱，是谓反衍。**交相反形，乃衍其术。**无拘而志，与道大蹇。**拘则蹇。**何少何多？是谓谢施；**相代谢以报施。**无一而行，与道参差。**执一则违道。**严乎若国之有君，其无私德；繇繇乎若祭之有社，**繇繇与悠悠通。**其无私福；泛泛乎其若四方之无穷，其无所畛域；兼怀万物，其孰承翼？**孰私有所承受而覆翼之？承谓承先，翼谓翼后。**是谓无方。万物一齐，孰短孰长？道无终始，物有死生，不恃其成。**已成不可恃，终者又始也。**一虚一满，不位乎其形。**于形立位。**年不可举，**年亦时也，不可先举而豫图之。**时不可止，**不可已去而留之。**消息盈虚，终则有始。是所以语大义之方，论万物之理也。物之生也，若骤若驰，无动而不变，无时而不移。何为乎？何不为乎？夫固将自化。"**无为则无不可为，因物之理，物自化。

〔解曰〕夫贵贱无恒，小大无定，则天下皆惝恍昏瞀之宇，且如盲者之失杖，无可措足；而人之于世，必有辞有受，有趣有舍，将无所适从矣；此必然不容已之疑也。然贵贱者相反而生者也，多少者代谢而互驰者也，则不可执一以为可，执一以为不可，明矣。兼怀之，无不可为也；无所承翼，无可为也。死生有期，而未生以前，既死以后，参万岁于一纯，则今之所非，前之所是；今之所是，后之所非；时移势易，而是非然否亦相反相谢而因乎化。化之已至。物自化焉，吾又恶得而不化也？故无容以可为不可为疑，坦然任运，寓诸庸而无不得矣。

**河伯曰："然则何贵于道耶？"北海若曰："知道者必达于理，达于理者必明于权。明于权者，不以物害己。至德者，火弗能热，水弗能溺，寒暑弗能害，禽兽弗能贼。非谓其薄之也，**非试于害而能免也。薄犹"宁我薄人"之薄，迫近之也。**言察乎安危，宁于祸福，谨于去就，莫之能害也。故曰：'天在内，人在外，**天者我之所以为我，内之主也。我为主人之所以为，外之宾也。**德在乎天。'知天人之行，本乎天，位乎得，**得天之德曰得。**蹢躅而屈伸，**蹢，踯通。躅，躅同。蹢躅，举步也。屈伸，动形也。**反要而语极。"**

〔解曰〕夫既无可为，无不可为，然则天下倒置之民，为曾史，为桀跖，俱无不可，而何取于道？此语穷而思反之疑也。然而道也者，因理达权之本也。无其本则理而非理，权而非权。道则天之含万有而不主一形者也。明乎道者，察之甚精，持之甚宁，出之甚谨，怀之于内而不泄；而后可以外因乎人，以顺时而施，不近名而为所可为，不近刑而为所不可为；无成心以函天德，然后蹢躅屈伸，皆位乎得。此反要至极之语，又岂冥行于可为不可为之途，以自薄于水火、寒暑、虎狼之害哉？

**曰："何谓天？何谓人？"北海若曰："牛马四足，是谓天；落马首，**落、络通。一本作络。**穿牛鼻，是谓人。故曰：'无以人灭天，无以故灭命。**故，智也。**无以得殉名。'谨守而勿失，是谓反其真。"**

〔解曰〕天者自然之化，人者因功、趣、差等而达权者也。既已为人，不得而不人；络马穿牛，不容已则不已之，无不可为也。而不以马之宜络，遂络其牛；牛之须穿，并穿其马；则虽人而不灭天。天怀于内，然后可以人寓于外。非知自然之理者，不可与权；所以小大无垠，贵贱无等，然非无定，而不可不约于其分。分者天也，道之所自显也。此段七问七答，以推剥于要极，其于庄子之旨，委曲详辨，至明切矣。

**夔怜蚿，蚿怜蛇，蛇怜风，风怜目，**目不动而至。**目怜心。**心不见而知。**夔谓蚿曰："吾以一足趻踔而行，**趻同踸，丑甚切；踔，丑略切；行无常貌。**予无**

如矣。予无如，犹言无如予者。俗本作"予"，谬。今子之使万足，独奈何？"蚿曰："不然。子不见夫唾者乎？喷则大者如珠，小者如雾，杂而下者不可胜数也。今予动吾天机，而不知其所以然。"蚿谓蛇曰："吾以众足行，而不及子之无足，何也？"蛇曰："夫天机之所动，何可易耶？吾安用足哉！"蛇谓风曰："予动吾脊胁而行，则有似也。似谓有形似。今子蓬蓬然起于北海，蓬蓬然入于南海，而似无有，何也？"风曰："然。予蓬蓬然起于北海而入于南海也，然而指我则胜我，鰌我亦胜我。鰌与蹴同，蹴也。《列子》"鰌之以刑罚"。胜我，谓动手举足，皆可逆风。虽然，夫折大木、蜚大屋者，惟我能也。故以众小不胜为大胜也。为大胜者，惟圣人能之。"心目二语，不著疏解，而其义自见。

〔解曰〕以己之有，意人之有；以己之无，欲人之无；是穿马鼻、络牛首之见也。以己之然，怜人之不然，则且见人之然而己不然，因以忮人而思伤之；此两害之道，以人灭天者也。万物各自位其得，有者不足忮，无者不足怜；小不羡大，大不鄙小。惟知天知人者，能反其真而不相害。故风其愈矣，以小不胜为大胜故也。目居逸而速于风，心居隐而灵于目。然处大胜之地，而恃其精以贱天下之粗，则心不如目之无所择，目不如风之无所见。推而极之，夔之一足踸踔者，亦甚自适也。何也？皆天也。智故行，名誉兴，而后以人灭天。知道而反真，以约于其分，则无怜之情，无求胜之心也。

孔子游于匡，宋人围之数匝，而弦歌不辍，子路入见，曰："何夫子之娱也？"孔子曰："来！吾语女！我讳穷久矣，而不免，命也；求通久矣，而不得，时也。当尧舜而天下无穷人，非知得也；当桀纣而天下无通人，非知失也；时势适然。夫水行不避蛟龙者，渔父之勇也；陆行不避兕虎者，猎夫之勇也；白刃交于前，视死若生者，烈士之勇也；知穷之有命，知通之有时，临大难而不惧者，圣人之勇也。繇处矣！吾命有所制矣！"无几何，将甲者进，辞曰："以为阳虎也，故围之；今非也，请辞而退。"

〔解曰〕知时势之适然，则无求胜之心。大小、贵贱、然否，乃至成乎祸福，皆动之必变，时之必移，无有恒也。则于桀纣之世，不冀尧舜之得，而一听之于化，徐以俟之，将自化焉，故弦歌而匡围解。

公孙龙问于魏牟曰："龙少学先王之道，长而明仁义之行，合同异，离坚白，然不然，可不可，困百家之知，穷众口之辩，吾自以为至达已，今吾闻庄子之言，汒焉异之。汒音芒。不知论之不及与？知之弗若与？今吾无所开吾喙，敢问其方。"公子牟隐机太息，仰天而笑曰："子独不闻夫埳井之蛙乎？埳、坎同。谓东海之鳖曰：'吾乐与！吾跳梁乎井干之上，入休乎缺甃之崖；赴水则接腋持颐，持颐，闭其口也。蹶泥则没足灭跗；还虷蟹与科斗，还，回顾也。虷音干，赤虫也。科斗，小蝌也。莫吾能若也。且夫擅一壑之水，而跨跱埳井之乐，此亦至矣。夫子奚不时来入观乎？'东海之鳖，左足未入，而右膝已絷矣；于是埳巡而却，告之海曰：'夫千里之远，不足以举其大；千仞之高，不足以极其深。禹之时，十年九潦，而水弗为加益；汤之时，八年七旱，而崖不为加损。夫不为顷久推移，不以多少进退者，此亦东海之大乐也。'于是埳井之蛙闻之，适适然惊，规规然自失也。且夫知不知是非之竟，而犹欲观于庄子之言，是犹使蚊负山，商蚷驰河也，蚷音渠。商蚷，虫名。或曰：马蚿也。必不胜任矣。且夫知不知论极妙之言，而自适一时之利者，是非埳井之蛙与？且彼方跐黄泉而登大皇；跐，侧买切，蹈也。无南无北，奭然四解，奭然犹释然。沦于不测；无东无西，始于玄冥，反于大通。子乃规规然而求之以察，索之以辩，是直用管窥天，用锥指地也，不亦小乎？子往矣！且子独不闻夫寿陵余子之学步于邯郸与？未得国能，擅一国之美。又失其故行矣。直匍匐而归耳。今子不去，将忘子之故，失子之业。"公孙龙口呿而不合，舌举而不下，乃逸而走。呿音区，张口貌。

〔解曰〕智不足以知天而知道，则困于小而是非之辩兴。若公孙龙者，亦河伯之初见，谓天下之美尽在己，见海若而自丧耳；况可语无大、无小、无贵、无贱、无然、无否之要极与！

庄子钓于濮水，楚王使大夫二人往先焉，曰："愿以竟内累矣！"庄子持竿不顾，曰："吾闻楚有神龟，死已三千岁矣。王巾笥而藏之庙堂之上。此龟者，宁其死为留骨而贵乎？宁其生而曳尾于涂中乎？"二大夫曰："宁生而曳尾于涂中。"庄子曰："往矣！吾将曳尾于涂中。"惠子相梁，庄子往见之。或谓惠子曰："庄子来，欲代子相。"于是惠子恐，搜于国中，三日三夜。庄子往见之，曰："南方有鸟，其名鹓鶵，鹓，音渊。鹓鶵，凤之别名。子知之乎？夫鹓鶵发于南海，而飞于北海，非梧桐不止，非练实不食，练实，竹实也。非醴泉不饮。于是鸱得腐鼠，鹓鶵过之，仰而视之，曰'吓！'音罅。今子欲以子之梁国而吓我耶？"

〔解曰〕曳尾涂中，期以远害而已。视梁国如腐鼠，岂直梁国为腐鼠哉？五帝所连，三王所争，仁人所忧，任士所劳，亦犹是也。困于小者不知大，慕于贵者不知贱。量止于此，则知尽于此，以自大自贵而吓人。以故灭命，以得殉名者之愚，必至于此。

庄子与惠子游于濠梁之上。庄子曰："鲦鱼出游从容，是鱼乐也。"惠子曰："子非鱼，安知鱼之乐？"庄子曰："子非我，安知我不知鱼之乐？"惠子曰："我非子，固不知子矣。子固非鱼也，子之不知鱼之乐，全矣。全不知。"庄子曰："请循其本。子曰，'汝安知鱼乐'云者，既已知吾知之，读。而问我；句。我知之濠上也。知吾知之者，知吾之非鱼而知鱼也。惠子非庄子，已知庄子是庄子非鱼，即可以知鱼矣。"

〔解曰〕困于小大、贵贱、然非之辨者，彼我固不相知。不相知则欲以己之有，怜物之无，而人乃灭天。夫知彼者，岂必如彼而后知哉！人自立于濠上，鱼自乐于水中，以不相涉而始知之。人自乐于陆，鱼自乐于水，天也。天者，含万化而未有极者也。使自困于其量，则人入水而忧沉溺，且将怜鱼之沉溺，而奚以知其乐哉？人之所贱，鱼之所贵；人之所非，鱼之所然。惠可以知庄，庄可以知鱼，此天之不隐于人心者，万化通一之本也。约之于其分，而天人彻，大小、贵贱、然与非之辨悉忘矣。

《庄子解》卷十七终

# 庄子解卷十八·外篇

## 至乐

庄子曰:"奚暇至于悦生而恶死",言无暇也,非以生不可悦,死不可恶为宗,尤非以悦死恶生为宗;哀乐不入其中,彼固有所存者在也。老子曰:"吾有大患,惟吾有身;及吾无身,吾何有患?"有者,有身之见;无者,忘己以忘物也。无患,则生亦何不乐之有乎?此篇之说,以死为大乐,盖异端褊劣之教多有然者,而庄子尚不屑此。此盖学于老庄,掠其肤说,生狂躁之心者所假托也,文亦庸沓无生气。

天下有至乐无有哉?有可以活身者无有哉?今奚为奚据?奚避奚处?奚就奚去?奚乐奚恶?夫天下之所尊者,富贵寿善也;所乐者,身安、厚味、美服、好色、音声也;所下者,贫贱夭恶也;所苦者,身不得安逸,口不得厚味,形不得美服,目不得好色,耳不得音声。若不得者,则大忧以惧,其为<sub>去声</sub>形也,亦愚哉!夫富者苦身疾作,多积财而不得尽用,其为形也亦外矣。夫贵者夜以继日,思虑善否,其为形也亦疏矣!

〔解曰〕老庄言无为无欲,初不与三家村积粟藏金、噇烘肉烧酒人说法。此种文字,读之令人欲哕。

人之生也,与忧俱生。寿者惽惽,久忧不死,何之苦也!其为形也亦远矣!烈士为天下见善矣,未足以活身。吾未知善之诚善耶?诚不善耶?

若以为善矣，不足活身；以为不善矣，足以活人。忠言利于人。故曰："忠谏不听，蹲循勿争。"故夫子胥争之以残其形，不争，名亦不成。诚有善无有哉？今俗之所为与其所乐，吾又未知乐之果乐耶？果不乐耶？吾观夫俗之所乐，举群趣者，誙誙然如将不得已，誙同硁。而皆曰乐者，吾未之乐也，亦未之不乐也。果有乐无有哉？吾以无为诚乐矣，又俗之所大苦也。故曰："至乐无乐，至誉无誉。"天下是非果未可定也。虽然，无为可以定是非，至乐活身，惟无为几存。请尝试言之：天无为以之清，地无为以之宁，故两无为相合，万行皆化。芒乎芴乎，而无从出乎！芴乎芒乎，而无有象乎！万物职职，各效其能。皆从无为殖。故曰："天地无为也而无不为也。"人也，孰能得无为哉？言不易得也。

〔解曰〕无为仅以活身邪？其陋至此。

庄子妻死，惠子吊之，庄子则方箕踞鼓盆而歌。惠子曰："与人居，长子老身，死不哭亦足矣，又鼓盆而歌，不亦甚乎？"庄子曰："不然。是其始死也，我独何能无概然？概音盖，横隔于心貌。察其始而本无生；非徒无生也而本无形；非徒无形也而本无气。杂乎芒芴之间，变而有气，气变而有形，形变而有生。今又变而之死，是相与为春秋冬夏四时行也。人且偃然寝于巨室，而我噭噭然随而哭之，自以为不通乎命，故止也。"

〔解曰〕历数诸不可乐者，而以寝于巨室为乐，则又何以云至乐活身耶？

支离叔与滑介叔观于冥伯之邱，昆仑之虚，死而葬。黄帝之所休。心于是乎息。俄而柳生其左肘，其意蹶蹶然恶之。支离叔曰："子恶之乎？"滑介叔曰："亡。予何恶？生者假借也，假之而生生者，尘垢也。死生为昼夜。且吾与子观化而化及我，我又何恶焉？"

〔解曰〕言死不可恶，听化之及己。

庄子之楚，见空髑髅，髑髅音独娄，枯骨也。髐然有形；髐，嚣、峤二音，支骨貌。撽以马捶，撽音窍，击也。因而问之，曰："夫子贪生失理而为此乎？将子有亡国之事，斧钺之诛，而为此乎？将子有不善之行，愧遗父母妻子之丑而为此乎？将子有冻馁之患而为此乎？将子之春秋故及此乎？"于是语卒，援髑髅枕而卧。夜半，髑髅见梦曰："子之谈者似辩士。诸子所言，皆生人之累也，死则无此矣。子欲闻死之说乎？"庄子曰："然。"髑髅曰："死：无君于上，无臣于下，亦无四时之事；从然以天地为春秋，从与纵通。**虽南面王乐不能过也。**"庄子不信，曰："吾使司命复生子形，为子骨肉肌肤，反子父母妻子、闾里知识，子欲之乎？"髑髅深矉蹙頞曰："吾安能弃南面王乐，而复为人间之劳乎？"

〔解曰〕听化之及己，是也。惮劳而以死为南面王之乐，乃贫贱病苦、忿恨求死者之所乐闻。

**颜渊东之齐，孔子有忧色。子贡下席而问曰："小子敢问：回东之齐，夫子有忧色，何也？"孔子曰："善哉女问！昔者管子有言，丘甚善之：曰'褚小者不可以怀大，**褚，衣包也。**绠短者不可以汲深。'夫若是者，以为命有所成而形有所适也，夫不可损益。吾恐回与齐侯言尧舜黄帝之道，而重以燧人神农之言。彼将内求于己而不得，不得则惑，人惑则死。且汝独不闻耶？昔者海鸟止于鲁郊，鲁侯御而觞之于庙，奏《九韶》以为乐，具太牢以为膳。鸟乃眩视忧悲，不敢食一脔，不敢饮一杯，三日而死。此以己养养鸟也，非以鸟养养鸟也。夫以鸟养养鸟者，宜栖之深林，游之坛陆，浮之江湖，食之鳅鲦，随行列而止，委蛇而处。彼惟人言之恶闻，奚以夫谯谯为乎？《咸池》《九韶》之乐，张之洞庭之野，鸟闻之而飞，兽闻之而走，鱼闻之而下入，人卒闻之，相与还而观之。鱼处水而生，人处水而死；彼必相与异其好恶，故异也。故先圣不一其能，不同其事。名止于实，义设于适，是之谓条达而福持。"**

〔解曰〕此与《人间世》之旨略同。"名止于实，义设于适"，可以全身而免于过矣，而未能及于心齐，则亦乡原之学耳。此段与上下文不相属，故知《外篇》多杂纂之言。

**列子行食于道，见百岁髑髅，攓蓬而指之曰：**攓同搴，音牵，取也。取蓬枝而指之。**"惟予与女知而未尝死，未尝生也。若果养乎！**汝且养真以待化。**予果欢乎！**以生为乐。**种有几：**几，一本作机。**得水则为㡭；**㡭音继，水中尘牵如丝者。**得水土之际，则为蛙蟆之衣；**蟆音频，水鸟也。**生于陵屯，则为陵舄；陵舄得郁栖，**郁栖，粪壤也。**则为乌足；乌足之根为蛴螬，其叶为胡蝶；胡蝶胥也，化而为虫，生于灶下，其状若脱，其名为鸲掇；鸲掇千日为鸟，其名为乾余骨；**乾音干。**乾余骨之沫为斯弥；斯弥为食醯；**食醯，蟏蟀也。**颐辂生乎食醯；黄轵生乎九猷；**轵，音况，一作轵。**瞀芮生乎腐蠸；**蠸音欢。旧注：萤也。**羊奚比乎不箰久竹生青宁，**羊奚，草名，根如芜青，箰，古笋字。不箰久竹，竹之久不生筍者。青宁，竹根虫也。**青宁生程**；旧注：越人呼豹曰程。**程生马；马生人；人又反入于机。万物皆出于机，皆入于机。**方以智曰："青宁生程，程生马，马生人，世间自有此事。如史言武陵蛮生于畜狗，元始胎于狼鹿之类，不可以耳目所限而断之。庄子名物，不必苦解呼豹为程及呼虫为程也。"

〔解曰〕万物生大造之中，生其死，死其生，化其化者，皆非天地之有心，一其机之不容已者耳。机之动也，随所发而可，则万变而总不可知。既为机之必出而必入，则乘时而观化，又何忧乐之有哉？此篇之旨，惟此段差为有意。然于出生入死而言机，则亦老子动而愈出之旨，而为《阴符经》之畸见。若庄子，则以天钧之运，自然推移，兼怀而好机缄者，合成体而散成用，始为天人死生自均之分，不以机之发动为出入之倪也。

《庄子解》卷十八终

# 庄子解卷十九·外篇

## 达生

　　此篇于诸《外篇》中尤为深至，其于《内篇》《养生主》《大宗师》之说，独得其要归。盖人之生也，所勤勤于有事者，立德也，立教也，立功也，立名也。治至于尧，教至于孔，而庄子犹以为尘垢秕穅而无益于生。使然，则夷跖同归于销陨，将纵欲贼物之凶人，与饱食佚居、醉生梦死之鄙夫，亦各自遂其逍遥，而又何事于知天见独，达生之情，达命之情，持之以慎，守之于默，持不可持之灵台，为尔劳劳哉？惟此篇揭其纲宗于"能移而相天"，然后见道之不可不知，而守之不可不一，则《内篇》所云者，至此而后反要而语极也。世之为禅玄之教者，皆言生死矣。玄家专于言生，以妄觊久其生；而既死以后，则委之朽木败草、游燐野土而不恤。释氏专于言死，妄计其死之得果；而方生之日，疾趋死趣，早已枯槁不灵，而虚负其生。惟此言"能移"，而且言"能移以相天"，则庶乎合幽明于一理，通生死于一贯；而所谓道者，果生之情，命之理，不可失而勿守，故曰《内篇》之旨，于此反要而语极也。"子列子"以下，则言其用功之要，惟纯气凝精，重内轻外，不以心稽而开其天于灵台，虽杂引博喻，而语脉自相贯通；且其文词沉邃，足达微言；虽或不出于庄子之手，要得庄子之真者所述也。《外篇》非一人之笔，肤陋者，与深醇者相栉比而并列，善读者当自知取舍也。

**达生之情者，不务生之所无以为；**无益于生。**达命之情者，不务知之所无奈何。**虽知之而无可奈何。**养形必先之物，物有余而形不养者有之矣。**评曰：凡养之具，皆外物也。**有生必先无离形，**神气离形则死。**形不离而生亡者有之矣。**生理已亡，虽生如死。**生之来不能却，其去不能止。**不可强。**悲夫！世之人以为养形足以存生，而养形果不足以存生，则世奚足为哉？虽不足为，而不可不为者，其为不免矣。**流俗皆见为不可不为，则必为之。**夫欲免为形者，莫如弃世。弃世则无累，无累则正平，正平则与彼更生，更生则几矣。**弃世，谓不资于物以养。评曰：生气不浊乱，则生而不已。**事奚足弃而生奚足遗？**二句反诘之词。**弃事则形不劳，遗生则精不亏，夫形全精复，与天为一。天地者，万物之父母也，合则成体，散则成始。**成体而为人，成始则反天地之正。**形精不亏，是谓能移；**虽去此而自全于彼。**精而又精，反以相天。**助天之化理，恒有清气在两间以成化。

〔**解曰**〕此一篇之大指，而以下则其用功之要也。生之情者，有其生而不容已者也。《内篇》曰"则谓之不死奚益"，夫生必有所以为生，而后贤于死。特天下之务之者，皆生之无以为，则不如无为。有生之情，而奚容不有所为耶？命之情者，天命我而为人，则固体天以为命。惟生死为数之常然，无可奈何者，知而不足劳吾神；至于本合于天，而有事于天，则所以立命而相天者，有其在我而为独志，非无可奈何者也。人之生也，天合之而成乎人之体，天未尝去乎形之中也。其散也，形返于气之实，精返于气之虚，与未生而肇造夫生者合同一致，仍可以听大造之合而更为始，此所谓幽明始终无二理也。惟于其生也，欲养其形而资外物以养之，劳形以求养形，形不可终养，而适以劳其形，则形既亏矣；遗弃其精于不恤，而疲役之以役于形而求养，则精之亏又久矣。若两者能无丧焉，则天地清醇之气，缫我而抟合。迨其散而成始也，清醇妙合于虚，而上以益三光之明，下以滋百昌之荣，流风荡于两间，生理集善气以复合，形体虽移，清醇不改，必且为吉祥之所翕聚，而大益于天下之生，则其以赞天之化，而垂于万古，施于六寓，殽于万象，益莫大焉。至人之所以亟养其生之主者此也。外物之累，顺之而近刑，逆之而近名，皆从事于末，无有能与于天。故达情者，两不屑焉。论至于此，而后逍遥者，非苟求适也；养生者，非徒养其易谢之生也；为天下之大宗师而道无以加也。此其为说，较之先儒所云死则散而全无者，为得生化之理，而以劝勉斯人使依于道者为有实。读《庄子》者，略其曼衍，寻其归趣，以证合乎《大易》"精气为物，游魂为变"，与《论语》"知生"之旨，实有取焉。孔子许狂者以不忘其初，其在斯乎！

**子列子问关尹曰："至人潜行不窒，蹈火不热，行乎万物之上**高危之地。**而不栗，请问何以至此？"关尹曰："是纯气之守也，**评曰：生气，和气。**非知巧果敢之列。居！予语汝！凡有貌象声色者，皆物也。物与物，何以相远？**一本无"与物"二字。**夫奚足以至于先？**所自主者曰先。**是色而已。**外见之色，乃变化之糟粕。**则物之造乎不形，而止乎无所化，夫得是而穷之者，物焉得而止焉？**不为物所阂止。**彼将处乎不淫之度，而藏乎无端之纪，游乎万物之所终始；壹其性，养其气，合其德，以通乎物之所造。夫若是者，其天守全，其神无郤，物奚自入焉？夫醉者之坠车，虽疾不死：骨节与人同，而犯害与人异，其神全也；乘亦不知也，坠亦不知也，死生惊惧不入乎其胸中，是故逆物而不慑。**逆、忤通。**彼得全于酒而犹若是，而况得全于天乎？圣人藏于天，故莫之能伤也。复仇者不折镆干，虽有忮心者不怨飘瓦，是以天下平均。故无攻战之乱，无杀戮之刑者，繇此道也。不开人之天，**人自以为性命者。**而开天之天。开天者德生，**有德于生。开人者贼生。不厌其天，不忽于人民，**句。**几乎以其真！**必慎闭之。**"**

〔解曰〕物之所自造者气也，与彼更生者也，散而成始者也，物者，气之凝滞者也。象貌声色，气之余也。人之先合于天，为命之情者，纯而已矣；无所凝滞，更生而不穷，不形于色而常清。惟人之不达乎此，淫于物而化于物，则物之委形，块结于中以相杂，忧患水火交相窒栗而纯气荡；则且化天之纯气，为顽鄙、窒塞、浮荡以死之气，而贼天甚矣。守其纯气，弃世以正平，得而不淫，失而不伤，藏身于天，而身无非天，形且与情同其纯妙，而为德于生者大矣。夫人之杂气一动，开人之"知巧果敢"，以闭天之纯，则其散而更生者，害延不已，于是攻战杀戮之气动于两间，而天受其累。故守之者不得不严，而弃物者不得不若遗也。

**仲尼适楚，出于林中，见痀偻者承蜩，**痀，拘、伛二音；偻，楼、吕二音；尪也。**犹掇之也。**以竿粘之。**仲尼曰："子巧乎？有道耶？"曰："我有道也。**

**五六月，**学之五六月。**累丸二而不坠，则失者锱铢；累三而不坠，则失者十一；累五而不坠，犹掇之也。吾处身也，若厥株拘，**厥、橛同。一本作橛。段木即杙也。拘音劬，立木也。橛株拘，犹言断树椿。**吾执臂也，若槁木之枝；虽天地之大，万物之多，而惟蜩翼之知，吾不反不侧，**念无回顾。**不以万物易蜩之翼，何为而不得！"孔子顾谓弟子曰："用志不分，乃凝于神，**凝，苏本作疑。**其痀偻丈人之谓乎！"**

〔解曰〕此言守纯气之功也。立人之命者，气本纯也，奚待于人之澄之使纯哉？然必守之严者，物入而荡之，则失守而杂于物也。夫物岂能间吾之纯气乎？形不静而淫于物，乃倚于物而止，目止于色，耳止于声，四支止于动作，心止于好恶，而不至于其受命之初；所先处之宅，要物非之能淫之也。目动而之于色，耳动而之于声，四支动而之于动作，心动而之于好恶，皆自造于所本无，而求栖止焉。惟形若橛株拘，臂若槁木之枝，则天地万物群炫其色，而弃之若亡，然后气不随形以淫而可守。虽然，犹未易也。物众，而我之受物者不一其牖，各效其守而不相浃洽，则静于目者动于耳，静于耳目者动于支体，静于耳目支体者动于心知，一方静而一又摇，此累丸之势也。惟以专持志，以志凝神，摄官骸于一静，而尽绌其机，以闭人之天，则任物之至，累之累之，不安而又累之，审之于微芒承受之地，使协一于正平而不倾，此密用之功，至专至静，而后形可得全，精可得复也。

**颜渊问仲尼曰："吾尝济乎觞深之渊，津人操舟若神。吾问焉曰：'操舟可学耶？'曰：'可。善游者数能。若乃夫没人，则未尝见舟而便操之也。**平日未尝见舟，一旦便能操之。**'吾问焉而不吾告，敢问何谓也？"仲尼曰："善游者数能，忘水也。若乃夫没人之未尝见舟而便操之也，彼视渊若陵，视舟之覆，犹其车却也。覆却万方陈于前，而不得入其舍，恶往而不暇？以瓦注者巧，以钩注者惮，以黄金注者殙。**注，赌注也。殙与惛同。**其巧一也，而有所矜，则重外也。凡外重者内拙。"**

〔解曰〕此致知之功，审于重轻之分，而后志可定以凝神也。其要，忘物而已。舟犹车也，渊犹陵也，金犹瓦也，均之无可重者也。无重无轻，而但外皆轻，然后吾之重者存，斯以志不分而形尝静，形静则大用出，未见舟而便操之，无不可胜之物矣。

田开之见周威公。威公曰："吾闻祝肾学生。吾子与祝肾游，亦何闻焉？"田开之曰："开之操拔篲以侍门庭，拔音拂，篲音遂，竹帚也。亦何闻于夫子？"威公曰："田子无让，寡人愿闻之。"开之曰："闻之夫子曰：'善养生者，若牧羊然，视其后者而鞭之。鞭其后，群羊皆警，则全而不偏。'"威公曰："何谓也？"田开之曰："鲁有单豹者，岩居而水饮，不与民同利，行年七十而犹有婴儿之色；不幸遇饿虎，饿虎杀而食之，有张毅者，高门悬簿，无不走也；高门，大家也。悬薄，悬帷薄于门首，小户也。如齐人之廛酒肉，楼护之食侯鲭。一曰：避患之甚，遇高门悬帘，皆亟趋走，恐其坠而压伤也。行年四十，而有内热之病以死，豹养其内而虎食其外，毅养其外而病攻其内。此二子者，皆不鞭其后者也。"

〔解曰〕虽壹其志以求累丸而不坠，见物之轻而自重；乃外物之相感，无涯而不可测，内情之动也，忽生而不自知；此单豹张毅之所以交伤也。如牧群羊于方逸：驱其左，右者不前也；驱其右，左者不前也；鞭其后，则旁出者顺听，易矣。夫人性之所近，情之所安，刚柔静躁各有所偏系，虽迫欲弃世以复精，必有一难忘之情牵曳不舍，一念不息，众妄终莫能止，此后者也；于此而鞭之，则他端皆就绪以冰释矣。释氏"牛过窗棂，尾不能过"之喻，盖出于此。知此则累丸皆安，而金注不殉矣。

仲尼曰："无入而藏，苦郁其心志。无出而阳，外矜于物。柴立其中央，柴、岩同。虽不藏不阳，而立意以治物，为岩栅以自固。三者若得，其名必极。"此其名为穷极生理以待亡。夫畏涂者，十杀一人，则父子兄弟相戒也，必盛卒徒而后敢出焉，不亦知乎！人之所取畏者，衽席之上，饮食之间，而不知为之戒者，过也。祝宗人玄端以临牢策，牢策，豕圈也。说彘曰："女奚恶死！吾将三月㹠女，㹠、豢同。十日戒，三日齐，藉白茅，加女肩尻乎雕俎之上，则女为之乎？"为彘谋，曰不如食以糠糟，而错之牢策之中；自为谋，则苟生有轩冕之尊，死得于腞楯之上，聚偻之中，腞音琢，柱衍切，篆通。楯、辒通。雕刻辒车也。聚偻，曲薄所以卷物者，谓以苇席裹尸也。则为琢之。为彘谋则去之，自为谋则取之，所异彘者何也？

〔解曰〕欲凝神而神困，欲壹志而志梦，其敝有三：入而藏者单豹也；出而阳者张毅也；抑不然而矼立其志以与物相拒，若柴栅之不可拔，而劳形怵神以与物相靡，则内外交起，而三者为必穷之势，此累三累五之难也。乃以要言之，物之所以挠我之志，摇我之神，悴我之形，使与俱化而淫焉，或相持以争而终为物胜焉，无他，欲与利而已。甘食悦色之不制，而轩冕见荣，以之为重，己固轻也。有意以轻之，而彼终不轻，何也？以食色之可悦而力却之，终见其可悦也；以轩冕之可荣而力辞之，终见其可荣也。故巢不受祝宗之说，而不能脱雕俎之荐。善弃世者，知物之所自造，一出于天，各使归其位而神自定。无物也，无己也，何足去而又恶所取也！则三者之穷自免矣。

桓公田于泽，管仲御，见鬼焉。公抚管仲之手曰："仲父何见？"对曰："臣无所见。"公反，诶诒为病，<small>诶音嘻，诒音怡，病而失魂，自笑自言也。</small>数日不出。齐士有皇子告敖者曰：<small>从公游者。</small>"公则自伤，鬼恶能伤公？夫忿滀之气，<small>滀音触，结聚也。</small>散而不反，则为不足；上而不下，则使人善怒；下而不上，则使人善忘；不上不下，中身当心，则为病。"桓公曰："然则有鬼乎？"曰："有。<small>句。</small>沉有履；<small>浊黙曰沉。</small>灶有髻；<small>髻音结，灶神名，赤衣如美女。</small>户内之烦壤，雷霆处之；<small>烦壤，粪扫所积。</small>东北方之下者，倍阿鲑蠪跃之；<small>倍音陪，鲑音谐，此当音畦。门室精谓之倍龙。</small>西北方之下者，则泆阳处之；<small>泆音逸。西北尤为阴方，故神曰泆阳。</small>水有罔象，<small>即蛧蜽。</small>邱有峷；<small>一本作宰。</small>山有夔；<small>独脚鬼。</small>野有彷徨；<small>彷徨一曰庆忌。</small>泽有委蛇。"公曰："请问委蛇之状何如？"皇子曰："委蛇：其大如毂，其长如辕，紫衣而朱冠；其为物也，恶闻雷车之声，则捧其首而立，<small>先闻之而后言之，此以鸟养鸟之道。</small>见之者殆乎霸。"桓公辗然而笑曰："此寡人之所见者也。"于是正衣冠与之坐，不终日而不知病之去也。

〔解曰〕神不凝者，物动之。见可欣而悦之，犹易制者；见可厌而弗恶，难矣；见所未尝见者，弗怪而弗惧，愈难矣。乃心一动而神不守，且病其形。夫物之所自造，无一而非天。天则非人见闻之可限矣。而以其习见习闻，为欣为厌为怪，皆心知之妄耳。心知本无妄，而可有妄；则天下虽无妄，而岂无妄乎？使人终身未见豕，则不知豕之可以悦口，而且怪之矣。知天下之无所不可有，则委蛇之怪犹豕耳。故神凝者，不见天下之有可怪，因不谓天下之无可怪。霸者自霸，怪者自怪。志壹于霸，则怪亦霸之征也。无所容其忿懑之气，而纯气周流浃洽于吾身，出入中央，举无所滞，怪不能伤，而形全矣。皇子已桓公诶诒之病，亦鞭后之术也。

纪渻子为王养斗鸡，十日而问："鸡已乎？"已可斗否。曰："未也，方虚憍而恃气。"憍音乔，恣也，骄通。十日又问，曰："未也，犹应向景。"向景而即有应敌之状。一本："向"作"响"。十日又问，曰："未也，犹疾视而盛气。"十日又问，曰："几矣！鸡虽有鸣者，已无变矣，形不变。望之似木鸡矣，其德全矣，异鸡无敢应者，反走矣。"

〔解曰〕既以鞭其后之道，弃世而宅于正平，凡夫可悦可恶可怪可惧者，无所挠其神矣，而于以凝神，犹未易也。盖神者，气之神也。而气有动之性，犹水有波之性。水即无风，而波之性自在。中虚则外见者盛，故气虚者其息必喘。无以定其能波之性，则止水溢而波亦为之兴，未可急求其静也。急求之，则又以心使气，气盛而神易变。守气者，徐之徐之，以俟其内充，而自不外溢。内充则神安其宅，外不溢则气定而终不变；举天下可悦可恶可怪可惧者，自望而反走，纯气不待守而自守矣。

孔子观于吕梁，县水三十仞，县同悬。流沫四十里，激成沫。鼋鼍鱼鳖之所不能游也。见一丈夫游之，以为有苦而欲死也，使弟子并流而拯之。数百步而出，被发行歌而游于塘下。孔子从而问焉，曰："吾以子为鬼，察子则人也。请问蹈水有道乎？"曰："亡，吾无道。吾始乎故，长乎性，成乎命；与齐俱入，与汩偕出，齐、脐通，水之旋涡如脐也。汩，水滚出处也。从水之道而不为私焉，此吾所以蹈之也。"孔子曰："何谓始乎故，长乎性，成乎命？"曰："吾生于陵而安于陵，故也；长于水而安于水，性也；安于水，亦犹安于陵。孟子曰："天下之言性，则故而已矣。"不知吾所以然而然，命也。"

〔解曰〕养之从容，而守之静正，则将不知其所以然而与物相顺，不知所以然而顺乎物者，此万物之所终始而为命之情也。守之而乃顺乎物之所自造，则两间虚憍之气敛于其所移以成始，而兵刑之害气永息于天下，吕梁亦安流矣。盖尝验之：天下治之已久，则人耽于物之可悦，而怪其所不常见，于是忿惕之气浮动于人心，当其时，攻战杀戮之祸，尚未动也；已而怀忿惕者，形谢而气返于虚，以为更生之始，则忿惕之气与化成形，以胚胎于有生之初，而两间乃繁有嚣凌争利、狂奔乐祸之气质，以成乎乖忤之习，无端而求，无端而忮，得而骄，失而竞，而后攻战杀戮之祸，欻然以兴而莫之能止；迨乎消亡陨灭，而希微之祸本犹延及于数百年之后，以相续而复起。然则有能达命之情，不亏其形精以相天而守气之纯者，其以养和平而贵天下之生，清纯之福，吉祥所止，垂及万岁而不知所以然而然，无功之功，神人之相天而成化，亦盛矣哉！浮屠自私以利其果报，固为非道；而先儒谓死则散而之无，人无能与于性命之终始，则孳孳于善，亦浮沤之起灭耳，又何道之足贵，而情欲之不可恣乎？

**梓庆削木为镰，**音据，乐器。或曰：钟鼓之柎也。**见者惊犹鬼神。**郭象曰："不似人所作也。"**鲁侯见而问焉，曰："子何术以为焉？"对曰："臣，工人，何术之有？虽然，有一焉。臣将为镰，未尝敢以耗气也，必斋以静心：斋三日而不敢怀庆赏爵禄，斋五日不敢怀非誉巧拙，斋七日辄然忘吾有四肢形体也。当是时也，无公朝，**郭象曰："无公朝，则企慕之心绝矣。"**其巧专而外滑消；然后入山林，**取木。**观天性，形躯至矣然后成，**木之天成，适如其形躯。**见镰然后加手焉。**确然见镰于胸中，然后加手以成之。**不然，则已。则以天合天，器之所以疑神者，其是与！**郭象曰："因物之妙，故疑是鬼神所作。"敬按：此则鬼神之妙，亦因物付物而已。

〔解曰〕此不知其所以然而然之妙，善用之则一技而疑于神，合于天矣。反要以语极，惟"用志不分"而已。"若冰雪，若处子"者，此也。"圣人怀之"者，此也。颜子之"坐忘而心齐"，此也。壶子之"未始出吾宗"，此也。志者，神之栖于气以效动者也。以志守气，气斯正焉。不然，则气动神随，而神疲于所骛。故神无可持，气抑不可迫操。齐以静心，志乃为主，而神气莫不听命矣。夫人莫不有志，而分以骛者，其端百出而要不越乎庆赏非誉，一丝微罣，万变搅心。弃世者，不待弃也；冰雪其心，壹于全形复精，则自忘乎世，不待弃而自忘；无有亏其形精者，天自效灵，而不知其然而然之妙自合。

**东郭稷以御见庄公，进退中绳，左右旋中规。庄公以为文弗过也，文，**美也。**使之钩百而反。**百、陌通。《左传》："曲踊三百。"钩陌者，钩旋于陌上也。**颜阖遇之，入见，曰："稷之马将败。"公密默也。而不应。少焉，果败而反。公曰："子何以知之？"曰："其马力竭矣，而犹求焉，故曰败。"**

〔解曰〕此言持志者用功之候也。灵台者，可持而不可持者也。操之已蹙，揣之已锐，则心有涯，而外物之阢杌相触者无涯，此马力竭而必败之势也。专于一者，勿忘而已。忘其所忘，而不忘其所不忘，绵绵若存，而神气自与志相守，疾徐之候，自知之而自御之，力有余而精不竭，此则善于用志者也。

**工倕旋而盖规矩，**<sub>回旋顾视而中，方圆过于规矩。</sub>**指与物化，而不以心稽，故其灵台一而不桎。**<sub>桎犹牿也。不为物所牿。</sub>**忘足，履之适也；忘要，带之适也；知忘是非，心之适也；不内变，不外从，事会之适也；**<sub>事会至而自适。</sub>**始乎适而未尝不适者，忘适之适也。**

〔解曰〕此言持志凝神，以守纯气，精而又精之妙合乎自然也。天之造物，何尝以心稽哉？而规之穷于圆者圆之，矩之穷于方者方之，飞潜动植，官骸枝叶，灵妙而各适其体用，无他，神凝于虚，一而不桎，则无不尽其巧矣。故不待移而无不可移也，更生而仍如其生也。灵台者，天之在人中者也。无所桎而与天同其化，熟而又熟，则精而又精，化物者无所不适，于以相天，实有其无功之功矣。

**有孙休者，踵门而诧于扁庆子曰："休居乡不见谓不修，临难不见谓不勇，然而田原不遇岁，事君不遇世，宾于乡里，**<sub>宾同摈。</sub>**逐于州部，则胡罪乎天哉？休恶遇此命也？"扁子曰："子独不闻夫至人之自行耶？忘其肝胆，遗其耳目，芒然彷徨乎尘垢之外，逍遥乎无事之业，是谓'为而不恃，长而不宰。'今汝饰知以惊愚，修身以明污，昭昭乎若揭日月而行也。汝得全而形躯，具而九窍，无中道夭于聋盲跛蹇，而比于人数，亦幸矣；又何暇乎天之怨哉？子往矣！"孙子出，扁子入，坐有间，仰天而叹。弟子问曰："先生何为叹乎？"扁子曰："向者休来，吾告之以至人之德，吾恐其惊而遂至于惑也。"弟子曰："不然。孙子之所言是耶？先生之所言非耶？非固不足以惑是。孙子所言非耶？先生所言是耶？彼固惑而来矣，又奚罪焉！"扁子曰："不然。昔有鸟止于鲁郊，鲁君说之，为具太牢以飨之，奉《九韶》以乐之，鸟乃始忧悲眩视，不敢饮食，此之谓以己养养鸟也。若夫以鸟养养鸟者，宜栖之深林，浮之江湖，食之以委蛇，则平陆而已矣。今休，款启寡闻之民也，**<sub>款，孔也。启，开也。款启，小见也。</sub>**吾告以至人之德，譬之若载鼷以车马，乐鴳以钟鼓也，**<sub>鴳同鷃。</sub>**彼又恶能无惊乎哉？"**

〔解曰〕引此以结正一篇之说，谓其所言者甚易知，甚易行，而为人性命之情所甚适，犹太牢之悦口，《九韶》之悦耳。而天下皆止于物以养形，役役于衽席、饮食、轩冕之中，惟庆赏、非誉、乡里、州部之是殉，则闻此篇之说，必悲眩而不敢从。知者其谁，而言之者得无失养鸟之道乎！"忘言忘义"
"寓于无竟"，自怀之而不为世所惊，亦可以已矣。此亦随说随扫之义。

　　《庄子解》卷十九终

# 庄子解卷二十·外篇

## 山木

引《人间世》之旨，而杂引以明之。

庄子行于山中，见大木，枝叶盛茂，伐木者止其旁而不取也；问其故，曰："无所可用。"庄子曰："此木以不材得终其天年。"夫子出于山，舍于故人之家，故人喜，命竖子杀雁而烹之。竖子请曰："其一能鸣，其一不能鸣，请奚杀？"主人曰："杀不能鸣者。"明日，弟子问于庄子曰："昨日山中之木以不材得终其天年，今主人之雁以不材死。先生将何处？"庄子笑曰："周将处夫材与不材之间。材与不材之间，似之而非也，故未免乎累。若夫乘道德而浮游则不然。无誉无訾，一龙一蛇，与时俱化，而无肯专为；一上一下，以和为量；浮游乎万物之祖，物物而不物于物，评曰：物本自物，我有以物之，不名物物，我无以物之，不名物物。则胡可得而累耶？此神农黄帝之法则也。若夫万物之情，人伦之传，则不然。传，变也。合则离，成则毁；见人相合则间之，成则忌而毁之。廉则挫，专则议；卑污者败其节，求全以讪之。有为则亏，不使为之。贤则谋，合谋以胜之。不肖则欺，欺其不知。胡可得而必乎哉？悲夫！弟子志之，其惟道德之乡乎！"

〔解曰〕为善而近名，才也；为恶而近刑，不才也。既以皆不保其天年矣，然近名者荣于汤武之世，近刑者显于桀纣之廷，则亦因乎时命而可委之于天。乃不知此所谓天者，化迹之偶然而非天也。天者，物物者也。物物者，无适而不和，无适而非中，所谓缘督之经也。处于才不才之间，亦似督矣，而非也。才则非不才矣，不才则非才矣。见为善而又戒心于近名，见为恶而始戒心于近刑，两俱不为，而两俱为之。设机自遁，里克之中立祈免，自以为免，其能免乎？以道德为乘者，才与不才，善与恶，名与刑，皆物也，非我所以物物也。因其自然，不见有名之可邀，不见有名之可避，不见有刑之姑试而无伤，不见有刑之不可婴而思免，誉訾得失，安危生死，物自推移，而不以滑吾心，吾行吾正焉耳。此则不受人益而与天合也。今夫天，日耀之不加明，云翳之不加暗，泽下而不陷，山高而不逼。喜怒恩怨，生杀治乱，物自物而不累其真，岂复知有才，知有不才，知有才不才之间乎？虚室生白，自为吉祥之止止矣。

市南宜僚见鲁侯，《左传》："市南有熊宜僚"，楚人。鲁侯有忧色。市南子曰："君有忧色，何也？"鲁侯曰："吾学先王之道，修先君之业；吾敬鬼尊贤，句。亲而行之，无须臾离居；句。不忘道业。然不免于患，吾是以忧。"市南子曰："君之除患之术浅矣。夫丰狐文豹，栖于山林，伏于岩穴，静也；夜行昼居，戒也；虽饥渴隐约，犹且胥疏于江湖之上而求食焉，定也；胥疏，与人相远也。然且不免于网罗机辟之患，是何罪之有哉？辟音僻，杀也。其皮为之灾也。今鲁国独非君之皮耶？吾愿君刳形去皮，洒心去欲，而游于无人之野。南越有邑焉，名为建德之国：其民愚而朴，少私而寡欲；知作而不知藏，与而不求其报；不知义之所适，不知礼之所将，猖狂妄行，乃蹈乎大方，大方，广大之境也。其生可乐，其死可葬。吾愿君去国捐俗，与道相辅而行。"君曰："彼其道远而险，又有江山；我无舟车，奈何？"市南子曰："君无形倨，自恃则慢。无留居。滞而不化。以为君车。"君曰："彼其道幽远而无人，吾谁与为邻？吾无粮，我无食，安得而至焉？"市南子曰："少君之费，寡君之欲，虽无粮而乃足。君其涉于江而浮于海，去小入大。望之而不见其崖，愈往而不知其所穷；送君者皆自崖而反，评曰：人知其实，不知其虚。君自此远矣。故有人者累，拊循其人民，有人者也。见有于人者忧。身任天下之重，见有于人者也。故尧非有人，非见有于人也。吾愿去君之累，除君之忧，而独与道游于大莫之国。"方舟而济于河，有虚船来触舟，虽有惼心之人不怒；有一人在其上，则呼张歙之，一呼而不闻，再呼而不闻，于是三呼耶，则必以恶声随之。向也不怒而今也怒，向也虚而今也实。人能虚己以游世，其孰能害之！”

〔解曰〕自恃其贤，则形倨；守其道业以为贤，则留居。以此求免于患而保其国，则有欲不厌，而以无人无财为患。三者皆立于崖岸，以使人争至者也。德之不建，徒标礼义以徇俗，合则离之者至，成则毁之者生，挫之议之，亏之谋之，欺之者交起矣。乘虚以游于浩洋无际之宇，望之者自不测其所至。惟无心于安危利害之机，则虽有兵刑，亦因物物之，而非有留滞倨侨之心；人且视之为虚舟飘瓦，伤而不怨，患奚从生焉？足知缘督者，非以智巧规避于才不才之间，吾自建吾德也。有天下亦然而已，有国亦然而已，穷居困厄亦然而已；惟物物而不物于物也。

**北宫奢为卫灵公赋敛以为钟，为坛乎郭门之外，三月而成上下之县。**三月而成县，民乐于输也。上下之县，谓设架编钟也。县音悬。**王子庆忌见而问焉，曰：**“**子何术之设？**”**奢曰：**“**一之间，无敢设也。**不设一法。**奢闻之：‘既雕既琢，复归于朴。’侗乎其无识，傥乎其怠疑；**若忘而不自信。**萃乎芒乎，其送往而迎来；来者勿禁，往者勿止，**旧注：其法当似今之募缘。**从其强梁，随其曲傅，因其自穷；**强梁，多力而悍者；曲傅，诡诈相师者；皆工于逋赋之人，而至此自穷。从、随、因三字义同。**胡朝夕赋敛而毫毛不挫，**无所伤害。**而况有大涂者乎？**”

〔解曰〕婴物之怨忌者，莫赋敛若矣；而苟以浮游之道，顺物之自然，则物乐听之。然则人间世之甚险甚倾，而固无险倾也。惟设一意于心，则设一机于外，设一法以加诸人；教之以雕琢，物必以雕琢相报，于是乎一人之雕琢，不能胜天下之强梁曲傅，而人己交挫。若无所设者，人欲挫之而无从，虽有敛取于人，亦虚舟之触也。上因乎不得不取，下因乎不得不与，趋事效材而不知其所以然。古之启大涂以任物之往来者，亦此而已矣。

**孔子围于陈蔡之间，七日不火食。太公任往吊之，曰：“子几死乎？”曰：“然。”“子恶死乎？”曰：“然。”任曰：“予尝言不死之道。东海有鸟焉，其名曰意怠。其为鸟也：翂翂翐翐，**翂音分，散飞貌。翐音秩，飞舒迟貌。**而似无能；引援而飞，迫胁而栖；进不敢为前，退不敢为后；食不敢先尝，必取其绪；**余也。**是故其行列不斥，**散飞若无斥堠。**而外人卒不得害，是以免于患。直木先伐，甘井先竭。子其意者饰知以惊愚，修身以明污，昭**

昭乎若揭日月以行，故不免也。昔吾闻之大成之人曰：'自伐者无功，功成者堕，名成者亏。'孰能去功与名，而还与众人？道流而不明，任道以流行，无所捡择。郭象曰："昧然而行之耳。"居得行而不名处；随所居而行，不择地以自处。管见曰："德讥得，明讥名。"敔按：此则当于居字绝句。流行、居处，四字相对，语意愈捷。纯纯常常，乃比于狂；削迹捐势，不为功名。是故无责于人，人亦无责焉。至人不闻，子何喜哉？不闻至道，所喜好者，非所可好。"孔子曰："善哉！"辞其交游，去其弟子，逃于大泽，衣裘褐，食杼栗，杼音序，芋通。入兽不乱群，入鸟不乱行。鸟兽不恶，而况人乎？"

〔解曰〕忌伐而是不直，畏竭而不甘，亦不才而已。"纯纯常常"者，托迹于不才，而以全其才。才全而德不形，岂为不鸣之雁乎？任道流行，而不设一处以自名，无才也，无不才也，无才与不才之间也。化及鸟兽，而才之全也又奚以尚！无已，先去其才之见，以保其和；和之量已充，为万物之祖以物物，则大涂开，而才不才抑无足言已。

孔子问子桑雽曰：雽应与扈、户通。"吾再逐于鲁，伐树于宋，削迹于卫，穷于商周，围于陈蔡之间。吾犯此数患，亲交益疏，徒友益散，何欤？"子桑雽曰："子独不闻假人之亡与？林回弃千金之璧，负赤子而趋。林回，即假人之亡者也。旧注：林回，殷逃民。假字未详，或曰国名。或曰：'为其布与？赤子之布寡矣。布，泉布也，谓所值之财币。为其累与？赤子之累多矣。弃千金之璧，负赤子而趋，何也？'林回曰：'彼以利合，此以天属也。夫以利合者，迫穷祸患害相弃也；以天属者，迫穷祸患害相收也。'夫相收之与相弃亦远矣。且君子之交淡若水，小人之交甘若醴；君子淡以亲，小人甘以绝。彼无故以合者，则无故以离。"孔子曰："敬闻命矣。"徐行翔佯而归，绝学捐书；弟子无揖于前，其爱益加进。异日，桑雽又曰："舜之将死，真泠禹曰：真泠字讹。旧说：其命二字之误。杨慎曰："真泠即叮咛"。'汝戒之哉！形莫若缘，情莫若率。'缘则不离，率则不劳；不离不劳，则不求文以待形；不求为文饰，而有待于形。不求文以待形，固不待物。于己无待，而况于物？"

〔解曰〕以一人之天合一人，且宁置千金之璧而不忍弃，况以万物之祖，率其自然，缘其固然，而物有能离之者乎？以其才治天下之不才，以其不才需天下之才，以才不才之间窥测天下而避就之，皆待形而彰，待物而应者也。圣人怀之而物莫能出其环中，虽不相爱，必不疏散以相离矣。

庄子衣大布而补之，大布，粗布也。正緳系履而过魏王。緳音絜，结带也。结带束衣，以索穿履。魏王曰："何先生之惫邪、耶？"庄子曰："贫也，非惫也。士有道德不能行，惫也；衣敝履穿，贫也，非惫也。此所谓非遭时也。王独不见夫腾猿乎？其得楠、梓、豫章也，揽蔓其枝，而王长其间，王，去声。长，上声。王长犹言为王为伯。虽羿逄蒙不能眄睨也。及其得柘、棘、枳、枸之间也，危行侧视，振动悼栗。此筋骨非有加急而不柔也，处势不便，未足以逞其能也。今处昏上乱相之间，而欲无惫，奚可得耶？此比干之见剖心征也夫！"

〔解曰〕遇昏主乱相之世，奚止惫哉！比干且以之剖心，求逞其能，物必害之也。非贤而不自贤者，谁能免此！贤不自贤，全身而已，惫固不可辞也。

孔子穷于陈蔡之间，七日不火食，左据槁木，右击槁枝，而歌焱氏之风。焱，音注见前。有其具而无其数，有其声而无宫角，木声与人声犁然有当于人之心，犁谓牛之耕，犁路了然。颜回端拱还目而窥之，仲尼恐其广己而造大也，以不受天损，彪然自大。爱己而造哀也，人不我益，因而哀之。曰："回！无受天损易，无受人益难。无始而非卒也，人与天一也。夫今之歌者其谁乎？因天而非己有心。"回曰："敢问何谓无受天损易？"仲尼曰："饥渴寒暑，穷桎不行，天地之行也，运物之泄也；自然发泄之所必有。言与之偕逝之谓也，偕逝犹言任运而往。为人臣者不敢去之。执臣之道犹若是，而况乎所以待天乎？"一委之命。"何谓无受人益难？"仲尼曰："始用四达"一试用而即通显。爵禄并至而不穷，物之所利，乃非己也，天下之以名位加我，乃彼好贤，非以利己。吾命有在外者也。命岂在外乎？穷通之命则在外也。有云者，听其或有也。君子不为盗，贤人不为窃。吾若取之，何哉？人之所利，吾以为利，是窃取也。故曰：'鸟莫知于鹢鴯。'燕子也。目之所不宜处，不给视；见不宜处者，即不暂停。虽落其实，弃之而走；实，口实也。所攫之飞虫，落而不顾。其畏人也，而袭诸人间。巢人梁幕。社稷存焉尔。"所居守在是。"何谓无始而非卒？"仲尼曰："化其万物，死则化为物。而不知其禅之者。焉知其所终？焉知其所始？生死不可预计。正而待之而已耳。""何谓人与天一耶？"仲尼曰："有人，天也；有天，亦天也。人之所为，天之所命，以天道视之，一而已矣。人之

**不能有天，性也。**人所不能有之天，乃天之命，即人之性也。**圣人晏然体逝而终矣。**如其本体以往。

〔解曰〕"偕逝"者，举穷达生死而安之于天，安之于命，几可以忘忧矣；而知天之倪而不知其正，则亦"广已造大"而不能"袭诸人间"，其去"造哀"者，无几也。其惟"体逝"乎！化日逝而道日新，各得其正，此乃天之所以化也。非但人事之变迁，人生之修短，在其抟运之中；即大化之已迹，亦其用而非其体也。得丧穷通，吉凶生死，人间必有之事也；吾不能不袭其间，而恶能损我之真？正而待之，时有已往，有未来，有现在，随顺而正者恒正，则逝而不丧其体，即逝以为体，而与化为体矣。凶危死亡皆天体也。有以体之，则一息未亡，吾体不乱。歌声犁然当于人之心者，与天相禅，无终无始，生有涯而道不息，正平而更生者未尝不可乐也。故重言死，非也；轻言死，亦非也。纯纯常常，无始无卒，逝而不与之偕，人间无不可袭，天与人其能损益之乎？此段尤为近理，盖得浑天之用也。

**庄周游乎雕陵之樊，睹一异鹊，自南方来者，翼广七尺，目大运寸，**运寸，周围一寸也。**感周之颡而集于栗林。庄周曰："此何鸟哉？翼殷不逝，**盛大不远飞。**目大不睹？"**近人而不知。**褰裳躩步，执弹而留之。睹一蝉，方得美荫而忘其身；螳螂执翳而搏之，见得而忘其形；异鹊从而利之，见利而忘其真。庄周怵然曰："噫！物固相累，二类相召也。"**杀机动则互相感召。**捐弹而反走，虞人逐而谇之。**呵禁挟弹以入其圃。**庄周反入，三月不庭。蔺且从而问之："夫子何为顷间甚不庭乎？"庄周曰："吾守形而忘身，**忘身之真。**观于浊水而迷于清渊。且吾闻诸夫子曰：'入其俗，从其俗。'今吾游于雕陵而忘吾身，异鹊感吾颡；游于栗林而忘真，栗林虞人以吾为戮；吾所以不庭也。"**

〔解曰〕异鹊螳螂见利而忘害，庸人之不免于人间世者类然。庄周知害机之不可因，相召而兴，捐弹反走，则远乎利以远害矣；乃本无窥林取栗之情，自信以往，忘其为栗林之樊，而冥然忘身之人，虞人固不相知而相谇，勿足怪者。然则率者情也，而不缘形以物物，则率情特正而失正矣。故惟正而待者，若观于清渊，一碧泓然，隐微俱鉴，而无恃贤自任之心，然后可以无入而不得其正。虚室生白，物无所致其疑，则袭诸人间，皆其社稷，而物莫能谇也。

　　阳子之宋，宿于逆旅。逆旅人有妾二人，其一人美，其一人恶，恶者贵而美者贱。阳子问其故，逆旅小子对曰："其美者自美，自美故人不以为美。吾不知其美也；其恶者自恶，自安于恶，人必怜之。吾不知其恶也。"阳子曰："弟子记之！行贤而去自贤之行，安往而不爱哉？"

　　〔解曰〕恶者自见为恶，而人犹爱之；若夫忘美忘恶，则己且不知，而人又何从施其爱憎？以正而待者，虚无所倚。虚者，天下之至正也。见美恶焉，则倚矣。无倚则物物以为物祖，美恶皆受成焉，人其能以美恶相加乎？哀骀它之所以无人而不亲也。

　　《庄子解》卷二十终

# 庄子解卷二十一·外篇

## 田子方

　　此篇以忘言为宗，其要则《齐物论》"照之以天"者是也。忘言者，非可以有言而忘之也。道大而言小，道长而言短，道圆而言方，道流行而言止于所言，一言不可以摄万言，万言不可以定一言，古言不可以为今言，此言不可以为彼言。所言者皆道之已成者也，已成则逝矣。道已逝而言犹守之，故以自善则不适，以治人则不服，以教人则不化。其通古今，合大小，一彼此者，固不可以言言者也。事发于机，机一发而不能再；人鼓于气，气已泄而不能张；待之须臾，而仍反于故。则聊循斯须之情，一用不再，忘言以听其消，无不消者。而以言留之，以言激之，于是得丧祸福交起以撄人心而莫之能胜，皆执故吾以死其心之灵者也。道日徂而吾已故，吾且不存，而况于言乎！此交通之知，莫见之形，所以不忘而长存，为道之宗也。

　　**田子方侍坐于魏文侯，数称溪工。文侯曰："溪工，子之师耶？"子方曰："非也，无择之里人也；**无择，子方名。**称道数当，故无择称之。"文侯曰："然则子无师耶？"子方曰："有。"曰："子之师谁耶？"子方曰："东郭顺子。"文侯曰："然则夫子何故未尝称之？"子方曰："其为人也真，人貌而天，虚缘而葆真；**以虚为所缘，而保合其真。**清而容物，**清也，虚也，人而天也。**物无道，正容以悟之，使人之意也消。无择何足以称之！**"子方出，文侯傥然终日不言，傥然，放失之貌。**召前立臣而语之，**立乎前之左右。**曰："远矣，全德之君子！始吾以圣知之言、仁义之行为至矣。吾闻子方之师，吾形解而不欲动，口钳而不欲言。吾所学者，真土梗耳！夫魏真为我累耳！**"《考索》曰："子夏之后为田子方，子方之后为庄周，庄周之后为荀卿，荀卿之后为李斯。"

〔解曰〕溪工之不足为子方师者，惟其称道之数当也。当则所不当者多矣。至当者，非可以称道者也。治病者以当于此者治彼，则祇以杀人。故言无不有当而无当，其可以称道穷之乎！夫人之无道，心之勃也，气之蹙也。惟"达人之心"者，知其动而不可测也，而动以穷，则必反于静。"达人之气"者，知其迫而不可抑也，而迫之极，则必向于衰。心静气衰，而意已消矣。不以为然，不长之以悖；不以为不然，不激之以狂；则其穷而必反者可必矣。夫一动一静、一盛一衰之相乘而赴其节，天之自然也。虚清者通体皆天，以天御人，人自不能出其圈中。圣知之言，仁义之行，自彼视之，犹勺水之于洪流也。夫有魏奚足为累哉！有国而恃其圣知仁义以为政教，求其当，而物乃不能容，真乃不能葆也。

**温伯雪子适齐，舍于鲁，鲁人有请见之者。温伯雪子曰："不可。吾闻中国之君子，明乎礼义而陋于知人心，吾不欲见也。"至于齐，反舍于鲁，是人也又请见。温伯雪子曰："往也蕲见我，今也又蕲见我，是必有以振我也。"**振、拯通，谦言救己之失。**出而见客，入而叹。明日见客，又入而叹。其仆曰："每见之客也，必入而叹，何耶？"曰："吾固告子矣：中国之民，明乎礼义而陋于知人心。昔之见我者，进退一成规，一成矩；从容一若龙，一若虎；其谏我也似子，其道我也似父；是以叹也。"仲尼见之而不言。子路曰："吾子欲见温伯雪子久矣，见之而不言，何耶？"仲尼曰："若夫人者，目击而道存矣，亦不可以容声矣！"**

〔解曰〕谏人似其子，道人似其父，非果有父子之爱也；成心立乎中，执之若规矩之画一，骋之若龙虎之不可御，心死而气溢，则出言如哇耳。目击而道存者，方目之击，道即存乎所击。前乎目之已击，已逝矣；后乎目之更击，则今之所击者又逝矣。气无不迁，机无不变，念念相续而常新，则随目所击而道即存，不舍斯须而通乎万年；何所执以为当，而谆谆以谏道人乎！不待忘言而言自忘矣。

颜回问于仲尼曰："夫子步亦步，夫子趋亦趋，夫子驰亦驰，夫子奔逸绝尘，而回瞠若乎后矣。瞠，敕庚切，音撑，直视貌；前望不及，故然。"夫子曰："回，何谓耶？"曰："夫子步亦步也，夫子言亦言也，夫子趋亦趋也，夫子辩亦辩也，夫子驰亦驰也，夫子言道，回亦言道；及奔逸绝尘，而回瞠若乎后者，夫子不言而信，不比而周，无器而民蹈乎前，无成法可施，人自顺之。而不知所以然而已矣。"仲尼曰："恶！音乌，叹声。可不察与！夫哀莫大于心死，而人死亦次之。日出于东方而入于西极，万物莫不比方；取法。有目有趾者，待是而后成功，是出则存，是入则亡。日出则一切皆见有，日入则一无所见。万物亦然，有待也而死，有待也而生。吾一受其成形，而不化以待尽；效物而动，日夜无隙，念念相续。而不知其所终，薰然其成形，薰然，芳草丛生貌。知命不能规乎其前，命不可以预知。丘以是日徂。过去不留。吾终身与女，"与"字，与《论语》"吾无行而不与"之"与"同。交一臂而失之，接于左右，忽不见。可不哀与！女殆著乎吾所以著也。著，见也。吾之著者，有所以著者在焉，而汝仅于著求之。彼已尽矣，"彼"字，指吾所以善者而言。而汝求之以为有，是求马于唐肆也。言也，行也，因物而动者，已无不可见；又于此外求其不言而信，不比而周者，妄矣。唐、塘通。肆，市也。驿马、市马，皆聚马而非产马之处。吾服女也甚忘，女服吾也亦甚忘。虽然，女奚患焉！虽忘乎故吾，吾有不忘者存。"

〔解曰〕后之步，非前之步；今之趋，非后之趋。己之步趋且过去而不仍乎故迹，况夫子之步趋乎！守其故处而不能移，以为允当，则其心死矣。夫道无不待而先成者，故生死皆非己也。而欲规乎其前，则且刻一日以自为死期乎？况能刻一日以为吾之生耶？故言也，行也，言道也，见为当者若可规乎前而为之，而时已逝矣，事已变矣，化已徂矣，无可规矣。天下本奔逸绝尘之天下，而可以步趋死其心乎？夫惟忘言者可言，卮言日出，而不以谏人如子，道人如父；知其交臂已失，而无可谏无可道者也。虚其心，日生以待化之至而不昧，如日在天，不挽已坠之景以为诘旦之明，而物自待之以比方，斯则其不忘者也。不忘者存，而心恒不死矣。

孔子见老聃，老聃新沐，方将披发而干，慹然似非人。慹然，不动貌。孔子便而待之，少焉见曰："丘也眩与？其信然与？向者先生形体掘若槁木，似遗物离人而立于独也。"老聃曰："吾游心于物之初。"孔子曰："何谓耶？"曰："心困焉而不能知，口辟焉而不能言，辟音壁，塞也。尝为女议乎其将。谓将生未生之际。至阴肃肃，至阳赫赫。肃肃出乎天，赫赫发乎地，两者交通成和而物生焉。或为之纪，而莫见其形；消息满虚，一晦一明；日改月化，日有所为，而莫见其功；生有所乎萌，死有所乎归，始终相反乎无端，而莫知乎其所穷。非是也，且孰为之宗！"孔子曰："请问游是。"老聃曰："夫得是，至美至乐也。得至美而游乎至乐，谓之至人。"孔子曰："愿闻其方。"曰："草食之兽不疾易薮，水生之虫不疾易水，不以易薮易水为苦。行小变而不失其大常也，喜怒哀乐不入于胸次。夫天下也者，万物之所一也。得其所一而同焉，则四支百体将为尘垢，而死生终始将为昼夜，而莫之能滑，而况得丧祸福之所介乎！弃隶者若弃泥涂，知身贵于隶也，隶，贱役，人以得免为幸。贵在于我而不失于变，且万化而未始有极也，夫孰足以患心！已为道者解乎此。"孔子曰："夫子德配天地，而犹假至言以修心；偃，游也。古之君子，孰能说焉？"老聃曰："不然。夫水之于汋也，汋，食角切。井一有水一无水曰汋。此言井水之自无自有，莫非自然。无为而才自然矣。至人之于德也，不修而物不能离焉。若天之自高，地之自厚，日月之自明，夫何修焉！"孔子出，以告颜回曰："丘之于道也，其犹醯鸡与！微夫子之发吾覆也，吾不知天地之大全也。"

〔解曰〕物之初，固遗物也。言之先遗言也，行之先遗行也，有所萌者无可规者也，有所归者非故吾也。而其为独体者，万物合一而莫非独，故变而不失其大常，得丧祸福，待其至而后循斯须以应之，才乃无穷而德不假修。以是待物，物将自依于其所化，此之谓葆真以容物，而忘言以存其不忘。

庄子见鲁哀公。哀公曰："鲁多儒士，少为先生方者。"无为庄子之学者。庄子曰："鲁少儒。"哀公曰："举鲁国而儒服，何谓少乎？"庄子曰："周闻之：儒者冠圜冠者，知天时；履句屦者，知地形；缓佩玦者，事至而断，君子有其道者，未必为其服；为其服者，未必知其道也。公固以为不然，何不号于国中曰：'无此道而为此服者，其罪死！'"于是哀公号之五日，而鲁国无敢儒服者。独有一丈夫，儒服而立乎公门。公即召而问以国事，千转万变而不穷。庄子曰："以鲁国而儒者一人耳，可谓多乎！"

〔解曰〕冠屦佩服，皆步趋之迹也。凡言凡行而见为当者，皆冠、屦、佩、服也，转变而穷矣。不死其心以不忘其大常，有待以生心而无故吾，夫乃可以不穷。惟夫子之奔逸绝尘，为能独立于儒门。

**百里奚爵禄不入于心，故饭牛而牛肥，使秦穆公忘其贱，与之政也。有虞氏死生不入于心，故足以动人。**

〔解曰〕当其饭牛，则斯须之用在饭牛也；灵台虚而无所分，于爵禄何有哉！生死亦待化之自至，而不规乎其前，如日之待昼以东出。于己无滞，于物无逆，不以有当之言撄人之心，而人意自消。舜之耕稼陶渔而天下就之也，以此。

**宋元君将画图，众史皆至，受揖而立，舐笔和墨，在外者半。有一史后至者，儃儃然不趋，** 儃，坦、但二音，舒闲貌。**受揖不立，** 不伫立待命。**因之舍。公使人视之，则解衣，盘礴，赢，** 盘礴，箕踞也。赢与裸同。**君曰："可矣，是真画者也。"**

〔解曰〕挟其成心以求当，未当也，而貌似神离多矣。夫画以肖神者为真，迎心之新机而不用其故，于物无不肖也。此有道者所以异于循规矩，仿龙虎，喋喋多言以求当者也。

**文王观于臧，见一丈人钓，而其钓莫钓；非持其钓有钓者也，常钓也。** 评曰：寓于无意，非持其竿钓鱼，盖别有所取于钓者也，因之莫钓而常钓。**文王欲举而授之政；而恐大臣父兄之弗安也；欲终而释之，而不忍百姓之无天也。于是旦而属之大夫曰："昔者寡人梦见良人，黑色而頯，** 頯、顆同。**乘驳马而偏朱蹄，** 一蹄偏赤。**号曰：'寓而政于臧丈人，庶几乎民有瘳乎！'"诸大夫蹴然曰："先君王也！"文王曰："然则卜之。"诸大夫曰："先君之命，王其无它，又何卜焉！"遂迎臧丈人而授之政，典法无更，** 常法不改。**偏令无出。** 不特出一令。**三年，文王观于国，则列士坏植散群，** 士喜植群，如后世结社要盟之类。**长官者不成德，** 不自居成功。**颛斛不敢入于四竟。** 颛、庾同。四竟外之商旅，不自持斗斛来，一用文王之斗斛。**列士坏植散群，则尚同也。长官者不成德，则同务也。** 同以国事为务。**颛斛不入于四竟，则诸侯无二心也。文王于是焉以为大师，北面而问曰："政可以及天下乎？"臧丈人昧然而不应，泛然而辞，朝令而夜遁，终身无闻。颜渊问于仲尼曰："文王其犹未耶？又何以梦为乎？"仲尼曰："默！汝无言！夫文王尽之也，而又何**

**论刺焉？彼直以循斯须也。”** 且以动一时之人情。

〔解曰〕夫物岂有可循以治之者哉！循吾之所谓当者，是故吾耳，非大常以应变者也。循物之当者，是求之于唐肆也，交臂而已失之者也。故善循者，亦循其斯须而已。斯须者，物方生之机，而吾以方生之念动之，足以成其事而已足矣。故使文王取臧丈人，晋臣民而谆谆告之，谏之若子而必拒，道之若父而必玩。托于梦，征于鬼，人固前无此心而后无可忖，翕然从之，而拒玩之情消于无情，故曰尽也。且夫臧丈人之治，亦循斯须而已。人可群则群之，不树君子以拒小人；德可成则成之，不私仁义以立功名；因物情之平而适用，不规规于黄钟之度量以为庾斛。其为道也，可行而不可言，可暂而不可执，乃以该群言而久道以成化。文王欲以为师，则犹丈人之故吾也；故丈人遁去。斯须者，无可师者也。

**列御寇为伯昏无人射，引之盈贯，措杯水其肘上，发之，适矢复沓，** 沓，徒合切，音达，叠也。箭适去，复叠发也。**方矢复寓；** 郭象曰：“前矢去未至的，已复寄杯水于肘上。”**当是时，犹象人也。伯昏无人曰：“是射之射，非不射之射。尝与女登高山，履危石，临百仞之渊，若能射乎？”于是无人遂登高山，履危石，临百仞之渊，背逡巡，足二分垂在外，揖御寇而进之。御寇伏地，汗流至踵。伯昏无人曰：“夫至人者，上窥青天，下潜黄泉，挥斥八极，神气不变。今女怵然有眴目之志，** 眴与瞬、旬同，黄绢切，目摇也。**尔于中也殆矣夫！”**

〔解曰〕执理为言以薪乎当者，是而不非，得而不丧，福而无祸而已矣；皆自以为发的之中也。乃是非得失祸福之极致，无逾于生死；纳之于生死之交，则虽自谓用志不分，若御寇之射，而伏地汗流矣。且夫射者，出死入生之技也，非徒立一至当之的于生死不交之地，以尝试其巧而已也。列御寇之射可以中鹄，而两敌相临之危，甚于高山深渊之险，生死一荧其衷；于以中也，未有不怵然而失据者。至人之神气不变，则四支百体之为尘垢，死生之为昼夜，有其大常；无不可登之高，无不可临之深，即以之决死生于一矢，而不见有己。忘吾而不忘其所存，奚待正其躬若象人哉！蔑不中矣。射在于不射，言在于不言，心无死趣，循斯须以应物。当其射也，知射而已，而后用志果不分，而物莫能遁其彀中也。

**肩吾问于孙叔敖曰：“子三为令尹而不荣华，三去之而无忧色。吾始**

也疑子，今视子之鼻间栩栩然。鼻间栩栩，气无不平也。子之用心独奈何？"孙叔敖曰："吾何以过人哉！吾以其来不可却也，其去不可止也。吾以为得失之非我也，而无忧色而已矣。我何以过人哉！且不知其在彼乎，其在我乎？其在彼耶？亡乎我。在我耶？亡乎彼。方将踌躇，方将四顾，何暇至乎人贵人贱哉！"仲尼闻之，曰："古之真人：知者不得说，说，音税。巧不可惑。美人不得滥，色不可迷。盗人不得劫，威不可屈。伏戏黄帝不得友。天子圣人，不可齐等。死生亦大矣，而无变乎己，况爵禄乎！若然者，其神经乎大山而无介，入乎渊泉而不濡，处卑细而不惫。充满天地，既以与人己愈有。"

〔解曰〕凡与人者，皆见己之有，而以所有者与之。乃所有者尽于所与，此谏人如子、道人如父者之所以陋也。得丧交互于彼我，而死生相反于无端；因贵而贵用之，因贱而贱用之；踌躇四顾，审其斯须而循之；己常泰然其有余，虽与而不损其日新之妙。斯须者，日夜无隙，则亦恶有穷哉！而固无有一至当者挟之以与人也。则从我者不与之滥，逆我者不受其劫，宜其息之栩栩也。

楚王与凡君坐，少焉，楚王左右曰凡亡者三。凡君曰："凡之亡也，不足以丧吾存。"夫"凡之亡不足以丧吾存"，则楚之存不足以存存。繇是观之，则凡未始亡而楚未始存也。

〔解曰〕此言齐死生、存亡之极致也。死生存亡齐，而又何言之不忘！文侯曰，"魏真为累"，魏岂能累文侯哉！存一魏于心，而魏乃累；存一楚于心，而楚且不足以存。忘存忘亡，而后可以存存。循斯须以待物之变，而勿挟其当，日新而不忘者存，天下之险阻以消；盗人不得劫，而凡奚其亡！凡君不见有亡也。

《庄子解》卷二十一终

# 庄子解卷二十二·外篇

## 知北游

　　此篇衍自然之旨。其云观天者，即《天运》篇六极五常而非有故之谓也。言道者，必有本根以为持守；而观浑天之体，浑沦一气，即天即物，即物即道，则物自为根而非有根，物自为道而非有道。非有根者，道之所自运；非有道者，根之所自立。无根则无可为，无道则无可知。故仁义礼徒为骈枝以侈于性，而道之自然者固不为之损益。故知其无可知，而知乃至；于以入天地万物而不穷，则物无非道，物无非根，因天因物，而已不为。圣人之所断所保者，此耳。断之、保之，见本篇。其说亦自《大宗师》来，与《内篇》相为发明，此则其显言之也。

　　**知北游于玄水之上，登隐弅之邱，**弅，音焚。隐弅，隐暗而弅起也。**而适遭无为谓焉。知谓无为谓曰："予欲有问乎若：何思何虑则知道？何处何服则安道？何从何道则得道？"**何道之道，犹言行也。**三问而无为谓不答也。非不答，不知答也。知不得问，反于白水之南，登狐阕之上，**阕，陈也。狐阕，狐窟也。曰白水，曰狐窟，则有所睹矣。**而睹狂屈焉。**狂，猖狂意。伸者为神，屈者为鬼。**知以之言也问乎狂屈。狂屈曰："唉！予知之，将语若，中欲言而忘其所欲言。"知不得问，反于帝宫，见黄帝而问焉。**黄，中央色；帝，中之主也。**黄帝曰："无思无虑始知道，无处无服始安道，无从无道始得道。"知问黄**

帝曰："我与若知之，彼与彼不知也。其孰是耶？"黄帝曰："彼无为谓真是也，狂屈似之，我与女终不近也。夫知者不言，言者不知，故圣人行不言之教。道不可致，德不可至。仁可为也，义可亏也，礼相伪也。故曰：'失道而后德，失德而后仁，失仁而后义，失义而后礼。礼者，道之华而乱之首也。'故曰：'为道者日损，损之又损之，以至于无为，无为而无不为也。'今已为物也，欲复归根，不亦难乎！其易也，其惟大人乎！生也死之徒，死也生之始，孰知其纪！人之生，气之聚也。聚则为生，散则为死。若死生为徒，吾又何患？故万物一也：是其所美者为神奇，其所恶者为臭腐。臭腐复化为神奇，神奇复化为臭腐。故曰：'通天下一气耳'，圣人故贵一。"知谓黄帝曰："吾问无为谓，无为谓不应我，非不我应，不知应我也。吾问狂屈，狂屈中欲告我而不我告，非不我告，中欲告而忘之也。今予问乎若，若知之，奚故不近？"黄帝曰："彼其真是也，以其不知也。此其似之也，以其忘之也。予与若终不近也，以其知之也。"狂屈闻之，以黄帝为知言。

〔解曰〕无物非道，则抑无物为道。芒然四顾，无一而非道，则不可指何者而为道。道无可知，知不可以测道，故无为谓真是也。狂屈曰"予知之"，则虽交臂且失，而似有一恍惚之光与道相合；非不是也，而道抑不尽于此，故但似之而已。此释氏所谓相分灭而见分未灭也。若无思虑，无处服，无从道者，为可以体道，则无思、虑、处、服、从、道者，固道矣，有思、有虑、有处、有服、有从、有道者，又岂道外之有此耶？皆求其可知、可安、可得，而执小以为大，执短以为长，执无以为有者，故终不近也。生死相贸，新故相迭，浑然一气，无根可归；则因时，因化，因物，不言而照之以天，又奚答哉！则又奚问哉！问则已失之矣。不知故问，问故不知也。

天地有大美而不言，四时有明法而不议，万物有成理而不说。圣人者，原天地之美，而达万物之理。是故至人无为，大圣不作，观于天地之谓也。今彼神明至精，今，一本作合。与彼百化。物已生死方圆，莫知其根也，扁然而万物，自古以固存。扁音區，门户封署也。扁然，各位其所之意。神明之至精者，与百化之死生方圆，皆无根之可知也。而扁然杂著，皆备而常存。六合为巨，未离其内；有内则必有外。秋毫为小，待之成体。更有至微者。秋毫相积以成体，非小也。**天下莫不沉浮，终身不故**；<sub>无故迹之可据。</sub>**阴阳四时运行，各得其序。惝然若亡而存，油然不形而神，万物畜而不知，此之谓本根**；<sub>无根以为根。</sub>**可以观于天矣。**

〔**解曰**〕天地之不言，四时之不议，万物之不说，非不言，不议，不说也，不能言，不能议，不能说也。不能言，不能议，不能说者，无可言，无可议，无可说也。今一动物于此，使自说其目何以视，耳何以听；一植物于此，使说其华何以荣，实何以成；其可说乎？有形者且尔，况天地四时乎！然而自古固存之大常，人固见为美，见为法，见为理，而得序；则存者存于其无待存也，神者神于其无有形。意者其有本根乎，而固无根也。孰运行是？孰主张是？孰纲维是？沉浮以游，日新而不用其故，何根之有哉！名之曰本根，而实无本无根，不得已而谓为本根耳。故不言之教，庶几乎近之。不言之教，无教也。圣人不知，而万物恶从知之！故惟知无本无根，而沉浮不故者，乃可许之观天。

**啮缺问道乎被衣。被衣曰："若正女形，一女视，天和将至；摄女知，一女度，神将来舍；德将为女美，道将为女居**，<sub>评曰：女勿以之为美为居，道德自来。</sub>**女瞳焉如新生之犊**，<sub>瞳读如创，丑绛切，未有知貌。</sub>**而无求其故。"言未卒，啮缺睡寐。被衣大说，行歌而去之，曰："形若槁骸，心若死灰；真其实知，不以故自持；媒媒晦晦**，<sub>媒读如昧，义通。</sub>**无心而不可与谋。彼何人哉！"**

〔**解曰**〕既知无求其故矣，则啮缺之言，亦故而不足存矣。正形一视，摄知一度，皆以无思无虑为知者也；是犹可与谋者也。忘言忘义，天和在己，而何待其至哉！啮缺所以寐而不欲终听之。

**舜问乎丞曰：**<sub>"辅弼凝丞"之丞。</sub>**"道可得而有乎？"曰："女身非女有也，女何得有夫道！"舜曰："吾身非吾有也，孰有之哉？"曰："是天地之委形也。生非女有，是天地之委和也；**<sub>气和则生。</sub>**性命非女有，是天地之委顺也；**<sub>顺理为性。</sub>**孙子非女有，是天地之委蜕也。**<sub>形之相禅。</sub>**故行不知所往，处不知所持，食不知所味；天地之强阳气也，**<sub>强阳，主动也；</sub>**又胡可得而有耶？"**

〔**解曰**〕以为有道，而可知可为者，惟见有身也。见有身而欲翘然于万物之上，则煦煦以为仁，岳岳以为义，宾宾以为礼，而柴立乎天地之间。

夫惟知身非己有，则化身为天，而行乎其不得不行；恩万物而非仁，裁万物而非义，序万物而非礼，天之强阳所动胥与动，而不持以为故；斯以观天而合其和也。夫行之所往，处之所持，食之知味，皆强阳之气所沉浮，而我何与知！况进此而可有为道之本根者乎！

**孔子问于老聃曰："今日晏间，敢问至道。"老聃曰："女齐戒，疏瀹而心，澡雪而精神，掊击而知。夫道，窅然难言哉！将为女言其崖略。夫昭昭生于冥冥，有伦生于无形；精神生于道，形本生于精，而万物以形相生。故九窍者胎生，八窍者卵生；其来无迹，其往无崖，无门无旁，四达之皇皇也。邀于此者，四枝强，** 邀犹遇也。**思虑恂达，** 恂，相伦切，顺也。**耳目聪明；其用心不劳，其应物无方。天不得不高，地不得不广，日月不得不行，万物不得不昌。此其道与！且夫博之不必知，辩之不必慧，圣人以断之矣。** 断，徒乱切，绝弃之也。**若夫益之而不加益，损之而不加损者，圣人之所保也。渊渊乎其若海，魏魏乎其终则复始也；** 魏、巍同。**运量万物而不匮，则君子之道，彼其外与！** 评曰：君子之道，仁义礼皆外益之，非其固然。**万物皆往资焉而不匮，此其道与！"** 评曰：此乃内也。

〔解曰〕精神生于道。道，无也；精神，有也。然则精神之所自生，无所以然之根，而一因乎自然之动。自然者即谓之道，非果有道也。道生神，神生精，精乃生形，形乃相禅而生物。则生物之原，四累之下也。超四累而寻其上，无迹也。四达皇皇，万化自营于不容已。天欲不高，地欲不厚，日月欲不行，万物欲不昌，而皆不可得。渊藏广运，而终始循环以不穷。为君子者，乃欲于四累之下求本求根，而测其所以然，则困于道之中，必跃于道之外矣。自然者之无所以然，久矣。自然者，有自而然之谓。而所自者，在精神未生之上，不可名言，而姑字之曰道。乃形物既成之后，此道亦未尝暂舍，而非根本枝叶各为一体。为君子者，乃求所以然而自外于大方，岂有当乎！

**中国有人焉，非阴非阳；** 阴阳之屈伸为鬼神。直且为人，故非阴非阳。**处于天地之间，直且为人，将反于宗。自本观之，生者暗醷物也。** 暗音荫，醷音爱，聚气貌。郭象曰："直聚气也。"按字书：醷，球聚气也，又音倚，梅浆也。球聚气是虚空之气偶聚，梅浆是酸郁之气所聚，俱可释。**虽有寿夭，相去几何？须臾之说也，奚足以为尧桀之是非？** 句。**果蓏有理；** 木实曰果，草实曰蓏。**人伦虽难，** 虽难尽其理。**所以相齿**。亦犹是少长之差耳。**圣人遭之而不违，过之而不守。调而应之，德也；**调，和也。**偶而应之，道也；帝之所兴，王之所起也。人生天地之间，如白驹之过隙，忽然而已。注然勃然，莫不出焉；**待生者也，必出以生。**油然漻然，莫不入焉。**漻，清洁也。极其光华清洁盛美，而皆入以死。**已化而生，又化而死。生物哀之，人类悲之。解其天弢，堕其天帙，**弓囊曰弢，衣囊曰帙。天弢之帙之使为人，释氏所谓皮囊也。死则解而堕矣。知此则不足为悲哀。**纷乎宛乎，**纷，散貌。宛，留恋也。**魂魄将往；乃身从之，乃大归乎！不形之形，形之不形，是人之所同知也，非将至之所务也。此众人之所同论也。**虽知之论之，而不能于死之将至而务，则论亦何益！**彼至则不论，论则不至。明见无值，辩不若默；道不可闻，闻不若塞；此之谓大得。**

〔**解曰**〕欲求道之所以然者，必于身乎体之，君子之道，务此而已。游其心以观天，而溯之乎精神之所自生，媒媒晦晦，而莫知所谓；则此身亦未见其果为吾有也，止中国之一人而已矣。我犹人也，人犹我也；乃至飞潜动植，山谷川流，亦犹是也。而偶尔为人于中国：自其精神之躁动而言，则为强梁之气；自其形体之蕴结而言，则为暗醷之物；自天地之长久而言，则须臾之化而已。须臾之为薪，已穷于指，大力者负之而他趋，于是而天弢解焉，天帙堕焉，则是非得丧与暗醷之物相随以往，所以然之故，又可得乎！身已往矣。中国自有人也。人不尽于身，而身奚足以尽人伦之理耶！前乎生而有不形之形，后乎生而有形之不形。此岂难知者哉！人具知之，人具论之，而论之无益也。塞默而遇之，将反之宗，即今日而在焉。其为得也，得天也。得天者，得其自然也。断之，保之，知不待掊击而自无所庸。

东郭子问于庄子曰："所谓道，恶乎在？"庄子曰："无所不在。"东郭子曰："期而后可。**必有所指正。**"庄子曰："在蝼蚁。"曰："何其下耶？"曰："在稊稗。"曰："何其愈下耶？"曰："在瓦甓。"曰："何其愈甚耶？"曰："在屎溺。**溺，泥吊切，溲也。**"东郭子不应。庄子曰："夫子之问也，固不及质。**质，本也。**正获之问于监市履狶也，每下愈况。**郭象曰："狶，大豕也。"夫监市之履豕以知其肥瘦者，愈履其难肥之处，愈知豕肥之要。今问道之所在，而每况之于下贱，则明道之不逃于物也必矣。**女惟莫必，无乎逃物。**无必然之见，则知道之无所不在。**至道若是，大言亦然。**言其周遍咸则大矣。**周、遍、咸三者，异名同实，其指一也。尝相与游乎无何有之宫，同合而论，无所终穷乎！尝相与无为乎！澹而静乎！漠而清乎！调而闲乎！寥已吾志，寥，廓也。无往焉而不知其所至；不曰往而曰无往，往亦无往也。去而来，不知其所止。吾已往来焉，而不知其所终。彷徨乎冯闳，冯音凭，盛也。闳，大也。大知入焉而不知其所穷。物物者与物无际，而物有际者，所谓物际者也。物之所际，非道之际。不际之际，际之不际者也。无际以为际，际非无际也。谓盈虚衰杀，彼为盈虚非盈虚，彼为衰杀非衰杀，彼为本末非本末，彼为积散非积散也。"际皆非际。

〔解曰〕道无可期也。期而以为可者，期之于盈虚衰杀之际，见为本，见为末，以递相生，见为积散，以互相成而已。而皆有形有物，判然一际之小大始终，曾是足以为崖，为房，为门，而穷道之际哉？道惟无际，故可各成一际。道惟无在，故可随在而在，无在无不在。其际莫穷，乃于其中随指一物，而自然之理不遗。期之于蝼蚁，犹有知也；期之于稊稗，犹有生也；期之于瓦甓，犹有用也；期之于屎溺，则用亦废而行乎其不容已，自然而然者，愈与道亲也。括天下之有知无知，有情无情，有质无质，有材无材，道无所不在。生无自而生，死无自而死；盈无自而盈，虚无自而虚；周遍咸皆自然，自然皆道也；而尚何期乎？惟无所以然者为之根本故也。

妸荷甘妸音阿。与神农同学于老龙吉。神农隐几阖户昼瞑，妸荷甘日中奓户而入，奓，昌者切，推门也。曰："老龙死矣！"神农隐几拥杖而起，嚗然放杖而笑，嚗音剥，笑声。曰："天知予僻陋慢诞，诞音夷，诞也。故弃予而死矣！已矣，夫子无所发予之狂言而死矣夫！"弇缸吊闻之，缸音冈，龙也。妸荷甘、弇缸吊，皆寓为人名。曰："夫体道者，天下之君子所系焉。今于道，秋豪之端，豪、毫同。万分未得处一焉，而犹知藏其狂言而死，又况夫体道者乎！视之无形，听之无声，于人之论者，谓之冥冥；所以论道而非道也。"不知冥冥乃昭旷。

〔解曰〕夫藏言以死而谓之冥冥者，人以其视听之皆捐而谓冥冥耳。天弢既解，天袠既堕，过而不守，偶应而不留，以返乎无门无房之四达，则昭昭之至奚以加，而何冥冥也？言之不藏，名为体道，天下之君子所自系缚，以守为道者，此耳。其于道，岂能尽其万分秋豪之一哉！则冥冥也孰甚！真体道者，生犹是也，死犹是也，隐几昼瞑，慢诡于道论，则虽与中国为人，亦遭之以不违而已；未尝不冥冥，未尝不昭昭也。故欲体道者，惟藏之为几矣。

于是泰清问乎无穷曰："子知道乎？"无穷曰："吾不知。"又问乎无为。无为曰："吾知道。"曰："子之知道，亦有数乎？"曰："有。"曰："其数若何？"无为曰："吾知道之可以贵，可以贱，可以约，可以散。此吾所以知道之数也。"泰清以之言也，问乎无始曰："若是，则无穷之无知，与无为之知，孰是而孰非乎？"无始曰："不知深矣，知而浅矣。弗知内矣，知之外矣。"于是泰清中而叹曰："弗知乃知乎！知乃不知乎！孰知不知之知？"无始曰："道不可闻，闻而非也。道不可见，见而非也。道不可言，言而非也。知形形之不形乎！道不当名。"无始曰："有问道而应之者，不知道也；虽问道者，亦未闻道。道无问，问无应。无问问之，是问穷也；无应应之，是无内也。身在道外矣。以无内待问穷，若是者，外不观乎宇宙，内不知乎大初；是以不过乎昆仑，不游乎太虚。"昆仑，地之极高处，过乎昆仑，则太虚矣。

〔解曰〕泰清也，无穷也，无为也，无始也，皆不得已而为之名也。观其形似，泰清也；流观其际之不际，无穷也；无穷者不可胜为，无为也；究其所从，则无始也。互相求其根本而不可得。无根，而欲以言论相诘问，不知道矣。因而答之，贵贱约散，其类充塞，而欲知其数，愈不知道矣。道亦不得已之辞也。实则非有所谓道也。自然无始而泰清，无为而自无穷。蝼蚁、稊稗、瓦甓、屎溺，皆泰清也。无贵无贱，无约无散，周遍咸于大方，而不可言尽。遭之而即是，奚问奚答哉！

光曜问乎无有曰："夫子有乎，其无有乎？"光曜不得问，而孰视其状貌，窅然空然，终日视之而不见，听之而不闻，抟之而不得也。光曜曰："至矣！其孰能至此乎！予能无有矣，而未能无无也。及为无有矣，何从至此哉！"

〔解曰〕光曜者，无有中之幻影也，孰视之而窅然空然矣。光曜亦何托哉！知生于虚，而知已失虚，知有穷而虚无穷，能体虚者无知也。言不待藏而自忘言矣。光曜无根也，乃欲以无有为根，而无有不可以为根，则知固无所托：不可见，不可闻，不可得。反光曜以归无有，冥冥无知，而离道不远矣。

**大马之捶钩者，**大马，大司马也。江东三魏之间，谓锻为锤钩。旧注：剑名。**年八十矣，而不失豪芒。大马曰："子巧与？有道与？"曰："臣有守也。臣之年二十而好捶钩，于物无视也，非钩无察也。是用之者，假不用者也以长得其用，而况乎无不用者乎！物孰不资焉！"**

〔解曰〕欲知道者，欲用之耳。其知愈杂，其用愈侈，而不知其守愈乱，得其用者鲜矣。至人于道，有守而无知，知之而不用，用之而不分；则合万变，周遍咸而无异知、无异用。惟不求知以假于用，故合乎天而为万用之资。其守也，过乎昆仑，游乎太虚，浑然渊然，物何足以劳其视哉！不视矣，又何知！

**冉求问于仲尼曰："未有天地可知耶？"仲尼曰"可。古犹今也。"冉求失问而退。明日复见，曰："昔者吾问'未有天地可知乎？'夫子曰：'可。古犹今也。'前日吾昭然，今日吾昧然。敢问何谓也？"仲尼曰："昔之昭然也，神者先受之。**不思则与神遇。**今之昧然也，且又为不神者求耶！**思则倚于形而失神。**无古无今，无始无终。未有子孙而有子孙，可乎？"冉求未对。仲尼曰："已矣，未应矣！不以生生死，不以死死生。死生有待耶？皆有所一体。有先天地生者物耶？**岂物耶？**物物者非物，物出不得先物也，犹其有物也。犹其有物也，无已。**非先有之物欲出乃生之。虽非先有，自可生而不已。**圣人之爱人也终无已者，亦乃取于是者也。"**非先立一爱之心，物至而爱之耳。

〔解曰〕为根本之论以求知道者，必推而上之，至于未有天地之先，为有所以然者，为万有之本。此其昧也，惟滞于不神之形，而于物求之。然则未有子孙之日，索之当前，其为子孙者安在乎？子孙必有待而生，则未有待之日，无其必然之根本，明矣。故今日者无穷之大始，而今日非有以为无穷之始，则无始也明矣。无先天地而有之物，未有者不得以物物之，然而终可有物。以是推之，圣人不先立爱人之心，而爱自无已；遭而不违，偶而应之，可云仁之始，可云化之始，而实非始也。于生而死之，于死而生之，以为生死死生之本，昧孰甚焉？之说也，乍闻之而心开，徐思之而又不审。何也？思之索之，终以为有所以者为之本也。故无思无虑，乃近乎自然。

**颜渊问乎仲尼曰："回尝闻诸夫子曰：'无有所将，无有所迎。'回敢**

问其游。"仲尼曰："古之人，外化而内不化；今之人，内化而外不化。内无主而外滞于物。与物化者，外化。一不化者也。内不化。安化安不化，外化则内亦忘。安与之相靡，靡犹摩也。谓自然相摩而化。必与之莫多。莫多谓不增益之。无所增益则不化。狶韦氏之囿，黄帝之圃，有虞氏之宫，汤武之室。愈有则愈小。君子之人，若儒墨者师，故以是非相齑也，齑，揉也。而况今之人乎？圣人处物不伤物。不伤物者，物亦不能伤也。惟无所伤者，为能与人相将迎。山林与！皋壤与！使我欣欣然而乐与！虽此亦将迎，况名利乎？乐未毕也，哀又继之。哀乐之来，吾不能御，其去弗能止。悲夫！世人直为物逆旅耳！夫知遇而不知所不遇，知能能而不能所不能。无知无能者，固人之所不免也。人自然有所不知不能。夫务免乎人之所不免者，岂不亦悲哉！欲尽知之而尽能之，必不可得。至言去言，至为去为。齐知之所知，则浅矣。有所知，因欲以概天下。"

〔解曰〕天地万物莫不因乎自然。生死得失，周遍咸而往来相易，则过去者不可逐之以流，未来者不可豫徼其至。至人知此，无所用其将迎；而待其相遭，则与之不违，亦将也；送之以往也，亦迎也。虚中而俟也，物与己两无所益。无所益，复何伤乎！夫已往未来不可知也，虽圣人不能知；无可用其能也，虽圣人不能能；无所以然之故，则知能固有必穷矣。取所知之一端立以为根，则适以自隘。囿降而圃，圃降而宫，宫降而室，日趋于隘下；而为君子，为儒墨之师，则室中一隙之光已耳。执一隙之光为所以然之本，举此外来不能御、去不能止者，万变无所逃之哀乐，而以一隙之知能齐之，天下之纭纭者所以可悲也。此篇极论自然之理，括古今，一生死，浩汗无极。而此段要归于无将无迎，去言去为，以物物而不穷；则内之不化者，实有其不际之际，盖宅心之要术，非但放言已也。

　　《庄子解》卷二十二终

# 庄子解卷二十三·杂篇

　　杂云者，博引而泛记之谓。故自《庚桑楚》《寓言》《天下》而外，每段自为一义，而不相属，非若《内篇》之首尾一致，虽重词广喻，而脉络相因也。《外篇》文义虽相属，而多浮蔓卑隘之说；《杂篇》言虽不纯，而微至之语，较能发《内篇》未发之旨。盖《内篇》皆解悟之余，畅发其博大轻微之致，而所从入者未之及。则学庄子之学者，必于《杂篇》取其精蕴，诚《内篇》之归趣也。若《让王》以下四篇，自苏子瞻以来，人辨其为赝作。观其文词，粗鄙狼戾，真所谓"息以喉而出言若哇"者。《让王》称卞随务光恶汤而自杀；徇名轻生，乃庄子之所大哀者；盖于陵仲子之流忿戾之鄙夫所作，后人因庄子有却聘之事而附入之。《说剑》则战国游士逞舌辩以撩虎求荣之唾余，《渔父》《盗跖》则妒妇詈市，瘈犬狂吠之恶声。列之篇中，如蜣螂之与苏合，不辨而自明，故俱不释。乃小夫下士，偏喜其鄙猥而嗜之，"腐鼠之吓"，不亦宜乎！抑考庄子所称古人：若瞿鹊、长梧、王骀、无趾之类，固不必有其人；而所言尧舜孔颜，抑必因时之所值，事之可有。《外篇》称"庄子见鲁哀公"，及《盗跖》篇谓"孔子遇柳下惠"，托辞不经，相去百年之外，谬为牵合。或真以盗跖为柳下之兄，虽不足辩论，而亦可为道听涂说，窃庄子之残沈，以为谈柄者之炯鉴也。

# 庚桑楚

此篇之旨，笼罩极大，《齐物论》所谓"休之以天均"也。南荣趎之所以不化者，惟见有己，因见有人；人与己相持于仁义，两相构而思虑日营，虽闻道固不能以化其心。若夫天均者，运而相为圜转者也，则生死移而彼我移矣。于其未移，而此为我，彼为人；及其已移，而彼又为此，此又为彼；因其所移，而自我以外，所见无非人者，操彼此之券，而劳费不可胜言。苟能知移者之无彼是，则笼天下于大圜之中，任其所旋转，而无彼是之辨，以同乎天和，则我即人也，我即天也，不爽其儿子之和，又何待全形而形无不全，何待抱生而生无不抱矣。故思虑者，不可以隐忍禁制而息者也。朝彻之见，与天均而合体。则食乎地，乐乎天，与宇俱实，与宙俱长，宇泰以养天光，不待息而自息。此卫生之经，以忘生为大用也。庄子之旨，于此篇而尽揭以示人：所谓"忘小大之辨"者此也，所谓"照之以天"者此也，所谓"参万岁而一成纯"者此也，所谓"自其同"者此也，所谓"目无全牛"者此也，所谓"知天之所为"者此也，所谓"未始出吾宗"者此也。

老聃之役，有庚桑楚者，偏得老聃之道，以北居畏垒之山；其臣之画然知者去之，其妾之挈然仁者远之，拥肿之与居，鞅掌之为使。鞅掌，但习劳役者。居三年；畏垒大穰。畏垒之民相与言曰："庚桑子之始来，吾洒然异之。今吾日计之而不足，岁计之而有余。庶几其圣人乎！子胡不相与尸而祝之，社而稷之乎？"庚桑子闻之，南面而不释然。弟子异之。庚桑子曰："弟子何异于予！夫春气发而百草生，正得秋而万宝成。夫春与秋，岂无得而然哉？大道已行矣。吾闻至人，尸居环堵之室，而百姓猖狂不知所如往。今以畏垒之细民而窃窃焉欲俎豆予于贤人之间。我其杓之人邪！杓音标，斗柄第一星，遍指十二方以为标准。吾是以不释于老聃之言。"弟子曰："不然。夫寻常之沟，巨鱼无所还其体，而鲵鳅为之制；还，音旋。鲵，大鱼，似鲇；此指小鱼，应即鲇也。制犹据霸之意。步仞之邱陵，巨兽无所隐其躯，而孽狐为之祥。详谓凭以为妖。评曰：言无小无大，皆可以得所欲。且夫尊贤授能，先善与利，自古尧舜以然，而况畏垒之民乎！夫子亦听矣！"庚桑子曰："小子来！夫函车之兽，介而离山，则不免于网罟之患；介音界，倛也，特也。

吞舟之鱼，砀而失水，则蚁能苦之。砀与荡通。故鸟兽不厌高，鱼鳖不厌深。夫全其形生之人，藏其身也，不厌深眇而已矣。且夫二子者，尧舜也。又何足以称扬哉！是其于辨也，将妄凿垣墙而植蓬蒿也。郭象曰："将令后世妄行穿凿，而植秽乱也。"简发而栉，数米而炊，郭象曰："理锥刀之末也。"窃窃乎又何足以济世哉！举贤则民相轧，任知则民相盗。之数物者，不足以厚民。民之于利甚勤，子有杀父，臣有杀君；杀音弑。正昼为盗，日中穴阫。阫，裴、丕二音，墙也。吾语汝：大乱之本，必生于尧舜之间，其末存乎千世之后。千世之后，其必有人与人相食者也！"

〔解曰〕去贤能善利，以藏身而全形，亦可谓偏得老聃之道矣。而以卫生为经，则见有其生而卫之。有其生则有己，有己则有人；我耦未丧，而离山失水之为患，网罟螻蚁之为忧，则固未足以语至人之德也。畏仁义之愁我身而欲逃之，愈逃之而人愈就之，固宜畏垒之人窃窃然欲俎豆之也。

南荣趎趎，长鱼切。庚桑弟子也。蹵然正坐，曰："若趎之年者已长矣，将恶乎托业以及此言邪？"庚桑子曰："全汝形，抱汝生，无使汝思虑营营。若此者□，则可以及此言也。"南荣趎曰："目之与形，吾不知其异也，而盲者不能自见，物有形，目亦有形，目见物而不能自见其目，是亦盲也。耳之与形，吾不知其异也，而聋者不能自闻；物有形，耳亦有形，耳闻物而不能自闻其耳，是亦聋也。心之与形，吾不知其异也，而狂者不能自得。物有形，心亦有形，心得物之理而不能自得其心，是亦狂也。形之与形亦辟矣，上形字，在物之形也。下形字，在己之形也。辟与譬同，犹言均是而无异也。而物或间之邪，欲相求而不能相得，岂非物或间之耶，何以欲将求而不能相得耶？今谓趎曰：'全汝形，抱汝生，勿使汝思虑营营。'趎勉闻达道耳矣！虽勉强欲知，而但能听之而已，终不会心。"庚桑子曰："辞尽矣。"曰：既而曰。"奔蜂不能化藿蠋。奔蜂，小蜂也。藿蠋，豆间大青虫也。果蠃化螟蛉，化小虫耳；大遂不能化。越鸡不能伏鹄卵，鲁鸡故能矣。鸡有二种，越鸡小，鲁鸡大。鸡之与鸡，其德非不同也，有能与不能者，其才固有巨小也。今吾才小，不足以化子。子胡不南见老子？"

〔解曰〕欲自化以化物者，必视乎其才，故曰："有圣人之才而无圣人之道，有圣人之道而无圣人之才。"道不足以扩其才，犹才不必其当于道也。所谓才者，与"有实而无乎处"之宇，"有长而无本标"之宙，相为周遍始终，而灵台能以不持持之，然后真为巨才也。彻乎"不际之际"，而抱之于一，以为卫生之经，道也。天光之发，才也。庚桑楚以高深为藏身之固，亦勉闻以守圣人之道而已。思虑之营营，以全形抱生之道禁制之不使复生，正南荣趎之所患，固不足以化之。

南荣趎赢粮，七日七夜，赢音盈，担负也。七日夜，寓七日来复之意。至老子之所。老子曰："子自楚之所来乎？"南荣趎曰："惟。"老子曰："子何与人偕来之众也？"郭象曰："挟三言而来故也。"南荣趎惧然顾其后。老子曰："子不知吾所谓乎？"南荣趎俯而惭，仰而叹曰："今者吾忘吾答，因失吾问。"老子曰："何谓也？"南荣趎曰："不知乎？人谓我朱愚。旧注：朱愚犹颛愚。按字书：朱，木身也，犹木讷之木。知乎？反愁我躯。不仁则害人，仁则反愁我身。不义则伤彼，义则反愁我己。我安逃此而可乎？此三言者，趎之所患也。愿因楚而问之。"老子曰："向吾见若眉睫之间，吾因以得汝矣。今汝又言而信之。若规规然，若，汝也。规规，就圆之意。若丧父母，揭竿而求诸海也。若犹如也。失其本，求诸渺茫。汝亡人哉！如遁逃之人，未知所往。惘惘乎汝欲反汝情性而无繇入，可怜哉！"

〔解曰〕天下而既有人矣，而安能使之无人？天下之人众矣，而安能使之少？惟往来于灵台，与之偕而不舍，则宇不泰，天光不发；即发矣，而固不恒然。庚桑楚病尧舜之偕人以来，而简发不胜简，数米不胜数矣。乃其于畏垒之人，南面而不释然，则欲郤之勿偕，而不终不相舍，其才小也。灵台愈持而愈不可持，亦奚愈乎！内见有身而非即人，则愁不释；外见有人而非即身，则愁亦不释。才不通乎其大，故反性情而无繇入，生不可卫也。

南荣趎请入就舍，召其所好，去其所恶，十日自愁，复见老子。老子曰："汝自洒濯孰哉？孰、熟通。问其熟否。郁郁乎，然而其中津津乎有恶也。洒濯未熟，而犹郁郁津津，召好而犹有恶，形容其自愁情状。夫外韄者不可繁而捉，将内揵；内韄者不可缪而捉，将外揵。韄，胡故切，刀鞘也，取藏而不见之意。捉，谓求得之也。揵，虔、寒二音，闭也。缪犹绸缪之缪。评曰：内揵则不虞外之繁，外揵则不虞其内之缪。外内韄者，道德不能持，评曰：志一则忘道。而况放道而行者乎！"评曰：放道而行者，自与道相忘。敬按：此段评解与旧注迥异，玩《解》自明。

〔解曰〕不见有人，不见有己，则思虑之营营自息。此非道德之所可恃也。以道德持之，勉闻而受于耳，耳达之心，而灵台不能自达。卫生之经所以不给于圣人之德也，才限之也。不见有己，而物之繁以相撄者不已，则勿求之外，而内捷以忘己，则自不与之偕。不见有人，而己之缪以自束者不释，则勿求之内，而外捷以忘人，则自无可偕者。此非勉闻之道德所可禁制，存乎己之持与不持者而已。然尚未足语于放道而行者也。放道而行者，吾即道也，吾即天也，吾即人也，弗待鞭也，弗待捷也。天下之繁，皆吾推移之所必彻。吾心之缪，以天下解之而无所结，则无见恶而不容洒濯。才之巨者，一恒而已矣。

南荣趎曰："里人有病，里人问之，病者能言其病，然其病病者犹未病也。知病之为病，其心未迷。若趎之闻大道，譬犹饮药以加病也。趎愿闻卫生之经而已矣。"老子曰："卫生之经：能抱一乎？能勿失乎？能无卜筮而知吉凶乎？能止乎？不亿未来。能已乎？不追已往。能舍诸人而求诸己乎？能翛然乎？无待而行。能侗然乎？不以知知。能儿子乎？儿子终日嗥而嗌不嗄，嗥，长哭也。嗌音益，咽通。嗄，沙去声，声破也。和之至也；终日握而手不掜，掜，以、挩，二音，捻聚也。共其德也；共、拱同，自抱生理。终日视而目不瞚，瞚音舜，目数摇也。俗字作瞬。偏不在外也。行不知所之，居不知所为，与物委蛇而同其波，委蛇音逶迤。是卫生之经已。"南荣趎曰："然则是至人之德已乎？"曰："非也。是乃所谓冰解冻释者。夫至人者，相与交食乎地，而交乐乎天；不以人物利害相撄，不相与为怪，不相与为谋，不相与为事；翛然而往，侗然而来；是谓卫生之经已。"

〔解曰〕放道而行者，非但以卫生也，非以是为经也，而卫生之经亦不越乎是。生非生也，生不容卫者也。形精不亏，以反其宗，则不为天损者，不损夫天；治不期于尧舜，而乱不流于杀盗。斯须之生，亦不得不循而卫之。惟无卫之之心，而卫乃至哉！故一而勿失，知吉凶而不待以心稽，往而翛然，已而侗然，以求诸己，皆卫生也。儿子何知卫生哉！而生无不卫。至于儿子，而后其生也以天乐，以地食，不可但名为卫生之经矣。此道之所放，顺化而放焉者也。

曰："然则是至乎？"曰："未也。吾固告汝曰：'能儿子乎？'自然不假学。儿子动不知所为，行不知所之，身若槁木之枝，而心若死灰。若是者，祸亦不至，福亦不来。祸福无有，恶有人灾也！"

〔解曰〕惟儿子者，为近于天均；惟儿子者，乘化之新而未远乎其恒；

惟儿子者，与物交乐天之乐，交食地之食；惟儿子者，初移于是，而未大离于彼，未有冰而不待解，未有冻而不待释，纯精而含，可以相天之道。能全是者，生无不卫，初非以是为经而卫其生也。若夫见有人，见有物，见有利害，而不怪、不谋、不事，以薪免于祸福，则犹庚桑楚全形抱生，止思虑以卫生之术而已，恶足以拟至德？

**宇泰定者，发乎天光。发乎天光者，人见其人。**人见其犹人耳，而不知其天光。**人有修者，乃今有恒。**人能修此，乃可为今之有恒者。**有恒者，人舍之，天助之。人之所舍，谓之天民；天之所助，谓之天子。**郭象曰："出则天子，处则天民。"**学者，学其所不能学也；**学其所不能学，方谓之学者。下二句同义。**行者，行其所不能行也；辩者，辩其所不能辩也。知止乎其所不能知，至矣。**知于是乎泰定。**若有不即是者，天均败之。**不然者败矣。**备物以将形，**形中之藏，物无不备，而为形之君。**藏不虞以生心，**万化未始有极，俱涵于心而不死。**敬中以达彼。**持之以慎，四达皇皇。**若是而万恶至者，**恶谓不祥之事。**皆天也，而非人也；不足以滑成，**滑成谓乱其泰定之文。**不可内于灵台。**内同纳。**灵台者，有持而不知其所持，而不可持者也。**

〔解曰〕宇固无不泰也，无不定也。尧舜治之，而上下四旁犹是也；杀盗乱之，而上下四旁犹是也。故可移不泰者而恒于泰，移不定者而恒于定。修此者，扩其灵台如宇，而泰定亦如之矣。何也？灵台者，故合宇于台以为灵者也。宇之中自有天光焉，台之中自有灵焉。不际之际，物无不备，不虞无不藏，彼无不达；化自移而宇自恒，即于其中，光自彻乎无门无旁之中而四映，举凡不能知之万恶，出没于天光之中而不眩，天均移而成固不滑矣。奚学哉？奚行哉？奚辩哉？默与天均同运，而不触之以败。至人之德于此而至矣，非直以卫生已也。

**不见其诚己而发，每发而不当，业入而不舍，每更为失。**此所谓天均败之也，所谓滑成也。见天之谓诚，诚己之谓成。**为不善乎显明之中者，人得而诛之；为不善乎幽间之中者，鬼得而诛之。明乎人，明乎鬼者，然后能独行。**宇宙一人而已。

〔解曰〕均者，自然不息之运也。均如其恒而不桎，则物自成：瓮者成其瓮，缶者成其缶，无有滑之者也；莫知其所以然，而固诚然而不妄，天光内烛而见之矣。若夫据为有定之业，而不舍故以趋新，则均滞不行，发不当而所为屡失；惟不见其诚而妄发，必为均之所败矣。夫为不善者，诛之有人，诛之有鬼，己何与焉？即自我诛之，亦人鬼诛之也。何也？己者，人鬼之所移也。明乎人，明乎鬼者，何己非人？何己非鬼？何人非己？何鬼非己？行乎其不得不行，则万恶之中，逍遥以游而不能滑；互四方，彻上下，惟其所行，是之谓独行。

**券内者行乎无名，**券，符也。券内者，外之所寓、皆与内符，不行之行、合乎天地之始。**券外者志乎期费。**舍其内而求符于外，期物之来，荡己所有。**行乎无名者，惟庸有光；**寓庸而葆光，圣人之无名也。**志乎期费者，惟贾人也，**贾人贮百货以待人，鬻之一旦而尽。**人见其跂，犹之魁然。**刘辰翁曰："跂而立者，人见其魁然，而真魁然者不跂也。"跂而为魁然之状，形容券外者殆尽矣。**与物穷者物入焉。**评曰：无物曰穷。按：无物者受物，券内者也。**与物且者，其身之不能容，焉能容人！**且者，随物且去之谓。券外者，苦其身以期费，是不能自容其身。**不能容人者无亲，无亲者尽人。**评曰：全丧其己。**兵莫憯于志，镆铘为下；寇莫大于阴阳，无所逃于天地之间。非阴阳贼之，心则使之也。**尽人者必召阴阳之害，以志憯于镆铘故也。极言券外者召天均之败。

〔**解曰**〕以天光烛天均，则无非内也；移而之于人，亦内也；虫肝鼠臂，梦而为蝶，亦内也；无不与我而合符者也。业入而不舍，则恶至；而以外之繁，成内之缪，天均败之，器皆苦窳，物尽为碍，己亦愁伤而皆外矣。乃以求符合于外，而期于费以相贾，有人而身不容，有身而人不容，阴阳皆适以相贼，犹自以为能持其灵台，此南荣趎所以与人偕来而自相寇也。夫物无非内，安事求券于外？以天光照之，质且不立，名何从起？随移而宇恒泰定，天均之休无有不乐，虽有万恶之至，非其自召，何患之有哉！

**道通，其分也；其成也，毁也。**其分者，成与毁耳。或毁分，通者不分。**所恶乎分者，其分也以备；**备，谓挟其所有。**所以恶乎备者，其有以备。**有以备，谓挟成心以防物。**故出而不反，见其鬼；**券外而出，不反其真，所见无非鬼者。已为鬼矣，谓之不死奚益？**出而得，是谓得死。**自谓有得，适得死耳。**灭而有实，鬼之一也；**形已灭矣，挟其成心，至死不释；其为有实者非实也，与为厉为孽之鬼一也，神者去之矣。**以有形者象无形者而定矣。**评曰：无成则无毁。象犹老子"执大象"之象，即于有形而得无形。**出无本，**评曰：心无所执滞。**入无窍；**评曰：不受外感。**有实**

而无乎处，评曰：皆实而不止于一处。**有长而无乎本剽**。评曰：绵绵如一。剽同标。**有所出而无窍者，有实**。评曰：其实乃此而已。敬按：此所谓有实者，真有实也，诚已也，不滑之成也。**有实而无乎处者，宇也**。评曰：六合一气。**有长而无本剽者，宙也**。评曰：万古日新。**有乎生，有乎死；有乎出，有乎入；入出而无见其形，是谓天门。天门者，无有也。万物出乎无有。有不能以有为有**，凡有者，皆不能以有为有。人不能绘塑而为人，物不能雕琢而为物。**必出乎无有，而无有一无有**，圣人之无有，一天门之无有。**圣人藏乎是**。

〔解曰〕从天均而视之，参万岁而合于一宙，周遍咸乎六寓而合于一宇，则今之有我于此者，斯须而已。斯须者，可循而不可持者也。循之，则屡移而自不失其恒；持之，则所不容者多，而阴阳皆贼矣。知其为天均而道固通于一。一则无分，无分则无成毁，无成毁则不虞之生，万恶之至，皆顺之以天，无所庸其豫备也。物不胜备，而备者以无有为有，无往而不与鬼同趣，以适得死地。圣人知此之为心使而自贼，则所藏者恒自泰也，恒自定也。有形者，斯须之形；无形者，恒也。无形则人己两无可立之名：己无可立，而不挟所以然之理以出；人无可立，则浑然一体，而不开窍以受其入。宇则无可分畛之处矣，宙则前无本而后非剽矣。六合，一我之必游者也；万岁，一我之必至者也。反乎无有，而生死出入不爽其恒，均运焉耳。以此为藏，则以不际为际，而斯须各得，天且乐得以运乎均，是谓相天。

**古之人，其知有所至矣。恶乎至？有以为未始有物者，至矣尽矣，弗可以加矣。其次以为有物矣，将以生为丧也，以死为反也，是以分已。其次曰，始无有，既而有生，生俄而死；以无有为首，以生为体，以死为尻。孰知有无死生之一守者，吾与之为友。此三者虽异，公族也。昭景也**，《离骚》曰：昭、屈、景，楚之王族。**著戴也**；戴谓所从出之宗。**甲氏也，著封也**；某甲某氏，以所封之国邑为号。**非一也？**见为非一，实一也。

〔解曰〕此言至人之所藏与其所修，合一而序相因也。以一物之始终、一期之生死而言，则首尻合为一体，因而守者斯须之循也。以本无而幻有者反于无以归真言之，则善生以善死也。以未始有生、未始有死，惟天均之运而我不受其败言之，则恒于泰定之光也。惟其泰定，斯以善生。善生以善死，则斯须可循而循之耳。藏之者，其至也；修之者，所从至之次也；初无异道，次序言之，至于三耳。

**有生，黱也**。黱，乙减切，黑痕也。评曰：生乃太白之一点耳。**披然曰移是**。评曰：离披化去，移此而之披。**尝言移是，非所言也**。评曰：既言是矣，何从豫言之？**虽然，不可知者也**。评曰：言其不可知者尔。**腊者之有脆胲，可散而不可散也**。评曰：虽移而固有不移者。按：脆，牛百叶肚；胲，足指毛肉也。腊，腊祭也。秦以三戌祭为腊。《左传》"虞不腊矣"。腊，秦始建而自古称之也。旧说：如腊祭者分脆与胲于俎上，是可散也；而总一牲之体，则不可散。**观室者周于寝庙，又适其偃焉**，偃，屏厕，溲溺处也。**为是举移是**。任其所化，虽至贱如厕，亦所必移。**请尝言移是。是以生为本**，评曰：此生死不离之本。敬按：此如释书之所谓无明，八识心王，生生不灭。**以知为师，因以乘是非**，知见常在，递复生是非。**果有名实**，以名名物，以实归己。**因以己为质；**据所知以为质。**使人以为己节**，为之裁限，令人从己。**因以死偿节**。执其是非，以为必守之节，老洫不变，以死偿之。**若然者，以用为知**，用于世为知。**以不用为愚；**以显晦分知愚。**以彻为名，以穷为辱**。彻，通也。以穷通分，荣辱生。**移是，今之人也，是蜩与鸒鸠同于同也**。评曰：移是而执今日之生，以自命为人，不知与物无异。敬按：蜩与鸒鸠，其小同也，其笑鲲鹏同也。今之为人者与之同，是同于同也。若识"为是举移是"，而悟有生之黱，则鲲鹏亦物化耳，而况蜩鸒！

〔解曰〕论至此而尽抉其藏，以警相求而不得者，使从大梦而得寤，尽化其贤能善利之心，而休之于天均，以不亏其形精而相天也。此巨才之化，天光之发，而庄子之学尽于此矣。生于天均之运，埏埴为瓮为缶之委形者，于太虚纯白之中而成乎形象，亦白练之点缀而已。其黱也，渐久而渝，则离披而解散。天殒解，天帙堕，非灭也。灭者必有所归，移此而之彼，彼又据为此矣。所移者未有定，而要以所移为此。观室者无不可观，观化者无不可化。寝可居，庙可祭，偃亦可御；则弹也，鸡也，鼠肝虫臂也，皆吾所必周遍咸观，以移焉而随均以黱者也。所可循者斯须耳。据一物以物万物，守一时以定千古，标一知一行一辩以胜群义，徒欲留黱而不能保其披然之且移；移而之他，又据他以为此；一人之肝胆自相胡越，而乱乃兴而不可止。一生以为本，不知他生之同此一本也。一知以为师，不知他知之同此一师也。他日之非吾者，即今日之是吾者，而心之斗也无已，穷通知愚交争而迷其故。移为鱼鸟而恶毛嫱，移为鸱麇而好鱼鹿；蜩与鸒鸠不知其为鲲鹏之移；而以斯须之同己者为同，且欲使人以之为节，天下之乱酿于此，而不知非天之使然，人自致之耳。夫惟知移者之又为彼，则知移者之初即此；止而翛然，已而侗然，形精不亏，则移焉而泰者恒泰，定者恒定，天光恒发，而大均以善其运行。至人之藏，卫其生而卫无穷之生，至矣。是则庄子之莹其灵台，而为万有不出之宗也。

**碾市人之足，则辞以放骜；**跟、辗通，音肇，踩也。放骜，自处无礼而请罪也。**兄则以妪，**兄跟弟足，妪煦以拊而已。**大亲则已矣。**父辗子足，则付之不言。评曰：合一而相忘，则无是非。**故曰："至礼有不人，至义不物，至知不谋，至仁无亲，至信辟金。**辟音璧，摒除也。郭象曰："金玉者小信之质耳，至信则除矣。"**彻志之勃，**彻与撤同，撤去之也。**解心之谬，去德之累，达道之塞。贵、富、显、严、名、利，六者勃志也。**志美于外故勃。**容、动、色、理、气、意，六者谬心也。**心为形役故谬。**恶、欲、喜、怒、哀、乐，六者累德也。**德以情迁故累。**去、就、取、与、知、能，六者塞道也。**道以迹徇故塞。**此四六者不荡胸中则正，正则静，静则明，明则虚，虚则无为而无不为也。**以上言至人之虚明。**道者德之钦也，生者德之光也，性者生之质也。性之动谓之为，为之伪谓之失。知者，接也；**恃知以与物接。**知者，谟也；**矜知以为己谋。**知者之所不知，犹睨也。**知不止于所不知，犹然邪目而欲见之。道者以下八句，言世人之伪失。**动以不得已之谓德，动无非我之谓治，名相反而实相顺也。**四六之中，各各相反。惟无是非，无彼此，名去而实无其质，则皆顺矣。

〔解曰〕彼此对立以为偶，而不知其移焉而彼又此也。则以此为己，以彼为人，分之备之，各死于其乡。且欲强人合己之节，据为道而钦之，守为生之节而被之以为光，成乎其偏至之性而以为质，为而必伪，伪而必失。乃不知德缘于不得已，而无可钦；生者飘也，而非可炫之以为光；无我非彼，移焉即易，而无可为质。持四六之荡，以为贤能善利之归，而偕往偕来于胸中众矣。撤之解之，去之达之，相反者皆见其相顺，则放道以行，而仁义礼智无不至也。盖天下之物无非移者，故天下之理无非移者。市人父兄相易而喜怒迁，何彼非此？何非非是？无为而无不为，虚明以静，而正者恒正，则移而皆通，通而皆顺，斯以与无处之宇、无本剽之宙，圜转于天均而不逢其败。至人之藏，知其移焉而足矣。

**羿工于中微而拙乎使人无己誉。圣人工乎天而拙乎人。**言仁义礼智信者，圣人也。**夫工乎天而俍乎人者，**俍与良同。**惟全人能之。惟虫能虫；惟虫能**

天。虽虫亦有能，其能即天之能。**全人恶天！恶人之天！而况吾天乎人乎！**二恶字俱平声。在全人则恶有所谓天者，恶有所谓人之天者，而况有所谓吾立于天人之间乎？**一雀适羿，羿必得之，威也。以天下为之笼，则雀无所逃。是故汤以庖人笼伊尹，秦穆公以五羊之皮笼百里奚。**至贱之中而得贤相，惟好贤故贤无所逃。**是故非以其所好笼之而可得者，无有也。**评曰：尽天尽人，皆己之移也。按：不蹴蹴然恶之，则皆好也。

〔解曰〕人已黮而有生，则其拙于天者多矣。无他，人尽芒而不知所移者之无定是，则各据其名实，以为实为节，以留黮而成乎伪。圣人知天之正而恶人之伪，乃欲矫其伪以反于天，而不知移之初无有定者，正者移而伪，而伪者抑将移而正也。故是非治乱待天均之至而无愁无伤，则于人俍，而于天固无不工矣。奚必以威加人，而自成乎拙哉！夫天亦均尔，恶有所谓天者！无天、无人、无吾，浑然一气。能不失其清虚静正之恒，则天下皆入吾之笼，而虫之能即天之能，天之能即我之能，无非可好者也；而后天全于灵台，而圣人者以道为钦，以生为光，以性为质，方且以四六为工，何足以与于斯！

**介者拸画，外非誉也。**介，刖者。画，画衣也。刑人衣画衣。拸音侈，字书：拍也，拽也。外犹忘也。非，毁也。衣画衣而披拂之，安为刑人，不知毁誉也。**胥靡登高不惧，遗死生也。**胥靡，重罪徒人也。生不足乐，暋不畏死，故登高不惧。**夫复謵不馈而忘人，**复犹因也。謵、习通，谓因人之习也。馈，与人也。以善为惠而与人，则不忘人。因人之习者，无以与之而两忘矣。又按字书：謵，丑涉切，小言也。馈，一本作愧，一作诡。诡，都罪切，谇言也。不诡，谓妄而不妄也。复謵，谓重言，不诡，谓寓言卮言，亦可通，凡所言者，皆外毁誉、遗死生之言，而忘人者也。**忘人因以为天人矣。故敬之而不喜，侮之而不怒者，惟同乎天和者为然。出怒不怒，则怒出于不怒矣；出为无为，则为出于无为矣。欲静则平气，欲神则顺心，有为也欲当，则缘于不得已。不得之类，圣人之道。**欲静、欲神、欲当，俱似不能无欲，而缘于不得已，则有欲一无欲也。有欲一无欲，此之谓笼。

〔解曰〕夫休之以天均，而以天光照其所移，则无彼非此，无此非彼。无此非彼，无彼非此，则不见有人，不见有己，因人之习而我无所与。无所与，则人之为诉为拒皆忘，而自无喜怒。然而斯须之循，不能无所为也。此颜成子游所以疑形之不可使如槁木，心之不可使如死灰也。夫斯须之循，不得已而应之。平气顺心，而喜怒未尝不可用。则寓庸者，因是以循斯须之当，而特不执之以为至当。夫然，则畏垒之人，苟欲俎豆，亦何必不俎豆乎？无他，惟其所好，而要不出于吾之笼也。此全人应物之权也。言此以明休天均者之所以阅人阅世而应帝王，究亦未始出吾宗，是庄子应迹之绪纶也。

《庄子解》卷二十三终

# 庄子解卷二十四·杂篇

## 徐无鬼

寻此篇之旨，盖老氏所谓"上德不德"者尽之矣。德至于无伤人而止矣，无以加矣。乃天下之居德以为德者，立为德教，思以易天下，而矫其性者拂其情，则其伤人也多矣；施为德政，思以利天下，而有所益者有所损，则其伤人也尤多矣。则惟丧我以忘德，而天下自宁。盖春秋以降，迄乎战国，其君既妄有欲为，于是游士争言道术，名、法、耕、战，种种繁兴，而墨氏破之；墨氏徒劳而寡效，而杨氏破之；杨氏绝物已甚，而儒又破之；其所托俱以仁义为依，故天下之伤日甚。稽之以心，役之以耳目，而取给于言以见德；有其言因有其事，以其事徇其言，而天下争趋之。言道术者，乐于受天下之归，而天下翕然趋于羶以伤其生。故欲已其乱，必勿居其德；欲蕴其德，必不逞于言。言不长，德不私，度己自靖，而天下人自保焉。不然，虽德如舜，而止以诱天下之人心，奔走于贤能善利，而攻战且因以起。惟忘德以忘己，忘己以忘人，而人各顺于其天，己不劳而人自正，所谓"不德"之"上德"也。内以养其生，外以养天下，一而已矣。

**徐无鬼因女商见魏武侯。武侯劳之曰："先生病矣，苦于山林之劳，顾乃肯见于寡人！"徐无鬼曰："我则劳于君，君有何劳于我！君将盈嗜**

欲，长好恶，则性命之情病矣。君将黜嗜欲，掔好恶，掔，恕、欠二音，牵去也。则耳目病矣。我将劳君，君有何劳于我！"武侯超然不对。少焉，徐无鬼曰："尝语君吾相狗也。下之质执饱而止，搏执求饱。是狸德也。中之质若视日。目上视而不左右驰。上之质若亡其一。若忘其身。吾相狗又不若吾相马也。吾相马：直者中绳，曲者中钩，方者中矩，圆者中规，直谓马齿，曲谓背，方谓头，圆谓目。是国马也，而未若天下马也。天下马有成材，若卹若失，失，一本作佚。卹佚，惊竦貌。若丧其一。若是者，超轶绝尘，不知其所。"武侯大悦而笑。徐无鬼出，女商曰："先生独何以说吾君乎？吾所以说吾君者，横说之则以《诗》《书》《礼》《乐》，从说之则以《金板六弢》，金板犹金匮也。《六弢》，太公兵法。奉事而大有功者，承事效功。不可为数，而吾君未尝启齿。今先生何以说吾君，使吾君说若此乎？"徐无鬼曰："吾直告之吾相狗马耳。"女商曰："若是乎！"曰："子不闻夫越之流人乎？去国数日，见其所知而喜；去国旬月，见所尝见于国中者喜；及期年也，见似人者似其故人。而喜矣。不亦去人滋久，思人滋深乎？夫逃虚空者，藜藋柱乎鼪鼬之迳，藋，徒吊切。鼪，音生。鼬，一本作鼬，鼬音右，鼬音囿，皆鼠属。柱，谓支撑于间也。踉位其空，踉音良。踉蹡，行不正也。位犹处也。崎岖而行，处于空野。闻人足音跫然而喜矣。跫，许容切，人行声。又况乎昆弟亲戚之謦欬其侧者乎，謦欬，喉中声。久矣夫，莫以真人之言謦欬吾君之侧乎！"

〔解曰〕内多欲而外施仁义，则其心必战。心战而人之受之也亦苦矣。无他，见纷华而悦，见美名尊行而又悦；执狸之狗，中法之马，逐形外驰，而神已不完。惟其见我处众人之上，下之足以穷嗜好，上之足以施政教，使天下遂其孤心，以一临万，执迷而自有也。丧其一者，忘其居高之身，与天下同生而无孤立之己志；则己无求于天下，亦不望天下之求己，晏然宁静，还于泰定之宇。此固性情之所本适者，人皆有之，为其安身立命之故土。惟自忘之而不忘其所可忘，则若在他乡而离其故宅。茶然疲役之时，闻此而释然，亦可以知灵台之本灵，不迷而即悟矣。

徐无鬼见武侯，武侯曰："先生居山林，食茅栗，厌葱韭，以宾寡人，宾犹外也。久矣夫！今老邪？其欲干酒肉之味邪？其寡人亦有社稷之福邪？"徐无鬼曰："无鬼生于贫贱，未尝敢饮食君之酒肉，将来劳君也。"君曰："何哉，奚劳寡人？"曰："劳君之神与形。"武侯曰："何谓邪？"

徐无鬼曰："天地之养也一，登高不可以为长，居下不可以为短。君独为万乘之主，以苦一国之民，以养耳目鼻口，夫神者不自许也。夫神者，好和而恶奸。夫奸，病也，故劳之。惟君所病之，何也？"君自以为病，其当去之者若何？武侯曰："欲见先生久矣。吾欲爱民而为义偃兵，其可乎？"徐无鬼曰："不可。爱民，害民之始也。为义偃兵，造兵之本也。君自此为之，则殆不成。凡成美，恶器也。成美者，成事之美，犹工之成物，必资利器，刀斧椎凿，皆恶器也。君虽为仁义，几且伪哉！形固造形，以形造形，非顺乎理。成固有伐，必克伐方成。变固外战。物不受变，外必争拒。君亦必无盛鹤列于丽谯之间，郭注："鹤列，陈兵。丽谯，高楼。"无徒骥于锱坛之宫，郭注："步兵曰徒。无为盛兵走马。"按丽谯之间，偃息地也。锱坛之宫，齐戒处也。于此造形，鹤列徒骥纷然矣。无藏逆于德，内有逆心，而外为德。无以巧胜人，无以谋胜人，无以战胜人。夫杀人之士民，兼人之土地，以养吾私自保其国。与吾神者，与、豫通，自定吾情。其战不知孰善？胜之恶乎在？养神者善而胜矣。君若勿已矣，进求善胜之道。修胸中之诚，以应天地之情而勿撄。夫民死已脱矣，君将恶乎用夫偃兵哉！"

〔解曰〕此与上传闻同而指一也。心战而自病，则其所欲为者，必病天下。惟不丧其一，而欲以己一天下也。所欲则殉之，内自忘而不忘天下，汲汲然求爱人，求偃兵；而不知苟能自养凝神，以不扰于物，则智谋勇力先丧于己，而天下之意消，人自爱而不劳我之爱矣。夫爱人者，必有所伤而后见德；偃兵者，必以巧制之，以力禁之。外见德而心固逆，人且互出其情以相撄，乱之所以不已也。故至德之不德者，惟忘形而不造形，则全其神而外以脱民之死，斯天地之情恒于泰定者也。

黄帝将见大隗于具茨之山，方明为御，昌寓骖乘，张若谞朋前马，昆阍滑稽后车。至于襄城之野，七圣皆迷，无所问涂。适遇牧马童子，问涂焉，曰："若知具茨之山乎？"曰："然。""若知大隗之所存乎？"曰："然。"黄帝曰："异哉小童！非徒知具茨之山，无为之境。又知大隗之所存！知至人之所保。请问为天下。"小童曰："夫为天下者，亦若此而已矣。又奚事焉！予少而自游于六合之内，予适有瞀病。游于物内，因有瞀病。有长者教予曰：'若乘日之车，照之以天光。而游于襄城之野。'今予病少痊，予又且复游于六合之外。夫为天下，亦若此而已。予又奚事焉！"黄帝曰：“夫为天下者，则诚非吾子之事。虽然，请问为天下。”小童辞。黄帝又问，小童曰：“夫为天下者，亦奚以异乎牧马者哉！亦去其害马者而已矣。”黄帝再拜稽首，称天师而退。

〔解曰〕亦以见善养生之于养天下，一也。养生者勿益生，去其害生者而已。害生者，害天下者，又恶能必去之哉？欲去之，即以去之者害之，是偃兵之说也。自我不害而害自消矣。七圣皆有去害就利之知能，而乌得不迷！小童者，儿子也；马，善驰者也。以儿子之和，任马而牧之，治天下之道，若此而已，弗能益也。游于六合之内，而定者自定，泰者自泰，则六合无际而超乎其外，乘日车以游，无成功而自运，仁义之名何自而立？虽有害，马自避之，乃以应天地之情而弗撄。

知士无思虑之变则不乐，辨士无谈说之序则不乐，察士无凌谇之事则不乐，皆囿于物者也。招世之士兴朝，招世，谓招求世荣。中民之士荣官，中民，谓合于民誉。筋力之士矜难，勇敢之士奋患，兵革之士乐战，枯槁之士宿名，宿，迟留也。不汲汲于时，留身后名。法律之士广治，礼乐之士敬容，饰敬于容。仁义之士贵际。以与物交际为贵。农夫无草莱之事则不比，合也。商贾无市井之事则不比。庶人有旦暮之业则劝，郭注：“业得其志故劝。”百工有器械之巧则壮。郭注：“事非其巧则惰。”钱财不积则贪者忧，权势不尤则夸者悲。势物之徒乐变，郭注：“权势生于事变。”按此句总承凡夸势贪物之徒，皆乐乘事变。遭时有所用，不能无为也。此皆顺比于岁，不物于易者也。惟日不足，孜孜为之，不以平易为事。驰其形性，潜之万物，身陷于物之中。终身不反，悲夫！

〔解曰〕此皆害马者也。因形性之偏至而不知所牧，因见为成美而乐之，乐之而遂言之，言之遂欲行之。遭时而不能安于无功无名以自牧，因揣摩以乘时，刻画身心，昼夜汲汲，生死于其中。若此者，其可用之以重为天下害乎！故爱民偃兵甚美之名，而徒有其言，终无其实，亦贵际之谈而已。彼既疲役以迄于死亡，而听之者大惑终身不解。故时君之迷于士之言道术者，乃以病己而伤天下。

庄子曰：“射者非前期而中，非志于鹄而偶中。谓之善射，天下皆羿也，可乎？”惠子曰：“可。”庄子曰：“天下非有公是也，而各是其所是，天下皆尧也，可乎？”惠子曰：“可。”庄子曰：“然则儒、墨、杨、秉四，秉谓法家。与夫子为五，果孰是邪？或者若鲁遽者邪？其弟子曰：‘我得夫子之道矣，吾能冬爨鼎而夏造冰矣。'鲁遽曰：'是直以阳召阳，以阴召阴，非吾所谓道也。吾示子乎吾道。'于是乎为之调瑟，废一于堂，废，置也。废一于室，鼓宫宫动，鼓角角动，音律同矣。律同同声。夫或改调一弦，于五音无当也，不合于宫商。鼓之，二十五弦皆动，其声遂轰然而应。未始异于声，而音之君已。以无所异者为五音之君，此鲁遽之所以夸其弟子者。且若是者邪？"惠子曰："今夫儒、墨、杨、秉，且方与我以辩，相拂以辞，相镇以声，而未始吾非也，则奚若矣？"庄子曰："齐人蹢子于宋者，其命阍也不以完，其求钘钟也以束缚，其求唐子也而未始出域，有遗类矣！夫楚人寄而蹢阍者，迹捕逃亡之子于近邻，又使刖足之人追求之。夫欲钘钟之鸣，必悬之于虚，加以束缚则无声矣。今求逃亡而不出于域，是不知推类也。求之于宋，子则寄寓于楚，而追之者又刖也，必不得已。钘音坚，小钟也。唐子，方注："唐与荡通。"夜半于无人之时而与舟人斗，未始离于岑而足以造于怨也。"立于岸而欲与舟人斗，适以取怨，不能伤之。

〔解曰〕儒、墨、杨、秉之言，各守其一而不肯丧，则既皆足以害马，而要皆未尝无所当也。无为者无不可为，忘言者寓于曼衍。故惠子为杂学以合之，而皆许为是。自为改调一弦，不执于五音，而五音皆应，可以并包兼容，而惟吾所利用，其说似矣。然非其胸中诚与天地之情相应，以比合于清净，则执中犹之执一。欲浑同于六合之内，而不知一犯清波，则与波俱流，是求亡子于楚而求之宋，所使又刖也。夜与舟人斗而不离乎岸，徒造怨而了不相及，终于迷耳。夫游于六合之外者，乃可游于六合之中，岂屑辨群言之非，又岂计群言之有当乎！

庄子送葬，过惠子之墓。顾谓从者曰："郢人垩漫其鼻端若蝇翼，使匠石斫之。匠石运斤成风，听而斫之，尽垩而鼻不伤，郢人立不失容。宋元君闻之，召匠石，曰：'尝试为寡人为之。'匠石曰：'臣则尝能斫之。虽然，臣之质死久矣。质，对也。犹质成之质。'自夫子之死也，吾无以为质矣！吾无与言之矣！"

〔解曰〕惠子统同而无固执之一，为执狸之狗，故其垩犹可削也，削之而不我触故也。自是而外，绵知士以至仁义之士，驰而不反，潜而不出，以害马为乐者，与之辨而愈激，又乌足以施吾斤哉！游六合之外以游其内，则无一而可也。无可乃无不可。执一可以不可人之可，不如皆可。然非能无可以化其不可，则惠子之垩也。

管仲有病，桓公问之，曰："仲父之病病矣。可不谓云，犹曰不可言。至于大病，则寡人恶乎属国而可？"管仲曰："公谁欲与？"公曰："鲍叔牙。"曰："不可。其为人洁廉，善士也。其于不己若者不比之，又一闻人之过，终身不忘。使之治国，上且钩乎君，下且逆乎民，钩谓引其权，逆谓激其势。其得罪于君也，将弗久矣。"公曰："然则孰可？"对曰："勿已，则隰朋可。其为人也，上忘而下畔，不以善为可矜，各自为畔类，不强令其从己。愧不若黄帝，而哀不己若者。以德分人谓之圣，以财分人谓之贤。以贤临人，未有得人者也。以贤下人，未有不得人者也。其于国有不闻也，其于家有不见也。勿已，则隰朋可。"

〔解曰〕以德分人，则人谓之圣，因自圣也。以财分人，则人谓之贤，因自贤也。自圣自贤，必将临人，谓之圣，谓之贤，耳目摇而乐其成美，盍亦反而自念其天乎！人之所圣所贤者，何足闻见邪？

吴王浮于江，登乎狙之山。众狙见之，恂然弃而走，逃于深蓁。有一狙焉，委蛇攫抓，抓音爪。一本作搔。见巧乎王。王射之，敏给，句。搏捷矢。搏，取也。矢虽捷，而能取之。王命相者趋射之，趋音促。狙执死。立死也。王顾谓其友颜不疑曰："之狙也，伐其巧，恃其便以敖予，以至此殛也。戒之哉！嗟乎！无以汝色骄人哉！"颜不疑归而师董梧，以锄其色，去乐辞显，三年而国人称之。吕曰：以色骄人者，心骄人而见于色。锄色者，去其心而已。按去乐则去其心，辞显则锄其色。

〔解曰〕承上以贤临人而言。临者必见于色，欲锄其色，必先去其所乐。乐者乐以其技巧显，而不恤天下之害。害马者，马将蹄啮之。小童游于六合之外，乃可以去害马者而牧之。目无马也，心无牧也。以不牧牧，而奚乐焉！奚显焉！则亦何色之不锄焉！

南伯子綦隐几而坐，仰天而嘘。颜成子入见曰："夫子，物之尤也。形固可使若槁骸，心固可使若死灰乎？"曰："吾尝居山穴之中矣。当是时也，田禾一睹我，而齐国之众三贺。郭注："以得见子綦为荣。"我必先之，彼故知之；我必卖之，彼故鬻之。若我而不有之，彼恶得而知之？若我而不卖之，彼恶得而鬻之？嗟乎！我悲人之自丧者，吾又悲夫悲人者，吾又悲夫悲人之悲者。其后而日远矣。"评曰：不自见则人不知。按：日远于卖鬻，乃能槁木死灰。

〔解曰〕道术之士，乐而不反者，乐其显而已。显则人争归之，是以市肆居货之情，致天下之比也。既以自丧其货，即以丧天下之财，两自谓得而两俱丧。故莫悲于乐人之归而交丧焉，所乐者所以可悲也。互相悲而各以术相胜，庸愈焉！槁骸死灰，人所不归，乐于天而不以人乐。日去其乐，则日远于悲矣。

仲尼之楚，楚王觞之。孙叔敖执爵而立，市南宜僚受酒而祭，曰："古之人乎，于此言已！于旅也衔"曰："丘也闻不言之言矣，未之尝言，于此乎言之。市南宜僚弄丸而两家之难解，宜僚弄丸，九八常在空。楚与宋战，宜僚弄丸军前，两军停战观之。孙叔敖甘寝乘羽而郢人投兵。丘愿有喙三尺。不能言。"彼之谓不道之道，多言者自谓道而非道。此之谓不言之辩。故德总乎道之所一，而言休乎知之所不知，至矣。道之所一者，德不能同也，知之所不能知者，辩不能举也；名若儒墨而凶矣。故海不辞东流，大之至也。圣人并包天地，泽及天下，而不知其谁氏。是故生无爵，死无谥，实不聚，名不立，此之谓大人。狗不以善吠为良，人不以善言为贤，而况为大乎！夫为大不足以为大，而况为德乎！夫大备矣，莫若天地。然奚求焉而大备矣？知大备者，无求、无失、无弃，不以物易己也。反己而不穷，循古而不摩，郭注："顺常性而自至耳，非摩拭。"大人之诚。

〔解曰〕知之所不知，非无可知者也，非道术之士知见之知、所知所言者之能知也。既为知见之知所不见，则亦何从言之，而孰令听之乎！无可言，则无可乐；无能听者，则人不归。人不归则名不显，而不罹儒墨之凶。盖至大无乎大，至德无乎德，与天下休于无可名言之地，万类繁生，各若其性；而实不系于一德者，名不立于一大，此则天地之情也，万物之实也，大人之蕴也。己不丧而物不伤，物皆备焉而不相求，诚然不妄之真也。体斯道者，不言之言，于言无一可者，反诸己而已矣。己不害物，而物自远于害。六合之内，六合之外，一泰定之宇而后可为大人。乐而驰焉，鬻物以归己而显焉，皆妄起不诚者也。群言于此出，而难兴兵起矣。

子綦有八子，陈诸前，召九方歅曰："为我相吾子，孰为祥？"九方歅曰："梱也为祥。"子綦瞿然喜曰："奚若？"曰："梱也将与国君同食以终其身。"子綦索然出涕曰："吾子何为以至于是极也？"九方歅曰："夫与国君同食，泽及三族，而况于父母乎！今夫子闻之而泣，是御福也。子则祥矣，父则不祥。"子綦曰："歆！汝何足以识之，而楒祥邪？尽于酒肉，入于鼻口矣，谓但知饮酒食肉。而何足以知其所自来？不知其何以得之也。楒之为人，大抵一混沌之未凿也。吾未尝为牧而牂生于奥，未尝好田而鹑生于宎；若勿怪，何邪？吾所与吾子游者，游于天地。吾与之邀乐于天，吾与之邀食于地；吾不与之为事，不与之为谋，不与之为怪；吾与之乘天地之诚而不以物与之相撄，吾与之一委蛇而不与之为事所宜。曰与之，曰不与，俱言其平日所以教子者，皆非致福之事，所偿出于意外，故以为怪，而归之于天。今也然有世俗之偿焉！凡有怪征者，必有怪行。殆乎！非我与吾子之罪，几天与之也！吾是以泣也。"无几何，而使楒之于燕，盗得之于道。全而鬻之则难，不若刖之则易。于是乎刖而鬻之于齐，适当渠公之街，然身食肉而终。

〔解曰〕儒墨之凶，凶以其名也。凶有不期至而至者矣。自卖其巧以招人之射，犹可期必之凶耳；自不鬻而人且鬻之，则凶不知其所自至；然有致之者矣，惟居美于己而已；舜之所以终身劳而劳天下也。物皆乐于天，食于地，吾亦一物而已；马自无害，吾亦一马而已矣。马即天也，天固诚也。确然自定，物自顺，而安居以邀之，然且有意外之凶，形性之怪，犹足悲泣，况敢鬻巧以召怪乎！居巧以受怪之归，我不刖于人，人不刖于我，惟无见异而交免于凶。

啮缺遇许由，曰："子将奚之？"曰："将逃尧。"曰：奚谓邪？"曰："夫尧畜畜然仁，吾恐其为天下笑。后世其人与人相食与！夫民不难聚也。爱之则亲，利之则至，誉之则劝，致其所恶则散。爱利出乎仁义。捐仁义者寡，利仁义者众。利其聚民。夫仁义之行，惟且无诚，惟苟且而无诚心。且假夫禽贪者器。是以一人之断制利天下，譬之犹一觇也。觇与瞥同，过目暂见也。人君以利器假禽贪之士，而断制在一人，誉劝恶败，皆转盼间事耳。知其犹一觇，何庸心焉！夫尧知贤人之利天下也，而不知其贼天下也。夫惟外乎贤者知之矣。"外乎贤，谓不以贤人之事扰其中。

〔解曰〕鬻巧者之致怪，有召其鬻者也。自知士至于仁义之士，亦何乐乎终身之疲役！人君假之利器，而天下始争驽而不休。其能如许由之知逃者鲜矣。聚贤以聚天下，则止以贼天下，而士亦自贼。暖姝濡需所以奔走于卷娄，乐其可悲，而可悲无已矣。

庄子解　　179

有暖姝者，有濡需者，有卷娄者。暖音暄。或作暖，非。方以智曰："卷娄，盛羊肉器。"所谓暖姝者，学一先生之言，则暖暖姝姝而私自说也；自以为足矣，而未知未始有物也，是以谓暖姝者也。濡需者，豕虱是也；择疏鬣自以为广宫大囿，奎蹄曲隈，乳间股脚，自以为安室利处，不知屠者之一旦鼓臂布草操烟火，而已与豕俱焦也。此以域进，此以域退，此其所谓濡需者也。卷娄者舜也。羊肉不慕蚁，蚁慕羊肉，羊肉膻也。舜有膻行，百姓说之，故三徙成都，至邓之墟而十有万家。尧闻舜之贤，举之童土之地，曰冀得其来之泽。舜举乎童土之地，年齿长矣，聪明衰矣，而不得休归，所谓卷娄者也。

〔解曰〕为暖姝，为濡需，身不自恤，而况于天下！则其为害马也必矣。而卷娄者，实为其渊薮。暖姝者，不得舜之绪言，无以自说而自足；濡需者，固必舜有膻而后随之三徙也。卷娄虽不自鬻，而受天下之鬻，则为人所鬻而疲役以衰老，是亦椊也之遇盗而说也。聚其膻以奔走天下，使相寻于暖姝濡需之涂，恶能不为天下贼？魏武侯说以《礼》《乐》《诗》《书》而不悦，说以《金板六弢》而不悦，几于不为卷娄，故能闻真人之言而有感于其天。

是以神人恶众至。众至则不比，人固不可尽合。不比则不利也。必有所伤。故无所甚亲，无所甚疏，抱德炀和，以顺天下，此谓真人。于蚁弃知，于鱼得计，于羊弃意。蚁亦有智，羊亦有意；惟鱼有自然之乐，斯为得计。以目视目，以耳听耳，视听止于视听，不以滑心。以心复心。心自复其本定。若然者：其平也绳，其变也循。余飏曰："平者多流懦，故曰绳，变者多谲荡，故曰循。"古之真人，以天待之，不以人入天。古之真人，得之也生，失之也死；得之也死，失之也生。一若天之生杀。

〔解曰〕众至者必有以召之至，是卷娄也。至虽众，岂能尽天下之众哉！亲疏异而恩怨兴，仁义之为害马也无已矣。今夫天，众莫能违，而人固莫能至，惟无迹以召人之悦也。无仁之迹而春夏自生，无义之迹而秋冬自死；天自平也，物自变也。生生死死于其中者，失之而不可以生，失之而不可以死者，自仰给焉。此无所鬻，彼无所卖，牧之而已，固无害也，惟其诚也。夫真人之自养以养天下者取诸此，而岂有人焉入其中以动其天乎！夫以人入天而知意横行者，目视之而心随目以别妍媸，耳听之而心随耳以分逆顺，则灵台本灵，而耳目变其故，故性命之情与耳目交相为病。

若目止于视，耳止于听，心旄不摇而无所乐也，无待显也，则天下且如人之瞥遇于镜影之中，无求无撄，喜怒捐而抱德以炀和，内全其天而外全人之天，一丧而真全矣。

**药也，其实堇也，桔梗也，鸡癕也，豕零也，**堇，乌头也。鸡癕，芰也。豕零，猪苓也。**是时为帝者也。何可胜言！勾践也，以甲楯三千栖于会稽。惟种也能知亡之所以存，惟种也不知身之所以愁。故曰："鸱目有所适，鹤胫有所节，解之也悲。"**

〔解曰〕物之生其死而死其生者，天未尝有意知，而莫非天也。体天以待天下者，丧其一而不为执狸之狗，则循鸱目鹤胫之变，而恒得其平，生者自育，死者自化矣。未有一定之方药以治人之疾者，庸医之杀人，从其所乐用也。无一可执，无一不可用，药无常君，德无常主，以爱人偃兵为仁义，徒愁其身而使人悲。知固有所穷，意固不能尽物。以己之所乐，立言制法而断制天下，以人入天，能无贼天下乎！

**故曰："风之过河也有损焉，日之过河也有损焉。"请只风与日相与守河，**只，任之也。**而河以为未始其撄也，恃源而往者也。**

〔解曰〕执一以断制天下者，亦非无故而然也。物之相感也，相守而无一息之隙。物之可欲可恶者感之，道术之可乐可显者感之，生死之变感之；虽知其相损，而无奈其相守者，则众至而已固不得归休，亦无可如之何矣。夫河岂能使风不飔而日不炙哉？其源长，其流盛，则损者自相损，而盈者不亏耳。天者，人之源也。纯乎天而听物之变以循之。心者，耳目之源也。复其心而听受其平，则物嚣而己不卖，物归而己不比，天即己，己即天，恶有损哉！

**故水之守土也审，影之守人也审，物之守物也审。**审谓密而无间。**故目之于明也殆，耳之于聪也殆，心之于殉也殆。**随物曰殉。逐其视听，以为断制。**凡能其于府也殆。**府者，能之所藏也。**殆之成也不给改，祸之长也兹萃。其反也缘功，**劳力以免祸，因以为功。**其果也待久。**实祸久而益成。**而人以为己宝，不亦悲乎！故有亡国戮民无已，不知问是也。**

〔解曰〕人之于天，无一间之离者也。心复其心，则其于天，如水之依土，影之于人，有恃之以往而不忧其损。物之于天，抑未有一隙之或离也。则物恃物之天，我之待物亦恃其天，而固无损矣。堇审乎堇之天，桔梗、鸡雍、豕零各审乎其天，而自可为帝。其撄之而损焉者，目乐以明显，耳乐以聪显，心乐以知显，则以己入天而己危，以己入物之天而物危。既危而求反，劳力而其终必凶。于足内患生于身，而外贼天下。夫人舍其守而为暖姝濡需，舍其守而为卷娄，众至而不能如风日之过河，得所休归，此神人之所恶者。以其恶为宝，故曰可悲。

故足之于地也践。虽践，恃其所不蹍而后善博也。善博，谓安于广大。人之知也少。虽少，恃其所不知而后知天之所谓也。

〔解曰〕有实而无处者宇，而天皆充塞；有长而无本櫺者宙，而天皆绵存。然则至大而无可为涯，至密而无乎不审者，无非天也，皆可恃者也。而天下之为断制者，乐据所蹍之尺土以措足，容足之外，下临不测之渊，其危殆可知已。目所可见之色，耳所可闻之声，其为声色几何？心恃之以生其知，其知又几何邪？聪明不至之地，物自有物之帝，生死自有生死之得失，以其少养其多，以其不知之多养其少，不知还其不知，而任物之天，则害马者去，而不造形以相撄，惟知天之无穷，而物各审乎其源也。

知大一，知大阴，阴与荫通。知大目，知大均，知大方，知大信，知大定，至矣。大一通之，大阴解之，无不庇也，解其比附。大目视之，大均缘之，大方体之，大信稽之，大定持之。尽有天，容尽万物，则无非天。循有照，循物则自无不知。冥有枢，默以俟之，物自运转。始有彼。为物之大始，则彼皆自此而出。则其解之也似不解之者，其知之也似不知之也。不知而后知之。因物则物情尽。其问之也，不可以有崖，而不可以无崖。不立一家之言，抑不引之使无所休止。颉滑有实，古今不代，而不可以亏，颉滑，错乱也。颉滑有实，谓憧扰纷错而万物皆诚也。古今不代，谓参万岁成纯，而不拘于一时也。不可以亏，谓无成则无亏。则可不谓有大扬榷乎！扬，举也。榷，引也。包举宇宙之理于七大之中。阖不亦问是已，阖、盍通。奚惑然为！以不惑解惑，复于不惑，是尚大不惑。

〔解曰〕知天者，知其大而已矣。九州之土，皆吾所恃以践者，其大何如耶！大则无一矣，无贤之可有也。大则无不荫之矣，无可亲而可疏也。大则无非目矣，知有其不知，则明无不彻矣。大则无不均矣，皆可为帝矣。大则无方矣，六合之外，六合之内，皆其游矣。大则无不信矣，物无可以易己矣。大则无不定矣，风日过之而损亦无损矣。大者无耦，无耦者无一。知之则丧其一，丧其一则事无可为，事无可为则言无可说。尽天下之变，莫非天也。循其莫非天者，则顺逆贤否，得丧生死，皆即物审物，而照之以其量，不可知者默以信之，而天下不出吾环中。源在我也，繁然有彼，皆受于天也。故以不解解物而物自化，以不知知物而物自莫能遁，奚言之足尚哉？无一先生之说以为暖姝，而奚卖奚鬻焉！故万变皆诚也，古今皆纯也。以是扬榷大道，而与天合一矣。要岂规恢于源之外哉！廓然通一，顺天下而顺吾心之无不复，则视彼好贤尚知，以聚游士，讲道术，驰其形性，欲成美而适成恶器。虽如舜，且为膻薮，况守一舜之说以与嗜欲交战，孰从而瘳其奸病乎！

《庄子解》卷二十四终

# 庄子解卷二十五·杂篇

## 则阳

《杂篇》惟《庚桑楚》《徐无鬼》《庚言》《天下》四篇为条贯之言；《则阳》《外物》《列御寇》三篇，皆杂引博喻，理则可通而文义不相属，故谓之杂。要其于《内篇》之指，皆有所合，非《骈拇》诸篇之比也。

则阳游于楚，夷节言之于王，王未之见，夷节归。彭阳见王果曰："夫子何不谭我于王？"王果曰："我不若公阅休。"彭阳曰："公阅休奚为者邪？"曰："冬则擉鳖于江，擉同籍，以扠刺泥中取物也，测角切。夏则休乎山樊，有过而问者，曰：'此予宅也。'夫夷节已不能，而况我乎！我又不若夷节。夫夷节之为人也：无德而有知，佞人。不自许，不以德自许。以之神其交；有知以神其交。固颠冥乎富贵之地，不正不明，为富贵垄断。非相助以德，相助消也。消，谓消其德。夫冻者假衣于春，暍者反冬乎冷风。方子及曰："冻必假衣，衣虽厚，不若春和冻解也。暍必愿风，风虽冷，不若冬至暍消也。慕用者假资权门，不若恬退者之自贵也。待公阅休，盖规之也。"按：春不待衣而自暖，冬不待冷风而自凉，于以解冻暍也何有？夫楚王之为人也，形尊而严，其于罪也，无赦如虎，非夫佞人、正德，夷节，佞人也。公阅休，正德也。其孰能挠焉！故圣人：其穷也使家人忘其贫，其达也使王公忘爵禄而化卑；化为身屈。其于物也，与之为娱矣；其于人也，乐物之通而保己焉；故或不言而饮人以和，与人并立而使人化父子之宜。彼其乎归居，而一间其所施。评曰：其所归居者，若父子之同居于一室，无所施受，而自相养。按：间，如字；一间，无异室也。若是其远也。与挟成心以待人者迥异。故曰待公阅休。"

〔解曰〕圣人之德，乐物之通而保己，其迹几与佞人相若，老子所谓"我道大似不肖"也。佞人即人以消其善，不以忠正自许而抗暴君；圣人消其善以消人之恶，自保而与物通，彼暴君之所恶者，挟德以相助于善，而夸节摸棱以毁其节。公阅休阅物以相与休，暴君者且忘其为圣为佞，而顺于其消；非王果之决于善，以力助人善者所可挠也。此言施善以助人，而劳役其心以役人，不足以化物；则且不若佞人，而去圣愈远也。

圣人达绸缪，《循本》曰："绸缪，事理缪辐处。惟圣人为能达之。"周尽一体矣，周遍万物，皆一体体之。而不知其然，皆顺其自然。性也。复命摇作，而以天为师，使物复其性命以变化，一如天然。人则从而命之也。谓之圣人者，人为之名耳。忧乎知而所行恒无几时，其有止也若之何！若有心求知绸缪，则所知者能行，所不知者不能行，将如之何？生而美者，人与之鉴，不告则不知其美于人也；若知之，若不知之，若闻之，若不闻之，其可喜也终无已，人之好之亦无已，性也。评曰：达绸缪而不知其然，自不容已。如美人之生而美，非欲人之知而暖姝以自喜，人自好之耳。圣人之爱人也，人与之名，不告则不知其爱人也。若知之，若不知之，若闻之，若不闻之，其爱人也终无已，人之安之亦无已，性也。

〔解曰〕绸缪不可胜达也，万有不可周，一体不易合也。达之而即有不达矣，周之而即有不周矣。何也？众庶繁生，情欲意见梦起而离乎其所受之命，欲使各安其分之所应得，而势必诎。然而生生死死于大化之中，天之摇作也无已时，无所达而自达，不求周而自周。圣人体此以为性，无知无为以乐其通，人莫不在其薰陶之中，而命之曰"圣人之爱我无已"。非圣人之期之也，因人之予以名而始觉其爱，如因镜知美，彼虽美初不自知也。率其自然，使天下相保于自然，则无忧无知无行，亘终始而不忧其匮，而圣人亦自逸矣。性故逸，逸故天，则无有忧不知而行不继者也。揭仁义以求令名，爱必有所止，而不达以不周，困于无若之何，而道已隔矣。

旧国旧都，望之畅然。虽使邱陵草木之缗，入之者十九，犹之畅然。缗，钱也。虽税重犹乐归其故国。况见见闻闻者也，自见自闻其见闻之天。以十仞之

**台悬众间者也！** 间，簨簾也。其乐如登高台奏大乐。

〔解曰〕此言复性之乐也。圣人复其性，万物复其命，弗强其所不能，弗忧其所不知。不塞其情，自无不达；不限以法，自无不周；自见自闻，而耳目不殆；与天下相胥以乐而复其始，归故国，登高台，奏广乐，不足以喻其畅适矣。揭仁义以为标准，先自忧其不逮，而骇天下之耳目，身世趋于愁苦之途，终身而不反其故，则可悲而已矣。

**冉相氏得其环中以随成，** 冉相氏，古之圣君。**与物无终无始，无几无时。日与物化者，一不化者也，阖尝舍之！** 阖尝离其环中！**夫师天而不得师天，与物皆殉，其以为事也若之何？** 有心师天，则与物同其死生。以此为事，又沉溺于物矣。**夫圣人未始有天，未始有人，未始有始，未始有物；与世偕行而不替，所行之备而不洫，其合之也若之何？** 评曰：天则不替不洫，必欲效其广大，合之难矣。故师天而未始有天，随成而已。按：替，废也。洫犹老洫之洫。**汤得其司御，门尹登恒为之傅之。** 评曰：知所以御，则己所不知，自有傅者。按：门尹登恒，贱人名。一说：司御主调御，门尹正所入，登恒成有恒之修。**从师而不囿，得其随成。为之司其名，之名嬴法，得其两见，仲尼之尽虑为之傅之。** 评曰：师而无常师，随所师而皆成，人皆乐效其功名。人皆效名，则法有余而善不善皆师资，将有若孔子之圣者为之尽虑。**容成氏曰：“除日无岁，无内无外。”** 评曰：积众以为一，非众外有一也。合人以为己，非己内而人外也。

〔解曰〕环中者，天也。六合，一环也；终古，一环也。一环圜合而两环交运，容成氏之言浑天得之矣。除日无岁，日复一日而谓之岁，岁复一岁而谓之终古；终古一环，偕行而不替。无内无外，通体一气，本无有垠，东西非东西而谓之东西，南北非南北而谓之南北；六合一环，行备而不洫。运行于环中，无不为也而无为，无不作也而无作，人与之名曰天，而天无定体。故师天者不得师天，天无一成之法则，而何师焉！有所拟议以求合，合者一而睽者万矣。故无人也，人即天也；无物也，物即天也。得之乎环之中，则天皆可师，人皆可傅。尽人尽傅，皆门尹登恒也，皆仲尼也。以人知人，以物知物，以知人知物知天，以知天知人知物，无不可随之以成，无不可求嬴于两见，己不化物，物自与我以偕化。故仁义无迹，政教无实，而奚其囿！观于此，而庄子之道所从出，尽见矣。盖于浑天而得悟者也。浑天之体：天半出地上，半入地下，地与万物在于其中，随天化之至而成。天无上无下，无晨中、昏中之定；东出非出，西没非没，人之测之有高下出没之异耳。天之体，浑然一环而已。春非始，冬非终，相禅相承者至密而无畛域。其浑然一气流动充满，则自黍米之小，放乎七曜天以上、宗动天之无穷，上不测之高，下不测之深，皆一而已。上者非清，下者非浊，物化其中，自日月、星辰、风霆、雨露，与土石、山陵、原隰、江河、草木、人兽，随运而成，有者非实，无者非虚。庄生以此见道之大圜，流通以成化，而不可以形气名义滞之于小成。故其曰"以视下亦如此而已"，曰"天均"，曰"以有形象无形"，曰"未始出吾宗"，与《天运》篇屡诘问而不能答其故，又曰"实而无乎处者宇也"，皆浑天无内无外之环也。其曰"寓于无竟"，曰"参万岁而一成纯"，曰"薪尽而火传"，曰"长而无本剽者宙也"，皆浑天除日无岁之环也。故以"若丧其一"、以"随成"为师天之大用，而"寓庸"以"逍遥"，得矣。其言较老氏橐籥之说，特为当理。周子《太极图》，张子"清虚一大"之说，亦未尝非环中之旨。但君子之学，不卤莽以师天，而近思人所自生纯粹以精之理，立人道之极；则彼知之所不察，而惮于力行者也。

**魏莹与田侯牟约，**魏惠王名莹。**田侯牟背之。魏莹怒，将使人刺之。犀首闻而耻之，曰：**犀首，公孙衍。**"君为万乘之君也，而以匹夫从仇！衍请受甲二十万，为君攻之，虏其人民，系其牛马；使其君内热发于背，然后拔其国；忌也出走，**田忌。**然后抶其背，折其脊。"季子闻而耻之，曰："筑十仞之城，城者既十仞矣，则又坏之，此胥靡之所苦也。**胥靡，筑城之役。**今兵不起七年矣，此王之基也，衍，乱人，不可听也。"华子闻而丑之，曰："善言伐齐者，乱人也；善言勿伐者，亦乱人也；谓伐与不伐乱人也者，又乱人也。"君曰："然则若何？"曰："君求其道而已矣。"**但问当伐不当伐。惠子闻之，而见戴晋人。**见音现，引见戴晋人于魏君。**戴晋人曰："有所谓蜗者，君知之乎？"曰："然。""有国于蜗之左角者，曰触氏；有国于蜗之右角者，曰蛮氏。时相与争地而战，伏尸数万，逐北旬有五日而后反。"君曰："噫！其虚言与！"曰："臣请为君实。君以意在四方上下，有穷乎？"君曰："无穷。"曰："知游心于无穷，而反在通达之国，若存若亡乎？"君曰："然。"曰："通达之中有魏，于魏中有梁，于梁中有王。王于蛮氏有辨乎？"君曰："无辨。"客出，而君惝然若有亡也。客**

出，惠子见。音现。君曰："客，大人也。圣人不足以当之。"惠子曰："夫吹管也，犹有嗃也。吹剑首者，映而已矣。嗃，管声。剑首，剑环头小孔也。映映然如风过。尧舜，人之所誉也。道尧舜于戴晋人之前，譬犹一映也。"

〔解曰〕华子之所谓求其道者，至于尧舜而止矣，而适以当戴晋人之一映。盖人怀忿忮之心，强抑之而必不可忍，此季子止攻之术，所以适为乱人，而尧舜之道止于仁义，则亦强抑其方与之情也。扩其知而大之，超然于是非之外，小用之亦足以止魏莹之怒。非魏莹之果能见其大而息其忿忮也，暴人之气，不与相触，虚中以动之，彼自有怆然若忘之性，乍闻而遇其天。人莫不有旧都旧国，惟饮人以和者，能使之畅然也。

孔子之楚，舍于蚁邱之浆。卖浆家。其邻有夫妻臣妾登极者。极，屋栋，谓乘屋也。臣妾犹仆婢。夫妻与臣妾，杂作乘屋。子路曰："是稯稯何为者邪？"稯音总，犹纷纷。仲尼曰："是圣人仆也。圣人隐于仆隶。是自埋于民，自藏于畔。郭象曰："埋于民，与民同也。藏于畔，进不荣华，退不枯槁也。"其声销，其志无穷；声销，无名也。志无穷，无町畦、无崖也。其口虽言，其心未尝言；方且与世违，而心不屑与之俱，是陆沈者也。陆沈，谓当显而隐。是其市南宜僚邪？"熊宜僚居于市南。子路请往召之。孔子曰："已矣！彼知丘之著于己也。著于己，犹言知其为人。知丘之适楚也，以丘为必使楚王之召己也，彼且以丘为佞人也。夫若然者，其于佞人也羞闻其言，而况亲见其身乎！而何以为存？"存问之。子路往视之，其室虚矣。

〔解曰〕此亦保己之一道也。与世违者，非违世也，违世之违其天者也。虽然，自埋于民而不能埋于世，陆沈而不能与汩相出没，故孔子不欲子路往召之。

长梧封人问子牢曰："君为政焉勿卤莽，治民焉勿灭裂。昔予为禾，耕而卤莽之，卤莽，谓斥卤不蹯，草莽不除也。则其实亦卤莽而报予；芸而灭裂之，灭其根，裂其本也。其实亦灭裂而报予。予来年变齐，齐，去声，与剂同。变齐谓改其旧方。深其耕而熟耰之，其禾繁以滋，予终年厌飧。"庄子闻之，曰："今人之治其形、理其心，多有似封人之所谓：遁其天，离其性，灭其情，亡其神，以众为故。以众之所趋为习。卤莽其性者，欲恶之孽，为性萑苇情为性萑，如萑苇之易长。兼葭，始萌以扶吾形，寻擢吾性；兼葭即萑苇也。情之始萌，取声色臭味以扶形，而内已拔去性根矣。擢，拔也。并溃漏发，不择所出，漂疽疥痈，内热溲膏是也。情以扶形，非扶形也，擢性而形亦败矣。溃为疽痈，漏为溲膏，恶疾毁形，皆欲恶之孽。"

〔解曰〕此养生之旨也。嗜欲深则天机浅。

柏矩学于老聃，曰："请之天下游。"老聃曰："已矣！天下犹是也。"又请之。老聃曰："汝将何始？"曰："始于齐。"至齐，见辜人焉；辜人，有罪而被斩者。推而强之，扶整其尸。解朝服而幕之，号天而哭之，曰："子乎！子乎！天下有大灾，子独先离之！"曰："莫为盗？莫为杀人？莫为，诘而问之之词。荣辱立，然后睹所病；货财聚，然后睹所争。今立人之所病，聚人之所争，穷困人之身使无休时，欲无至此，得乎？古之君人者：以得为在民，以失为在己；以正为在民，以枉为在己；故一形有失其形者，一物之形，有失其形之理者。退而自责。今则不然。匿为物而愚不识，隐匿名物，以愚无知识者。大为难而罪不敢，驱之犯难，而罪其不勇敢者。重为任而罚不胜，胜，平声。远其涂而诛不至。民知力竭，则以伪继之。日出多伪，士民安取不伪！夫力不足则伪，知不足则欺，财不足则盗。盗窃之行，于谁责而可乎？"

〔解曰〕仁义之藏，民之所不知，其物匿也。以仁义驱人，使亲上庶长，大为难也。责以礼教，使尽仁义，重为任也。终身役于仁义礼教之事而不给，远为涂也。此言治天下者适以乱之，惟无为可以免民于庶。

蘧伯玉行年六十而六十化，未尝不始于是之，而卒诎之以非也；未知今之所谓是之非五十九非也。万物有乎生，而莫见其根；有乎出，而莫见其门。人皆尊其知之所知，而莫知恃其知之所不知而后知，可不谓大疑乎？评曰：天固不可知。已乎，已乎！且无所逃。评曰：不能遁天，而自有是。此则所谓然与，然乎？

〔解曰〕此言是非无定形，师成心以为是非，则其于化也远矣。物日出而无必然者以为之根，以有门而可以己意入之。昔之所是，今之所非，一人之身而今昔不保，况天下乎！知之所不知者，不可以成心知之。故曰："恶乎然？然于然；恶乎不然？不然于不然。"除日无岁，日新而随成者，不立一根以出入乎门，与天同运而自有其大常，则与物化者，一不化者也。不化者，天环之运而无本剽者也。

仲尼问于太史大弢、伯常骞、狶韦曰："夫卫灵公饮酒湛乐，不听国家之政，田猎毕弋，不应诸侯之际。际，交际也。其所以为灵公者何邪？"

大弢曰："是因是也。"郭象曰："灵，无道之谥。"**伯常骞曰："夫灵公有妻三人，同滥而浴**、滥，浴器。**史鰌奉御而进所，**进于君所。**搏币而扶翼。**郭象曰："以鰌为贤，而奉御之劳，故搏币而扶翼之，使不得终礼，此其所以为肃贤也。币者，奉御之物。"**其慢若彼之甚也，见贤人若此其肃也，是其所以为灵公也。**郭注："灵有二义，亦可谓善。"按谥法：不勤成名曰灵，又乱而不损曰灵。"**狶韦曰："夫灵公也死，卜葬于故墓不吉；卜葬于沙邱而吉。掘之数仞，得石椁焉；洗而视之，有铭焉，曰：'不冯其子，**冯音凭。**灵公夺而里之。**子不可恃。故墓为人夺。**'夫灵公之为灵也久矣。之二人何足以识之！"**

〔解曰〕引此以喻自然者非意知之所可及也。亦寓言耳，非如邵康节所言前定之说也。为铭者亦妄言之，而灵公偶尔合之。有是言，则可有是人，有是事。化之偶然者且然，况天之大常而圆运者乎！

**少知问于大公调曰："何谓邱里之言？"大公调曰："邱里者，合十姓百名而以为风俗也。合异以为同，散同以为异。今指马之百体而不得马，而马系于前者，立其百体而谓之马也。是故邱山积卑而为高，江河合水而为大，大人合并而为公。是以自外入者，有主而不执；**听天下之言，以大公为主，而不执滞。**縣中出者，有正而不距。**出言以示天下，以大公为正，而无所争距。**四时殊气，天不赐，故岁成；五官殊职，君不私，故国治；文武大人不赐，故德备；万物殊理，道不私，故无名。无名故无为，无为而无不为。时有终始，世有变化；祸福淳淳，至有所拂者而有所宜，自殉殊面，**面犹向也。縣自徇成见，故有殊向。**有所正者有所差。比于大泽，百材皆度；观乎大山，木石同坛。此之谓邱里之言。"**

〔解曰〕自此以下，皆以言随成之理。随成者，随物而成。道无定，故无实。无实者，无根也。无根者，即以无根为根，合宇宙而皆在。故言默两无当，而言默皆可缘，以破成心之师，以游环中之无穷者也。除日无岁，终始之环也。除一姓无十姓，除一家无百家，除十姓百家无天下，除天下无天。合之则浑乎一天，散之则十姓百家之不一。人不一，心不一，言不一也。非或散之而必散，不待合之而固合。然则以人顺人，以物顺物，以言顺言，自可无为而无不为，以大备乎德。彼欲超乎十姓百家之外，以断制天下者，内不能为物主，而外无质以相正，其知之惑也久矣。拂于此者宜于彼，正于此者差于彼，两存之，两不存之，大人乃以府群言而为天下天。奈何惟成心之为知，而轻重邱里乎！

少知曰："然则谓之道，足乎？"大公调曰："不然。今计物之数，不止于万，而期曰万物者，以数之多者号而读之也。是故天地者，形之大者也；阴阳者，气之大者也；道者为之公。因其大以号而读之，则可也。己有之矣，乃将得比哉？比，合也。己有邱里之言矣。安得比于自然之道？则若以斯辩，譬犹狗马，其不及远矣。"

〔解曰〕谓邱里之言非道也不可，谓邱里之言为道也抑不可。合之则与道不远，而所合者本散也，其合无纪。散之则十姓百家，其散无定。浑然而一者，无名无义。天地阴阳皆其散者，而何者可名为道？故以道名之而不足，弗获已而谓之邱里之言，尚不足乎？如谓狗为马，非过于狗也，不及马耳。

少知曰："四方之内，六合之里，万物之所生恶起？"大公调曰："阴阳相照，相盖相治；四时相代，相生相杀。欲恶去就，于是桥起；桥起，谓凭虚接引。雌雄片合，片而二，合而一。于是庸有。安危相易，祸福相生，缓急相摩，聚散以成。此名实之可纪，精之可志也。随序之相理，桥运之相使；桥运，如桥之比接而拱圆。穷则反，终则始。此物之所有，言之所尽。知之所至，极物而已。睹道之人，不随其所废，不原其所起，此议之所止。"

〔解曰〕谓有道之可名可执者，以为物生于道，道为物之所自起耳。夫环也，而有所起有所止乎？莫非环也，莫非物也。莫不可名为道，而莫可名为道也。欲恶去就，片合安危、祸福、缓急、聚散，一人之心，百端桥起繁有，而不得其根，天下亦如此而已。而既有名实之可纪，有精之可志，则皆为后起者之所起也。穷则反，终则始，皆其所自起也。故于物尽物，即一姓而十姓，即一家而百家，即十姓百家而亘六合，参万岁。然乎然，不然乎不然，夜不期阳，昼不期阴，春夏秋冬各行其令，而无本剽，则极物者道即极焉，恶容求其起而知之！

少知曰："季真之莫为，接子之或使，二家之议，孰正于其情？孰偏于其理？"大公调曰："鸡鸣狗吠，是人之所知；虽有大知，不能以言读其所自化，又不能以意其所将为。斯而析之，精至于无伦，大至于不可围；或之使，莫之为，未免于物，而终以为过。二家皆就物而立说，未免于物，终不当于道。或使则实，莫为则虚。有名有实，是物之居；两俱是。无名无实，在物之虚。可言可意，言而愈疏。未生不可忌，已死不可徂。一作阻。死生非远也，理不可睹。或之使，莫之为，疑之所假。皆疑亿其然，皆假说非真。吾观之本，其往无穷；吾求之末，其来无止。无穷无止，言之无也，与物同理。无言乃得其大同。或使莫为，言之本也，与物终始。特为言之本耳，尽于一物之终始，不足通于无穷。道不可有，有不可无。道之为名，所假而行。或使莫为，在物一曲，夫胡为于大方！言而足，则终日言而尽道；言而不足，则终日言而尽物。道物之极，言默不足以载。非言非默，议有所极。"

有所，一本作其有。

〔解曰〕言或使，则虽不得其主名，而谓之或然，而终疑有使之者，则犹有所起之说。此说最陋，故郭象氏以季真之莫为为是，而实不然。莫为，或使，之二说皆是也，皆非也。皆非故皆是，皆是则是其所是，而固皆非矣。夫言或使者，如毂之有轴，磨之有脐，为天之枢，道之管，而非也。道一环也。环中虚，虚不能使实也。言莫为者，如环中之虚。而既有环矣，环者，物之有名实可纪、精可志者也，有实而无处，而初非无实也。之二说者，皆未得环中之妙以应无穷，而疑虚疑实，故皆非也。夫道不可有，有不可无。有者物也。极物则无道，恶有无哉？至此而言穷矣。言穷而默，默又不得当焉。道不可尽，尽之于物。故于道则默，于物则言。故邱里之言，圣人之所师，皆圣人之传也。随其言而成，乃谓之随成，随成而无不吻合。此庄子之宗旨，异于老氏"三十辐"章及"道生一一生二"之说；终日言而未尝言，曼衍穷年，寓于无竟。

《庄子解》卷二十五终

# 庄子解卷二十六·杂篇

## 外物

**外物不可必，故龙逢诛，比干戮，箕子狂，恶来死，桀纣亡。**<small>同于一死，不救其恶。</small>**人主莫不欲其臣之忠，而忠未必信，故伍员流于江，苌弘死于蜀，藏其血三年而化为碧。人亲莫不欲其子之孝，而孝未必爱，故孝已忧而曾参悲。木与木相摩则然，**<small>同而相害。</small>**金与火相守则流。**<small>异而相铄。</small>**阴阳错行，则天地大絯，**<small>絯音该，又音骇，束缚不平也。不相当则怒，天地不能平之。</small>**于是乎有雷有霆，木中有火，乃焚大槐。**<small>槐者东方之木，老而生火，谓自生而自贼也。</small>**有甚忧两陷而无所逃，螴蜳不得成，**<small>螴蜳音陈惇，虫行不安定貌。蜳亦音允。</small>**心若县于天地之间，**<small>既不相得，又不能避，则心旌飞越，激以相困。</small>**慰暋沈屯，**<small>慰同熨，郁也。暋，闷也。沈，伏也。屯，险也。四字状心之怀毒怨。</small>**利害相摩，生火甚多，众人焚和。**<small>天下皆不平之气。</small>**月固不胜火，于是乎有偾然而道尽。**<small>评曰：火发而夺月之光，众人之怒一生，而道已夺矣。皆取必外物之咎。偾音颓，颓通。道尽，谓所受以生之道，于是乎亡。</small>

〔解曰〕外物不可必，而人之大患，恒在于取必于物。故逢比死而不能救桀纣之亡，无益而止以自丧耳。己有知而必不知者之知，己有能而必不能者之能。夫既不知不能矣，而尚可必乎！有不知，有不能，不自怙以受人忠孝之忧者，惟圣人为然，而以望之昏昏陷溺之人乎！不知不能者，既不能受，反愧以相忮。两论相持，木之摩木也；两异相值，火之流金也；得失缪争，雷霆之激也；皆郁火狂发也。岂徒无道者之燎原不可迩哉！忠而阻，孝而毁，则怨毒且自生于心，而火即还以自焚。偩佗无聊，心魂飘散，此屈原之所以自沉而不自解也。则己与物无非火矣。火之发也微，而月之明以夺。虽有自然常明之体，无能胜矣；则道穷而忠孝之心亦不得成，而拂于其初。惟不取必于物者，火不生而月不掩明，保己而乐物之通，以游于天下，道无不裕矣。

月固不胜火，义止于此。而释庄者每立谬解，或至淫于丹灶之术，不恤立言之意，截断一语，穿凿以立邪说，用文己之妖妄，此后世之通病，于此辨之。

**庄周家贫，故行贷粟于监河侯。**行，一本作往。**监河侯曰："诺。我将得邑金，将贷子三百金，可乎？"庄周忿然作色曰："周昨来，有中道而呼者。周顾视，车辙中有鲋鱼焉。周问之曰：'鲋鱼来！子何为者邪？'对曰：'我，东海之波臣也。君岂有斗升之水而活我哉？'周曰：'诺。我且南游吴越之王，激西江之水而迎子，可乎？'鲋鱼忿然作色曰：'吾失我常与，**常与，常相与者，谓水也。**我无所处。吾得升斗之水然活耳。君乃言此！曾不如早索我于枯鱼之肆！'"**

〔解曰〕此言用小者之不可期大也。

**任公子为大钩巨缁，**巨缁，大黑纶也。**五十犗以为饵，**犗，音介，犍牛也。**蹲乎会稽，投竿东海，旦旦而钓，期年不得鱼。已而大鱼食之，牵巨钩錎没而下，**錎，与陷同。**骛扬而奋鬐，白波若山，海水震荡，声侔鬼神，惮赫千里。任公子得若鱼，离而腊之。**腊，音昔，乾之于夕也。**自淛河以东，**淛，古浙字。**苍梧以北，莫不厌若鱼者。已而后世轮才讽说之徒，**轮与铨同。轮才，论人才者。讽说，评说已诵成者。**皆惊而相告也。夫揭竿累，**累音雷，小绳系也。**趋灌渎，守鲵鲋，其于得大鱼难矣。饰小说以干县令，**县同悬。县令犹言悬赏格。**其于大达亦远矣。是以未尝闻任氏之风俗，其不可与经于世，亦远矣。**

〔解曰〕此言用大者之不域于小也。宜于小而欲大之，则虚而无当；宜乎大而欲小之，则阂而不周。此鲲鹏莺鸠之所以相笑，而不知其可以逍遥也。惟随成而无成心以取必于物，则升斗之水，千里之鱼，皆可用也。

儒以诗礼发冢。大儒胪传曰："东方作矣，事之何若？"小儒曰："未解裙襦，口中有珠。""《诗》固有之曰：'青青之麦，生于陵陂。生不布施，死何含珠为？'接其鬓，擪其颊，擪，音叶，持也。颊，音海，颔下毛。儒以金椎控其颐，徐别其颊，无伤口中珠。"

〔解曰〕此所谓学一先生之言，暖妹而私自悦者也。

老莱子之弟子出薪，遇仲尼，反以告曰："有人于彼，修上而趋下，趋、促通。末偻而后耳，背微偻，耳贴脑后。视若营四海，不知其谁氏之子。"老莱子曰："是丘也。召而来！"仲尼至，曰："丘！去女躬矜，与女容知，知者之容。斯为君子矣。"仲尼揖而退，蹙然改容而问曰："业可得进乎？"老莱子曰："夫不忍一世之伤，而骜万世之患，骜犹驰也。抑固窭邪？亡其略弗及也？固窭犹言固穷。亡其略犹言失策，不忍一世之伤。是自取固穷。骜万世之患，是失策不逮。惠以欢为骜，终身之丑，施惠以悦人，驰而不反。中民之行进焉耳。适如其所当得，则进授之耳。相引以名，相结以隐，以名相引，匿情以相结，则不中民之行而进惠。与其誉尧而非桀，不如两忘而闭其所誉。反无非伤也，报施适以相伤。动无非邪也。圣人踌躇以兴事，以每成功。因物付物，无成心。奈何哉其载焉终矜尔！"载己意以行，止以自矜尔。

〔解曰〕每犹庸也，随也。"以每成功"，寓庸而随成也。踌躇兴事，则《养生主》之所谓戒，《人间世》之所谓慎也。盖躬矜者，非矜其知，有不必知而矜者矣。容知可载，虽欲不矜，而终于矜尔。夫载知不卸，则事未兴而先有成心藏于隐以不解，而为之名以开人之誉。苟无所知，则事至乎前，不容不踌躇矣。因事以踌躇，则必每一事而一理，是不得已之寓庸；而功之成也，以随而成也；不待去矜而自无可矜。一世犹是，万世犹是也，每而已，无本剽也；无惠无名，而终身无丑。随成之大用，以无体为，体而民行无不中矣。

宋元君夜半而梦人被发窥阿门，阿门，旁门也。曰："予自宰路之渊，宰路，渊名。予为清江使河伯之所，渔者余且得予。余且，史作豫且。"元君觉，使人占之，曰："此神龟也。"君曰："渔者有余且乎？"左右曰："有。"君曰："令余且会朝。"明日，余且朝。君曰："渔何得？"对曰："且之网得白龟焉，箕圆五尺。"君曰："献若之龟。"龟至，君再欲杀之，再欲活之。心疑，卜之，曰："杀龟以卜吉"，乃剚龟；七十二钻而无遗策。仲尼曰："神龟能见梦于元君，而不能避余且之网；知能七十二钻而无遗策，不能避刳肠之患。如是，则知有所困，神有所不及也。虽有至知，万人谋之。鱼不畏网，而畏鹈鹕。畏小害而不畏大害。去小知而大知明，去善而自善矣。婴儿生无石师而能言，石、硕，古通用。与能言者处也。"

〔解曰〕此申上知矜之旨。神龟亦非矜其知，但载知而不慎于蹒踏耳。天下之相谋者无穷，鱼困其知于鹈鹕，而知自迷于网罟，有所载者自有所不及也。夫所谓知者，皆有所师而得之者也。发冢之珠，载之不舍，而知成乎心矣。至人师天而不得师天，况一先生之言乎！又况一己之成心乎！人言亦言而能言，亦成功于每之效也。故婴儿不矜其言，虽言而忘其所自言。无知之智，无所载，无可矜，而大智明矣。

惠子谓庄子曰："子言无用。"庄子曰："知无用而始可与言用矣。夫地非不广且大也，人之所用容足耳。然则厕足而垫之，致黄泉，垫，下土掘也。人尚有用乎？"惠子曰："无用。"庄子曰："然则无用之为用也亦明矣。"

〔解曰〕知无体之体，则知无用之用。"除日无岁，无内无外"，无体也。"以每成功"，以天下用而己无用也。体无体者"休乎天均"，用无用者"寓于无竟"。

庄子曰："人能有游，且得不能游乎？评曰：能则能之，不能则置之。人而不游，且得游乎？评曰：阅世而行，皆游也。夫流遁之志，决绝之行，评曰：游其不能游，不游其能游。噫，其非至知厚德之任与！复墜而不反，火驰而不顾，虽相与为君臣，时也，易世而无以相贱。因时而为，无有适主，易世而臣又君矣。无恒贵，无恒贱也。故曰至人不留行焉。夫尊古而卑今，学者之流也。且以狶韦氏之流观今之世，夫孰能不波？欲尊古，则狶韦氏尚矣。今之所谓古者，皆风波也。惟至人乃能游于世而不僻，顺人而不失己。彼教不学，因彼立教，不恃所学。承意不彼。因彼意而用之，彼我两忘矣。如是乃无有不通。

〔解曰〕每成者，无为无不为也。必有为而流遁以忘反，世士之所以驰骛于功名。必有不为而决绝以自怙，修士之所以自矜于志节。如是者，或以顺世为贵，或以矫世为贵，非其世而失其贵矣。乃其所恃以游不游者，以为古皆有之也。夫古岂仅一先生所传，伊吕夷齐之世为古哉！又上而之于狶韦氏，则所谓古者皆非古矣。然则古亦今也，今亦古也；彼亦此也，此亦彼也。因彼而用之，奚古人之足学，而谓彼之异乎我所学哉！挟古之知以为己知，怙之以留行，而求胜天下之知，惟不知每成之用大也。

**目彻为明，耳彻为聪，鼻彻为颤，**颤，发音膻，谓审于鼻气。**口彻为甘，心彻为知，知彻为德。凡道不欲壅，**壅，滞也。**壅则哽，**内塞于心。**哽而不已则跈，**跈音辗，止也。谓外跈于世。**跈则众害生。物之有知者恃息，**有息乃有知。**其不殷非天之罪。**殷，盛也。评曰：息以喉则知不盛，非所性之罪也。**天之穿之，日夜无降；**郭象曰："知恃息，息不恃知也。天穿无降者，通理有常运也。"无降犹言不替。**人则顾塞其窦。**天通之而人塞之。**胞有重阆，**胞，胸中三焦。阆，空旷也。**心有天游。室无空虚，则妇姑勃溪，**勃溪，争激也。**心无天游，则六凿相攘。**六凿，五官与心交相穿凿。**大林邱山之善于人也，亦神者不胜。**人不能如大林邱山之静而生者盛也，塞其窦而神困也。**德溢乎名，名溢乎暴，**溢，流弊也。**谋稽乎谇，**稽，迟也。谇，急也。急则反缓。**知出乎争，柴生乎守，**郭注："柴，塞也。"**官事果乎众宜。**果，成也。

〔解曰〕"官事果乎众宜"，寓庸而足矣。众无不宜之谓彻，有成心而不化之谓哽。成心塞其重阆，息不以踵而以喉，其气必谇，其实枵也；如老疾者之喘，气不盛而出愈促也。物一触其成心，不与踌躇而垒涌以出，其为名为暴，皆其神之不善者所不能胜也。且必守其柴垒以与物争，哽者跈而害生，所必至已。夫天本虚以受每。人之生也，日夜皆在天中，虚固未尝离也。惟至人见天于心而乘之以游，气静息深，众皆可受，而随成以宜。耳目口鼻与心交彻，于己无失，于人无逆，六合无处，万岁无本剽，通体皆天，而奚其塞！

**春雨日时，草木怒生，铫镈于是乎始修，**因时之宜。**草木之到植者过半而不知其然。**因时则生自盛。**静然可以补病，眦搣可以休老，宁可以止遽。**静然，旧说：然当作默。搣音血。眦搣，旧解：目病也。目病无所见，虽病而可以休老。一说作揗搣，音翦灭，摩撅也，养生家之术。

〔解曰〕此言未能至于天游者，澄神守气之功，以宁静为治病之药也。争也，守也，皆谇之所致也。从事后而观之，谇则未有不稽者，徒自劳而与物相忤耳。故引息于踵以止其遽，则春雨自为我而植嘉谷。遽以谇，何为者邪？志渐宁，息渐深，其去天也不远矣。

**虽然，若是，劳者之务也，非佚者之所，未尝过而问焉。圣人之所以**

骇天下，神人未尝过而问焉。贤人所以骇世，圣人未尝过而问焉。君子所以骇国，贤人未尝过而问焉。小人所以合时，君子未尝过而问焉。

〔解曰〕纯乎佚，则游一天游矣，不待止遽而息自深，应物自以踌躇，每皆不失，而随无不成，神人之独也。人之相去也。超其上，则知其不屑。故神人之视圣人贤人君子无益之劳，无殊于小人；苟有所为，虽欲骇人，实亦乘一时之风会而求合耳。

演门有亲死者，以善毁，<small>哀毁也。</small>爵为官师，其党人毁而死者半。尧与许由天下，许由逃之；汤与务光，务光怒之。纪他闻之，帅弟子而踆于窾水，诸侯吊之；三年，申徒狄因以踣河。<small>踣音赴，与仆同。</small>

〔解曰〕皆德溢乎名者也。始之者，非必徇忠孝之名以趋死地，而学之者徒以丧身。故德不欲溢也，游于世而不僻，称其德之可胜者而已。

筌者所以在鱼，得鱼而忘筌；蹄者所以在兔，<small>系足机阱曰蹄。</small>得兔而忘蹄；言者所以在意，得意而忘言。吾安得夫忘言之人而与之言哉！

〔解曰〕忘言则忘义，因彼之教而不专其学，斯不以忠孝杀人。然则庄子之书，一筌蹄耳。执之不忘，则必淫于邪僻。故后世之为庄学者，多冥行而成乎大恶。

按此段文义，乃以起《寓言》篇之旨，与《寓言》篇"舍者与之争席"、《列御寇》"之齐"段，意指吻合。盖《杂篇》七篇次序相因，类如此者。昔人以此益证《让王》四篇为无知小人之搀入，信不诬也。

《庄子解》卷二十六终

# 庄子解卷二十七·杂篇

## 寓言

　　此《内》《外》《杂篇》之序例也。庄子既以忘言为宗，而又繁有称说，则抑疑于矜知，而有成心之师。且道惟无体，故寓庸而不适于是非，则一落语言文字，而早已与道不相肖。故于此发明其终日言而未尝言之旨，使人不泥其迹，而一以天均遇之，以此读《内篇》，而得鱼兔以忘筌蹄，勿惊其为河汉也。此篇与《天下》篇乃全书之序例。古人文字，序例即列篇中；汉人犹然，至唐乃成书外别为一序于卷首，失详说乃反约之精意。其《列御寇》篇夹于二篇之中，亦古人错综不滞之文体；不可以唐宋之局法例之。《让王》以下四篇，不屑置释，已详简端。

　　**寓言十九，重言十七，**篇内如此，其非寓者一而已，非重述古人之言者三而已。**卮言日出，和以天倪。**

　　〔解曰〕凡寓言重言与九、七之外，微言间出，辨言曲折，皆卮言也。和以天倪者，言而未尝言，无所凝滞；无言而不妨于有言，无所隐藏；要以合于未始出之宗也。

　　**寓言十九，藉外论之。亲父不为其子媒。亲父誉之，不若非其父者也。**

　　〔解曰〕寓言所以十九也。盖以为寓，则无言而非寓也；以为非寓，则寓固非寓也。董也，桔梗也，鸡雍也，豕零也，皆时为帝者也；蝼蚁也，稊稗也，瓦甓也，屎溺也，皆道之所在也；非寓也。曰道，曰德，曰性，曰心，曰神，曰天，可名言者皆寓也，斯须之循者也。而人徒见鲲鹏，鸢鸠，解牛，承蜩，以为此寓耳。通万有而休乎天均，则随所寓而众著之理皆成；就其人之心性神志而言之，则皆私也。人各怙其私而不相信从，众著之，公而言之，则易以晓然。故寓言者，所以避亲父之自媒，为人所易信。寓固非寓，外固非外，论者所必藉也。

**非吾罪也，人之罪也。与己同则应，不与己同则反；**人情大抵然。**同于己为是之，异于己为非之。重言十七，所以已言也，**已言者，止人之争辩也。**是为耆艾。**犹言必折中于老成。**年先矣，而无经纬本末以期年耆者，是非先也。**年老而无才德以副物望，即不得谓之长者。**人而无以先人，无人道也。人而无人道，是之谓陈人。**谓之陈人，何足为耆艾乎！见其所引之古，皆有经纬本末，非守一先生之说，徒为陈腐而不可用。

〔解曰〕重言所以十七也。人皆囿于樊中而神不王，神不王则气矜。取一先生之言以师之为成心而怨异己者，亟从而与争是非，则以吾言为罪，谓其破古人而独标异也。夫见独者古今无耦，而不能以喻人。乃我所言者，亦重述古人而非己之自立一宗，则虽不喻者无可相谴矣。虽然，均之耆艾也，君子不与小人齿，以其无人道也，则但谓之陈人。故取一先生之言，发冢以窃其含珠，其所述者陈人而已。吾所重述者，舍儒墨之所称述而必求诸道，则不与人争是非，而固不以剿说雷同之陈言为言也。

**卮言日出，和以天倪，因以曼衍，所以穷年。不言则齐，齐与言不齐，言与齐不齐也，故曰无言。言无言：终身言，未尝言；终身不言，未尝不言。有自也而可，有自也而不可；有自也而然，有自也而不然。恶乎然？然于然。恶乎不然？不然于不然。恶乎可？可于可。恶乎不可？不可于不可。物固有所然，物固有所可。无物不然，无物不可。非卮言日出，和以天倪，孰得其久？万物皆种也，以不同形相禅；**评曰：各依其种而有变化。**始卒若环，莫得其伦，是谓天均。天均者，天倪也。**

〔解曰〕寓言重言与非寓非重者，一也，皆卮言也，皆天倪也，故日出而不死人之心，则人道存焉。尊则有酒，卮未有也。酌于尊而旋饮之，相禅者故可以日出而不穷，本无而可有者也。本无则忘言，可有则日言而未尝言。可有而终日言者，天均之不息，无不可为倪也。至于天均而无不齐矣。则寓亦重也，重亦寓也。即有非重非寓者，莫非重寓也。无不然，无不可，则参万岁而通于一。不然而可然，不可而可可，则合于一伦，而不倚于其伦。不同者皆其禅者，合贯于一而随时以生倪，均已移而倪不留，曼衍穷年，年尽而言乃止，奚有不和者哉！

庄子谓惠子曰："孔子行年六十而六十化，始时所是，卒而非之；未知今之所谓是之非五十九非也。"惠子曰："孔子勤志服知也。"庄子曰："孔子谢之矣。不屑为勤志服知。而其未之尝言。孔子云：特未明言之，其意则云：'夫受才乎大本，复灵以生。'评曰：屈伸往复，灵明偶附于形体而生。鸣而当律，言而当法，利义陈于前，而好恶是非直服人之口而已矣。使人乃以心服，而不敢蘁立，蘁音谔，一音误，逆也。蘁立犹孤立。定天下之定。评曰：直以折服人口，使不挟私争鸣，而内服于心，不敢持独以强定天下。'已乎！已乎！吾且不得及彼乎！评曰：若执一是以服人，则且不及彼鸣者。"

〔解曰〕有所是者则非矣。天均者无非也，则无是也。无是，故所是者见其皆非而化矣。而惠子以为进昔之是以求今之是，则昔之是固非，而今之是尤非也。知恶足服乎！大本者，天均也。万物皆从大本生。鸟之鸣，人之言，各如其分，而适以因一时之律法，即足以服人之口，而事随成，非可执为必是也。执为必是，而夺人之心以孤立，求定天下之不定，则求异于众喙之鸣，而实不如其有当也。故无是也则无非，化声之曼衍，非以言是非也。终身于非，终身于是，岂但六十之于五十九哉！

曾子再仕而心再化，曰："吾及亲仕，三釜而心乐；后仕三千钟，不洎，不洎，不及养亲也。吾心悲。"弟子问于仲尼曰："若参者，可谓无所县其罪乎？县音悬，系也。"曰："既已县矣。夫无所县者，可以有哀乎？彼视三釜三千钟如鹳雀蚊虻相过乎前也。"

〔解曰〕化昔之非，而未化今之是，则今昔皆蘁立也。生死得丧迁，而天均之环，运而不息，哀乐无留，则无系。夫乃谓之化。以之曼衍，无不然，无不可矣。

颜成子游谓东郭子綦曰："自吾闻子之言，一年而野，反朴而无文。二年而从，顺物也。三年而通，已物合一。四年而物，己无非物矣。五年而来，天机自至。六年而鬼入，神来舍。七年而天成，无不可成。八年而不知死不知生，

庄子解　201

死亦不滞。**九年而大妙**。曼衍皆妙。"

〔解曰〕和以天倪，而发为卮言，其足以移人之性情使与天游也，其效如此。

**生有为，死也劝公**。句疑有讹。**以其死也有自也，而生阳也无自也。而果然乎？恶乎其所适？恶乎其所不适？天有历数，地有人据**，以人所据而分国邑。**吾恶乎求之？莫知其所终，若之何其无命也？莫知其所始，若之何其有命也？有以相应也，若之何其无鬼邪？无以相应也，若之何其有鬼邪？"**

〔解曰〕此明论之不可定也。不可定，则定天下者不足以存；不可定，则无适而不定；而卮言日出，皆不悖乎天倪矣。谓死有自，而生非无自；谓生无自，则死亦无自。儒言命，墨言鬼，各有所通者各有所穷。言命者天而非鬼，言鬼者精而非命，皆不可而皆可，皆然而皆不然。一偏之说，犹以历数测天，以人据之疆域画地耳。天未尝无历数，故测之可也，而除夕之与元日，其异安在？地未尝不从人据，而旦楚而暮秦，其畛安在？照之以天，则言历数，言人据可也。乃天之非有历数，地之非人可据，自浑然于大均，两诘之而两穷，两和之而两行。言而忘言，定以不定，卮言日出，岂与儒墨争定论哉！

**众罔两问于景曰："若向也俯而今也仰，向也括而今也被发，向也坐而今也起，向也行而今也止，何也？"景曰："叟叟也**，叟一作搜，或音萧。**奚稍问也！予有而不知其所以。予蜩甲也，蛇蜕也，似之而非也。火与日，吾屯也**，屯音豚，聚也。**阴与夜，吾代也。彼吾所以有待邪？而况乎以有待者乎？**形亦有待。**彼来则我与之来，彼往则我与之往；**形所待者。**彼强阳则我与之强阳**。郭注："强阳，运动。"**强阳者，又何以有问乎？"**罔两，强阳之属也。

〔解曰〕言犹影也，语终则逝，非若蜩甲蛇蜕之尚有留迹也。言待所言者而出，所言者又有待而生。影之于心，形之与影，无以异；所言者之与言，亦无以异。故曼衍穷年，亦皆天籁耳。天籁者，统于天均，因所屯所代而为天倪，天倪因任乎天吹。弗问其所以为特操，则言亦无言矣。

**阳子居南之沛**，阳朱，一名戎，字子居。**老聃西游于秦，邀于郊，至于梁而遇老子。老子中道仰天而叹曰："始吾以女为可教，今不可也。"阳子居**

不答，至舍，进盥漱巾栉，脱屦户外，膝行而前曰："向者弟子欲请夫子，夫子行不间，是以不敢。今间矣，请问其故。"老子曰："而睢睢盱盱，睢音灰，仰目也。盱音吁，张目也。而谁与居？大白若辱，盛德若不足。"阳子居蹴然变容曰："敬闻命矣。"其往也，舍者迎将，其家公执席，妻执巾栉，合者避席，炀者避灶；其反也，舍者与之争席矣。

〔解曰〕有所与居，则不与居者众矣。所与居者众，则不可以逍遥矣。舍者争席，无乐与居者，而后无不可与居也。于人无同异，于道无取舍，则于知无矜，而缘督之经，左右皆适矣。

此段应在《列御寇》篇首。

《庄子解》卷二十七终

# 庄子解卷二十八·杂篇

## 让王

赝编不置释，说见篇首。

尧以天下让许由，许由不受。又让于子州支父，子州支父曰："以我为天子，犹之可也。虽然，我适有幽忧之病，方且治之，未暇治天下也。"夫天下至重也，而不以害其生，又况他物乎！惟无以天下为者，可以托天下也。舜让天下于子州支伯，子州支伯曰："予适有幽忧之病，方且治之，未暇治天下也。"故天下大器也，而不以易生，此有道者之所以异乎俗者也。舜以天下让善卷，善卷曰："余立于宇宙之中，冬日衣皮毛，夏日衣葛絺；春耕种，形足以劳动；秋收敛，身足以休食；日出而作，日入而息，逍遥于天地之间而心意自得。吾何以天下为哉！悲夫，子之不知余也！"遂不受。于是去而入深山，莫知其处。舜以天下让其友石户之农，石户之农曰："卷卷乎后之为人，葆力之士也！"以舜之德为未至也，于是夫负妻戴，携子以入于海，终身不反也。高诱云："幽忧，幽隐也。卷卷，用力貌。今武陵宜兴有善卷坛。"

太王亶父居邠，狄人攻之；事之以皮币而不受，事之以犬马而不受，事之以珠玉而不受，狄人之所求者土地也。太王亶父曰："与人之兄居而杀其弟，与人之父居而杀其子，吾不忍也。子皆勉居矣！为吾臣与为狄人臣奚以异！且吾闻之，不以所用养害所养。"因杖策而去之。民相连而从之，遂成国于岐山之下。夫太王亶父可谓能尊生矣。能尊生者，虽富贵不以养伤身，虽贫贱不以利累形。今世之人居高官尊爵者，皆重失之，见利轻亡其身，岂不惑哉！

越人三世弑其君，王子搜患之，逃乎丹穴。而越国无君，求王子搜不得，从之丹穴。王子搜不肯出，越人薰之以艾。乘以王舆。王子搜援绥登车，仰天而呼曰："君乎君乎！独不可以舍我乎！"王子搜非恶为君也，恶为君之患也。若王子搜者，可谓不以国伤生矣，此固越人之所欲得为君也。王子搜，《淮南》作翳。《尔雅》："南戴日为丹穴。"

韩魏相与争侵地。子华子见昭僖侯，昭僖侯有忧色。子华子曰："今使天下书铭于君之前，书之言曰：'左手攫之则右手废，右手攫之则左手废，然而攫之者必有天下'，君能攫之乎？"昭僖侯曰："寡人不攫也。"子华子曰："甚善。自是观之，两臂重于天下也，身亦重于两臂。韩之轻于天下亦远矣，今之所争者，其轻于韩又远。君固愁身伤生以忧戚不得也！"昭僖侯曰："善哉！教寡人者众矣，未尝得闻此言也。"子华子可谓知轻重矣。子华子，魏人。

鲁君闻颜阖得道之人也，使人以币先焉。颜阖守陋闾，苴布之衣而自饭牛。鲁君之使者至，颜阖自对之。使者曰："此颜阖之家与？"颜阖对曰："此阖之家也。"使者致币，颜阖曰："恐听者谬而遗使者罪，不若审之。"使者还，反审之，复来求之，则不得已。故若颜阖者，真恶富贵也。故曰，道之真以治身，其绪余以为国家，其土苴张位音蒧苴，山谷作蒧直。蒧，郎假反。直音鲊。以治天下。繇此观之，帝王之功，圣人之余事也，非所以完身养生也。今世俗之君子，多危身弃生以殉物，岂不悲哉！凡圣人之动作也，必察其所以之与其所以为。今且有人于此，以随侯之珠弹千仞之雀，世必笑之。是何也？则其所用者重而所要者轻也。夫生者，岂特随侯之重哉！苴，有子麻也。土苴，粪草也。

子列子穷，容貌有饥色。客有言之于郑子阳者曰："列御寇，盖有道之士也，居君之国而穷，君无乃为不好士乎？"郑子阳即令官遗之粟。子列子见使者，再拜而辞。使者去，子列子入，其妻望之而拊心曰："妾闻为有道者之妻子，皆得佚乐，今有饥色。君过而遗先生食，先生不受，岂不命耶？"子列子笑谓之曰："君非自知我也，以人之言而遗我粟，至其罪我也又且以人之言，此吾所以不受也。"其卒，民果作难而杀子阳。<sub>子</sub>

阳，郑相，为人严酷，罪者无赦。舍人折弓，畏子阳怒责，因国人逐瘈狗而杀子阳。

楚昭王失国，屠羊说<sub>音悦</sub>走而从于昭王。昭王反国，将赏从者，及屠羊说，屠羊说曰："大王失国，说失屠羊；大王反国，说亦反屠羊。臣之爵禄已复矣，又何赏之有！"王曰："强之！"<sub>强，上声。</sub>屠羊说曰："大王失国，非臣之罪，故不敢伏其诛。大王反国，非臣之功，故不敢当其赏。"王曰："见之！"屠羊说曰："楚国之法，必有重赏大功而后得见。今臣之知不足以存国，而勇不足以死寇。吴军入郢，说畏难而避寇，非故随大王也。今大王欲废法毁约而见说，此非臣之所以闻天下也。"王谓司马子綦曰："屠羊说居处卑贱而陈义甚高，子其为我延之以三旌之位。"屠羊说曰："夫三旌之位，吾知其贵于屠羊之肆也；万钟之禄，吾知其富于屠羊之利也；然岂可以贪爵禄而使吾君有妄施之名乎！说不敢当，愿复反吾屠羊之肆。"遂不受也。

原宪居鲁，环堵之室，茨以生草；蓬户不完，桑以为枢，而瓮牖二室，褐以为塞；上漏下湿，匡坐而弦。子贡乘大马，中绀而表素，轩车不容巷，往见原宪。原宪华冠纵履，杖藜而应门。子贡曰："嘻！先生何病？"原宪应之曰："宪闻之，无财谓之贫，学而不能行谓之病。今宪，贫也，非病也。"子贡逡巡而有愧色。原宪笑曰："夫希世而行，比周而友，学以为人，教以为己，仁义之慝，舆马之饰，宪不忍为也。"曾子居卫，缊袍无表，颜色肿哙，手足胼<sub>音骈。</sub>胝，<sub>音支。</sub>三日不举火，十年不制衣，正冠而缨绝，捉衿而肘见，纳履而踵决，曳纵而歌《商颂》，声满天地，若出金石。天子不得臣，诸侯不得友。故养志者忘形，养形者忘利，致道者忘心矣。孔子谓颜回曰："回，来！家贫居卑，胡不仕乎？"颜回对曰："不愿仕。回有郭外之田五十亩，足以给饘粥；郭内之田十亩，足以为丝麻；鼓琴足以自娱，所学夫子之道者足以自乐也。回不愿仕。"孔子愀然变容曰："善哉回之意！丘闻之：'知足者不以利自累也，审自得者失之而不惧，行修于内者无位而不怍。'丘诵之久矣，今于回而后见之，是丘之得也。"

中山公子牟谓瞻子曰："身在江海之上，心居乎魏阙之下，奈何？"

瞻子曰："重生。重生则利轻。"中山公子牟曰："虽知之，未能胜也。"瞻子曰："不能自胜则从，神无恶乎？不能自胜而强不从者，此之谓重伤。重伤之人，无寿类矣。"魏牟，万乘之公子也，其隐岩穴也，难为于布衣之士；虽未至于道，可谓有其意矣。

孔子穷于陈蔡之间，七日不火食，藜羹不糁，素感切。颜色甚惫，而弦歌于室。颜回择菜，子路子贡相与言曰："夫子再逐于鲁，削迹于卫，伐树于宋，穷于商周，围于陈蔡，杀夫子者无罪，藉夫子者无禁，弦歌鼓琴，未尝绝音，君子之无耻也若此乎？"颜回无以应，入告孔子。孔子推琴喟然而叹曰："由与赐，细人也。召而来，吾语之！"子路子贡入。子路曰："如此者可谓穷矣！"孔子曰："是何言也！君子通于道之谓通，穷于道之谓穷。今丘抱仁义之道以遭乱世之患，其何穷之为！故内省而不穷于道，临难而不失其德，天寒既至，霜雪既降，吾是以知松柏之茂也。陈蔡之隘，音厄。于丘其幸乎！"孔子削然反琴而弦歌。子路抗然执干而舞。子贡曰："吾不知天之高也，地之下也。"古之得道者，穷亦乐，通亦乐。所乐非穷通也，道德于此，则穷通为寒暑风雨之序矣。故许由娱于颍阳，而共音恭。伯得乎邱首。削然或曰萧然。抗然，奋武貌。共伯即共和。邱首，一作共首。

舜以天下让其友北人无择。北人无择曰："异哉后之为人也，居于畎亩之中而游尧之门！不若是而已，又欲以其辱行漫我。吾羞见之。"因自投清泠之渊。汤将伐桀，因卞随而谋。卞随曰："非吾事也。"汤曰："孰可？"曰："吾不知也。"汤又因瞀音务。光而谋。瞀光曰："非吾事也。"汤曰："孰可？"曰："吾不知也。"汤曰："伊尹何如？"曰："强力忍垢，吾不知其他也。"汤遂与伊尹谋伐桀，克之，以让卞随。卞随辞曰："后之伐桀也谋乎我，必以我为贼也；胜桀而让我，必以我为贪也。吾生乎乱世，而无道之人再来漫我以其辱行，吾不忍数闻也。"乃自投椆一作桐，音桶。水而死。汤又让瞀光曰："知者谋之，武者遂之，仁者居之，古之道也。吾子胡不立乎？"瞀光辞曰："废上，非义也；杀民，非仁也；人犯其难，我享其利，非廉也。吾闻之曰，非其义者，不受其禄，无道之世，不践其土，况尊我乎！吾不忍久见也。"乃负石而自沉于庐一作卢。水。陇上曰猷，陇中曰亩。

昔周之兴，有士二人处于孤竹，曰伯夷叔齐。二人相谓曰："吾闻西方有人，似有道者，试往观焉。"至于岐阳，武王闻之，使叔旦往见之，与之盟曰："加富二等，就官一列。"血牲而埋之。二人相视而笑曰："嘻！异哉！此非吾所谓道也。昔者神农之有天下也，时祀尽敬而不祈喜；其于人也，忠信尽治而无求焉。乐音洛。与政为政，乐与治为治，不以人之坏自成也，不以人之卑自高也，不以遭时自利也。今周见殷之乱而遽为政，上谋而下行货，阻兵而保威，割牲而盟以为信，扬行以说音悦。众，杀伐以要利，是推乱以易暴也。吾闻古之士，遭治世不避其任，遇乱世不为苟存。今天下暗，周德衰，其并音傍，去声，乎周以涂吾身也，不如避之以洁吾行。"二子北至于首阳之山，遂饿而死焉。若伯夷叔齐者，其于富贵也，苟可得已，则必不赖。高节戾行，独乐其志，不事于世，此二士之节也。孤竹国在辽西令支县，今永平有肥如冢。《论语》疏：姓墨胎，名智允。

《庄子解》卷二十八终

# 庄子解卷二十九·杂篇

## 盗跖

赝篇不置释，说见篇首。

孔子与柳下季为友。柳下季之弟名曰盗跖。之石反。盗跖从卒九千人，横行天下，侵暴诸侯，穴室枢户，驱人牛马，取人妇女，贪得忘亲，不顾父母兄弟，不祭先祖，所过之邑，大国守城，小国入保，万民苦之。孔子谓柳下季曰："夫为人父者，必能诏其子；为人兄者，必能教其弟。若父不能诏其子，兄不能教其弟，则无贵父子兄弟之亲矣。今先生，世之才士也，弟为盗跖，为天下害，而弗能教也，丘窃为先生羞之。丘请为先生往说之。"柳下季曰："先生言为人父者必能诏其子，为人兄者必能教其弟，若子不听父之诏，弟不受兄之教，虽今先生之辩，将奈之何哉！且跖之为人也，心如涌泉，意如飘风，强足以拒敌，辩足以饰非，顺其心则喜，逆其心则怒，易辱人以言。先生必无往。"孔子不听，颜回为驭，子贡为右，往见盗跖。盗跖乃方休卒徒太山之阳，脍人肝而铺之。孔子下车而前，见谒者曰："鲁人孔丘，闻将军高义，敬再拜谒者。"谒者入通，盗跖闻之大怒，目如明星；发上指冠，曰："此夫鲁国之巧伪人孔丘非耶？为我告之：'尔作言造语，妄称文武，冠枝木之冠，带死牛之胁，多辞谬说，不耕而食，不织而衣，摇唇鼓舌，擅生是非，以迷天下之主，使天下学士不反其本，妄作孝弟，而徼幸于封侯富贵者也。子之罪大极重，疾走归！不然，我将以子肝益昼铺之膳！"孔子复通曰："丘得幸于季，愿望履幕下。"谒者复通，盗跖曰："使来前！"孔子趋而进，避席反走，再拜盗跖。盗跖大怒，两展其足，案剑瞋目，声如乳虎，曰："丘来前！若所言，顺吾意则生，逆吾心则死。"孔子曰："丘闻之，凡天下有三德；生而长大，美好无双，少长贵贱见而皆说之，此上德也；知维天地，能辩诸物，此中德也；勇悍果敢，聚众率兵，此下德也。凡人有此一德者，足以南面称孤矣。今将军兼此三者，身长八尺二寸，面目有光，唇如激丹，齿如齐贝，音中黄钟，而名曰盗跖，丘窃为将军耻不取焉。将军有意听臣，臣请南使吴越，北使齐鲁，东使宋卫，西使晋楚，使为将军造大城数百里，立数十万户之邑，尊将军为诸侯，与天下更始，罢兵休卒，收养昆弟，共祭先祖。此圣人才士之行，而天下之愿也。"盗跖大怒曰："丘来前！夫可规以利而可谏以言者，皆愚陋恒民之谓耳。今长大美好，人见而说之者，此吾父母之遗德也。丘虽不吾誉，吾独不自知耶！且吾闻之：好面誉人者，亦好背而毁之。今告我以大城众民，是规我以利而恒民畜我也，安可长久也！城之大者，莫大乎天下矣。尧舜有天下，子孙无置锥之地；汤武立为天子，而后世绝灭；非以其利大故耶？且吾闻之：古者禽兽多而人民少，于是民皆巢居以避之，昼拾橡栗，暮栖木上，故命之曰有巢氏之民。古者民不知衣服，夏多积薪，冬则炀之，故命之曰知生之民。神农之世，卧则居居，起则于于，民知其母，不知其父，与麋鹿共处，耕而食，织而衣，无有相害之心，此至德之隆也。然而黄帝不能致德，与蚩尤战于涿鹿之野，流血百里。尧舜作，立群臣，汤放其主，武王杀纣。自是之后，以强凌弱，以众暴寡。汤武以来，皆乱人之徒也。今子修文武之道，掌天下之辩，以教后世，缝衣浅带，矫言伪行，以迷惑天下之主，而欲求富贵焉，盗莫大于子。天下何故不谓子为盗丘，而乃谓我为盗跖？子以甘辞说子路而使从之，使子路去其危冠，解其长剑，而受教于子，天下皆曰孔丘能止暴禁非。其卒之也，子路欲杀卫君而事不成，身菹于卫东门之上，是子教之不至也。子自谓才士圣人耶？则再逐于鲁，削迹于卫，穷于齐，围于陈蔡，不容身于天下。子教子路菹此患，上无以为身，下无以为人，子之道岂足贵耶？世之所高，莫若黄帝，黄帝尚不能全德，而战涿鹿之野，流血百里。尧不慈，舜不孝，禹偏枯，汤放其主，武王伐纣，文王拘羑里，此六子者，世之所高也，孰论之，皆以利惑其真而强反其情性，其行乃甚可羞也。世之所谓贤士伯夷叔齐，辞孤竹之君而饿死于首阳之山，骨肉不葬。鲍焦饰行非世，抱木而死。申徒狄谏而不听，负石自投于河，为鱼鳖所食。介子推至忠也，自割其股以食文公，文公后背之，子推怒而去，抱木而燔死。尾生与女子期于梁下，女子不来，水至不去，抱梁柱而死。此四者无异于磔犬流豕操瓢而乞者，皆离<sup style="font-size:smaller">音罹</sup>。名轻死，不念本养寿命者也。世所谓忠臣者，莫若王子比干伍子胥。子胥沉江，比干剖心。此二子者，世谓忠臣也，然卒为天下笑。自上观之，至于子胥比干，皆不足贵也。丘之所以说我者，若告我以鬼事，则我不能知也；若告我以人事者，不过此矣，皆吾所闻知也。今吾告子以人之情，目欲视色，耳欲听声，口欲察味，志气欲盈。人上寿百岁，中寿八十，下寿六十，除病瘦死丧忧患，其中开口而笑者，一月之中不过四五日而已矣。天与地无穷，人死者有时。操有时之具而托于无穷之间，忽然无异骐骥之驰过隙也。不能说其志意，养其寿命者，皆非通道者也。丘之所言，皆吾之所弃也。亟去走归，无复言之！子之道，狂狂汲汲，诈巧虚伪事也，非可以全真也，奚足论哉？"孔子再拜趋走，出门上车，执辔三失，目芒然无见，色若死灰，据轼低头，不能出气。归到鲁东门外，适遇柳下季。柳下季曰："今者阙然数日不见，车马有行色，得微往见跖耶？"孔子仰天而叹曰："然。"柳下季曰："跖得无逆汝意若前乎？"孔子曰："然。丘所谓无病而自灸也。疾走料虎头，编虎须，几不免虎口哉！"<sup style="font-size:smaller">焦氏曰："展禽，鲁僖公时人，至孔子生，八十余年；若至子路之死，百五六十岁，不得为友，是寄言也。"</sup>

子张问于满苟得曰："盖不为行？无行则不信，不信则不任，不任则不利。故观之名，计之利，而义真是也。若弃名利，反之于心，则夫士之为行，不可一日不为乎！"满苟得曰："无耻者富，多信者显。夫名利之大者，几在无耻而信。故观之名，计之利，而信真是也。若弃名利，反之于心。则夫士之为行，抱其天乎！"子张曰："昔者桀纣贵为天子，富有天下，今谓臧聚曰，汝行如桀纣，则有怍色，有不服之心者，小人所贱也。仲尼墨翟穷为匹夫，今谓宰相曰，子行如仲尼墨翟，则变容易色称不足者，士诚贵也。故势为天子，未必贵也；穷为匹夫，未必

庄子解　211

贱也。贵贱之分，在行之美恶。"满苟得曰："小盗者拘，大盗者为诸侯，诸侯之门，义士存焉。昔者桓公小白杀兄入嫂，而管仲为臣；田成子常杀君窃国，而孔子受币。论则贱之，行则下之，则是言行之情悖战于胸中也，不亦拂乎？故《书》曰：'孰恶孰美？成者为首，不成者为尾。'"

子张曰："子不为行，即将疏戚无伦，贵贱无义，长幼无序；五纪六位，将何以为别乎？"满苟得曰："尧杀长子，舜流母弟，疏戚有伦乎？汤放桀，武王杀纣，贵贱有义乎？"王季为适，音嫡。周公杀兄，长幼有序乎？儒者伪辞，墨者兼爱，五纪六位将有别乎？且子正为名，我正为利。名利之实，不顺于理，不监于道。吾日与子讼于无约曰：'小人殉财，君子殉名。其所以变其情，易其性，则异矣；乃至于弃其所为而殉其所不为，则一也。'故曰：无为小人，反殉而天；无为君子，从天之理。若枉若直，相而天极；面观四方，与时消息。若是若非，执而圆机；独成而意，与道徘徊。无转而行，无成而义，将失而所为。无赴而富，无殉而成，将弃而天。比干剖心，子胥抉音夬。眼，忠之祸也。直躬证父，尾生溺死，信之患也。鲍子立乾，音干。胜平声。子不自理，廉之害也。孔子不见母，匡子不见父，义之失也。此上世之所传，下世之所语，以为士者正其言，必其行，故服其殃，离音罹。其患也。"臧聚，臧获窃聚之人也。鲍子名焦，子贡谏之，遂弃其蔬而饿死。胜子，申生也。林疑独曰："战国时未有称宰相者，篇中今谓宰相，此为后人私撰明甚。"

无足问于知和曰："人卒未有不兴名就利者。彼富则人归之，归则下之，下则贵之。夫见下贵者，所以长生安体乐意之道也。今子独无意焉，知不足耶？意知而力不能行耶？故推正不忘耶？"知和曰："今夫此人以为与己同时而生，同乡而处者，以为夫绝俗过世之士焉；是专无主正，所以览古今之时，是非之分也，与俗化。世去至重，弃至尊，以为其所为也；此其所以论长生安体乐意之道，不亦远乎！惨怛之疾，恬愉之安，不监于体；怵惕之恐，欣欢之喜，不监于心；知为为而不知所以为，是以贵为天子，富有天下，而不免于患也。"无足曰："夫富之于人，无所不利，穷美究势，至人之所不得逮，圣人之所不能及，侠音协。人之勇力而以为威强，秉人之知谋以为明察，因人之德以为贤良，非享国而严若君父。且夫声色滋味权势之于人，心不待学而乐之，体不待象而安之。夫欲恶避就，固不待师，此人之性也。天下虽非我，孰能辞之？”知和曰：“知者之为，故动以百姓，不违其度，是以足而不争，无以为故不求。不足故求之，争四处而不自以为贪；有余故辞之，弃天下而不自以为廉。廉贪之实，非以迫外也，反监之度，势为天子而不以贵骄人，富有天下而不以财戏人。计其患，虑其反，以为害于性，故辞而不受也，非以要名誉也。尧舜为帝而雍，非仁天下也，不以美害生也。善卷许由得帝而不受，非虚辞让也，不以事害己也。此皆就其利，辞其害，而天下称贤焉，则可以有之，彼非以兴名誉也。”无足曰：“必持其名，苦体绝甘，约养以持生，则亦久病长厄而不死者也。”知和曰：“平为福，有余为害者，物莫不然，而财其甚者也。今富人，耳营钟鼓筦籥之声，口嗛于刍豢醪醴之味，以感其意，遗忘其业，可谓乱矣；佚<sub>音碍</sub>。溺于冯气，若负重行而上也，可谓苦矣；贪财而取慰，贪权而取竭，静居则溺，体泽则冯，可谓疾矣；为欲富就利，故满若堵耳而不知避，且冯而不舍，可谓辱矣；财积而无用，服膺而不舍，满心戚醮，<sub>音焦</sub>。求益而不止，可谓忧矣；内则疑劫请之贼，外则畏寇盗之害，内周楼疏，外不敢独行，可谓畏矣。此六者，天下之至害也，皆遗忘而不知察，及其患至，求尽性竭财，单以反一日之无故而不可得也。故观之名则不见，求之利则不得，缭<sub>音了</sub>。意绝体而争此，不亦惑乎？佚溺于冯气，旧注：饮食至咽为佚，冯，音愤，愤满也。杨升庵音凭，言富人积资，如负重上行也。静居则溺，晏安鸩毒声色所迷，无水自沉也。体泽则冯，言营营然如冯河徒涉陷身也。”

《庄子解》卷二十九终

# 庄子解卷三十·杂篇

## 说剑

赝编不置释，说见篇首。

　　昔赵文王喜剑，剑士夹门而客三千余人，日夜相击于前，死伤者岁百余人，好之不厌。如是三年，国衰，诸侯谋之。太子悝患之，募左右曰："孰能说<sup>音悦。</sup>王之意，止剑士者，赐之千金。"左右曰："庄子当能。"太子乃使人以千金奉庄子，庄子弗受，与使者俱，往见太子曰："太子何以教周，赐周千金？"太子曰："闻夫子明圣，谨奉千金以币从者。夫子弗受，悝尚何敢言！"庄子曰："闻太子所欲用周者，欲绝王之喜好也。使臣上说<sup>音悦。</sup>大王而逆王意，下不当太子，则身刑而死，周尚安所事金乎？使臣上说大王，下当太子，赵国何求而不得也！"太子曰："然。吾王所见，惟剑士也。"庄子曰："诺。周善为剑。"太子曰："然。吾王所见剑士，皆蓬头突鬓垂冠，曼<sup>莫干反。</sup>胡之缨，短后之衣，瞋目而语难，王乃说<sup>音悦。</sup>之。今夫子必儒服而见王，事必大逆。"庄子曰："请治剑服。"治剑服三日，乃见太子。太子乃与见王，王脱白刃待之。庄子入殿门不趋，见王不拜。王曰："子欲何以教寡人，使太子先？"曰："臣闻大王喜剑，故以剑见王。"王曰："子之剑何能禁制？"曰："臣之剑，十步一人，千里不留行。"王大说之，曰："天下无敌矣。"庄子曰："夫为剑者，示之以虚，开之以利，后之以发，先之以至，愿得试之。"王曰："夫子休就舍待命，令设戏，请夫子。"王乃校剑士七日，死伤者六十余人，得五六人，使奉剑于殿下，乃召庄子，曰："今日试使士敦剑。"庄子曰："望之久矣。"王曰："夫子所御杖，长短何如？"曰："臣之所奉皆可。然臣有三剑，惟王所用，请先言而后试。"王曰："愿闻三剑。"曰："有天子剑，有诸侯剑，有庶人剑。"王曰："天子之剑何如？"曰："天子之剑，以燕溪石城为锋，齐岱为锷，晋魏为脊，周宋为镡，音寻。韩魏为夹；音铗。包以四夷，裹以四时，绕以渤海，带以常山；制以五行，论以刑德，开以阴阳，持以春夏，行以秋冬。此剑，直之无前，举之无上，案之无下，运之无旁，上决浮云，下绝地纪。此剑一用，匡诸侯，天下服矣。此天子之剑也。"文王芒然自失，曰："诸侯之剑何如？"曰："诸侯之剑，以知勇士为锋，以清廉士为锷，以贤良士为脊，以忠圣士为镡，以豪杰士为夹。此剑，直之亦无前，举之亦无上，案之亦无下，运之亦无旁；上法圆天，以顺三光；下法方地，以顺四时；中和民意，以安四乡。此剑一用，如雷霆之震也，四封之内，无不宾服而听从君命者矣。此诸侯之剑也。"王曰："庶人之剑何如？"曰："庶人之剑；蓬头突鬓垂冠，曼胡之缨，短后之衣，瞋目而语难，相击于前，上斩颈领，下决肝肺。此庶人之剑，无异于斗鸡，一旦命已绝矣，无所用于国事。今大王有天子之位而好庶人之剑，臣窃为大王薄之。"王乃牵而上殿，宰人上食，王三环之。庄子曰："大王安坐定气，剑事已毕奏矣。"于是文王不出宫三月，剑士皆服毙其处也。曼胡，粗缨无文理也。锷，剑刃也。镡，剑口也。铗，把也。一云：镡从棱向背，铗从棱向刃也。三环，闻义而愧，绕馔三周，不能坐食也。服毙，谓忿不见礼，皆自杀也。脱，刀出鞘也。

《庄子解》卷三十终

# 庄子解卷三十一·杂篇

衡阳王夫子撰　男敬增注

## 渔父

赝编不置释，说见篇首。

孔子游乎缁帷之林，休坐乎杏坛之上。弟子读书，孔子弦歌鼓琴，奏曲未半。有渔父者，下船而来，须眉交白，披发揄袂，行原以上，距陆而止，左手据膝，右手持颐以听。曲终而招子贡子路，二人俱对。客指孔子曰："彼何为者也？"子路对曰："鲁之君子也。"客问其族。子路对曰："族孔氏。"客曰："孔氏者何治也？"子路未应，子贡对曰："孔氏者，性服忠信，身行仁义，饰礼乐，选人伦，上以忠于世主，下以化于齐民，将以利天下。此孔氏之所治也。"又问曰："有土之君与？"子贡曰："非也。""侯王之佐与？"子贡曰："非也。"客乃笑而还，行言曰："仁则仁矣，恐不免其身；苦心劳形以危其真。呜呼，远哉其分于道也！"子贡还报孔子，孔子推琴而起曰："其圣人与！"乃下求之，至于泽畔，方将杖拏而引其船，顾见孔子，还乡而立。孔子反走，再拜而进。客曰："子将何求？"孔子曰："曩者先生有绪言而去，丘不肖，未知所谓。窃侍于下风，幸闻咳唾之音，以卒相丘也！"客曰："嘻！甚矣子之好学也！"孔子再拜而起曰："丘少而修学，以至于今，六十九岁矣，无所得闻至教，敢不虚心？"客曰："同类相从，同声相应，固天之理也。吾请释吾之所有，而经子之所以。子之所以者，人事也。天子诸侯大夫庶人，此四者自正，治之美也，四者离位而乱莫大焉。官治其职，人忧其事，乃无所陵。故田荒室露，衣食不足，征赋不属，<sub>音烛。</sub>妻妾不和，长少无序，庶人之忧也；能不胜任，官事不治，行不清白，群下荒怠，功美不有，爵禄不持，大夫之忧也；廷无忠臣，国家昏乱，工技不巧，贡赋不美，春秋后伦，不顺天子，诸侯之忧也；阴阳不和，寒暑不时，以伤庶物，诸侯暴乱，擅相攘伐，以残民人，礼乐不节，财用穷匮，人伦不饬，百姓淫乱，天子有司之忧也。今子既上无君侯有司之势，而下无大臣职事之官，而擅饬礼乐，选人伦，以化齐民，不泰多事乎？且人有八疵，事有四患，不可不察也。非其事而事之，谓之总；莫之顾而进之，谓之佞；希意道言，谓之谄；不择是非而言，谓之谀；好言人之恶，谓之谗；析交离亲，谓之贼；称誉诈伪以败恶人，谓之慝；不择善否，两容颊<sub>或颜字。</sub>适，偷拔其所欲，谓之险。此八疵者，外以乱人，内以伤身，君子不友，明君不臣。所谓四患者：好经大事，变更易常，以挂功名，谓之叨；专知擅事，侵人自用，谓之贪；见过不更，闻谏愈甚，谓之狠；人同于己则可，不同于己，虽善不善，谓之矜。此四患也。能去八疵，无行四患，而始可教已。"孔子愀然而叹，再拜而起曰："丘再逐于鲁，削迹于卫，伐树于宋，围于陈蔡，丘不知所失，而离<sub>音雁。</sub>此四谤者何也？"客凄然变容曰："甚矣子之难悟也！人有畏影恶迹而去之走者，举足愈数而迹愈多，走愈疾而影不离身，自以为尚迟，疾走不休，绝力而死。不知处阴以休影，处静以息迹，愚亦甚矣！子审仁义之间，察同异之际，观动静之变，适受与之度，理好恶之情，和喜怒之节，而几于不免矣。谨修而身，慎守其真，还以物与人，则无所累矣。今不修之身而求之人，不亦外乎！"孔子愀然曰："请问何谓真？"客曰："真者，精诚之至也。不精不诚，不能动人，故强哭者虽悲不哀，强怒者虽严不威，强亲者虽笑不和。真悲无声而哀，真怒未发而威，真亲未笑而和。真在内者，神动于外，是所以贵真也。其用于人理也，事亲则慈孝，事君则忠贞，饮酒则欢乐，处丧则悲哀。忠贞以功为主，饮酒以乐为主，处丧以哀为主，事亲以适为主。功成之美，无一其迹矣；事亲以适，不论所以矣；饮酒以乐，不选其具矣；处丧以哀，无问其礼矣。礼者，世俗之所为也；真者，所以受于天也，自然不可易也。故圣人法天贵真，不拘于俗。愚者反此，不能法天而恤于人，不知贵真，禄禄而受变于俗，故不足。惜哉，子之蚤湛于伪而晚闻大道也！"孔子又再拜而起曰："今者丘得遇也，若天幸然。先生不羞而比之服役，而身教之。敢问舍所在，请因受业而卒学大道。"客曰："吾闻之：可与往者与之，至于妙道；不可与往者，不知其道，慎勿与之，身乃无咎。子勉之！吾去子矣！吾去子矣！"乃刺船而去，延缘苇间。颜渊还车，子路授绥，孔子不顾，待水波定，不闻拿音而后敢乘。子路旁车而问曰："由得为役久矣，未尝见夫子遇人如此其威也。万乘之主，千乘之君，见夫子未尝不分庭伉礼，夫子犹有倨傲之容。今渔父杖拿逆立，而夫子曲要磬折，再拜而应，得无太甚乎？门人皆怪夫子矣，渔父何以得此乎？"孔子伏轼而叹曰："甚矣由之难化也！湛于礼义有间矣，而朴鄙之心至今未去。进，吾语汝！夫遇长不敬，失礼也；见贤不尊，不仁也。彼非至仁，不能下人，下人不精，不得其真，故长伤身，惜哉！不仁之于人也，祸莫大焉，而由独擅之！且道者，万物之所繇也，庶物失之者死，得之者生，为事逆之则败，顺之则成。故道之所在，圣人尊之。今渔父之于道，可谓有矣，吾敢不敬乎！ 揄袂，挥袂也。齐民犹言平民。春秋后伦，朝觐不及等也。"

《庄子解》卷三十一终

# 庄子解卷三十二·杂篇

## 列御寇

　　此篇之旨，大率以内解为主，以葆光不外炫为实，以去明而养神为要，盖庄子之绪言也。所引虽驳杂，有精粗之异，而要可相通。惟人心险于山川一段，往往杂见他书，盖申韩之流，苛察纤诡之说，既非夫子之言，抑与庄子照之以天之旨显相牴牾，编录者不审而附缀之耳。抑庄子之言，博大玄远，与天同道，以齐天化，非区区以去知养神，守其玄默。而此篇但为浮明外侈者发药，未尽天均之大用，故曰庄子之绪言也。

　　**列御寇之齐，中道而反，遇伯昏瞀人。伯昏瞀人曰：“奚方而反？”曰：“吾惊焉。”曰：“恶乎惊？”曰：“吾尝食于十餐，而五餐先馈。**餐、浆同。卖浆之家十，而五家不待买而先馈之，敬之也。**”伯昏瞀人曰：“若是，则女何为惊已？”曰：“夫内诚不解，**内实无所见。**形谍成光，**形习为威仪而成光耀。**以外镇人心，**压也。使人轻乎贵老而齑其所患。**不论年齿，惟趋势利，以求免于患。**夫餐人特为食羹之货，多余之赢，其为利也薄，其为权也轻，而犹若是，而况于万乘之主乎？身劳于国而知尽于事，彼将任我以事而效我以功，吾是以惊。”伯昏瞀人曰：善哉观乎！**善于观世。**女处已。**处，止也。止于此矣。**人将保女矣。”无几何而往，则户外之屦满矣。伯昏瞀人北面而立，敦杖蹙之乎颐，立有间，不言而出。宾者以告列子，列子提屦，跣而**

走，暨乎门，曰："先生既来，曾不发药乎？"曰："已矣！吾固告女曰：'人将保女'，果保女矣。非女能使人保女，而女不能使人无保女也。而焉用之感豫出异也？ <sub>感人之豫悦，将矜奇以自喜。</sub> 必且有感摇而本性，<sub>性，一作才。</sub>又无谓也。与女游者，又莫汝告也。<sub>告，音谷。</sub> 彼所小言，尽人毒也。莫觉莫悟，何相孰也？ <sub>孰，犹诘而问之之意。</sub> 巧者劳而智者忧，无能者无所求，饱食而遨游，泛若不系之舟，虚而遨游者也。"

〔解曰〕使人无保己者，非有以使之也。若有以使之，则御寇知惊五饔之馈，而何不能止户外之屦哉？虚而遨游，则万物无以窥其罅隙矣。物之相感，禁之则愈相摇。不以感为豫，不禁而自远。稍有豫心，而形谍之光致天下有余矣。

郑人缓也呻吟裘氏之地。<sub>裘氏，地名。</sub> 只三年而缓为儒，河润九里，泽及三族，使其弟墨，儒墨相与辩。其父助翟，十年而缓自杀。其父梦之曰："使而子为墨者，予也。阖胡尝视其良，<sub>良、埌通。</sub> 既为秋柏之实矣！"<sub>种柏结实矣。</sub> 夫造物者之报人也，不报其人，而报其人之天。彼故使彼。<sub>缓之所以使弟者有故。</sub> 夫人以己为有以异于人，<sub>自恃其河润泽族之异于人。</sub> 以贱其亲，<sub>己，亲之子也；弟，己之弟也。而曰使而子，傲甚矣。</sub> 齐人之井饮者相捽也。<sub>井养不穷，齐人尚争，乃相捽。</sub> 故曰："今之世皆缓也。"<sub>不孝不友，致杀其身，不过见德而已。</sub> 自是有德者以不知也，而况有道者乎！<sub>不自知其有德，乃为有德。若有道者，则益不自知矣。</sub> 古者谓之遁天之刑。

〔解曰〕己有知之可炫，欲使人之亦有知以见德，见德而祇以召怨杀身，惟河润之泽感其豫耳。无知无能，物不相求而己无忧，天刑乃免。何也？见德之情，已自滑其天，而入于相捽之地，则无往而非死地也。

圣人安其所安，不安其所不安；众人安其所不安，不安其所安。

〔解曰〕物无可安，无不可安；此与众人相形而见其有安有不安耳。列御寇惊五饔之馈，而终为人之所保，不安之情不足以胜物之摇。虽然，远于豫矣，则不安其所不安，自异于众人。

庄子曰："知道易，勿言难。知而不言，所以之天也；知而言之，所以之人也。古之人，天而不人。"

〔解曰〕之天，则可渐与天一矣。圣人怀之，终日言而未尝言也。天无为而非不为，合喙鸣，天倪也，言亦不之于人也。

**朱泙漫学屠龙于支离益，单千金之家，三年技成，而无所用其巧。**

〔解曰〕学而不用，其功乃全。外谍成光，则学适为病耳。

**圣人以必不必，故无兵。**可必者而不必之。**众人以不必必之，故多兵。顺于兵，故行有求。**惟有兵可恃，故多求。**兵，恃之则亡。**

〔解曰〕外物不可必，亦易知者。乃众人必之者，知悬于心，愤盈以出，强人以从己而见德。缓以之死于弟，逢比以之死于君，宋襄公以之死于同盟，戈矛动于胸中，而必报其天。恃兵者非恃兵也，恃其知也。

**小夫之知，不离苞苴竿牍，**竿牍，竹简为书，相问遗也。**敝精神乎蹇浅，而欲兼济道物。**道同导。**太一形虚，若是者迷惑于宇宙，形累不知太初。故至人者，归精神乎无始，而甘冥乎无何有之乡。水流乎无形，发泄乎太清。悲哉乎！女为知在毫毛，而不知太宁！**云行雨施，无形乃可济物，因以相天而大宁。

〔解曰〕恃知以与物相感，究其所豫者，苞苴竿牍而已。五餐之馈，户外之屦，河润之泽，皆是物也。使自问而自省，岂非毫毛乎！然此毫毛者，人之所必不能忘情者也。非知太宁者，体无形之流，乘太清之泄，未有不为所摇者。

**宋人有曹商者，为宋王使秦。其往也，得车数乘；王说之，益车百乘。反于宋，见庄子，曰："夫处穷闾厄巷，困窘织屦，槁项黄馘者，**项瘠如槁，耳黄如馘。**商之所短也。一悟万乘之主，而从车百乘者，商之所长也。"庄子曰："秦王有病召医，破痈溃痤者得车一乘，舐痔者得车五乘。所治愈下，得车愈多。子岂治其痔邪？何得车之多也！子行矣！"**

〔解曰〕此小夫之所以可悲也。岂特曹商哉！屑屑然为天下补救，皆治痔耳。

**鲁哀公问于颜阖曰："吾以仲尼为贞干，国其有瘳乎！"曰："殆哉圾乎仲尼！**圾、岌通。**方且饰羽而画，从事华辞，以支为旨，**支，分配也。以分配华辞为宗旨。**忍性以视民，**视民犹示民。**而不知不信，受乎心，宰乎神，夫何足以上民！彼宜女与？予颐与？误而可矣。**岂彼之宜于女欤？抑此之待养欤？误而可，非误则不可矣。**今使民离实学伪，**离诚心而为伪学。**非所以视民也。为后世虑，不若休之难治也。**过为后世虑，不若听其难治而休之。**施于人而不忘，非天布也。**天之所施，物莫不亡。**商贾不齿，虽以事齿之，神者弗齿。**与士君子神自不相接属。**为外刑者，金与木也；为内刑者，动与过也。宵人之离外刑者，金木讯之；离内刑者，阴阳食之。夫免乎外内之刑者，惟真人能之。**离音丽。

〔解曰〕心可受而非有所受，受之者心之知也。神可宰而固不宰，宰之者神之知也。谓彼宜而谓我待以养，是缓之于弟也。忘其为亲而见德以自刑，商贾而已。其去天之无私以布泽者，至辽绝矣。要皆恃知也，皆感豫也，亦与苞苴竿牍之相施受也无以异。

**孔子曰："凡人心险于山川，难于知天。天犹有春秋冬夏旦暮之期，人者厚貌深情。故有貌愿而益，有长若不肖，有顺怀而达，**怀音猬。**有坚而缦，有缓而钎。**钎音悍。**故其就义若渴者，其去义若热。故君子远使之而观其忠，近使之而观其敬，烦使之而观其能，卒然问焉而观其知，急与之期而观其信，委之以财而观其仁，告之以危而观其节，醉之以酒而观其则，杂之以处而观其色。九征至，不肖人得矣。"**

〔解曰〕人之不肖，何用察察以知之哉！引此，或以言外物之不可必与！

**正考父一命而伛，再命而偻，三命而俯，循墙而走，孰敢不轨！如而夫者，一命而吕钜，**大貌。**再命而车上儛，三命而名诸父，孰协唐许！**郭注："唐，唐尧；许，许由。"**贼莫大乎德有心而心有睫。**恃德为心，蔽心者也。**及其有睫也而内视，内视而败矣。**有蔽则不自知。

〔解曰〕德有心，心有德也。有心有德，则所有者塞其重闉，而气哽于上以生骄。外哽者中枵，故败。内视而知败，尚有瘳乎！若缓者，死而不视其败者也。

**凶德有五，中德为首。何谓中德？中德也者，有以自好也，而呲其所不为者也。**呲，匹尔反，訾通。

〔解曰〕中德者，德有心而德塞其中之谓，则信是已。仁义礼知之为心睫也浅，信之为心睫也深。自信而保为实然，因以自好而责于物，内外之刑交集之。

**穷有八极，**极穷。**达有三必，**必达。**形有六府。美、髯、长、大、壮、丽、勇、敢，八者俱过人也，**内有六府，外成众形。**因是以穷。缘循、偃佒、**佒音鞅。**困畏不若人，三者俱通达。知慧外通，勇动多怨，仁义多责。达生**

之情者傀，傀犹伟也。**达于知者肖；**消通。**达大命者随，**无不随顺也。**达小命者遭。**因其所遭。

〔解曰〕穷于人者，达于天。达于外者，则其内穷于所达。忘生则生达矣，忘知则知达矣，知出于无知，大命也。生均于无生，小命也。六府之形，美恶皆随顺而不自有，则八过人者，又恶足以穷之！不然，且以缘循、偃佒、困畏不若人为卫生之经！

**人有见宋王者，锡车十乘，以其十乘骄稚庄子。庄子曰："河上有家贫恃纬萧而食者，**纬萧，织芦席者。**其子没于渊，得千金之珠。其父谓其子曰：'取石来锻之！夫千金之珠，必在九重之渊而骊龙颔下。子能得珠者，必遭其睡也。使骊龙而寤，子尚奚微之有哉！'今宋国之深，非直九重之渊也；宋王之猛，非直骊龙也。子能得车者，必遭其睡也。使宋王而寤，子为齑粉夫！"或聘于庄子，庄子应其使曰："子见夫牺牛乎？衣以文绣，食以刍菽；及其牵而入于大庙，虽欲为孤犊，其可得乎？"**

〔解曰〕苞苴竿牍，其祸至于若此。

**庄子将死，弟子欲厚葬之。庄子曰："吾以天地为棺椁，日月为连璧，星辰为珠玑，万物为赍送。吾葬具岂不备邪？何以加此！"弟子曰："吾恐鸟鸢之食夫子也。"庄子曰："在上为鸟鸢食，在下为蝼蚁食，夺彼与此，何其偏也？"**

〔解曰〕知小命者遭。

**以不平平，其平也不平。以不征征，其征也不征。明者惟为之使，神者征之。夫明之不胜神也，久矣。而愚者恃其所见入于人，其功外也，不亦悲乎！**

〔解曰〕一篇之义，于此而始抉其藏。庄子全书，亦于此而启其迻。惟明与神，知其合离之几，君臣之分而已。明者，神之所函也。神者虽发见于明，而本体自如，虽未明而固无所诎者也。繇明有知，神则非不知而固无知也。繇明有知，则见为有征，而欲以画天下而平之，故曰："莫若以明。"而不知明随外谋，则与神相离，徇耳目以外通，而不丧其耦；其流也，乃至为苞苴竿牍，用以成兵刑之害。夫内以自葆其光者，神也。外以凌大火大浸而不害其逍遥者，神也。使人之意消而化，以其神而通物者，神也。神葆其光而天光发，虚室之白，无不照也。如是以为明，则固可使照物之天矣，故又曰"莫若以明"。神使明者，天光也；明役其神者，小夫之知也。故至人以神合天。神合天，则明亦天之所发矣。神与天均常运，合以成体，散以成始，参万岁，周遍咸乎六宇；而明乘一时之感豫以发，其量之大小，体之诚伪，明之不胜神也明甚。而愚者恒使明胜其神，故以有涯随无涯，疲役而不休，而不知其非旦暮之得此以生也。故休乎天均者，休乎神之常运者也。神斯均，均斯平，平斯无往而不征。缘守督以怀诸独，而葆其光，出入乎险阻而不伤，凝神其至矣。故曰，此庄生之学所循入之径也。

《庄子解》卷三十二终

# 庄子解卷三十三·杂篇

## 天下

系此于篇终者，与《孟子》七篇末举狂狷乡愿之异，而历述先圣以来，至于己之渊源，及史迁序列九家之说，略同，古人撰述之体然也。其不自标异，而杂处于一家之言者，虽其自命有笼罩群言之意，而以为既落言诠，则不足以尽无穷之理，故亦曰"古之道术有在于是者"。己之论亦同于物之论，无是则无彼，而凡为籁者皆齐也。若其首引先圣《六经》之教，以为大备之统宗，则尤不昧本原，使人莫得而摘焉。乃自墨至老，褒贬各殊，而以己说缀于其后，则亦表其独见独闻之真，为群言之归墟。至其篇末举惠施以终之，则庄子之在当时，心知诸子之短长，而未与之辨，惟游梁而遇惠子，与相辩论，故惠子之死，有"臣质已死"之叹，则或因惠子而有内七篇之作，因末述之以见其言之所繇兴。或疑此篇非庄子之自作，然其浩博贯综，而微言深至，固非庄子莫能为也。

**天下之治方术者多矣，皆以其有为不可加矣。古之所谓道术者，果恶乎在？曰无乎不在。曰神何繇降，明何繇出？圣有所生，王有所成，皆原于一。**

〔解曰〕一者所谓天均也。原于一，则不可分而裂之。乃一以为原，而其流不能不异，故治方术者，各以其悦者为是，而必裂矣。然要归其所自来，则无损益于其一也。一故备，能备者为群言之统宗，故下归之于内圣外王之道。

**不离于宗，谓之天人。**宗则无非精也。**不离于精，谓之神人。**神者天之精。**不离于真，谓之至人。**得精之真。**以天为宗，以德为本，以道为门，**因天启化。**兆于变化，谓之圣人。**杖人曰："如不称孔子，谁能当此称乎？"**以仁为恩，以义为理，**事物之当然。**以礼为行，**返于天则。**以乐为和，**薰然慈仁，**谓之君子。以法为分，**约剂。**以名为表，**率极。**以操为验，**所行。操一作叅。**以稽为决，**所知。**其数一二三四是也，**评曰：仁义礼乐之散见者，皆天均之所运也。无可曰："一二三四不言五，四边不坏中何主？苍苍滚入两撮土，下视磨盘一何苦！不堕诸数，太尊贵生，若无节拍，何能鼓舞？"**百官以此相齿。以事为常，以衣食为主，蕃息畜藏老弱孤寡为意，皆有以养，民之理也。古之人其备乎！**无非天，无非人。**配神明，醇天地，育万物，和天下，泽及百姓。明于本数，系于末度，**评曰：不舍法象。方以智曰："《节卦》曰'制数度，议德行'。盖数自有度，因而制之，秩序变化，尽于《河图》《洛书》矣。故曰，数为藏本末之端几，而数中之度，乃统本末之适节也，道之籥也。"**六通四辟，小大精粗，其运无乎不在。其明而在数度者，旧法世传之史，尚多有之。其在于《诗》《书》《礼》《乐》者，邹鲁之士缙绅先生多能明之。《诗》以道志，《书》以道事，《礼》以道行，《乐》以道和，《易》以道阴阳，《春秋》以道名分。其数散于天下而设于中国者，百家之学时或称而道之。**皆有言之者矣，故庄子不言。**天下大乱，贤圣不明，道德不一，天下多得一，**得其一偏。**察焉以自好。譬如耳目鼻口，皆有所明，不能相通。犹百家众技也，皆有所长，时有所用。虽然，不该不遍，一曲之士也。判天地之美，析万物之理，察古人之全，寡能备于天地之美，称神明之容。是故内圣外王之道，暗而不明，郁而不发，天下之人各为其所欲焉以自为方。悲夫！百家往而不反，必不合矣！后世之学者，不幸不见天地之纯，古人之大体，道术将为天下裂。

〔解曰〕庄子于儒者之道，亦既屡诮之矣。而所诮者，执先圣之一言一行，以为口中珠，而盗发之者也。夫群言之兴，多有与圣人之道相抵牾者。而溯其所自出，使在后世，犹为狉狉榛榛之天下，则又何道之可言，何言之可破？惟有尧舜而后糠粃尧舜之言兴，有仲尼而后醯鸡仲尼之言出。入其室，操其戈；其所自诧为卓绝者，皆承先圣之绪余以旁流耳。且夫天均之一也，周遍咸而不出乎其宗，圜运而皆能至。能体而备之者，圣人尽之矣。故或迮言之，易言之，而所和于天倪者，则语不能显，默不能藏，自周浃隐跃于其中，乃以尽天下之事事物物，人心之变变化化。志也，事也，行也，和也，阴阳也，名分也，时为帝而无乎不在；六通四辟，小大精粗，宗皆不离，不必言天均而自休乎天均矣。即如墨者特异说以相诘难，而未尝不依圣道之仁与公，以为其偏端之守，其又能舍内圣外王之大宗，以佚出而别创哉？盖君子所希者圣，圣之熟者神，神固合于天均。则即显即微，即体即用，下至名、法、操、稽、农、桑、畜、牧之教，无不有天存焉。特以得迹而忘真，则为小儒之陋；骛名而市利，则为风波之民，而诸治方术者，竞起而排之。故曰鲁国之大，儒者一人而已，亦非诬也。乃循其显者，或略其微；察于微者，又遗其显；捐体而徇用，则于用皆忘；立体以废用，则其体不全；析体用而二之，则不知用者即用其体；概体用而一之，则不知体固有待而用始行。故庄子自以为言微也，言体也，寓体于用而无体以为体，象微于显而通显之皆微。盖亦内圣外王之一端，而不昧其所从来，推崇先圣所修明之道以为大宗，斯以异于天籁之狂吹，是其所是，非其所非也。特以其散见者，既为前人之所已言，未尝统一于天均之环中，故小儒泥而不通，而畸人偏说承之以井饮而相捽；乃自处于无体之体，以该群言，而捐其是非之私，是以卮言日出之论兴焉，所以救道于裂。则其非毁尧舜，抑扬仲尼者，亦后世浮屠诃佛骂祖之意。而《骈拇》诸篇之鼓浮气以鸣骄，为学庄者之稊稗；《渔父》《盗跖》之射天笞地，尤为无藉之狂夫所赝作，于此益见矣。

**不侈于后世，不靡于万物，不晖于数度，**不以文物为光采。**以绳墨自矫而备世之急，古之道术有在于是者。墨翟禽滑厘闻其风而说之：为之大过，已之大循，**已，止也，循犹循循绳墨之循。**作为非乐，**非人所乐。**命之曰节用，**以节用为教。**生不歌，死无服。墨子泛爱兼利而非斗；**以斗为非。**其道不怒，又好学而博，不异，**多喜庸众之言。**不与先王同，毁古之礼乐。黄帝有《咸池》，尧有《大章》，舜有《大韶》，禹有《大夏》，汤有《大濩》，文王有《辟廱》之乐，武王周公作《武》。古之丧礼，贵贱有仪，上下有等，天子棺椁七重，诸侯五重，大夫三重，士再重。今墨子独生不歌，死无服，桐棺三寸而无椁，以为法式。以此教人，恐不爱人；以此自行，固不爱己。**

未败墨子道，虽然，歌而非歌，哭而非哭，乐而非乐，是果类乎？虽强成一道，而不顺人情。其生也勤，其死也薄，其道大觳。觳犹粗也。使人忧，使人悲，其行难为也；恐其不可以为圣人之道，反天下之心，天下不堪。墨子虽独能任，奈天下何？离于天下，其去王也远矣。郭注："王者必合天下之欢心。"墨子称道曰："昔者禹之湮洪水，决江河而通四夷九州也，名山三百，支川三千，小者无数。禹亲自操橐耜，而九杂天下之川，九杂，纠合错杂。腓无胈，音拔。胫无毛，沐甚风，栉疾雨，置万国。禹大圣也，而形劳天下也如此。"使后世之墨者，多以裘褐为衣，以跂跻为服，跂一作跋，跋跻犹蹶趋也。服犹事也。日夜不休，以自苦为极，曰："不能如此，非禹之道也，不足谓墨。"相里勤之弟子、五侯之徒，南方之墨者苦获、已齿、旧注：以苦行而得之，没齿而已，因以为号。邓陵子之属，俱诵《墨经》，而倍谲不同，相谓别墨；别立一墨教。以坚白同异之辩相訾，以觭偶不仵之辞相应，觭偶即奇偶。不仵，所答非所问也。以巨子为圣人，犹浮屠之法嗣。皆愿为之尸，冀得为其后世，至今不决。决犹断也。墨翟禽滑厘之意则是，其行则非也。将使后世之墨者，必自苦以腓无胈，胫无毛，相进而已矣。进而不休。乱之上也，治之下也。虽然，墨子真天下之好也，人爱其惠。将求之不得也，虽枯槁不舍也，才士也夫！

〔解曰〕无才不可以为墨，今世为天主教者近之。

不累于俗，不饰于物，不苟于人，不忮于众，愿天下之安宁，以活民命，人我之养，毕足而止，以此白心；白其心之无他。古之道术有在于是者，宋钘尹文闻其风而说之。旧注：宋钘即宋牼。作为华山之冠以自表，华山上下均平。接万物以别宥为始。别而不侵，宥而不争。语心之容，命之曰心之行，心以有容为主，所行一如其心，所谓宽能容之也。以胹合欢，胹音而，熟煮也。以调海内，合海内之欢，如烹调五味，令其融和。请欲，句。置之以为主。请欲，谓人之有祈请愿欲者。置之为主，赖之为两合之主也。见侮不辱，救民之斗；禁攻寝兵，救世之战。以此周行天下，上说下教，虽天下不取，强聒而不舍者也。郭注："所谓胹调。"故曰："上下见厌而强见也。"郭注："所谓不辱。"虽然，其为人大多，其自为大少，曰："请欲，固置五升之饭足矣。"人之有请欲而置之为主者，其食报止受五升之饭。先生恐不得饱，弟子虽饥不忘天下，日夜不休，曰："我必得活哉！"劳而死，亦甘之。图傲乎救世之士哉！使图傲逸，何得为救世之士？曰："君子不为苛察，不以身假物，"不假物之力以安其身。以为无益于天下者，明之不如已也。知之不如不知。以禁攻寝兵为外，以情欲寡浅为内，其小大精粗，其行适至是而止。适如事之小大精粗而止，不于小见大，于粗求精也。

〔解曰〕此亦近墨，而不为苦难之行，如俗所云安分无求者。无求则不争，其不避厌恶而强聒人，亦有忍力焉。适至是而止者，亦其尤陋也。盖乡愿之狡者。

公而不党，易而无私，决然无主，趣物而不两，决然矣而无主，趣物矣而不两。不顾于虑，不谋于知，于物无择，与之俱往，古之道术有在于是者。彭蒙田骈慎到闻其风而悦之。齐万物以为首，曰："天能覆之而不能载之，地能载之而不能覆之，大道能包之而不能辩之。"所谓决然无主。知万物皆有所可，有所不可，所谓趣物而不两。故曰："选则不遍，教则不至，道则无遗者矣。"是故慎到弃智去己，而缘不得已，泠汰于物，泠音零。汰谓萧然而汰弃之。以为道理，曰："知不知，将薄知而后邻伤之者也。"郭注："谓知力浅，不知任其自然，故薄之而又邻伤焉。"謑髁无任，謑髁音奚火，不正貌。无任，不受事也。而笑天下之尚贤也；纵脱无行，而非天下之大圣。椎拍輐断，椎拍如椎之拍物。輐音缓，刌去圭角也。輐断取圆而不粘之意。与物宛转，合是与非，苟可以免。不师知虑，不知前后，魏然而已矣。魏犹象魏之魏。推而后行，曳而后往，若飘风之还，若羽之旋，若磨石之隧。隧，磨齿，旋而自通。全而无非，动静无过，未尝有罪。是何故？夫无知之物，无建己之患，无用知之累，动静不离于理，是以终身无誉。故曰："至于若无知之物而已，无用贤圣；夫块不失道。"豪杰相与笑之曰："慎到之道，非生人之行，而至死人之理，适得怪焉。"田骈亦然，学于彭蒙，得不教焉。彭蒙之师曰："古之道人，至于莫之是莫之非而已矣。其风窢然，窢，或、旭二音，逆风声也。恶可而言？"常反人，不喜许可，而所言常与人相反。不聚观，而不免于魭断。不与众逐队，而所尚者圆脱。其所谓道非道，而所言之韪不免于非。虽是而亦非。彭蒙田骈慎到不知道。虽然，概乎皆尝有闻者也。

〔解曰〕此亦略似庄子，而无所怀，无所照，盖浮屠之所谓枯木禅者。此逆人之心，而绝其生理；谓之尝有闻者，其不立是非之说，亦是。

以本为精，以物为粗，以有积为不足，淡然独与神明居，古之道术有在于是者。关尹老聃闻其风而悦之。建之以常无有，主之以大一。以濡弱谦下为表，以空虚不毁万物为实。关尹曰："在己无居，不居一是。形物自著；物自效动。其动若水，其静若镜，其应若响；芴乎若亡，芴，音物，与惚通。寂乎若清；同焉者和，得焉者失；未尝先人，而常随人。"老聃曰："知其雄，守其雌，为天下溪；知其白，守其辱，为天下谷。"人皆取先，己独取后，曰"受天下之垢"；人皆取实，己独取虚，无藏也故有余，岿然而有余。其行身也徐而不费，徐所谓后其身也。不费所谓善利物而不争也。无为也而笑巧。笑人之巧，所谓若愚若不足。人皆求福，己独曲全，曰"苟免于咎"。以深为根，以约为纪，曰"坚则毁矣，锐则挫矣"。常宽容于物，不削于人，不侵削人。可谓至极。关尹老聃乎！古之博大真人哉！

〔解曰〕谓之博大者，以其为溪谷而受天下之归也。真人者，谓得其真也。空虚则自不毁物，而于天均之运有未逮也。故赞之曰真人，意其未至于天。

**寂寞无形，变化无常：死与生与，天地并与，神明往与！芒乎何之，忽乎何适，万物毕罗，莫足以归，古之道术有在于是者，庄周闻其风而悦之。以谬悠之说，荒唐之言，无端崖之辞，时恣纵而不傥，不以觭见之也。以天下为沉浊，不可与庄语，以卮言为曼衍，以重言为真，以寓言为广。独与天地精神往来，而不敖倪于万物，不谴是非以与世俗处。其书虽环玮而连犿，犿音翻，宛转相从貌。无伤也；其辞虽参差而諔诡，諔音触，亦诡意。可观。彼其充实不可以已，所见者充实，故言不容已。上与造物者游，而下与外死生无终始者为友。其于本也，弘大而辟，辟，一作闢。深闳而肆；其于宗也，可谓调适而上达矣。调一作稠。调适于物，上达于天。虽然，其应于化而解于物也，以之应帝王。其理不竭，其来不蜕；游人间而皆可不遗形迹。芒乎昧乎，未之尽者。万岁无穷，道皆成纯而与之无竟。**

〔解曰〕庄子之学，初亦沿于老子，而"朝彻""见独"以后，寂寞变化，皆通于一，而两行无碍，其妙可怀也，而不可与众论论是非也；毕罗万物，而无不可逍遥；故又自立一宗，而与老子有异焉。老子知雄而守雌，知白而守黑，知者博大而守者卑弱，其意以空虚为物之所不能距，故宅于虚以待阴阳人事之挟实而来者，穷而自服；是以机而制天人者也。《阴符经》之说，盖出于此。以忘机为机，机尤险矣！若庄子之两行，则进不见有雄白，退不屈为雌黑；知止于其所不知，而以不持持者无所守。

虽虚也，而非以致物；丧我而于物无撄者，与天下而休乎天均，非姑以示槁木死灰之心形，以待物之自服也。尝探得其所自悟，盖得之于浑天；盖容成氏所言"除日无岁，无内无外"者，乃其所师之天；是以不离于宗之天人自命，而谓内圣外王之道皆自此出；而先圣之道、百家之说言其散见之用，而我言其全体，其实一也。则关尹之"形物自著"，老子之"以深为根，以物为纪"，皆其所不事；故曼衍连犿，无择于溟海枋榆，而皆无待以游，以成内七篇之玮词：博也而不仅博，大也而不可名为大，真也而审乎假以无假。其高过于老氏，而不启天下险侧之机，故申、韩、孙、吴皆不得窃，不至如老氏之流害于后世，于此殿诸家，而为物论之归墟，而犹自以为未尽，望解人于后世，遇其言外之旨焉。

**惠施多方，其书五车；其道舛驳，其言也不中。**厤物之意　厤同历，经涉也。**曰："至大无外，谓之大一；至小无内，谓之小一；无厚不可积也，其大千里；天与地卑，山与泽平；日方中方睨；物方生方死；大同而与小同异，此之谓小同异；万物毕同毕异，此之谓大同异；南方无穷而有穷；今日适越而昔来；连环可解也；我知天下之中央，燕之北、越之南是也；泛爱万物，天地一体也。"惠施以此为大观于天下，而晓辩者。**晓犹开也。**天下之辩者，相与乐之："卵有毛；鸡三足；郢有天下；犬可以为羊；马有卵；丁子有尾；**丁子，旧注：虾蟆。**火不热；山出口；轮不蹍地；目不见；指不至，至不绝；龟长于蛇；矩不方，规不可以为圆；凿不围枘；**枘，凿枘。**飞鸟之景未尝动也；镞矢之疾而有不行不止之时；狗非犬；黄马骊牛三；白狗黑；孤驹未尝有母；一尺之棰，日取其半，万世不竭。"辩者以此与惠施相应，终身无穷。桓团公孙龙辩者之徒，饰人之心，易人之意，能胜人之口，不能服人之心，辩者之囿也。惠施日以其知与人之辩，特与天下之辩者为怪，此其柢也。然惠施之口谈，自以为最贤，曰"天地其壮乎！"施存雄而无术。**存雄与守雌异。**南方有倚人焉曰黄缭，问天地所以不坠不陷，风雨雷霆之故。惠施不辞而应，不虑而对，遍为万物说；说而不休，多而无已，犹以为寡，益之以怪。以反人为实，而欲以胜人为名，是以与众不适也。弱于德，强于物，其涂隩矣！繇天地之道观惠施之能，其犹一蚊一虻之劳者也。其于物也何庸！夫充一尚可曰愈，**充其一端，尚可较胜。**贵道几矣！**几，殆也。以语于道，则殆矣。**惠施不能以此自宁，散于万物而不厌，卒以善辩为名。惜乎惠施之才，驰荡而不得，逐万物而不反，是穷响以声，形与影竟走也。悲夫！

〔解曰〕惠施之说，亦与庄子两行之说相近。然其两行也，无本而但循其末，以才辩之有余，毂转而屡迁；人之所然者可不然之，人之所不然者可然之，物之无者可使有，有者可使无。汤义仍阅《释氏传灯录》，谓止一翻字法门，盖与此略同。故自谓持一尺之棰，旦取此半而用之，夕取彼半而用之，止此然不然、可不可、有与无之两端，互相换而可以不穷；凡可言者即言，可行者即行，诃庄子之为大瓠而无用，乃不自知其于物尤无庸也。此则道术之所不出，而不容不辩之以使勿惑天下者也。今其书既亡，其言无本之可循，故多不可解。

《庄子解》卷三十三终

《庄子解》全书终

庄子通

# 叙

己未春，避兵楂林山中，麏麚之室也，众籁不喧，枯坐得以自念：念予以不能言之心，行乎不相涉之世，浮沉其侧者五年，弗获已，所以应之者，薄似庄生之术，得无大疚愧？然而予固非庄生之徒也，有所不可，“两行”，不容不出乎此，因而通之，可以与心理不背；颜渊、蘧伯玉、叶公之行，叔山无趾、哀骀它之貌，凡以通吾心也。心苟为求仁之心，又奚不可？

或曰，庄生处七雄之世，是以云然。虽然，为庄生者，犹可不尔，以予通之，尤合辙焉。予之为大瘿、无脤，予之居“才不才之间”，“知我者谓我心忧，不知我者谓我何求”，孰为知我者哉！谓予以庄生之术，祈免于“羿之彀中”，予亦无容自解，而无能见壶子于“天壤”之示也久矣。凡庄生之说，皆可因以通君子之道，类如此。故不问庄生之能及此与否，而可以成其一说。

是岁伏日，南岳卖姜翁自叙。

# 庄子通

## 逍遥游

多寡、长短、轻重、大小，皆非耦也。兼乎寡则多，兼乎短则长，兼乎轻则重，兼乎小则大，故非耦也。大既有小矣，小既可大矣，而画一小大之区，吾不知其所从生。然则大何不可使小，而困于大？小何不可使大，而困于小？无区可画，困亦奚生！

夫大非不能小；不能小者，势使之然也。小非不能大；不能大者，情使之然也。天下有势，"扶摇"之风是已；我心有势，"垂天"之翼是已。夫势之"厚"也生于"积"："扶摇"之风，生物之吹息也；"垂天"之翼，一翻之轻羽也。然则虽成乎势，大之居然，小也固然。

势者，矜而已矣。矜者，目夺于成形而已矣。目夺于成形，而心怙其已然，然后困于大者，其患倍于困小。何也？心怙其已然，则均，而困于小者，无成形以夺其目也。为势所驱，不"九万里"而不已；亦尝过"枋榆"矣，而失其"枋榆"。"扶摇"之风，不可以翔"枋榆"；"泠然"之风，不可以游乡国；章甫之美，不可以适于越；势之困尤甚于情。情有炯明而势善迷，岂不甚乎？

然则"乘天地之正"者，不惊于天地之势也；"御六气之辨"者，不骛于六气之势也；必然矣。无大则"无己"，无大则"无功"，无大则"无名”；而又恶乎小！

虽然，其孰能之哉？知兼乎寡，而后多不讳寡也；知兼乎短，而后长不辞短也；知兼乎轻，而后重不略轻也；知兼乎小，而后大不忘小也。不忘小，乃可以忘小；忘小忘大，而“有不忘者存”，陶铸焉，斯为尧舜矣。

# 齐物论

论其“比竹”，论者其吹者乎！人其“比竹”，天其吹者乎！天其“比竹”，机之欬然而兴者其吹者乎！然则四海之广，万年之长，胅蚤之细，雷霆之洪，欲孤用吾口耳而吾弗能，欲孤用吾心而吾弗能；甚矣其穷也！

不言而“照之以天”，得矣。不言者，有使我不言者也；照者，有使我照者也；皆因也。欲不因彼而不为彼所使，逃之空虚，而空虚亦彼，亦将安所逃之？甚矣其穷也！

未彻于此者，游于穷，而自以为无穷，而彻者笑之已。彻于此者，游于无穷，而无往不穷。天地无往而非其气，万物无往而非其机，触之而即违，违之而即触。不得已而言齐，我将齐物之论，而物之论亦将齐我也，可如之何！

智穷道丧，而别求一藏身之固，曰“圣人怀之”，斯可不谓择术之最工者乎？

虽然，吾将有辩。怀之也，其将与物相逃乎？与物相逃，则犹然与物相竞也。何也？恶屈乎物而逃之，恶随乎物而逃之，恶与物角立而无以相长而逃之。苟有恶之心，则既竞矣。逃之而无所屈，逃之而无所随，逃之而不与角立，因自以为可以相长，凡此者皆竞也。与之竞，则怀之机甚于其论；默塞之中，有雷霆焉。“不言之辩”，辩亦是非也；“不道之道”，道亦荣华也。其不为“风波之民”也无几，而奚以圣人为！

怀之者，“参万岁而一成纯”者也。故言人之已言，而不患其随；言人之未言，而不逢其屈；言人之不能言、不敢言，而非仅以相长。何也？已言者，未言者，不能言者、不敢言者，一万岁之中所皆备者也。可以言，可以不言；言亦怀也，不言亦怀也。是尧舜，不非汤武；是枝鹿，不

庄子通　　**237**

非礼乐；仁义无端，得失无局，踌躇四顾，以尽其藏，而后藏身以固。惟然，则将谓之择术而奚可哉？圣人无术。

# 养生主

"以无厚入有间者"，不欲自王其神。

王其神者，天下亦乐得而王之；天下乐得而王之，而天下亦王。昔者汤王其神，而韦、顾、昆吾王；文王王其神，而崇侯虎、飞廉、恶来王；孟子王其神，而杨、墨王。神王于此，而毒王于彼；毒王于彼，而神不容已，益求王焉；此古之君子所以终其身于忧患而不恤其生者也。

夫"无厚"则当之者独，厚则当之者博。当之者博，所当者非间也。间不相当，而非间者代间者与吾相拒，间者反遁于刃所不施，虽君子未有不以为忧者也，乃非无以处此矣。

"生有涯"，则神有涯，所当者亦有涯也；其他皆存而不论，因而不治，抚而不诛者也，于是而神之王也独微。

万物也，二气之毗，八风之动，七政之差，高山大川之阻，其孰能御之？故王者之兵，不多其敌；君子之教，不追其往。天下之心知无涯而可以一二靡，终其身于忧患而不与忧患牾，无他，有经而已矣，

经者裂也，裂者正也，正者无厚者也。反经而不与天下争于智数，孰谓君子之王其神为樊雉也哉？

# 人间世

耳目受物，而心治物。"殉耳目内通，而外于心知"，能不"师心"者也。师心不如师古，师古不如师天，师天不如师物，何也？将欲涉于"人间世"，心者所以涉，非所涉也。古者前之所涉，非予涉也。天者惟天能以涉，非予所以涉也。今予所涉者，物而已矣，则何得不以物为师也耶？卫君之暴，楚齐之交，蒯聩之逆，皆师也，而天下何不可师者哉？

抑尝流观天下而慨人事之难矣。庸人之前，直说拙于曲说；忮人之前，讽言危于正言。"不材之木"，无故而受伐者亦数数然。"无用之用"，亦用也，用斯危矣。夫所患于师心者，挟心而与天下游也。如使师物者挟物而与天下游，则物亦门也，门亦毒也。阖门而内固其心，辟门而外保于物，皆有泰至之忧。

韩非知说之难，而以说诛；扬雄知白之不可守，而以玄死。其用心殊而害均，则胡不寻其所以害乎？履危世，交乱人，悲身之不幸而非不材，斯岂可以计较为吉凶之准则哉？有道于此，言之甚易，行之不劳，而古今之能知者鲜。故李斯叹东门之犬，陆机怨华亭之鹤，而龙逢、比干不与焉。无他，虚与不虚而已矣。

天下皆不足为实之累，而实填其"生白"之"室"以迷闷，而不知"吉祥"之"止"者，生死已尔，祸福已尔，毁誉已尔，□□已尔。此八实者，填心之积也，古今之奉为师而不敢违者也。八者虚而天下蔑不虚矣，故物皆可游也。规规然念物之可畏而避之，物不胜避矣。物不胜避，而况天之生杀乎？"何暇至于说生而恶死"？龙逢、比干所以与不材之木同至今存也。

# 德充符

德人而矜有德之容，为容人而已矣；德人而矜德之无容，为无容之人而已矣。"道与之貌"，貌一道也；"天与之形"，形一天也。"死生亦大矣，而不得与之变"；故生于道，死于道；生于天，死于天；道无不貌，貌无非道；天无不形，形无非天。然则生于形，死于形，生于貌，死于貌，死生可遗，而兹未尝与之相离也。

以道殉容，曼人而已矣。以容殉生，靡人而已矣。以道忘容，忘道而已矣。介者，无趾者，无脤、大瘿者，且不丧其全德，况其不尔者乎？

"忘其所不忘"，而以殉形，则人知其妄。若夫"不忘其所不忘"，而形与貌在焉，天之所以成，成之所以大，浑外内，合精粗，凝道契天，以不丧其所受。夫圣人者，岂得以詹詹于形貌之末而疵之也哉？

悲哉！卫灵公之愚也！得无脤者而视全人之胠肩肩。悲哉，齐桓公之愚也！得大瘿者而观全人之胠肩肩。则使之二君者，以巍冠大绅、高趾扬眉之士，怀溪壑，腹刀剑，而得其心，抑将视天下容之不盛者，虽有德，若将浼焉，恐去之不夙矣。

故符者，德之充也；非德不充，非充不符。不充而符，谓之窃符；不德而充，谓之枵充。德之不充，是谓替德；充之不符，是谓儳充。"道与之貌"，貌以肖道；"天与之形"，形以酬天。宾宾于名闻之间，而数变其天形，则胡不内保而外不荡，逍遥于"羿之彀中"，以弗丧吾天也乎？故其为容，非容人之容也；其为无容，非无容人之无容也；以德征符，德无非符；以符合德，符无非德。能知天下之以形貌为货，而不知其为符也，又恶知德哉？

# 大宗师

"踵息"者，始教也，而至人之道尽矣。"寥天一"，无可入也。自踵而上，无非天也，无非一也，然而已寥矣。

"逆寡""雄成""谟士"，皆"喉息"也。"说生""恶死""出诉""入距"，皆"喉息"也。"乐通物""有亲""天时"，皆"喉息"也。"刑""礼""知""德"，皆"喉息"也。"好恶"，皆"喉息"也。引而至于踵，寡亦逆，成亦雄，士亦谟，生亦说，死亦恶，出亦诉，入亦距，通物亦乐，亲亦有，时亦天，刑亦体，礼亦翼，知亦时，德亦循，好亦好，恶亦恶；以死殉数者而特不以喉。于是而寥矣，不可度矣，不可竭矣，不可以功功，不可以名名，参万岁，整万物，非天非一，其孰足以胜此哉？

天下好深，而独浅其天机，于是淫刑而侈礼，阳慕德而数用知，喜怒好恶，以义为朋，而皆以深其嗜欲。自喉以下，嗜欲据之，而仅余其喉以受天，而即出之，此古今之通患，言道者莫之能舍也。

夫天虚故受，天实故撰。受之而不得出，非天非一，则若哽于膺，而快于一吐。撰之而不足，非天非一，则改易君臣，颠倒表里，以支其所不逮，而冀速应之以无惭。呜呼！知天之虚，知天之实者，古今鲜矣。

若然者，非他求之也；即其所为息者，引而至于踵，无所阒也，无所缺也。孰使而闻"副墨"而若惊，闻"雒诵"而若醒，闻"瞻明"而若奔，闻"聂许"而若饫，闻"需役"而若嘬于蚊蚋，闻"於讴"而若厉风之激于窍乎？以嗜欲济嗜欲，不足则援道以继之，天下皆浅而天丧其机，于是而天亦戚矣。阖户以求人之入，而人莫入也，而天亦枵矣。天戚则亦无乎不戚，于是而愀栗荧譑，终其世以为喉，任忧患而彻于死。天枵，则所为者皆枵也，枵而撄之，未有得宁者也。然则天下之好深，而得深之患，皆浅而已矣。

引而之于踵，至矣。虽至于"寥天一"，不能舍此以为教也。"犯人之形"以百年，无不取诸其藏而用之，而后知天一之果寥也。

# 应帝王

天下皆"未始出吾宗"者也，而骇于物之多有者，事至而鞔然，事至而瞿然，事至而荧然，事至而的然，谓是芸芸者皆出吾宗之外者也。于是以为迎之而可无失，则"藏仁以要人"；于是而以为有主而可以相治，则"以已而出经"；于是以为悉体之而可尽，则"劳形怵心"，以来天下之求。凡此者，慕圣人之功而不知其所以功者也。

夫天下未始出吾宗，而恒不自知。苟知其不出吾宗，则至静而"不震"，其机为"杜德"；至深而"不波"，其机为"踵发"；至安而容，至敛而涵，其机为"渊"；皆以不丧吾宗而受天下以不出，然后可"流"，可"靡"，无物不在道之中，而万变不足以骇之。

虽然，所谓宗者，必有宗矣。无以求之，其惟天乎！我之与天子，皆天之子，则天子无以异；天子之与天下，皆天之子也，则天下无以异。道者归于道而已矣，德者归于德而已矣，功者归于功而已矣，名者归于名而已矣，利者归于利而已矣，嗜欲者归于嗜欲而已矣。道亦德也，德亦功也，功亦名也，名亦利也，利亦欲也，欲亦道也。道不出吾宗，虽有贤智，莫之能逾；欲不出吾宗，虽有奸桀，莫之能诡。不骇天下，则不患吾之寡。吾无寡而天下无多，不谓之一也不能。

"藏天下于天下"，而皆藏于吾之宗。名焉而不为尸，谋焉而不为府，事焉而不为任，知焉而不为主；尸焉而不为名，府焉而不为谋，任焉而不为事，主焉而不为知。抑滔天之洪水，躬放伐之烈名，帝自此帝，王自此王，未始出吾宗，而何屑屑以凿为！

## 骈拇

体之所本无，用之所不待，无端而生，恃焉而保之，得则喜，失则忧，是之谓骈枝赘疣之不可决也。

非曾、史而为曾、史，非有虞氏而为有虞氏，非伯夷而为伯夷，"色取"者也，"助长"者也。以仁义为彼而视之听之，则不知名实之合离。

自闻则不昧其声，自见则不昧其形，果且为仁义，则指之五、掌之二而可决邪，而可龁邪？非但恶泣而畏啼也。

知仁之不远，知义之内，自奔其命而非奔仁义，伯夷以之馁而不怨，何啼泣之有哉！所恶于残生损性者，以其继之以啼泣也。

## 马蹄

马不衔勒，将焉用马？木不斫治，将焉用木？不为牺尊，将焉用朴？不为珪璋，将焉用玉？不取仁义，将焉用道？"蹩躠好知，争归于利"者，圣人之过，圣人尸之而不辞。

知圣人之为道，任过而不辞，则所以酬圣人之德而不敢昧也，将若何乎！

## 胠箧

圣人，不可死者也；大盗，不可止者也。盗既不可止矣，圣人果不可死矣。知圣人之不可死，大盗之不可止，无可奈何而安之以道。犹将延颈举趾，指贤智为名以殉其私利而欲以止盗，其不为大乱也鲜矣。

知其玄同，以生其道法，则圣人日生，大盗日弭，孰标提仁义以为"盗竽"也哉？

# 在宥

人心之动，有可知者，有不可知者。不可知者，人心之天也。治天下者，恒治其可知，而不能治其不可知。

治其可知者，人心则既已动矣，乃从而加之治：以"圣知"加诸"桁杨"，以"仁义"加诸"桎梏"，以曾、史加诸桀、跖，不相入而祇以相抵，不谓之"撄人心"也不得。所以然者，治其可知，名之所得生，法之所得施，功之所得著，则不必有圣、知、仁、义、曾、史之实，而固可号于天下曰，吾既已治之矣。

若夫不可知者，无实焉有名？无象焉有法？无败焉有功？名法功之迹隐，故为侈天下者之所不事。

然而人心之未起，则无所撄也；于不可知而早服之，治身而已矣。慎乎其喜，天下不淫；慎乎其怒，天下不贼；喜怒守其知，天下不骜。"至阳之原"，无物不昭；"至阴之原"，无物不藏。无物不昭，不昭物也；无物不藏，不藏物也。物各复根，其性自正；物固自生，其情自达；物莫自知，漠然而止其淫贼。此圣知之彻，而曾、史之所以自靖也。自靖焉，则天下靖矣。

# 天地

为万物之所取定者，"大小、长短、修远"，各有成数，无他，己所见者止于有形，因而存之；得之而喜，失之而怒，徇其成形，而不顾天下之然与不然，此古今之大病也。

无形者，非无形也，特己不见也。知无形之有形，无状之有状，则

"大小、长短、修远"已不能定，而况于万物乎？无形之且有形矣，无状之且有状矣。静而有动，动留而生物，物生于俄顷之间，而其先皆有故也，一留而形成矣。知此，则能弗守其静，以听其动乎？静不倚则动不匮，其动必正，其留必成，其生必顺。天地之生物，与圣人之起事，一而已矣。

心虽刳也，刳其取定之心，而必有存焉者存。"见晓""闻和""官天地""府万物"，而人莫之测。非莫测也，天下测之于"大小、长短、修远"，于其无形之皆形、无状之皆状、如量而各正其性命者，莫之测也。

# 天道

虚则无不可实也，静则无不可动也。无不可实，无不可动，天人之合也。"运而无所积"，则谓之虚；古今逝矣，而不积其糟粕之谓也。"万物无足以铙心"，则谓之静；以形名从其喜怒之谓也。

虚静者，状其居德之名，非逃实以之虚，屏动以之静也。逃虚屏动，己愈逃，物愈积，"胶胶扰扰"，日铙其心，悱憀而欲逃之于死，死且为累，遗其虚静之糟粕以累后世。故黄老之下，流为刑名，以累无穷。况有生之日，屏营终日，与喧相竞，而菀积其悒怏乎？

虚静之中，天地推焉，万物通焉，乐莫大焉。善体斯者，必不嚣嚣然建虚静为鹄而铙心以赴之，明矣。

# 天运

化之机，微矣！化之神，大矣！神大，故天地、日月、云雨、风雷，动而愈出。机微，故求其所以然者，未有能测之者也。从其微而观之，则疑无化之者；无化之者，则"中无主"而奚止也。从其大而观之，则疑有操纵之者为其大司；有司操纵之权者，则"外无正"而不足以行。

天下之用心用物者，不出两端：或师其成心，或随物而移意，交堕于"大小、长短、修远"之中，而莫之能脱。夫两者不可据，而舍是以他求，则愈迷。

是以酌中外之安，以体微而用大者，以中裁外，外乃不淫；虚中受外，外乃不窒。治心治物者，虽欲不如是而奚可？

# 刻意

天下之术，皆生于好。好生恶、生悲、生乐、生喜、生怒。守其所好，则非所好者虽有道而不见虑。不得其好则忧，忧则变，变则迁，迁则必有所附而胶其交；交之胶者不终，则激而趋于非所好。如是者，初未尝不留好于道，而终捐道若忘；非但驰好于嗜欲者之捐天机也。

物虽可好，必知有道；道虽可好，必知有精。道以养精，非精以养道。天下莫不贵者，精而已矣！精者，心之以为可，而非道之以为可。

# 缮性

守名义之已然，而不知其然；因时会之所尚，而已无尚；矫物情之所甚，而激为甚；夫是之谓俗夫。

欲治俗，故礼乐兴焉。礼乐之始，先于羲、燧。羲、燧导礼乐之精，扬诩于万物。然则三王之精，精于黄、顼明矣。天下之妙，莫妙于无。无之妙，莫妙于有有于无中，用无而妙其动。仁义，情而非法；礼乐，道而非功。礼动乐兴，肇无而有。无言无功，涤俗而游于真。不揭仁义之鼓以求亡子，默动而已矣。

俗之所不至，初之所全，明之所毓，云将之游，鸿濛之逝，御寇泠然之风，均之以天和，"知恬交相养"，而无以易其乐；又何轩冕之足云！是之谓"达礼乐之情"。

# 秋水

海若存乎量，河伯因乎势。以量观者，量之所及，函之而若忘之；量之所不及，映之固知有之。以势盈者，势之所至，至之，势之所不至不能，至也。

"秋水时至，百川灌河"，则河伯几狭海而自盈。寒潦降，汀沚出，则并丧其河，而奚况海哉？使河能不丧其量，则在河而河，在海而犹然河也，奚病乎？

尧舜之让，汤武之争，量也；"有天下而不与"，其何损焉！子哙之让，白公之争，势也；势不继而丧其固有矣。量与势者，"贵贱之门，小大之宗"也。

# 至乐

群趋之乐，趋于万物出入之机也；群争之名，争于人心出入之机也。

忧乐定者，乐不以机；名实定者，争不以机。故或谓之得，或谓之失，或谓之生，或谓之死，而皆非也。众人出入乎机，内求之己而不得，则分得分失，分生分死，分乐分不乐，宜矣。

有常乐、有常名者，生死不可得而间，况荣辱乎？

行其所独知，而非气矜以取名，则子胥之死，犹久竹青宁之化也。志士且自以为死而乐，死以为名，何望于乘机之民！

# 达生

"知之所无奈何"，非不可知也，耳目心思之数量，止于此也。夫既止于此，犹且欲于弗止于此者而奈之何也，得乎？虽然，知亦无涯矣。守其所知，以量其量、数其数，止于此而可以穷年。此奈何者未易奈何也，而人且无奈之何，顾欲奈其所无如何，是离人而即谋于鬼。人鬼不相及，而离此以即彼，其于生与命，亦危矣哉！

"纯气之守"，守其可奈何者也；"得全于天"，全其可奈何者也；"开生"者，开其可奈何者也；"用志不分"，志其可奈何者也；"内重外拙"，重其可奈何者也；"视羊之后者而鞭之"，鞭其可奈何者也；"长乎性，成乎命"，成其可奈何者也；"见镰然后加手"，加其可奈何者也；"一而不桎"，一其可奈何者也；"为而不恃"，为其可奈何者也。穷年于知之所可奈何，则外荡之知，梦所不梦，"以鸟养鸟"，爰居可畜，而况吾之肝胆乎？

# 山木

命大，性小。在人者性也，在天者皆命也。既已为人，则能性而不能命矣。在人者皆天也，在己者则人也。既已为己，则能人而不能天矣。

物物者，知物之为物而非性也。不物于物者，知物之非己，而不受其命也。"饥渴、寒暑、穷桎"，至不可忍，而人能忍之，知其为天焉耳。物之所利，不可从而从之，不知其为命焉耳。

不知物之为天，天之为命，于是而希其不可得者以为得，是之谓幻心。人之不能有天，己之不能有物，虽欲为功于正，而固不能。不能而欲为功，是握空囊火之术也，世目之为幻人。

正而不待之，不谋贤，不欺不肖，不见其岸，约慎以循乎目前，正己之道有出于是者，是之谓"才不才之间"；非规避于一才一不才之间，以蕲免于害之谓也。

# 田子方

"真"而弗"缘"，非"葆"也；"清"而绝"物"，非"清"也；"陋于知人心"，非"明乎礼义"也。自命为儒，而非儒者众，"步趋"而弗能"绝尘"也。待日月而用其"趾目"，无趾目者也。

趾有所以为趾，目有所以为目，有不亡者存。

夜其昼而昼其夜，全其神明于"解衣般礴"之中，则天下亦不待目而见其明，不待趾而效其行，不待言而消其意。君子之道，言此亦数数矣，非庄生之仅言也。

# 知北游

"参万岁而一成纯"，所为贵一也。众人知瞬，慧人知时，立志之人知日，自省之人知月，通人知岁，君子知终身，圣人知纯。其知愈永，其小愈忘。

哀哉！夜不及旦，晨不及晡，得当以效，而如鱼之间流潦而奋其鳞鬣也。言之惟恐不尽，行之惟恐不极，以是为勤，以是为敏，以是为几。"朝菌不知晦朔，蟪蛄不知春秋"，自小其年以趋于死，此之谓心死。

# 庚桑楚

持于"不可持"，以不持持之而无所持，则其"宇泰"。持之"灵台"，其泰乃定。惟其为"灵台"也，斯发乎"天光"矣。

"天光"者，天之耀吾"灵台"者也。众人之昧也，"实而无乎处"，强为之处；"长而无乎本剽"，强为之本剽；是冰与冻也。于是乎其宇不泰，而匿其"天光"。能释冰与冻，无所匿而"天光"发，较之为贤矣，释氏之所谓"定生慧"也。虽然，其止此也矣。

"天光"耀乎"灵台"，则己之光匿，故"天光"者能耀人者也。有形者之齐于无形，"天光"烛之则冰释。无形者之有形，"天光"发而己之光匿，觌面而不相知，未有能知者也。持"不可持"，而自有持者存。"以有形象无形"，非以无形破有形也。

无形者，非无也。静而求之，旷眇而观之，宇宙之间，非有无形者。"天光"耀而夺吾光，于是乎而见为形，见为无形，不可持也，非固有其无形可持也。形可持而无形"不可持"，无形"不可持"，而非有无形者则固可持矣。

尧舜之持，皆显无形之形者也。"春气发而百草生，正得秋而万宝成"，经营无形以显其有，无处、无本剽，而实者实、长者长，莫之能御。斯岂"天光"之所能显乎？未可以"天光"之发为至极之观也，明矣。

# 徐无鬼 阙

## 则阳

以人思虑之绝，而测之曰"莫为"；以人之必有思虑，而测之曰"或使"；天下之测道者，言尽矣。夫"莫之为"则不信，"或之使"则不通；然而物则可信而已通矣。知其信，不问其通；知其通，不恤其信；一曲之见，不可以行千里，而况其大者乎？

必不得已而欲知之，则于"圣人之爱人"而知之。"其爱人也"，何以"终无已"，则疑乎"或之使"也；其"爱人也，人与之名，不告则不知"，则疑乎"莫之为"也。"莫之为"而为矣，"或之使"而未尝有使之者也。圣人之仁，天地之心，纲缊而不解，不尸功，不役名，不见德。此天之兆于圣人，圣人之合天者也。

虽然，非"莫为"而无其迹，非"或使"而自贞其恒。"不知其然"者，人之谓圣人也。然圣人亦似然而实不然也。知其然，乃可驯至于"不知其然"。圣人之于天道，特不可以情测，而非不可测。未可以"莫为""或使"之两穷，而概之以"不知其然"也。天地之心，天地之仁；圣人之仁，圣人之心也。

## 外物

"外物不可必"，必之者成心之县也。可流、可死，可忧、可悲，忠孝无待于物，流死忧悲，而和未尝焚也。

苟尽于己而责于物，逢其"错行"则"大绖"。雷霆怒发而阴火狂兴，皆己与物"相摩"之必致者矣。忠孝而不焚其和，道恶乎有尽？

故方洇而请"西江之水"，侈于物之大者也；揭竿而"守鲵鲋"，拘于物之小者也；"载"而"矜"之，以物为非誉者也；"知困""神不及"，移于物之梦者也。以忠孝与世"勃溪"，心有余而自"塞其窦"，名节之士所以怨尤而不安于道。知然，则道靖于己，而无待于物，刀锯水火，且得不游乎？而奚足以为忠孝病！

# 寓言 阙

# 列御寇 阙

## 天下 《让王》四篇，赝书也，鄙倍不可通。

患莫大于"治方术"，心莫迷于"闻风而说"，害莫烈于"天下之辩者相与乐之"。

大圣人以为天之生己也，行乎其所行，习乎其所习，莫非命也，莫非性也，终身行而不逮，其言若作，奚暇侈于闻，逐于乐，擅于方术以自旌？

道之在天下也，"无乎不在"，亦择之不给择，循之不给循，没世于斯而弗能尽，又奚暇以其"文之纶"鸣？

"《诗》以道志，《书》以道事，《礼》以道行，《乐》以道和，《易》以道阴阳，《春秋》以道名分"。道也者，导也；导也者，传也。因已然而传之，"无传其溢辞"，以听人之自酌于大樽。大樽者，天下之共器也。我无好为人师之心，而代天之事已毕。故《春秋》者，刑赏之书也，"论而不议"，故"不赏而劝，不怒而威"。

墨翟、禽滑厘、宋钘、尹文、彭蒙、田骈、慎到、关尹、老聃、惠施者流，非刑非赏，而议之不已，为"山林之畏佳，大木百围之窍"而已矣，可以比竹之吹齐之矣，如《春秋》之不议，而又何齐邪？

故观于《春秋》，而庄生之不欲与天下耦也宜。

《庄子通》全书终

愚鼓词

# 前愚鼓乐

## 梦授《鹧鸪天词》十首

无师之师，其惟梦乎？无梦而梦，非师而谁任为师？梦之明日，中湘笃生翁投余诗云："三一从兹守，策名玉洞仙。"不期而与梦应。然则梦果余师也。抑余欠人间惟一字，疑与梦相龃龉。虽然，梦授余多矣，从来只有活人死，已死谁为受死身？缘未就，功不我报，未能为郭景纯、颜清臣耳，奚守尸之足诮？

### 其一

耳根一句也支离，眼上分阴两道眉，欲贮金膏须玉合，莫将玉屑补金卮。天在我，我凭谁？彻骨相思彻骨知。从来木是同心客，那向春风诉别离。

### 其二

无端凌蔑七般阴，惭愧仙师煞用心。即此犀纹原孕月，但除龙耳不闻琴。疑色相，辨浮沉，谁向尘沙觅宝簪？银铅砂汞无根蒂，总是黄婆一寸金。

### 其三

聚顶朝元自不违，除将踵息无真机。更无铅处铅方活，不受龙边龙自飞。

烟旖旎，雪霏微，一丝半缕透寒辉。真成枯骨生灵翅，顽肉飞从月窟归。

### 其四

竺土传来纥哩耶，从他生出掌他家。间催死虎擒飞将，戏捉飞龙作死蛇。真阐缓，试夭斜，移山破石透些些，撒花枯木非奇特，枯木元来也放花。

### 其五

碧天西爽月如钩，脉脉盈盈度翠楼。风软杨花穿绣幕，春融桃浪送行舟。和水乳，醉双眸，不风流处也风流。穿花蛱蝶无人见，只在初开蕊上头。

### 其六

方丈桃花日日新，花开只是不逢春。从来只有活人死，已死谁为受死身？冬已至，闭关津，冻鱼水底自芳辰。东风打破寒冰面，始识通身未损鳞。

### 其七

婴儿如雪浴兰汤，收尽鸡雏一片黄，谁向鸳衾寻午梦，已临明镜扫晨妆。活蜘蛛，死蜣螂，霏微灵雨夹斜阳，傍人莫笑偷闲客，斫柳催花百倍忙。

### 其八

慧剑将持斩葛藤，葛藤虽斩又何曾。腰间不许留寒铁，天下元来有暖冰。驱即妄，废还兴，鳜鱼莫浪守三更。黄娘将女无余事，芳草阑干日日凭。

### 其九

筑基早莫筑危基，十个英雄九个欺。本把灵丹医虎活，漫将死虎遣龙骑。花似锦，酒如饴，长年不解皱双眉，太平不是将军定，先斩淮阴胯下儿。

### 其十

不须守处守难降，莫把骷髅建宝幢，恰趁夕阳临画阁，又邀初月上纱窗。乌渡汉，兔成双，良夜花阴吠小龙。幽闺未寝谁知得？金豆低巡雁柱腔。

# 后愚鼓乐

译梦十六阕 　寄调渔家傲

梦授歌日，囫囵枣也。虽囫囵吞，亦须知味，仰承灵贶，不能以颠顶当之。三教沟分，至于言功不言道，则一也。译之成十六阕，晓风残月，一板一槌，亦自使逍遥自在。

炼己 　己，雌牛也，黄婆为戊

弹剑中原歌虎踞，萧条万里寒光注。一夜韶光花下雨，春可住，落花只在花开处。乍遣夭桃开一度，天台流水无津路，梦里邯郸归计阻，清无数，峨眉雪浪长江去。

黄婆 　配身为第二，配五识为第六，含而不见为阴，故曰婆。

婆子生儿七八个，人人解把家缘破。囊里明珠无别货，圆颗颗，终年不舍形山坐。云里婵娟光影堕，穿溪透谷推行磨。一缕轻烟钻隙过，真婀娜，残膏不染香云涴。

水中金 　父藏子胎，斯为道母。

为惜花开春已晚，春前细雨香膏歇，鹤发仙人成老钝，朱颜嫩，闲愁无力秋波困。道是有来真闷顿，言无又恐灵芽褪，采药溪头立不稳，人姓阮，胡麻一粒消春恨。

子时　谓有活子时者，将有死子时乎？大挠以前，立活字不得。

夜半罴来非半夜，分明出现眉毛下。心肾无非淫鬼舍，谁厮惹？三更一阵光明乍。万物未生何柄把，天开只在纱窗罅。莫与钻龟还打瓦。鸡鸣也，回头又劝红尘驾。

弦月　艮纳丙，兑纳丁。丙配辰戌，是水火墓地。丁配已亥，亥为天门，已合殿。

兑纳六丁天一半，姐娥手卷真珠串。未到先吞光缓缓。妖蟆窜，招安旗下从纳款。不是宝刀难削乱，王齐韩信元兴汉。洲上孙权花散满。凝眸看，轻霜不冷红垆炭。

采药　秘宝不离形山，形山元为鬼窟。缁素得出，是真采者。

没底篮儿短柄劚，长年只向空山宿。春梦乍醒光透目。香馥馥，青芽白蕊殷红粟。更有元膏生朽木，同苗共蒂无赢缩。曲线引来成一束。灵飞速，轻拈细煮香甜粥。

龙吞虎髓　则虎吸龙精矣。

素女无媒长自守，寒闺月落帘垂久。宝鸭香消人影瘦。黄昏后，灵犀脉脉闲拖逗。半就半推佯不受，倾情倒意输僝僽。识得君心如皎昼。相薰透，春风摇曳江头柳。

虎吸龙精　龙以有所建其功勋而不破壁以去。

绰约从来真薄幸，垂杨系马踪无定。携手雕阑双袖凭，秋波凝，从今收拾闲情性。柳锁高楼花绕径，黄莺娇语垂帘听。沈水烟清良夜永，相偎并，赤绳挂足三生证。

进火　符退速以文，符退不速以武。

皓月渐临深院里，茏葱光影无回避。罗帐重重清似水，郎归矣，幽闺梦减青绫被。如此良宵真不易，等闲莫劝郎轻醉。缓缓金尊斟绿蚁。湘帘启，海棠红映银灯丽。

**退符**　<small>符，合也。既与火合符，但不孤行，即谓之退。</small>

筐里霜刀飞素练，轻骑蹑影追奔电。杀活无私谁恕遣？闲流昒，今衡却是没头箭。不拟婴城醅百战，刘郎依旧当时面。卸甲拔营旗渐卷，无回转，依然只在灵霄殿。

**沐浴**　<small>卯酉同功而不同甲。</small>

东涧桃花红锦笑，微晴乍雨春皆好。沽酒醉眠瑶圃道。玉山倒，何须雪上留鸿爪。更有木樨秋渐老，可怜犹载斜阳照。罢钓归来闲倚棹。君莫懊，空阶落叶随风扫。

**刀圭入口**　<small>縿入以至无入。刀圭无用，口亦无体，故曰冲而用之或不盈。刀圭者，不盈者也。</small>

浪说婴儿怀里是，侬家元有花生子。缥缈云中飞雁字。参差似，波光涵影融空水。一彻重关千万里，红铜黑铁生灵翅。汗涘石人喧木耳。真不二，蓬壶只在潇湘汜。

**后天炁接先天炁**　<small>不悟源流，只此误多人不浅。</small>

五海六山成古寨，逢人便劫真无赖。却想当初没芥蒂。依稀在，丹成谁把葫芦卖？火入烟中薰不坏，俄延黑月生光采。忒煞调和功用大。交无碍，菱花背面何分界。

**三五一**　<small>边如中易，中如边难，禅家谓之意生身。</small>

牟尼珠函光闪闪，七穿八透飞晶焰。名鼎名丹皆点染。溶潋滟，寥阳宝阁成独占。大冶红垆风橐飏，何劳搅合凭霜剑。偶尔荷珠成万点，无余欠。珠珠颗颗圆如芡。

光透帘帏　光不自外入，亦不透出外。夜明帘亦是障境丝豪鬼窟。

盗道多言皆强说，只因未见成痴劣。两口仙翁翻剑舌。真撩擎，叮咛只把珠帘撤。以我观他用处裂，从他观我眸中屑。不动丝毫堆里雪。通明穴。惺惺二六时中诀。

大还　能令向后万年不死，不能令已往万年再生，不可谓之大还。

世上仙人千万位，惟除强把皮囊闭。识得离钩真震兑。随缘值，耶娘粥饭寻常味。我即与天分伯季，定谁愁老谁愁稚。才觉骷髅非异类。酤娇媚，懵腾日月花前醉。

## 十二时歌和青原药地大师

《药地十二时歌》，原不作鼓楼上牌子标他榜样。虽云渠自有拍板摇槌，亦但欲活者死，死者活耳。到此一枝箭射人也用，射马也用，但虑其不能没石饮羽也。千里唇皮，遥相乔赚，瓠道人倚愚鼓而和之，不道未吃药地药，便掇开药囊向一壁也煮。

| 子， | 今日风光昨日死， | 万古难消一炷香， | 此。 |
|---|---|---|---|
| 丑， | 北斗阑干君见否？ | 胡李四唤黑张三， | 有。 |
| 寅， | 梅花谢后始知春， | 青山欲衔半边日， | 新。 |
| 卯， | 觌面金乌看个饱， | 老鼠云何怕猫儿， | 爪。 |
| 辰， | 饭甑肚皮谁主宾， | 热羹汤荡冷喉咙， | 亲。 |
| 巳， | 彻骨钻心半个字， | 屋漏分明滴寒灰， | 渍。 |
| 午， | 弹丸跳上紧绷鼓， | 急速凝眸在那边， | 苦。 |
| 未， | 只有山羊知草味， | 陈枝新叶苦甜酸， | 胃。 |
| 申， | 早来粥饭见无因， | 老年牙齿见锅焦， | 屯。 |
| 酉， | 莫道闭门遮百丑， | 哗哗篱下带金铃， | 狗。 |
| 戌， | 背面日头当面出， | 脊梁何罪背灯光， | 屈。 |
| 亥， | 江豚又把秋风拜， | 一日功成也是天， | 坏。 |

《愚鼓词》全书终

船山经义

# 经义序

忽念身本经生，十岁授之父，弱冠有司录以呈之君，自不敢曰此聊以入时，壮夫不为。尝于《九经》有所撰述，而此艺缺然，亦缘早岁雕虫之陋，深自惭怩。先儒言科举业非不可学，况经义本以引伸圣言，非诗赋比者。昔于岭南见杨贞复先生晚年稿，皆论道之旨，特其说出于陆王为诧异，要亦异于雕虫以售技者。近惟陈大行际泰略能脱去经生蹊径，而多原本苏氏父子纵横之习以害道，其于圣人之言侮之也多矣。

此制自王介甫至天顺以前皆自以意传圣贤之意，钱鹤滩王守溪者起，始为开合起结排比之桎梏。嘉靖中叶周莱峰王荆石以来，又剿袭古人文字，其变不一，乃不知人间何用此物。法虽屡变，要皆皎然《诗式》之类耳。今略作数十首以补早年雕虫之悔，稍有发明及劝诫，不必圣贤之言如此，期不叛而已。

癸亥孟春甲辰朔王夫之记。

# 经义

**毋自欺也。如恶恶臭，如好好色，此之谓自谦。故君子必慎其独也**

惟意不必如其心之正，故于独而必慎以诚焉。

夫好恶咸正，而凡意皆如其心，不可恃心而任意也，犹不可恃身而忘心也。

传者释正心之在诚意者曰：今咸谓意从心生尔，而夫人恒有心外之意，其孰能知之！

夫意生于心之灵明，而不生于心之存主。灵明，无定者也。畏灵明之无定，故正其存主以立闲。而灵明时有不受闲之几，背存主以独发，于是心意分，而正之力且穷于意。知此，可以释先诚其意之说矣。

意流于妄，往往自忘其身，即偶尔慨然有慕义之想，亦动于不自知，皆非自也。惟心则据为我之必然，而人不能夺，是其为体也，自成者也。心定于贞，坦然可白于物，即一往自任，为不轨之志，亦不禁物之共喻，固非独也。惟意则乘乎事之未形，而人固莫测，是其为几也，独知者也。

夫既欲正其心矣，则其自体可信也，而独几则未可信也，素所好者正矣，忽一意焉而觉其可不好，素所恶者正矣，忽一念焉而觉其可不恶。始则若可不好、可不恶而忘其心；因而顺之，则且姑勿好，姑勿恶以暂抑其心；习而流焉，则且恶其所好、好其所恶以大移其心。非但抑之移之为欺其自体也，当其忘之，已蔑心而背之欺之矣。使其意稍静，而心复见焉，则必有歉然不自足之实，盖己欲正其心，固未有于好恶失常之余，能无愧无馁而慊然快足者也。

然则欲使心之所信为可好者，随意之发，终始一秉彝之好而不容姑舍；心之所持为必恶者，随意之发，终始一谨严之恶而不容姑忍，则自慊矣。此不容不于俄倾之动几持之也，故君子于此慎之也。

欲正其心矣，秉一心以为明鉴，而察万意以其心之矩，意一起而早省其得失，夫孰欺此明鉴者！惟正而可以诚，惟其诚而后诚于正也。欲正其心矣，奉一正以为宗主，而统万意以从心之令，意随起而不出其范围，夫孰欺此宗主者！必有意乃以显心之用，必有心乃以起意之功也。此之谓慎，此之谓诚，此之谓欲正其心者先诚其意也。

## 小人闲居为不善至慎其独也

小人而亦有其诚，君子益重用其独。

夫小人知有君子而用其掩著焉，意有时而贤于心也。独知不可昧，能勿慎乎！

且君子之心本正者也，而偶动之几，物或动之，则意不如其心，而意任其过。小人之心则既邪矣，而偶动之几，或动以天，则意不如其心，而意可有功。意任其过，而不容不慎；意可有功，而又何能弗慎乎！

今夫小人之闲居，未尝有触，而意不生其怀，必为之恶以无所不至者，有待以逞，皆其畜志已坚者也。心之邪也，岂复知天下之有君子，岂知有善之可著、不善之当掩哉！而既见君子矣，心不知其何所往也，意不知其何自生矣；厌然矣，掩不善矣，著其善矣。则小人之意，有时而贤于其心也多矣。处心积虑之成乎恶。虽人皆灼见，而掩著不足以盖其愆；而有触斯警之不昧其良，惟己独知，而掩著亦不示人以其迹。呜呼，此岂可多得于小人哉！

习俗之竞于恶而熏心以罔觉也，一君子静讱凝立于其侧，夫孰知其为君子，夫孰知君子之侧不善之不可著而必掩者，则且悉其肺肝以与君子谋不忌也，则且暴其肺肝以骄君子不忌也，乃至恶之所未至，肺肝之所未有，而故为矜张恐喝之辞以动摇君子不忌也。如是而后其诚亡矣。楛亡之久，意无乍见之几，则迷复之余，心有怗终之势矣。

故君子以为小人之掩著，诚之不可掩也莫危于意，意抑有时而见天心焉；莫审于心，心抑有时而待救于意焉；莫隐于意，意且有时而大显其怵惕羞恶之良焉。则独知之一念，其为功也亦大矣哉！

意不尽如其心，故同藏于中而固各有其取舍；意不必如其不善之心，故所持在志而尤择善于动几。使小人之意一如其心也，则允矣其为禽兽矣。然则君子之正心而不加以诚意也，则亦不觉而流于非僻矣。故慎独之功，尤勿勿焉，以意者过之府，而抑功之门也。


## 有朋自远方来，不亦乐乎

学者所性之乐，于朋来得之焉。

夫朋自远方来矣，于斯时也，乐何如邪？非好学不知之尔。

夫子为明善而复初者言曰：学者性之复；而情，一性也，有说几焉，抑有乐几焉。

说，故百物不失于己；乐，故善气不违于天下。此非意动而有欲、意得而有喜之情所得与也。彼虽或当于理，而不足以盈，不足以永也。故学者之情以乐为至也。

前之无所慕，后之无所期，乍然遇于心，而身世各得，觉天下之无不可协吾意者，此何几也？于事无所忤，于心无所逆，涣然以亡疑，而神志日生，觉见闻之无往不利者，此何几也？夫有朋自远方来，不亦有其然者乎？

当其信道也，亦未冀其不孤也，然道孤而心亦困矣。此一日者，不知困者之顿舒也，意者天原有此和同而化之神，《礼》《乐》《诗》《书》以导其机而相感，不靳之于独知独觉以必相摩荡乎，则虽后此之或欣或厌未之或知，而不易此日之畅然矣。当其立德也，固未计其德之无隐，然德隐而志亦菀矣。此一日者，不知菀者之已宣也，意者吾固有此同生并育之诚，神动天随以协一，大明夫可知可能而共相昭著乎，则后此之以裁以成不知有倦，而只以如此际之欣然矣。

故朋之于学，有悦者焉，有愤者焉；其悦也与之俱说以乐观其通，其愤也利用其愤以乐观其复，斯殆"天地变化草木蕃"之情与？天下之耳目皆吾之聪明也，聪明盈有两间，而耳目之愉快何如哉！吾之于朋，有可使闻者焉，有未可使遽闻者焉；其可闻者动而与我相助以利道之用，其未可闻者静而与彼相守以养物之机，斯殆"美利利天下不言所利"之藏与？天下之心思皆吾之条理也，条理不迷于志意，而心思之欣遂何如哉！

帝王之有天下也，非以乘权而施政教为乐，而以道一风同释其忧勤之念。君子之得大行也，非以遇主而著勋名为乐，而以都俞拜扬生其喜起之情。有朋自远方来，斯时也，斯情也，而有以异于彼乎？不亦乐乎？

## 孝弟也者，其为仁之本与

君子为仁之道，自孝弟而生也。

夫为仁之道大矣，以孝弟为本，而后其生也不已，故君子之为仁易易也。

有子谓夫言孝弟至君子而殆几乎，至言仁于君子而功抑无穷，乃合而察之，涵泳而思之，情所繇贞，性所繇显，以执焉而复，推焉而通。相生之绪，诚有其必因者矣。奚以明其然也？

君子之孝弟，有真慕焉，而必持之以敬，非作而致其恭也；气敛于尊亲，则戏渝而必其不忍。君子之孝弟，期顺亲焉，而必无以有已，非矫以捐其私也；心一于爱敬，则澹忘而只适其天。是则君子终其身以请事于仁而致其为之之道者，非繇此而生与？而岂非其本与？

先难者，为仁之功。子弟之事，不敢言难也，而夙兴夜寐，皇然若不及，怵然若不宁，以警气而听命于心，则阅万物之纤微，历人事之险易，皆若吾身之重负而不容释者。循此以为之，习而安焉耳矣。强恕者，为仁之方。父兄之前，不敢言恕也，而因心求尽，念起而必致，力竭而不留，以忘形而相应以和，物我之相龃龉，好恶之相扞格，皆因天之理固然而无可逆者。即此而达之，顺而易焉耳矣。

以累于形者之碍吾仁也，于是而以无欲为本之说尚焉。乃或绝形以游于以虚，而忘己以忘物，是其为本也，无本者也。形皆性之充矣，形之所自生，即性之所自受。知有己，即知有亲。肫然内守，而后起之嗜欲不足以乱之矣，物无所碍矣。以靳于私者之困吾仁也，于是而以博爱为本之说滥焉。乃其徇物以致其情，而强同以合异，其为本也，二本者也。物与我有别矣，与斯人而同生，尤同生之有实。殊亲于人，乃殊人于物，恻然自觉。而无情之恝置可释于其怀矣，私无所困矣。

不见夫夫人之孝弟者，犯乱之恶消，不知其何以消也，气顺而志自平也。则以知君子之为仁也，孝弟之心一，则心无有不一也，情贞而性自凝也。此所谓本立而道生也。

不可云孝弟仁之本是矣。为仁"为"字，与克己复礼为仁之"为"，又何以别？爱之理"理"字，与韩退之博爱岂同邪！

## "或谓孔子曰"章

圣人之所答为政之请，绎《书》而遇之也。

盖孝友者圣人之天，故曰是亦为政也。《君陈》之篇能及此乎，而理则在是矣。

且圣人之大行也，得盛化神，罩及于天下，其大用昭垂而其藏固未易测也。非有不可测之藏也，天理之流行无土不安，而性之不容已者肫然独至，盖亦昭然于日用之间，而繇之者不知耳。

或以为政勉夫子，于夫子亡当也，而有触于夫子之心，乃求所以形似其行藏合一之理，示天下以无隐，爰取《书》而咏叹之曰：

《书》云孝乎！《书》其有以体孝之诚乎！《书》其有以极孝之量乎！《书》其达孝于政而推行之乎！《书》其该政于孝而包举之乎！今取而绎之，又从而涵泳之，惟孝友于兄弟，人无不可尽而何弗尽也；以是而施于有政，无待于施而无不施也。繇此思之，吾将有以自信矣。

循《书》之言而苟为之矣，无有不顺也。晨而定，昏而省，恂恂而率子弟之恒乎！无形无声而乐遇其天，以翕以和而因于其性，盖将终日于斯而无有斁也，行焉而无所阻也。奉《书》之言而固为之邪，无容不慎也。不苟訾，不苟笑，夔夔而无一念之违乎！我日斯迈而喜与惧并，我月斯征而心与力诎，盖亦企及于此而有不遑也，勉焉而固无余也。诚如是邪，以为政焉可耳。

世将授我以为，勿容谢焉。天下之亲亲长长与我均焉，而只以无惭于孺慕。言有政也，斯有施也，推而准之，无所于增，奚为其汲汲哉？惟如是也，不为焉抑可矣。我既有所以为，胡他求焉！吾心之不怨不尤有其乐焉，而无可以易吾至性。业有为也，何非政也，近而取之，无有不足，抑可以逌然矣。夫安得谓我曰："子奚不为政乎？"

呜呼！圣人之安，圣人之诚也。漆雕开有其志，而量未充，曾晳有其量，而诚未致。善学夫子者，其颜闵乎！不改之乐，行藏之与孝哉之称，汶上之辞，所谓殆庶者也。

窃意夫子之言甚大甚至，兢兢一字不敢妄设，犹恐毫厘千里。旧说为定公戊辰之故而云，恐不相当。且夫子之仕，固定公季斯也。

## "子曰参乎吾道一以贯之"章

圣人示大贤以其纯，大贤告门人以其实，明作圣之功也。

盖彻乎终始而一，惟己与物之无不尽其诚也。作圣之功，岂外求之乎？

且圣人之学，学者可至也。匪直可至，学焉而必有至也。匪直学者之能至，夫人一念之几，及乎理而协乎心者，皆至也。驯而极之，通乎上天之载；切而求之，达乎尽人之能，惟无所间而已。而特人之以私杂之，中息而不相继，则见为至赜而不可尽耳。

是道也，曾子勉之，盖将得之。

夫子告之曰："吾之为道，表里无殊也。初终无间也。学以尽其用，思以极其微。静而见之于参前倚衡，动而达之于天下国家。无不顺焉，无不宜焉，矩无可逾，而土皆安也。无他，不贰以二，不参以三，日新而不忘其故，老将至而不知，日夕相绍而不容于自已。斯则以坤之顺，法乾之健，散见于万事而人皆可与者也，一以贯之也。特仁不足以守之者，未之知焉耳矣。"

于是曾子信焉。门人疑焉，曾子释之曰："夫子之道，迄乎终，无非始也；达乎表，无非里也。尽其心以尽其性，尽其性以尽物之性。才之可竭，竭以诚而不匮；情之可推，推以理而不穷。无有斁焉，无有违焉，反身常足，而用自弘也。无他，尽者不留，推者不吝，终身而行乎酬酢，终食而存其诚几，绵绵相续以致其密藏。斯则明以达于礼乐，幽以协乎鬼神，随感以见端而固可共循者也，忠恕而已矣。苟其能勉以勿失焉，而岂其远也乎哉！”

呜呼！此圣人之道所以至易至简而可大可久者也。故曰："至诚无息。"又曰："无终食之间违仁。"

后之学者，争天人，分安勉，将无异于圣贤之言乎！孔曾之旨，勉也，人道也。达天以□□，存乎熟之而已矣。

## 朝闻道，夕死可矣

必欲闻道者，其心可想也。

夫期之夕死可矣，而道犹不易闻，况其不然者哉！

夫子以人之于道，若欲闻之，若不欲闻之，而未尝不自谓且闻道也，乃为言勇于闻道者之心曰："学者之为学，将以何为也？"而皆曰："吾学焉，终日以其身酬酢于百为，终日以其心往来于百虑，而曰姑未即合于道焉。若是者，早已非闻道之心矣。"

今日不闻，而有他日。他日者之能不如今日，何所恃乎？偶有一闻，而犹然未闻。未闻者之能如偶闻，将何期乎？朝以此朝，夕以此夕。意起而若或夺之，气作而若或折之。爱之而不见，为之踟蹰；信之而不审，为之犹豫。夫欲闻道者，岂若是哉！

历乎富贵贫贱患难之涂，皆可以闻道，而抑皆可以俾我之卒迷。即富贵贫贱患难之涂而道在，乃以其故而遂与道离，志乎闻不志乎闻之别也。志乎闻，则富贵贫贱患难以身入之而无不可也。虽然，犹恐其志不决也。极乎博学慎思明辨之力，皆求以闻道，而抑皆或引我之大妄。竭博学慎思明辨之才而道显，乃失其则而终与道违，必于道不必于道之别也。必于道，则博学慎思明辨而惟此之为可也。虽然，犹恐其未必诚也。

则亦将自誓曰："朝闻道，夕死可矣。"乃确乎其自信曰："朝闻道，夕死可矣。"如是而天下之物无可以夺其情矣。物之可歆可厌者，至于死而皆失其据。夕死而可，未有以不可据之宠辱得丧或易其心者也。如是而天下之说无可以惑其守矣。说之似高似深者，至于死而皆与相忘，夕死而可，未有以可以忘之繁词曲论或动其志者也。

其信也笃，则其诚也不昧；如其昧也，则惟见夕死之不可，而不闻道之未尝不可也。其志也专，则其求也不迫；如其迫也，则期闻于一旦，非守死以没身而勿谖也。故欲闻道者必如是，庶乎其于道不远乎！

## 无为小人儒

且志淫而为小人，学僻而为异端，皆君子所必远也。

然于小人也教而治之，于异端也归斯受之，非其所甚戒者焉。

盖小人有掩著之天良，犹知自吾之外有君子，异端有自立之意见，固知自吾之外而有儒。

君子之所尤恶者，惟小人儒耳。

为小人矣，而复欲为儒，其有悔心乎？未可保也，而洁己固可与也。为儒矣，而复滥于小人，其无固志乎？且下达焉，而初心或未忘也。

若夫小人儒者，其欲为小人也，是以为儒选于术而得儒焉，甚利便也。春习于弦而亦弦，夏习于诵而亦诵。先王之道，其在我矣。弦之所以弦，诵之所以诵，吾恶从知之，亦焉用知之乎！明王之不作，良有司之不兴，亦且役其名而推之曰儒也。其欲为儒也，乃以为小人号于世而称儒焉，可无忌惮也。文章可闻，而姑剿说之；性道不可闻，而亦妄言之。圣人之教，止于此尔。可闻者之不仅闻，不可闻者之固可闻，天下恶能诘之，吾亦何庸求之！父兄之教不先，子弟之率不谨，固且群相冒而自命曰儒也。

野人以养君子，以为君子者之必为儒也，因移其养君子者以养儒，而小人乘以受之而无惭。耕者劳于陇，工者劳于肆，安坐而享之，且恣于野人之上，而为野人之蠹。以法绳之，则更为可杀不可辱之说以逃于法，而天下且无如之何矣。君子之辟异端，以君子之为儒也，故孤奉其为儒者以为君子，而小人遂得以附之而自骄。明不知有礼乐，幽不知有鬼神，冥行以趋焉，曾不逮异端之行，而为异端之所贱。以道绌之，则又托于能言距杨墨之徒以自诡于道，而君子抑无如之何矣。

若此者，可为乎？不可为乎？有人之心者，宜于此焉变矣。

孔子时未至如此，然已正名之曰小人儒矣，况如此者乎。赵浚谷先生不使其子为科举之学，风味可想。

## "子贡曰如有博施于民"一章

仁效于有方，非虚愿也。

夫博施济众，有其心耳，有其言耳，近譬以立达，皆以实也。此圣学异端之辨也。

且仁之自发，心之动几也，而几不可恃。仁之所函，心之本量也，而量不必充。蹶然而生，觉其皆不容已；廓然而大，觉其固不可穷。然而有所必已而穷矣，犹自以其量之可及、几之偶动者，谓吾志愿之弘深无所诎也。此言仁者之所以流于妄也。

子贡曰："如有博施于民而能济众，可谓仁乎？或谓其徇事以失心，而岂其然乎！"

盖徇心以设一不能然之愿，而曰天下之待吾仁者，以一念摄之而无余也。夫子曰，若此者，将以必之圣，而圣不自必矣；将以病尧舜，而尧舜固自有其不病者也。圣不自必，尧舜可不以为病，则以此为仁者亦必穷而姑已。

虽然，苟欲为仁，岂可有是心哉！生一博施之心，谓恻怛之隐已谢疚于幽明，施之可及而及矣，施虽未及，而待施者已来往于吾心，会万汇之冯生，咸不离乎一念，拟一能济之心，谓方隅之隔可悉化其畛域，济之已效而效矣。济虽未效，而能济者早翕受于吾心，极一念之规恢，自毕周于万汇。其究也，以不施言施，不济言济，不仁言仁。愿力之说所以惑天下而废仁之大用以述其真体，可胜道哉！

夫仁者之事，诚于所事也。人未当前，而立一施之之念，仁者不为；欲未动于己，而设一济之之法，仁者不为。欲立矣，欲达矣，则所以立，所以达之条理粲然具悉，而有待立待达者进乎吾侧，乃以熟尝之官繁随分而给其求。前无取必之心则后无所病也。此实致之功能也。求仁之方，诚于其方也。人无待譬，且守此心之无欲，则仁之体不乱，近无可譬，且听万物之各得，则仁之用不迷。可譬矣，近取之矣，则因情譬情、因事譬事之矩则确乎有据，而所以立达之者顺事恕施，乃以易简之知能随力而著其功。远之无所必则可必，行之无所病则不病也。此实尽之忧悃也。

而如曰："如有博施于民而能济众者乎，非实有之，如有之也；心谓其然，而固不然；事实不至，而心则至。"充子贡之说，率天下以求仁于恍惚之中，而疴痒固不相及。其以蔑裂乎仁也，岂不甚乎！呜呼！此异端量周沙界之说所以无父无君，而管仲实著一匡之功，圣人慎言仁而独许之也。


## 毋意

圣人无孤行之意，诚之至也。

夫意从心而诚，则可名为心，不可名为意。无意也，无心也乎哉！

且意与心之不辨也，愚者以意为心，则终身惟役于意；妄者以心为意，则亟欲自绝其心。

心忘而志不持，乃以谓圣人之心如鉴空衡平以受物之至。心不适主，而意乃持权。

且夫鉴，无定者也。妍至而妍，媸至而媸。一日之间，妍媸百至，而鉴有百状。此意之随物以迁者也。衡，无恒者也。移之而重，移之而轻。一日之间，重轻屡易，而衡亦屡迁。此意之因动而流者也。惟其无心，是以有意。惟意不从心而诚，是以无心。

若夫圣人之毋意，则诚之至也。从心之不逾矩也，一以贯之而无朋从之思也。合天下之名物象数，皆察其所以生，体其所以成，通其所以变。故有时遇其大顺，而无与相歆动之意；有时遇其至逆，而无与相抵牾之意。当物之未至，极化几之不可测，而贞明者恒备其条理，何待其猝至吾前而为之警觉乎！诚斯豫也。举吾情之喜怒哀乐，皆裕其必发，皆达其必行，皆节其必止。故有时生之不吝，而不因于怵然乍恻之意；有时杀之不疑，而不因于愤然勃兴之意。当情之未起，持至理于不可易，而贞胜者不乱于感通，则何有偶然而兴以作其欣戚乎？矩有常也。

惟神也，故几。天下之无心而但有意者，皆不神而欲几者也。几，不恒者也。诚，不息者也。不息，则以一心生乎万意，而无孤行之得失。惟定也，故静。天下之无心而欲绝其意者，皆不定而求静者也。静以言乎其实也。以实，则以万意听乎一心，而心外无意，惟大明于终始。

然则圣不可学，而学圣者亦有其道矣。持其志以统意，慎其独以从心，则无本之意，尚有止乎！而后之学者惑于异端之说，以过去不留，未来不豫，因物而应以无心为圣人之毋意。圣人其为鉴乎！其为衡乎！鉴、衡，器也。君子不器，而况于圣人！

## 毋我

备天下于我，斯毋我也。

夫不见我于天下，而见天下于我，其功不居，其名不尸，斯为圣人之弘尔。

何言之？有天地万物而后有我，此事之可测以其实者也。惟有我而后有天地万物，此理之可信于心者也。

知天地万物之固有而知我之有夫天地万物，乃可以知圣人之毋我。

未有我而已有天地万物，则令无我，而天地自奠其清宁，万物自育其品汇。攘天地万物之清宁品汇而以为己功，妄也。未能有功而据偶然之一得以为功，妄之妄者也。惟有我而我乃有天地万物，则使无效于天地万物，而我自叛其戴履，我自丧其胞与。尽吾生之戴履胞与而欲居其名，惭也。未能自尽而矜一至之节以为名，惭之惭者也。

我有智而后能知，我有力而后能行；致之勉之，因成能而效之。智力者，天之所以与我，非能自有也。我为子则必事父，我为臣则必事君；竭之致之，忘吾身以从之。子臣者，君父之所有，非己可私也。故圣人之毋我，自安而已矣，自任而已矣。

人皆有可安之分，越分而跃出于天地万物之中曰有我，圣人耻而不为。人各有不可诿之任，而骄语于天地万物之上曰有我，圣人畏而不为。一夫不获，时予之辜，其耻也。小心翼翼，昭事上帝，其畏也。竭吾之生，尽吾之才，效其所知，不私其所能，出以事君，入以事父，为焉而不厌，诲焉而不倦，圣人之见我也大矣，用我也弘矣，故曰毋我也。

颜氏之子，无伐无施，其善学圣人乎！为仁繇己而已矣。昧者不察，谓我为执，而欲丧我以立于无耦，小人哉，恶足以知圣！

浮屠谓七识见分执八识相分妄计为我，乃生死无明根本。无父无君，禽心鬼计，皆自此而兴。陋儒引此无我以附会之，得罪于名教以侮圣言，无可逭已。


## "出则事公卿"一章

约自省之功，问其心之存去也。

夫君亲之事，哀乐之节，约矣。而所求者更其约焉者，圣人使学者自验其有无，亦切矣哉！

故设为目而诘之曰："夫人有其至不可忘者，未有谓其可忘者也。然而确有以自信者，亦不数数矣。念之哉！自信邪？抑自疑邪？曷无终身焉。"

出而有公卿之事，入而有父兄之事，孰能谓可弗恪共而只载者？公卿或我知，或不我知，父兄或我爱，或不我爱，而我所以事之则自喻而难欺。不愧于出，不疚于入，而遂已坦然乎？出而赞赞，入而夔夔，而遂自释然乎？忠之名不敢居，孝之实不敢任。出则事公卿，入则事父兄已尔。丧以事襄而不容不勉，乐以酒合而勿为所困，孰能谓可以敖慢而惰淫者？于他或勉或不勉，于他或困或不困，而惟此二者尤即情而见性。未尝不勉，未尝困，而能勿加警乎？不期而不勉，不期而困，遂且姑安乎？乐无言不淫，哀无言自致。丧事不敢不勉，不为酒困已尔。则试取此数者而自问焉，将自信乎？将自疑乎？

昔之日未有，而遂终不可有哉？今之日不有，而可俟其徐有哉？后之日无有，而可幸其且有哉？昔有可补之过，今有可致之功，后有豫防之慝。必其实可据也，而何有也，可弗念哉！昔之日已有，而能令恒有哉？今之日能有，而非其偶有哉？后之日可有，而不患其难有哉？昔有服膺之守，今有求全之责，后有先立之诚。必其果足信也，而何有也，可弗念哉！

此以自考，则自考之心即天几之不昧；此以自勉，而自勉之下有人事之难穷。愿与学者夙夜省之，且勿求之高远也。

《论语》，记者所节录。立言必有所因，必有所施，记者略之尔。若以谓自谦，则谦不以诚，老氏之谦也。若云圣不自圣而以为自省，则不默存之心而见之言，其亦浅矣。故定为警学者使自省之辞，意悬之讲堂，令共诵之。

## “季路问事鬼神”章

尽能与知之才，天下之理得矣。

盖人之事显仁而费，生之理藏用而隐。不体其实，鬼神岂易事，死岂易知哉！

且天下之所谓鬼神者，非鬼神也。谓以为有则有，以为无则无。然则信有妖而诐事之，亦将有当于鬼神乎？

天下之自谓知死者，皆不知也。谓生则忽而聚，死则散而亡。然则化无恒而归于灭，庸讵有其可知乎？夫惟不尽其能，则以为鬼神者，惟吾意欲事而事之已也。夫惟不致其知，则以为生死者，随其形以存亡而他无可知也。季路之问事鬼神而欲知死也，进乎道矣。

子曰：欲事鬼亶竭其能，欲知死亶极其知。不然，未有当焉者也。奚以知其然也？

人之攸事者莫尊匪君，而人之言曰何患无君；莫亲匪父，而人之言曰谓他人父。若此者爱敬衰微而淫于利，以汔乎逆，乱贼之阶繇之矣。以意之见为有者捐身以事，而所忘者置之若无。洵然，则仁人享帝，孝子享亲，亦丛狐社木之妄兴，不待言矣。无他，惟无以有己之诚不属，而浮游之情易迁也。有身之可致，有心之可靖，食焉而见于羹，坐焉而见于墙，无形无声而视听之，惟性之能，而情与才无不效之能也。则明明赫赫，果有嗜饮食而来怆叹者可事也。能人事者夙夜承之，不能者徼之于惝恍无凭之际，恶足以及此哉？甚矣能之未易任也。人之方生也，往者已过，相与忘之，不思其反；来者相续，相与听之，不恤我后。若此者，初终罔据，无异形而早有异心，官体之灵去之矣。以情之倏而兴者泛用其知，而已逝者讫无余心。洵然，则神返于漠，气返于虚，尤杳茫荡散之无存，不容察矣。无他，惟思则得之之才不尽，而耳目之慧有涯也。形以外明有神，理之中明有化，默而识则可以藏往，推其绪则可以知来。日迈月征而不昧焉，惟能自知，而天与物无不彻之知也。则方屈方伸，果有全而生全而归者可知也。知生者旦暮遇之，未知者惘于见闻已泯之余，恶从而求端哉？甚矣知之未易明也。

有必事之人鬼，则有可事之能，修之吉而悖之凶；有众著之形生形死，则有触知之神死神生，来不穷而往不息。故君子孳孳焉日严于敬肆明昧之几，以与天通理，岂曰以意为有无，而听其不亡以待尽也哉！

## "子贡问政"章

治以渐而有成，道有本而先立。盖信民而民信，本也；食且次之，而况于兵。

若其效，则食足兵足而民信，抑可以见信之未易也矣。

且君有与立国，民有与立命，天有与立人。政者，修此者也。帝王奉此以治天下，后世虽多阙略，而亦莫能违焉。故斟酌以定经理之规，非能损也，非能益也，审其序而已矣。

子贡问政，子曰足食。足乎上，足乎下，无所别而统之曰足，是上下之交足也。次曰足兵。勇足用，方足知，无所别而统之曰足，是勇方之俱足也。次曰民信之矣。君信乎民，民信乎君，不复有施受感应之别，而言其已信，是无不足者，无不信也。于是而政成矣。

虽然，诚以其身体政，而固必有疑。子贡之疑，允也。处庶富之资，无所去，不必谋所先，精意行于法度之中。当草昧之初，有所先，必姑有所去，立本因乎趣时之变。则有谓疆圉固而后井牧安、耕桑睦者，而子曰不然，兵其尤后者也，且与其民合耦劝耕以讲亲逊之谊，使民有以立命也。于此而犹未遑焉，则有谓衣食足而后礼义兴、敬爱行者，而子曰不然，食犹其后者也，且与其民推诚同患于贫寡之中，奉天之立人以立国也。

奚以明其然也？食之未先也，岂必民靡子遗而君孤立，以待亡哉？过计者所忧惟死耳。即极而至于死，民之死者死矣，收其存者，与敦绝少分甘之好，则生养渐以复天地之和；君即志未就而死乎，俟之子孙，以垂积德累仁之统，则元气留以迓天心之复。不然，皇皇求利，即幸有成，亦成乎贪戾之国，摇荡狂争而不保其旦夕，况乎其必不能遂也哉！是道也，非但必不得已者为然也。王者体国经野于极盛之日，先信后食，而余乃及兵，亦必然矣。

若夫言足食，次足兵，终之以信，序其成绩而推本言之也。三年余九，而食足矣。七年即戎，而兵足矣。必世之仁，立本于始，渐渍于久而后化成于终，至于民信，则何有不得已之去乎！修之有本，成之有渐，王道然也。

管商之术，君子恶之。岂谓兵食之可不务哉，无序故尔。

"去"字只是除下一项不先。先，先足也。崇祯间诸人无端将不得已作晋怀帝在洛时说，悲夫，其谶也夫！

## "南宫适问于孔子"章

且夫知人之与知天，理一而有其序，不可紊也。

方务知人，而即欲知天，则福善祸淫之定命，且以为趋利被害之捷径，而成乎私。未足以知人，而复不知有天，则行险徼幸之邪心，且以奖智轧力，争之习气而无所惮。

故禹稷羿奡之间，有难言者也。

以躬稼为禹稷之所自兴，则躬稼亦欲张固圉之术也。以善射荡舟为羿奡之所自亡，乃善射荡舟抑咸刘克敌之资也。若然，则德力无一定之涂，而况于吉凶之莫测者乎！且夫禹之有天下，曾不如羿奡之速获。稷则需之十五王之积累，以待牧野之陈师。羿奡且鞮蹑而起曰：安能以几何之人寿俟河清哉！且不但此也。怀一有天下之心以姱修于陇亩，即不妄希天下，而显名厚实，繁有美利以生其愿外之情。操一不得其死之心以戢志于干戈，苟可以免于死而全躯保妻子，更无名义以作其敢为之气。

南宫适曰："夫天之以报禹稷而降罚于羿奡也，吾知之矣。"子曰："既已知之，而何为是喋喋也？"知天者不言天，言天者吾惧其无以知人也。

虽然，夫子之不答，以待适也；未至于适者，且勿忘情于此也。天能宰之，君子能言之。君子以天之无言也，不言者喻之，而未能忘言者不知戒也。君子于是乎有言，使天下尚之也。能尚者尚之，不能尚者亦且示之以尚也。

不知有人道之当然，且使知有天道之不僭。不知有忠孝之致死而不辞，且使知有篡夺之求生而不得。天有时不必信，而君子信之。君子有所不庸信，而为天下信之。然则禹稷之有天下，天授之，尚德者予之也。羿奡之不得其死，天殛之，尚德者夺之也。彰善瘅恶之权，君子代天而行其衮钺。移风易俗之事，天且为君子而效其明威。但使为君子者不挟一有天下之心以希禹稷，不因一畏死之心以惩羿奡，则如适之论，亦恶可废哉！

因是而见圣言之不易测也：有时而默，有时而语，即此事而或默，即此事而或语。于道皆然，而无一成之取舍。学者以意求之而不得，其敢易言天人之际乎哉！欲为君子者，姑勿言天可矣。

## "子曰赐女以予为多学而识之者与"一章

以心受知者，圣有以通之也。

夫一以函多，而行乎多者无不贯，诚者圣人之本与！

昔者夫子达天人之致，尽心理之密，辨器数之繁，审治乱之变，知天下之知莫己若也，则知天下之求知者将以为知无方，而知之者不可以有方得也。故诘子贡曰："女以予为多学而识之者与？"子未尝不学，未尝不识，而安能无疑乎？

夫天人之际不易彻，心理之会不易通，器数之殊不易别，治乱之几不易察。观于夫子之知各有据也，则意学夫子之知者惟其学识之未及，故所知之不逮也。故子贡对曰："然。非与？"赐亦尝学，亦尝识，而何为不逮乎？是彻天人之际者有其原，通心理之会者有其真，别器数之殊者有其宜，察治乱之几者有其实。虽天下之可知者无有涯也，而吾所以知之者统于一心，则所知者固不待逐物得也。故告子贡曰："非也。予一以贯之。"

是何也？天有以贯于人，则人有以贯于天，天人迥而其相陟降者一也；理有以贯于心，则心有以贯于理，心理殊而其相感应者一也。

一物贯以一情，而一情贯于万物，器数繁而情之各得者一也；迹同而其不相贯者则异，迹异而其相贯者则同，治乱变而道之贞观者一也。

一者何也？自其以虚函天下之不齐也则曰中，自其以实体天下之不妄也则曰正，自其以心之动几觉天下之固然者则曰仁，自其以性之定理辨天下之当然者则曰义。以要言之，则曰诚而已矣。故曾子曰："忠恕而已矣。"以之而多学，以之而识，更何疑乎！

《集注》云解见上篇一语，无人理会。

## "子曰予欲无言"章

圣人之动人，动以诚也。

夫人之动也，不于其述。即以述而动，亦动以诚，非以言也。

盖诚者天之道也。所感者诚之神，感之者诚之几。诚不息于天下，故几其无为，而信故神也。

天之道不能名言，以圣之德推之则曰诚。圣人之德不能名言，于诚之原推之则但可曰天。夫其不能名言者，岂徒夫人之不能哉？圣人亦无以自名，而但以天相示耳。无以为之名，则固不可得而述矣。

子曰"予欲无言"，而子贡曰"小子何述"？夫何待于述，则抑何患无述哉！子欲无言，终无言矣。

《书》者，古帝王之言也。《诗》者，作者之言也。《易》者，泰筮之言也，《春秋》者，史氏之言也。子以其诚立于赞说删定之中，而帝王、作者、泰筮、史氏效其温凉寒暑昆虫草木之变，类聚群分，以昭其化。夫子固无言焉，乃小子无述而非无述矣。道法之垂，存乎《书》矣。贞淫之鉴，存乎《诗》矣。吉凶之则，存乎《易》矣，治乱之几，存乎《春秋》矣。子存其诚以启诵读玩说之心，而道法、贞淫、吉凶、治乱应乎生长肃杀老稚荣枯之恒，以为善去恶，而成其质。非必言而后可述也。

夫物之不易动也，虽欲动之，有不动者矣，而非其终不可动。故圣人之仁天下也，思欲动之，而难乎其动矣，而自有所以动。前之《诗》《书》《大易》《春秋》既为我效其□□，后之诵读玩说者自为我应其恒心。夫子以至诚凝不息之理，待物之触，而其神无方；诚之在天下无或息之时，有触而著，而其几不可遏。

故观之于天，四时百物无非天也。四时则为四时，百物则为百物，固非天也。天流行于四时百物而自有天者存，圣人垂教于天下万世而但自存其圣。物之自动者几也，其动也神也。圣人之愤乐终身以自为圣者，若无与焉。夫且若无与，而又奚待于言，奚必其述哉！以伯夷、柳下惠之贤，且兴起顽鄙于百世，况夫子乎！学圣者存之不睹不闻之中，省之独知独觉之际，勉之子臣弟友之中，四时之气应，百物之情得，何患乎无述哉！

## 食夫稻至予之不仁也

不能禁人之不为，不能禁人之不仁，圣人之教穷矣。

盖圣人能止天下于不孝者，恃其仁之犹有存焉者也。不仁而安，奚从禁哉！

且夫仁不仁之分，发于言，遂成于心，而终之以为。为之而终于安，未可必也。为之之日而尚有不安，亦未可必也。乃一念忽见为可为，遂怙其忽然之一念以为可安，当此之时，即有天性之不泯者，亦蔽于浮动之气，而见此外之无余心。

故虽以父母之丧必不可忍者，而置之若忘；食稻衣锦甚可已者，而见为不可已，则宰予是已。

夫予于时未尝有父母之丧，未尝于期，而有食稻衣锦之事。则稻之与馈粥、锦之与苴麻，茫然而无辨；稻之甘于馈粥，锦之美于苴麻，若大快于心。于是而有短丧之说，犹未必其决于忍也。而夫子诘之曰"安乎"，而遂曰"安"，则夫子之所以穷予者且穷。夫子未必果信其安，藉使为之，未必其终安也；然而言出于予之口而曰安，则仁绝于予之心矣。

流俗之说足以蛊人者，迎人所未尝深思之顷，而迫予以攸然自适之计，若曰乡之所为拘拘者皆亡谓也，称吾意以为之，尽有纵广自如之一途，可以上质天时，下顺物理，而抑不废口体之实，故群然信之，而反以咎君子之过于执。偷薄之说易以溺人者，诱人于身未尝试之日，而不恤其愧疚中起之后，若曰从吾言而为之，良自适也，不如是以为之，则且学业事功之皆阻，且为指其阙失，推其流弊，而若授以中和之则，故群然信之，而且以疑君子之违其真。

故若闻乐之可乐也，食旨之可甘也，居处之可安也，不遑念他日之安与否，而于问答之下，则已无所惮而直应之曰"安"。夫子曰"安则为之而已矣"，当此之时，圣人实无能如之何也。无如之何，圣人亦行其法而已矣。故立夫子于赵盾之前，无能使之讨贼也，但于不讨贼之后，正其罪为弑君。立夫子于许止之前，无能使之尝药也，但于不尝药之余，正其罪为弑父。何也？当其惑于流俗，习于偷薄，一念歉然而兴，凭依之为可怙，则固自见为安也，于是而为之，无不可矣。故宰予出而斥绝之曰："予之不仁也！"正其罪以不仁，而固不能禁也。正其罪者，圣人之法；不能禁者，圣人之穷。虽圣人能无穷哉！

## 率性之谓道

原道之所建，人之天也。

夫天下莫不贵者道也，而惟性之是率。《中庸》深原之，以示体道者之必求诸性也。

谓夫尽性者必依乎道，惟尽道者之必原乎性也。道丽于物以万殊，效于事以百致，备而求之，有无暇深求其所自者矣。

夫抑念道之所自出乎！觉之而始行，知始之也。知无方而之于道外，非必其道也。抑念道之所自著乎！感之而始应，物显之也。物在外而彼自为道，非吾之道也。夫道必有所率而后不淫于道之外，道抑不在外而著于我，岂非天所命我之性与？

好焉乐焉者，率之之情也，择焉执焉者，率之之才也。而所率者有一成之矩则，为情才之所趋，则恻悱之仁，专直之义，密藏于情才未起之先，一为人而必有此与生终始之诚，是性也，是情才之所效命者也。知与处之各当，率焉而物乃明也；恩与义之交尽，率焉而伦乃察也。而所率者有皆备之本体，为伦物之所依；则自强之健，载物之顺，保合其伦物不昧之贞，一为人而必有此与感相通之实，是性也，是伦物之所受治者也。

盖有生之初，天所以为天之道，与天所以育物之道，具体以善人之形，而凝之为德，故极乎圣神之功化。而赤子之心早已具乎笃恭之体，率之而道行矣，而特非废之半涂者之能率也。迨乎既生之后，天之所以为天之道，与天所以育物之道，流行以日授于人，而不绝其几，故极乎愚不肖之牿亡，而平旦之气犹可以作好恶之准，率之而道亦察矣，而特非任其自然者之能率也。故曰率性之谓道也。

呜呼！人不知性，而孰其知道乎？以率心为道，而善恶无据之知觉，率犬牛之性而为犬牛之道，则人道乱。以率理为道，袭痛痒不关之形迹，率流俗之性而为流俗之道，则天道亡。陆子静以心为性，司马君实舍心言道。道之不明，奚望其有戒惧慎独之功乎！

## 喜怒哀乐之未发谓之中，发而皆中节谓之和

且夫人静而不知所存者，以为情之未生，此心一无所有耳，动而不知所省者，以为情之方生，此心因感而动耳。日用不知者不能不用，见仁见智者随其所见，故君子之道鲜矣。

尝试论之。忽然而见可欣，忽然而见可拒，何为欣为拒相应之速也？则是有生以来，喜怒哀乐备储其精英而行乎其故辙矣。欲征吾性情之全体大用者，不可于此想见之乎！

夫未发之时亦多矣，乃当此时也，有惝惘而见为无可容心者，有见为昭昭洞洞万念止而孤有其炯光者，而不知皆非也，此喜怒哀乐之未发者也。喜怒哀乐之未发，岂万事万理之可豫立也乎？于是而有可发焉必发矣。乃于此时也，有谓舍所发而更无余情者，有谓时至事起随作用而为其得失者，而不知皆非也，此应其未发所具之节而皆中者也。

喜怒哀乐之中节，岂物至知知之初无节也乎？其未发也，欲其无端而发为喜乐也不能，欲其无端而发为怒哀也不能。君子不能，庸人亦不能也。此可以明其有主矣，特未能存者不知耳。试反求之一无成形之间，则静函以俟肆应之咸宜者，必不可谓倚于虚空而待物以起者矣，此其所藏谓之中也。其发也，于喜乐而易以怒哀也不能，于怒哀而杂以喜乐也不能。君子不能，庸人亦不能也。此可以明其各适矣，特未知省者不知耳。试密审之各有所宜之几，则得当以遂初心之本然者，必不可谓交错无恒而互相悖害者矣，此其所适谓之和也。

乃举天下之芒然于此也：于未发也，无其实不能为之名；虽中节与，

逐其末遂忘其本。谓未发者，一无有也；中节者，本无节而中即节也。庸讵知奠位于不睹不闻之顷，密藏万有而不忧其不给，以至正而立为大中；流行于隐微显见之际，会通典礼而不戾其所函，以至和而成乎各正。实有中也，实有和也。故君子之静存动察，奉此以为大本达道也。

## 诗云鸢飞戾天鱼跃于渊，言其上下察也

道之隐者皆其至显者也。

夫鸢之飞，鱼之跃，昭著乎上下，何隐乎哉？所谓隐者，此尔。

且夫道何隐乎？隐于不能行不能知者耳。

骛于费而遗其全，日鬵其一端而已困，将谓子臣弟友，鬼神礼乐之四达也，必有变通之密用出于形器之表。离乎费以索其真，欲遇其全体而不得，将谓喜怒不形，睹闻不及之至无也，自有恍忽之真宰立乎象数之先。道其隐矣乎？夫道非不隐也，特非费之外有隐，而圣人几几遇之，夫妇之必不能与者也。

今夫君子之道，天之道也，天则在吾上下之间矣。仰而观之，天者具在矣；俯而察之，渊者具在矣。从天而观之，鸢有时而飞矣；从渊而察之，鱼有时而跃矣。未仰以观，则忘乎天；未俯以察，则忘乎渊。鸢固飞也，有时而见其飞焉，有时而不见焉；鱼固跃也，有时而知其跃焉，有时而不知焉。然则子臣弟友、鬼神礼乐日相需相给于宇宙，而未尝备察焉者多矣；然则可喜可怒，可睹可闻日相感相成于伦物，而未能详察也又多矣。如是而谓之隐，诚隐也，而果隐也乎哉？不能知不能行者之杳芒而无可亲，知之行之者历然而可据者也。

吾目之所不见，不可谓之无色；吾耳之所不闻，不可谓之无声；吾心之所未思，不可谓之无理。以其不见不闻不思也而谓之隐，而天下之色有定形、声有定响、理有定则也，何尝以吾见闻思虑之不至，为之藏匿于无何有之乡哉！吾有所不可知，责之吾智之未精；吾有所不能存，责之吾仁之未熟；吾有所不可胜，责之吾勇之未大。以其未智未仁未勇也而见为隐，而君子之灼然可知、固然可存、断然可胜也，何尝于智仁强勇之所穷，更有绝人以不可及之理哉！

故《诗》不云乎：鸢飞戾天，察乎上而但存乎仰观者之察耳。有鸢焉，有天焉，其物也；飞者其几，戾天者其则也。鱼跃于渊，察乎下而但存乎俯察者之察耳。有鱼焉，有渊焉，其物也；跃者其几，于渊者其则也。夫何隐乎哉！

然而隐矣：天终日丽乎上，渊终日奠乎下，鸢鱼终日游其间，飞跃终日因其性，然而天下之不见者多矣，故曰隐也。君子之道，天之道也，亦如此而已矣。

## "庄暴见孟子曰"章

得乐之情以图王而可矣。夫推好乐之情以同民，取天下之道，固有然者。

先王王天下，而以乐化成天下。齐王亦知愧其不能好，而孟子固未之及也。

昔孔子之论乐，审音容，辨器数，雅《郑》之际，戛戛乎难言之矣。而孟子独比先王世俗而齐之，意者姑有俟也。不然，大而未化者所见然与？

或谓声有哀乐，而作者必导以和；或谓声无哀乐，而惟人之所感。之二说者之相持久矣。谓声有哀乐者，性之则、天之动也；谓声无哀乐者，情之变、人之欲也。虽然，情亦岂尽然哉！

今且谓乐乐之情，独不若与人，少不若众。乃使数十百人聚于一堂，倡优侏儒，犹杂子女，非不乐也；而音寂舞罢，必且有自念而倦以惭恧者，此亦乐极悲生之所必至矣。今且谓同乐之情，欣欣之喜色，民忘其慆淫，庶几无病之交祝，君安于驰逐。乃使既庶既富，生其逸玩，暮而鸣钟，旦而按猎，且相乐也；而诬上行私，必且有旋踵而继以怨讧者，此固乐不可极之明效矣。

夫谓今之乐繇古之乐而生，其言顺，然而非也；谓古之乐繇世俗之乐而裁之以正，其言逆，然而固然矣。何也？上古之世，其民繇无情而有情，能歌能咢，能抃能舞，可使去草木虫鱼之顽处而导之以和，故先王重用之，然且亟防其淫而亟为之节。近今之世，其民人有情而情有变，为恩为怨，为诅为颂，且将窃变《风》变《雅》之淫诽而和不可复。先王之节，不可逾也；世俗之淫，不可宣也。繇是言之，乐之于人治大矣哉！

无已，则以齐王之人，处齐王之世，抚齐王之民，疾苦流离不适有生，而姑为此说邪？虽然，齐王且知变色以怀惭，其臣且固迟疑而罔对，知有先王者未尝不可深言也。然而孟子之言止此，其将曰是何足与言先王也云尔，而抑不然。

盖王者之兴，天佑不已者也。佑之以取天下之材，而乱定矣；佑之以定天下之材，而治兴焉。孟子以为吾且任取天下之事，拯民于水火，则山川时雨之降，自有制作之圣继我而起，则移风易俗以俟来者，而功不必自我而成。抑君子之道，成章而达者也。顺人情而利导之，吾志吾学之逮此矣；贞人性而节宣，吾育吾德之繇此致焉。孟子以为吾所得于先王之道。先立其大纲，而志壹动气之后，自有天产之和应我而兴，则履中蹈和需之仁熟，而化不可躐等几也。惟然，故其为言也，循序不迷，而非苟谐于世俗。固非声无哀乐之厄言，与嵇康同其叛道；尤非劝百讽一之旨，与相如扬雄均为诡遇也。存乎善读《孟子》者尔。

## "公孙丑问曰夫子加齐之卿相"一章

且异端所与君子并驱而骄语捷得者，曰无学。

君子曰："吾守者约也。"彼且曰："吾所守者尤约也。"约莫约于一心。心之外乃有义，义之外乃有学。泊然之心，无学无义，而恒足乎天和。彼见有霸王，见有褐夫，见有诸侯，见有义不义之行，见有辜不辜之杀，皆学累之也，而告子以不动其心。

呜呼！若彼者犹匹夫之雄入于九军耳。无褐夫，无万乘，无胜不胜，无缩不缩，刲首暴骸于都市而心恒晏然，其果晏然与否吾不知也，而自命则曰吾晏然矣。夫君子而屑为尔哉！

异端言生死，君子不言。仕、止、久、速，君子生死之几也；行必义，杀必辜，君子生死之守也。守不定，则生气屈而易馁。义为衡，而气为持衡之主。求之求之，而得之于内，则历乎治乱之间，进退皆有以全其刚大。气者，天之道也。人之圣者全乎天，未有圣而可以宠辱惊者也。几不察，则生理疏而易偏。心为衡，而天下之言为所衡之理。求之求之，而得之于学，则入乎类萃之中，百王皆因以裁成其礼乐。心之有知，人之道也。全乎天者尽乎人，人道尽而是非不足感矣。

故告子谓不以心使气，圣不可知者或然也。乘时自利其用，而清任之风裁以化，而要未易几也。其谓不以言累心，诐、淫、邪、遁者皆然也。无择以兴，而政事之乖违莫恤，则心先丧矣。知此，则可以知孔子之道逾群圣，而孟子愿学之长矣。

孔子之学，交相用而抑各致其功也。以持吾志而帅吾气，道也义也。气听衰王于心，而因天下为曲为直之数，以阅万物而制其命；谨之于几微，临深履薄，而千万人让其勇。此其学曾子传之，伯夷伊尹前此而修之，子夏之谨守犹将庶几焉；畏其难而任其馁者惟告子耳，而为之说曰：心无待于气也。以审天下之言而正天下之心者，学也诲。言极天下之至赜，而惟吾心不厌不倦之诚，以阅众理而曲尽其时。此其学子贡知之，颜闵冉牛欲罢而不能，尧舜之生知且未遑焉；畏其勤而偷以怠者惟告子耳，而为之说曰：言只以累心也。学孔子者，养以存诚，知以求明，求之求之，各致焉而心之量始全，奚有累哉！若夫学诲以精其义，则曲直不差于铢累；集义以执其中，则古今交受其权衡。是知言养气交相为用，而孔子之度越群圣者，知言其至矣哉！

学以聚之，问以辨之，可飞而抑可潜，乾所以为御天之龙，孔子之所以贤于尧舜也。敬以直内，义以方外，无不利而固不习，坤所以为牝马之贞，夷尹之所以不如孔子也。

老子曰绝学，释曰无学，告子曰勿求。邪说多岐，其妄一也。朱子格物之教为孟子之传，允矣，功不在禹下，陆子静、王伯安之徒奚更詹詹为？

## 敢问夫子之不动心至而反动其心

且夫人亦恶能不以心使气乎哉？而妄者以之为患。

夫欲心之勿使气也，则惟死为得之。生之日短，而死之日永，亦何患无心不使气之一日哉！切切然于其生而患之，不亦愚乎！

心之动也微，气之动也显。告子曰：吾无气，心虽动于微，天下不知其动也。心之动也有权而无力，气之动也有力而无权。告子曰：吾不资气之力，心且无所用其权，亦废然返而自息也，故天下之言钩棘锋距杂进于前，吾不与之迎随，则若称说于菱草块涂之侧，而固无能动也。

乃吾且为告子正告之；藉其死也，气离心，而心不与天下之言相应，则天下之言仁义、言富强、言为我、言兼爱者杂进于前，心固不与之迎随，而喋喋者弗能自诧于菱草块涂之侧，更何患乎？若夫生而与天下相接矣，心一日不能与气相离，非吾欲尔也，天也，则亦恶能不以心使气乎哉？

今夫体，皆听心之为者也。动静云为，皆气奉心之微指以喻于体；动静云为，皆心使气之效也。霸王行道，一心授气以大权，而用以充。故君子视天下，犹吾耳目手足尔，气相及也。万物同此一气，故同此一理，非我使之然也，天也。我以之生，天下以之生，孳孳于有生之日以立霸王之纪，以治杂乱之言而一于正，惟心使气之为有功。

故以权论之，而心为尊，则志至气次之名定矣。以权力相参论之，则志壹动气，气壹动志之功均矣。以力论之，则气为强，而蹶趋动心之势成矣。何也？气去心则死，心委气而息则死。不欲心之微者显，气之有力者效其力，则诚莫死若也。而告子百年之余如此者，永以终古矣。任天下之言仁义、富强、为我、兼爱者百相萦也，百相禁也，而我固不与迎随，终亦无我如何也。告子亦何患乎无此一日乎！

君子所忧者，我且为菱草，且为块涂，而天下之生不息，彼且摇荡天下以相迎相随于率兽食人之途，故持其志以大正，帅其气以察言，则虽五世泽斩之余，而犹使天下之言不敢逞其钩棘锋距以戕贼人心。故自孟子至今二千余年，言犹有宗，心犹有法，皆孟子之气为之也。此孟告之不动心可得而闻者也。


## 万物皆备于我矣

物之备于我，见之者鲜矣。

盖备我之理，而后知物之备焉否也。我之不尽，而测物者恶足以知之！

且谓物之自物，各还其位，而非我所与者，亦思以其说易天下，而终于不能。我之既有于天下，必有藉以益其生，其待于物也无已时，物备我，而我顾悍然使还其位而无相与，亦耻甚矣。无他，见物而不见我也。

孟子学圣之功，充实而光辉盛焉，乃知我之待于物，一如物之待于我；物之有我，一如我之有物。遂昌言曰："今夫万物则既可得而见矣，斯不可以理言者也；理以为当然，则或以为不当然，而奚不可。抑不可以情言者也；情见为不容已，则有时容已，而亦或可安。惟夫吾自有之，吾自用之，犹手之有持、足之有行也，拘之挛之而不能禁；吾自能之，吾自为之，犹目之能视、耳之能听也，塞之蔽之而终不失；吾自富有之，吾自日新之，犹言之不穷于口、动之不穷于体也，慎之持之而非不给。故不但言我受物也，受则有与之者矣。"

各有血气，各有心知，谁与我者？调其血气，导其心知，吾司与矣；有其可司与者，与之而已矣。抑不但言通物于我也，通则必往而通矣。智止于心，力止于身，奚待往乎？尽心之智，尽身之力，弗庸往也；有其所可尽者，尽之而已矣。繇今观之，万物不皆备于我哉！

虽然，吾盖几为察识，几为扩充，而今乃知之也。一日之间，而引万物以大吾之量，始以为志之所至可至焉矣，而未也。志者一日之起者也。万物至重矣，而任之者气；气之不养，养之不直，则见芸生之情诡变纷纭，而不信我之能为其藏。今而见吾之气，天地之气也，刚者可驭，柔者可扶，变迁殊质，至于吾之身皆胜之而无可慑，然后吾所立之志非虚扩之使大也，万物皆备也。一念之动，而恤万物以慰吾之情，始以为仁之所感能感焉矣，而未也。仁者一念之涵者也。万物不齐矣，而各有其义；义不生心，心不集义，则见勃发之欲损益无恒，而不信我之能持其衡。今而见天下之义，吾心之义也，取不损廉，与不损惠，生杀异术，裁以吾之心皆宰之而无可疑，然后吾所存之仁非固结之使亲也，万物皆备也。是当然之理所自出，必然之情所繇生也。反身焉，莫匪诚矣，无不乐矣。

呜呼！此孟子所以为正己物正之大人也与，而孰则知之！

## "孟子曰莫非命也"章

尽道者，于命无择而非正也。

盖一日生而有一日之道，尽之而已。知命者岂知岩墙、岂知桎梏哉！

今夫桎梏之中，道所不存也乎！道无桎梏，而桎梏之中有道。道至于可桎可梏而道乃尽。尽道者不受桎梏，而桎梏不择道而不施。故曰"莫非命也"。

天与人争，未有不胜者也。使可以不顺焉，则非正矣。天不以一人之正屈其大正以从之，故治乱有时，死生有化，祸福有权，非人之所得与也。无已，其惟岩墙之下不可立乎！

而岩墙之下亦难言之矣。扣马之谏，众欲兵之岩墙也，使夷齐权可乘，言可执，以声伐君之罪，则武王且立乎岩墙之下。微服过宋，魋不能害，不立于岩墙也，及其历阶可升，侏儒可斩，以婴莱人之锋，则孔子又已立乎岩墙之下。然而知命者可扣伐商之马，可漂牧野之血，可屈于宵小之桓魋，可亢夫强大之齐景。何也？道尽则无岩墙，不尽则无往非岩墙之下。

而桎梏之为心害甚矣！岩墙其心者桎梏其身，行险以侥幸，则天且奉桎梏以行其正，而不知至于无可如何而受之，亦终莫能逆天，而但自形其不顺。以不立岩墙者桎梏其心，忧危而不释，天且试之于岩墙以观其顺，彼乃无可如何，而见为不可受，自谓能居于正，而不知天之可顺而不可违。

然则如之何？尽其道而已矣。天有天之命，天之道也。吾有吾之正，人之道也。天道归之天，人不能与。人道任之人，天无所持权。尽道者安于人之非天，安于天之非人。羑里而演《易》，匡围而弦歌。岩墙之下，桎梏之中，优游泮涣，莫非道也，岂但曰"莫非命也"哉！

## "孟子曰人之所不学而能者"章

大贤申明人道，而显仁义之藏焉。

夫君子所性，人之性也，则仁义之发为爱敬者也。知能则既良矣，故曰性善。

今夫人之性则既异于禽矣。禽之初免于穀，其所知能即凤具焉，终身用之而无待于益，是其不学不虑之得于气化者也。

夫人则不能凤矣，而岂无不学之能、不虑之知乎？学而能之，能学者即其能也，则能先于学矣。虑而知之，知虑者即其知也，则知先于虑矣。

能学知虑，禽之所不得与也，是人之性也。学虑者以尽仁义之用焉，而始著之能、始发之知，非禽之所与，则岂非固有其良焉者乎？

夫但以不学为能，不虑为知也，则色而能悦，斗而能克，得而能取，人皆能之于习尚之余，而不如禽之胜任也蚤；利而知趋，害而知避，土而知怀，人皆知之于筹度之后，而不如禽之自然而觉。以此思之，人之不学不虑而自有知能者，非其良焉者乎？孩提而始发其端，既长而益呈其效，则爱其亲敬其长者，人所独也，天下之所同也，如禽之不知、能禽之不能也，故曰良也。是故君子以仁义言性，于此决矣。

物之生，皆生之气也；人之生，气之理也。天欲引其生气以滋于不息，则使物之各有其情以相感而相育，故物类能爱其子，而忘其所从生，理不足以相保，而物生虽蕃，不能敌人之盛。惟人有肫然不昧其生之理，藏之为仁，发而知能者亲亲其先焉者也。奚以知人性之必仁哉？以他无所恋慕之日，早有此爱，达之天下，凡为人者皆然也。故曰良也。物之生，皆天之化也；人之生，化之则也。天方行其大化而汇不能齐，则使物之各有所制以相畏而相下，故物类知服于强，而狎其所相习，则不足以有准，而物生固危，不能似人之安。惟人有肃然不敢逾之则，藏之为义，发而知能者敬长其先焉者也。奚以知人性之必义哉？以他无所畏惮之日，早有此敬；达之天下，凡为人者皆然也。故曰良也。

爱之几动，生之理渐以不忘，理有所未安而不忍，于是而学矣，故能学也。敬之情伸，天之则不可复隐，则有所未宜而不慊，于是而虑矣，故知虑也。学虑者，爱敬之所生也；爱敬者，仁义之所显也。不学之能，不虑之知，所以首出庶物而立人极者，惟其良故也。

于是不知性者揣此以言曰：觉了能知者，不学不虑之本体；人之始，一禽之免于縠而已矣，可良可不良者也，无良无不良者也，学虑之知能徒汩其良，而惟无善无恶之为良知。王伯安之徒，舞孟子之文以惑天下而不可胜诘。悲夫！

僧通润者，谓孩提知爱，是贪痴大惑根本。其恶至于如此！司世教者不施以上刑，而或为传之，无惑乎禽兽之充塞也。

## "孟子曰人之所以异于禽兽者几希"四章

大贤以人道立人，承先圣之所存也。

夫人之异于禽兽，无不异也。有不异者，则不异矣，故曰几希。君子之为治为教，严此而已。

孟子更端而递言之。

盖以天溥物而无心，物群分而不乱。天下之言道者，吾惑焉；跻圣之道于天之化，则且尸天之仁为己之仁，下夷乎物而无以立命。其言性也，吾益惑焉；概物之性于命之同，则是率物之性为物之道，自蔑其性而殆于逆天。古之君子所为尽性修道以立庶民之极者，则惟于人之所以异于禽兽者，严其别而慎持之耳。

夫人之于禽兽无所不异，而其异皆几希也。禽兽有命而无性；或谓之为性者，其情才耳。即谓禽兽有性，而固无道；其所谓道者，人之利用耳。若以立人之道较而辨之，其几甚微，其防固甚大矣。

自我而外，有物而不知其异；与我为类，有伦而不体其同。不体其同，天几之爱易以衰止；不知其异，相接之宜罔于从违，禽兽胥此矣。明以察而繇仁义者，惟人异也，舜所存者此也。其欲无涯，而甘食为甚；其戾无已，而见善不知。逐于欲则日偏而不反，迷于善则怙党而崇私，禽兽则然矣。好恶审而取舍定者，人惟异也，禹汤所存者此也。

偶有踟躇之悲，而旋以忘；小有微明之觉，而恃以遑。忘之而成乎忍，则地异而情殊；恃焉而不思反，则事狎而心玩，禽兽之道然也。欿然不足而周于远迹，惟人异也，文武所为必存也。前不知有古迹之可循，内不知有心思之可尽。不知效法，则熄者无以相续而无古今，不尽思惟。则大义永以斁忘而无纲纪，禽兽之道然也。勤思不懈而继夫往迹者，惟人异也，周公孔子所为必存也。

大矣哉，其立人以事天；严矣哉，其贵人以治物也。私淑君子而承其将斩之泽者，舍此奚事哉！以言乎道，不敢侪言天也。思诚者人之道也，匪形之是践，而几乱乎鬼神。以言乎性，不忍滥乎物也。人无有不善者也；以命为无殊，则必同乎牛犬。抑功利，崇仁义，绍帝王之治教以抑强食之兽心；辨杨墨，存君父，继春秋以距争鸣之禽语，其在斯乎！后有作者，勿以禽兽之知为良知，禽兽之能为良能，尚有幸哉！

程子有"率牛之性为牛之道，率马之性为马之道"，朱子不取，疑非程子之言，游杨谢吕之所增益也。鸡雏观仁，《近思录》采之。正不须如此说。周子不除牕前草则异是。此自有辨。万物与我共命，蠢动含灵皆有佛性，斯禽兽之教，诱庶民而师之者也。

## 形色，天性也

形色皆天性，不托于虚也。

夫性之在色，犹色之在形。形非虚以受色，而虚以受性乎？成性者天，成形者天也。

尝思天下之言性者，皆有所大愚。彼不自暴其愚，而多为纤微洸漾之说，我则知其愚之必出于此。

盖其为纤微洸漾也，抑必有所依焉，以为躯壳之内，心肾肺肠之间，有中虚如橐籥者，是性之所函藏也；抑以为外形之通乎内，内形之通乎外，有中虚如隧道者，是性之所流行也。其愚也必出乎此，特不敢目言之尔。

夫虚如橐籥，虚如隧道，无有而已。所时有者，大气之往来而已。是与身外之虚也无以异，我所不得而有，我所不得用也。即用之，亦待吾之志以帅之，而奚有其成性哉！古之人知此矣，故爪之与发，至不灵者也，全归者必纳之绿中；黥之与舂，非有惨痛之伤也，用法者立以为大戮。夫岂遗性而贵形哉？亦知夫形色之表，抱虚而居其间者，非吾性之都也尔。

妖祥之变有色矣，而不能有形，则无定性，草木之类有形矣，而不能有色，则无觉性。若夫人也，则外形之用，色所发也，而耳目之材，实有其可聪可明之成质；内形之体，形固藏也，而神明之撰，实有其能择能执之成能。然则性也者，即此内外成形至实之体，而非游于虚也明矣。见于面，面非窍之所启也；盎于背，背非几之所通也；施于四体，四体则以实为用，而非以虚为牖矣。人之形则为人之性，犬牛之形则为犬牛之性。若夫虚函如橐籥、疏通如隧道者，犬牛亦同有之。实者异，而虚者亦因以不齐矣。

论者曰:"虚者道也,天也;形色者器也。夫亦思人之奚从而有斯形色哉?"形之密也,天下之至精者无以加,形精而色以入微,是天之聪明所变合,而聪明即留此而与俱处者也。形之恒也,天下之至信者无以加,形信而色以有定,是天之秩叙所裁成,而秩叙即奠此以与相守者也。故就其虚函而疏通者以言仁义,无有也,则以谓性之无仁义也可矣;就其至精而至信者以言仁义,至信者即其仁,至精者即其义,而又奚惑乎!

然则人之死也,形存而性去之,何也?是其形之将毁也,萎败而不足以发色,而性因以亡。愚者犹疑之曰:"性游乎虚而有去来。则其生也孰鼓其橐籥,其死也隧道居然,而岂有窒之者乎?讳此不言,而为纤微洸漾之说,亦谁与听之!"

释氏以八识随寿暖二性为去来,贤于庄子天籁之说矣。然寿暖者形之不即毁者尔;形将败,性乃渐隐,寿暖有似乎去来。性无去来,但有成毁。《易》曰:"乾坤毁则无以见易。乾坤,形色也,易,天性也。格物者知之。"

## 哭死而哀,非为生者也

圣人之哀,发乎性而止乎情也。

盖性无有不足者。当其哭而哀,足于发为生之情;理所不发,而抑奚暇及之!

此孟子体尧舜之微而极言之曰:德纯乎性者,情亦适如其性;如其性者之情,不容已之情也。

夫人之于情,无有非其不容已者矣,而不知不容已者之固可已也,则不已者意以移而已焉矣。其惟圣人乎!

哀乐者,情之大端也。圣人之乐,不以中天下定四海而益也,则不以饭疏食饮水而改也。是以知圣人之哀,不以茕茕在疚、悯予而恤已也,固不以何怙何恃,弃予而怀人也。哭死则哀矣,哀则忘乎生者矣。

聚散者气之恒,天之以宰物也。而其合也和也,其离也伤也,天之于此,有欲为久存而不可得之势,故舒惨相乘之候,必有风雨之变凄恻于两间。欲久存之,而固将亡之,气之所不能平也。圣人应于其候,而悲悒之情兴焉，如天之哀而弗能自抑矣。屈伸者数之恒，物之所自取也。而其伸也畅也，其屈也郁也，人之于此，固有缱绻求盈而不自主之憾，故焄蒿未谢之余，自有怆况之神依依于左右。方且求盈，而终于见诎，情之所不可堪也。圣人通于其志，而迫遽之心弗焉，如物之哀而勿容或释矣。

夫动以天者，于道无所仿也。天所动者斯为道，道以行其不容已者也；祈于道而天之初几以隐。因于物者，于理无所推也。物之变也莫非理，理自有其不容已者也；求诸理而物之感通以阂。今夫念继序之不皇，而感前人之勤止，不终其佑。思日月之逾迈，而悼昊天之未报，追悔其非：此亦可谓仁孝之用心，于道无违，于理必致者矣。而赤子之心，虑所不及；生死之际，情所不遑。以此知人也，非天也，性之所溢出而固可已者也。夫圣人亦惟此而已矣。故我以信圣人之哭死而哀，非为生者也，性自足乎哀而无所待也。


## 利物足以和义

不私利于己，而义在其中矣。

盖利在物，则义在己。义利不两立，而非不可和也。君子辨此夙矣。然非自强之天德安能哉！

尝闻命筮者曰：义则问，志则否。以志之或淫于利也。

然则天之以利为德，惟天任之，而非君子之所可事也乎？夫利之为言，行与不行、得与不得之谓也。有涂于此，而两不能容：我行，物斯止矣；我止，物斯行矣。有物于此，而交倚为用：我之得，物所失也；物之得，我所失也。行不行、得不得之间，义之所自以合离者也。君子豁然知利之为物所待也，即为己之所自裁也，不讳言利而以物为心，抑岂离所行所得者以为义哉！

除天下之大害，则勖其戎昭果毅，致武以争利钝之交，无所恤也。若其害止于一身，则安之于命，而命即为义之所自定。夫天之以肃杀戕蕃芜之患而恣老物之息者，亦此义也，胡不和也！兴天下之大利，则勤于康功田功，秉时以导利源之溥，无或逸也。若其得止于一己，则孤尚其志，而志即为义之所自持。夫天之以西成敛品物之实而厚生民之养者，亦此义也，胡不和也。

故一介之取，濒穷厄而不系其心，千乘之辞，屡流离而不生其怨。而苟可以利一国利一乡乃至利一夫之不获者，理所可推，恩所可及，则君子而谋细人之务，日孳孳焉劳之劝之，不吝其勤，以为非是而不惬，惟其胜己有权而用物有制也，自强不息之道然也。

呜呼！利之为用大矣哉！非勤弗获也，非恒弗能继也，终日乾乾而美利乃集焉。然而小人专之以自居，则乾之利天下者，岂为一人设哉！阴柔之情间于中，疲役以怀安饱而自弃其天，凶之府也，幸免者枉耳。是故《易》不为之谋也。

## 莫益之，或击之，立心勿恒，凶

且夫古今遐迩得失利害，皆人之所常有事也，孰知夫常者之非有常乎？孰知夫非有常者之固有常乎？

逐乎小喜而遗乎大忧，犹可言也；喜者在此而忧者即在此，不可言也。

以大常洁度之，愚哉逐物求益者之莫能免也。

夫人之立心，未有不求益者，未有不避击者；君子以之受天之佑而远人之怨，小人以之丧其廉耻而叛其君父，乃自其大常者而洁度之，则适足以为天下笑。请言其愚：以为益也，芒芒然而求之，而不知击者之随之也；逮其击而又避之若恐不及，又不意击者之转为益也。以为击也，悸悸然而避之，而不知击者之固益也；见为益而又求之若恐不得，又不知益者之更深其击也。

四顾而视天下，有以之而益者矣，则从而效之，然而于己不效，而复得击矣。是何天下幸而己不幸？怨天尤人，而击之者愈甚。偶然而遇之于吾身，困以得益矣，则又从而为之，然而于前幸获，而今则击矣。是何前日之利而今遽变也？振掉失守，而其受击也更烈。呜呼！以为可常而孰知其不常。于此不知，而欲知善恶吉凶之理数固有之大常也，其可得哉！

夫邪正之途，成败之轨，祸福之归，纲常名教之所存，礼乐文章风会之所自定，有规之一日者矣；有规之数岁者矣；有规之终身者矣；终身之余，上有前古，下有后今矣。非立心之迂也：一日者亦前古后今之一日，则合前古后今之益以治一日，而一日之益乃以不迫而不穷。勿恒者曰："吾利当前耳，古今不相及，而恶用知之！"乃不知击之者非前古后今而在此一日也，有度之一身者矣；有度之一家者矣；有度之天下者矣；天下之故，天地屡变，万物屡迁矣。非立心之诞也：一身者固天地万物中之一身，则酌天地万物之益以裕一身，而一身之益乃以无怨而无恶。勿恒者曰："只阅我躬耳，变迁任乎数，何容心焉！"乃不知击之者非天地万物而自贻于身也。

不求益，何从击之？不避击，或益之矣。澹定以绝小功小利之相诱，执持以保不僭不忒之有素，益所为长裕而不设也，非勿恒者之所及久矣。


## 人心惟危，道心惟微

于心而层累言之，其势殊矣。

盖人心本受命于道，而不能不为人心也，故危微之势成。

且心，灵明之谓也，而有合有分，有源有流，于是而有殊势焉。

天之降命用其合，成乎形质而分矣。形质之所以成为其源，既成而分则流矣。知其统于心，而抑知其势之殊，于是而其几以显，且知惧焉。

合之必分，源之必流，势之必然者也。其分也分其合，其流也流其源，理之固然者也。至于既分既流，则理不可恃，而一听乎势，知道虽凤，能不谨持之哉！天之降命曰道，成乎形质则曰人心。发乎道，名为道心，不仅系之人心；利乎人，名为人心，不可复系之道，势也。

今夫人亦何不安之有乎？不但耳目可以效聪明，手足可以成功用，即欲亦不待绝而后仁，利亦不待弃而后义，坦然行于天下者，坦然任于吾心，而奚其危？其危也，道危之也。善恶相形，悬衡以治其灵明，而乃见人之危，其势岌岌焉。今夫道亦至显矣，不但君父得之以为君父，臣子得之以为臣子，且食得之以利其食，色得之以利其色，昭然于天下者，昭然于吾心，而奚其微？其微也，人微之也。形气之用，日进而迫其灵明，而道遂成乎微，其势浸衰矣。委之于人，而道心微；临之以道，而人心危。

合者以统分，而分者乃夺合者之位；流本统于源，而其源不能保其流之终。可弗惧哉！

本安也，而见其危，势之不容假借也如此乎，则危之危之而不自信，不愈切乎？不自信，则不特人心之不可信也，而道心亦不可信。夫兼爱疑仁，而为无父；为我疑义，而为无君。仁可愚，知可荡，忠信可贼，天理民彝之际亦严矣，故圣人深以危为惧也。本显也，而成乎微，势之日就凌夷也如此乎，则微之微之而至于无，其能止乎？至于无，则不特无道心也，而几无人心。夫人狂然而喜，不知其所以喜；蹶然而怒，不知所以怒。视不见，听不闻，食不知味，而耳目口体之权亦替矣，故圣人甚惧其微也。

圣人之道心非微，而引天下之牿亡为己虑，于以见圣人之日勤于下学；天下之人心不自知其危也，而奉吾心之察识以临之，于以见圣人之与民而同患。与民同患，疏其流以利其源，而源流一矣；下学达天，分于器而合于道，而分合一矣。是故统人与道而一之，曰心。

## 文王在上，于昭于天

圣人之诚明，咏之者见之焉。

夫人之期至于圣者，惟其有可昭于天者也。

《诗》则曰："独不见文王之在上乎？"

盖文王之生也，晓然以其心与天下相见：仁则其臣喻之，敬则其君愧之，孝则其父安之，慈则其子承之，信则国人孚之，惟无所隐而志气如神，周乎天下者无不昭尔。

文王往矣，天下不忍谓文王之遽往，我则遇之，曰文王在上也；文王往矣，天下不敢谓文王之已往，我则质之，曰文王在上也。不忍谓文王之遽往，非天下之情也，文王与天下相怀保之心也；不敢谓文王之已往，非天下之志也，文王与天下相钦翼之心也。

而不但此也，天之所以叙万物者无方，而约之曰理；惟其理，故分合同异万有不齐，而天下皆不疑其妄。天之所以生万汇者无择，而统之曰化；惟其化，故暄润动育变不可测，而天下终不惊其诡。文王则与于斯矣。

故不忍之心，上而与天之化合，则仰而见日星雷雨之实有其光辉蒸变者为昭也，皆文王之昭也，仁敬孝慈信之情自怵然有以动人之不忍而无所戁；不敢之心，上而与天之理合，则仰而见春秋旦暮之各得其度数候序者为昭也，皆文王之昭也，君臣父子朋友之道自赫然有以生人之不敢而无所迷。呜呼！诚也，明也，诚明斯以神矣。

天下之难穷者形，而至易见者神。惟不与于斯者，则以谓形易见而神难见尔。草木虫鱼、色声臭味万状，以试人之聪明于疑似，而人谓之昭；圣人之道、天之化，觌面相示，而人谓之若有若无而不昭。《诗》曰："独不见文王之在上乎，于昭于天矣。"文王之生无隐，文王之往不息也。此非周公固莫能见，莫能咏也。


## 不显亦临

知不显之临者可以学文王矣。

夫显之临，为物之所临者也；不显之临，上帝之临也。

文王慎此而已矣。

闻之异教曰："恍惚有物，惚恍有象。"昧者以为妙道之归，而不知其已陋也。有物，非其物；有象，若有象耳。则于无妄之理、对时育物者，觌面久相失矣。

善言文王者曰："不显亦临。""不显"者，特未之显，而必于显，非终匿而不可见也。"亦临"者，显亦临，不显亦临，非舍有而索于无也。道无间于显微，文王体之尔。

于其显，始知其临，而不知其临之已久矣。君之尊，父之亲，天命之去留，薄海臣民之忧乐，存危安倾之不爽，于深宫之颦笑差以铢累，而吉凶得失有海岳之成形加于其上。人自迷之，文王自觉之，临莫临于一颦一笑之几也。于其临，乃知其显，而不知其为显也夙矣。鸢之飞，鱼之跃，云汉之为昭，二后在天之志事，四国求莫之鉴观，举天人之明赫粲于指掌，而驺虞麟趾旨仁义之明征胪列于前。文王既察之，因自求之，显莫显于明明赫赫之藏也。

盖于显而始知临者，忽然而临之，神未有不慑者也。众人之于旦暮也若死生，圣人之于死生也若旦暮，慑不慑之殊耳。知变化之必然，则变化皆其条理。故羑里可囚，铁钺可赐，崇墉之负固，江汉之讴思，以至于梦龄修短之数，百相试也，百相受也，不显之中无不灼知之变化而又何慑焉！于临乃知显者，则及其显焉，未有不纷焉者也。寡其心者于事见多，多其心者于事见寡，纷不纷之异耳。摄万年于一念，则一念已载万年。故下土之冒，孙谋之贻，十四王之已往，三十世之将来，以垂为《春秋》《易》之传，道无穷也，心无尽也，亦临之下无不昭融于一念也。

呜呼！岂独文王哉！天无私，道无间，人无可避，事无可择，不显之临人也，无瞬息之隙，无毫厘之贷，千圣百王慎此而已。愚者不觉焉，故神慑情纷，而终之以偷。君子之道所自鲜也，非别有妙微寄于希微而仿佛遇之也。

## 夏，许男新臣卒 僖公四年

生事之不终，死累之也。

夫死岂必择地哉？终其生之事之未易也。

若许男、新臣者，终伐楚之役，归而死焉可矣。

且古之君子，闻其言生也，未闻其言死。生者人事，死者天事。人自尽，而天非所与，其何事焉！寄托之重，名义之难欺，蹈白刃以自靖，亦谓生之不可罔尔。

世教衰，异端兴，于是而谓死之事大，乃以旷其鼎鼎之百年，而矫之于奄奄之一日，则甚矣其愚也。取死之日而郑重之，又从而张皇之，竖已槁之须眉，舞仅存之机智，以示异焉，亦异矣，乃若其情，则亦顾妻子而生怜，眄田园而不舍，乞绞绔棺椁以为荣者之情也，嘻！甚矣愚也。一日未死，则犹然生也，亦顾生之所必勉而必慎者何也；迨其已死，则全归之天尔，奚所表异而以居德自伐也哉！

是故许男、新臣以伐楚出，以疾归，以归死，而说《春秋》者以为不知命。岂其不知死之命哉，不知生之命焉耳。天命人以生，未尝命人以死。死者天命之不续，而人不能受者也，而何言命？天命我于生而我可知，天即命我以死而我亦无能知。死者，知觉之已忘而返乎化者也，而何命之可知！惟然，则死于陉与死于许也奚择？然而有择者，伐楚之事未终，有一日之生，则一日之义系于伐楚；方生之日，不可引将死之惧以旷其所当为也。

夫天岂尽人之生而皆命之？人尽其生而皆受天之命，天命有赫矣，而显其用于人。其在诸侯也，世之治则受命于王，世之衰则受命于伯，伯而有勤王攘外之事，毕其生以受之而已。其在士大夫也，处其安则受命于君，处其危则受命于社稷，社稷而有安危存亡之故，毕其生以受之而已。其在学者也，于所学则受命于往圣之言，于所行则受命于所学之正，所学而有愤乐终身之事，毕其生以受之而已。知有生也，何知有死也哉！

故曾子之易箦，以尽生之理，而异端震而矜之曰："生死事大。"矫持之于奄奄一日，则亦顾妻子、睨田园、乞荣于绞紟棺椁之情也，恶足道哉！

## 故人者天地之心也，五行之端也

且礼者，人之精英也。

知食而甘之，知色而悦之，可以生矣，而人不仅此也。爱则相响，敬则相惮，可以安矣，而人抑不仅此也。

性情之际，融结而成撰者，礼为其体焉。

故仁义知信，物皆得与，而礼为人之独。则请言夫人：夫人受形于天地，成质于五行，尽人而能言之，而亦姑为推度比拟而言之尔。请言其实。今夫天穹然积气于上，地隤然积形于下，判乎其不相与也；日星雷雨、草木昆虫，充塞其中，亦各为形象而不相知也。不相与，不相知，皆其迹也，则谓天地之无心可矣。及观于人，而后知其心在是已。天欣合于地，地欣合于天，以生万汇；而欣合之际，感而情动，情动而性成。是其间斟之酌之，会之通之，与化相与，与理相知者，自有人而不迷于天、不迷于地；不迷乎天地之中，蓄变之大用两间乃灵焉。然则天地之灵，以人而灵也。非然，则亦庞然有此法象于空虚而已矣。今夫五行，水火日给而不留，木金土繁有而不溢，积焉而不知复也；炎润曲直，从革稼穑，朋从乎天地之中而不知通也。不知复，不知通，皆其委也，抑孰知五行之初有其端乎！及观于人，而后知有其端在是已。五未见乎所行，行未分而为五，合于一气；而精爽之微，凝而质立，质立而神藏。是其时为融为坚，为光为实，有复于虚，异通于同者，则于人而妙合五者之行，疏分所行之五；分合五行之变，触类之菁华成其化焉。然则五行之始，人兆其始也。非然，则亦杂然有此绪余于宇宙而已矣。

故曰天地无心，就法象而言也；阴阳无始，就绪余而言也。

大荒之外，有天地焉；人所不至，礼所不行，则亦恶知其有天地！行潦灰烬，朽株山北，亦五行也；人无所事，礼无需所，则亦何用有五行！天地日生而心不昧，五行日变而端不可穷，于是而得之以为人。人于天地五行之外而自为合同之妙质，礼于仁义知信之中而为化裁之大用。知此，益知礼之不可以已矣。

## 君子不以一日使其躬儳焉如不终日

且在耄而如壮，在贫贱而如富贵，在忧患而如安平，生之盛也，天之所益也，之天之所以远流俗也。

在耄而如壮，非贪于事之谓也；在贫贱而如富贵，非侈于情之谓也；在忧患而如安平，非忘其戒慎之谓也。庄敬焉耳。

故夫耄者有不终日之势矣，贫贱有不终日之计矣，忧患有不终日之虑矣。天下之日无穷，而自居乎不终日之气数。然而天下之日固无穷也，何有不终也！老未至而耄及之，其气不终之日矣；贫贱偶然而以为戚，其量不终日矣；患未至而以为忧，其情不终日矣。我生之日无穷，而胡自画一不终日之情形？即我之日固有穷乎，亦未至于不终日也。如不终日者，儳焉之心为之耳。

生理，相续者也，则气亦相续。而气，天地之气也，故常以返归于天地为其息机。有时躬欲续而心去之，气去心也，有时心欲续而躬去之，气去躬也。君子以庄敬续其气，而五官百骸振起而不疲，方将一日而如终身，方将一日而如终古，则胡不终日之有乎！生气，相续者也，故理能相续。而理，古今之理也，抑可以推逶于古今以为吾分任。有时顾其躬之貌然而不足以载理，理大而躬小矣；有时顾其躬之暂寓而不足尽理，理长而躬促矣。君子以庄敬续其理，而纲常名教交督于一念，方将无一日而非临于渊，无一日而非集于木，终胡不终日之有乎？

鼎鼎百年之内，少有与为少，壮有与为壮，老有与为老，此日终而彼日且始；天之假我以日者，乐于吾之能受而引其年于不厌。峥峥一日之下，旦方去而晏来，晏去而夕至，夕方去而旦又生，日无有终而难终；此日即我之为日于两间者，明知逝之不舍而存其神于无涯。此黄帝尧舜之所以至今如存，而子桑户之致叹于我尚为人。

君子小人之辨判然矣。

## 乐正子春下堂至予是以有忧色也

敬身生于不忍，难与忍者言也。

夫忍忘其身，则父母亦可忘也。天下之忘父母者，其类充塞。乐正子春之心，夫孰知之！

尝思世教之陵夷，何以至此极也？其始于为"尊性贱形"之说者乎！彼其言曰："有尊足者存，不自知其刖也。泽雉之神自王也。"洵然，则乐正子春何为是拘拘者乎？

子春闻之曾子，曾子闻之夫子。言之者恻然，闻之者恻然，恻然者人之心也。而流俗一倡为亏体辱亲之教，初未能遽安也；而沉溺于利达者煽之导之，遂易其心以恝然而无愁。呜呼！孰使之然也？

下堂而伤足，其伤也，或忧之，忧其不瘳耳。数月而瘳，则且悔昔之戚戚者徒劳。而幸今之瘳为愉快。呜呼，孰使其忧止于此，而他无忧也？未瘳而忧足伤耳，何与于心，而必呻吟不辍？呜呼，人无有辍其呻吟而恝然者，则形之与神，非判然而可忘也明矣。在吾之身，而疾痛喻于心，则溯其所自生，当其在父母之身而喻于父母之心，有以异乎？渐离而渐忘之，恚然取吾之形与心斩裂而为二；恚然取之吾身在父母之身与父母之身在吾之身者斩裂而为二；辱不忍言也，亏尤不忍言也。孰念此者？疾痛之所觉而觉之，疾痛之所不觉而草芥之，一身之内，不灵之器惟见其多；乍然有疾痛而动于心，乍然无疾痛而即失其忧，旋踵之间，不续之情不可复问。呜呼，身体肤发其为赘形乎？则父母之赘也久矣。如其不能，不恤其疾痛，而幸其瘳也，则不容已于恻然之心，固有甚于疾痛者矣。

呜呼！道之未丧也，教出于一，圣人亦因人心之恻然者使自恤耳。邪说兴而其流不可诘，彼其言曰："使其形者，尊于形者也。"性即形以生，形保性以居。父母之所生，乾坤之大德而不足以尊，尚奚尊哉？意者曰："神也。"而神者何也，则固惟此知疾知痛知全知毁之灵也。然则其所云能使形而尊于形者，吾知之矣。求利其情而已矣。宫室之美，尊于体矣；妻妾之奉，尊于体矣；万钟之富，赵孟之贵，尊于体矣。惟刵其骨，利于请谒；惟毁其形，媚于同昏；忍之须臾，利之终身；忘于耻辱，终身之谷；奔利奔欲，而恝然于所自生也，奚不可哉？

妙莫妙于无惭，安莫安于能忍，乐莫乐于不忧。邪说之易天下速于飘风，非一旦一夕之故矣。柱下之言淫于庄列，而三代之礼教斩；虚无之说滥于王弼、何晏，而五季之祸乱兴。叛其父母者比屋相仍，手刃以弑者接迹相告。读乐正子春之书，不知涕之恶从止矣。

堵牧游先生贻夫之以黄石斋先生《礼问》石刻，首举下堂伤足一案，深切详委。兵火中失去三十余年，未知人间犹有此文字否？

《船山经义》全书终

相宗络索（增补）

# 相宗络索

## 八识

**前五识**　"眼"，九缘生。"耳"，八缘生，不择明暗，故不缘明缘。"鼻""舌""身"三，俱七缘；香、味、触俱合境方取，不缘空缘。

**第六意识**　即意即识，五缘生。不倚五根，别无浮尘根为其根，不缘根缘；诸境不现前，意亦生起，虽缘于法，而法非实境，不缘境缘。

**第七末那识**　意之识也，故《成惟识论》亦名此为意识，六识缘此而生。此识虽未思善思恶，而执八识一段灵光之体相为自内我，全遮圆成无垢之全体；繇此坚持之力，一切染品皆从此起。故梵云末那，唐云染。"染"下应有"污"字。从三缘生。虽当不作意之时，此中耿耿不忘知此我为我，故不缘作意缘，无所分别而识体不灭，故不缘分别缘。

**第八阿赖耶识**　本等昭昭灵灵可以识知一切者，本是真如之智。因七识执之为自内我，遂于广大无边中现此识量，而受七识之染，生起六识，流注前五。此识从四缘生。若不作意，则此识虽在而若忘；作意乃觉此识之光可以照境，不如七识之执滞不忘，不因作意。

# 九缘

**"明"**　　日月镫之光。眼不缘此，则色不别白，识亦不生。余七识不缘此缘。

**"空"**　　眼耳与境相去中间空处。若逼近无空，及中间障隔，则眼不能取色。耳虽不受中间障碍，而空能远闻，以生其识。余六识不缘此缘。

**"根"**　　眼耳鼻舌身，皆依根发识。其结成形体者为浮尘根。服能见色，耳能闻声，鼻能辨香，舌能知味，身能觉触者，为胜用根。余三识不缘此缘。

**"境"**　　色声香味触皆现在实境，前五所缘。法乃过去五尘卸落影子，六识缘此境生，十八界为境。七八二识不缘此缘。

**"作意缘"**　　即八识心所中作意品。有识则自然相应有此作意。前五待作意，识乃发生。若不作意，根虽映境而不与己相关，见如不见，乃至触如不触。第六以此机为意所自生。八识本其相应心所而作意。则识体现。七识不缘此缘。

**"分别依"**　　即第六识。前五与同时意识和合，乃生可忻可拒之见。六识即其现行，非所缘。七八本无分别，不缘此缘。

**"染净依"**　　即第七识。染固为染，此净亦法执之净，缘末那而成。前五有净有染，皆缘此生。第六具诸染净，皆此决志引为自己现行。第七即其本体，不名为缘。第八缘此而不受染，名曰根缘，不名染净依，以无染无净故。

**"根本依"**　　即第八识。前六皆从此五遍行而生起，为其根本所依。七识与第八互相为根，非藉八识而有，名为根缘，不名根本。第八乃其现行，非所缘。

**"种子缘"**　　八识皆有种子者，亲生自类种子也。过去现行为现在种子，现在现行为未来种子。故眼恒见色，耳恒闻声，各各禀成八种境界。

# 四缘

此四缘，八识皆具。即前九缘缘生之机用，合说其相缘有三种因法，而加等无间缘为生灭不停之因。

"**亲因缘**" 即九缘中种子，乃其自类相续亲生此识之本因。若无此缘，虽具后三缘，其识不生。如眼不闻声、耳不见色等，非亲因故。

"**所缘缘**" 识本无境无量，缘彼以为境量，曰所缘。有此所缘，识乃成就，即九缘中之境缘也。前六缘色声香味触法，而生同异、成毁、总别、爱憎、取舍诸识，见缘相也。第七以八识相分有所光明之体为所缘之境量，第八以根身器界为可了之境，缘之而起遍行之心所。

"**增上缘**" 谓明、空、根、作意、分别、染净、根本七缘也。八位识中虽各有自类种子，不待增而自有其识，然必得此七缘为之增长，其觉了精审之胜用乃益成就善染诸心所令具种种功过。如眼本辨色，若遇天日清朗，镫烛辉煌，愈增详察。余识余缘，例此可知。其作意缘，但能发起初念，无所增长，故不在此缘。

"**等无间缘**" 八识自类识中，前念方灭，后念即生，谓之无间。然必待前念之灭，后念即生，各各相等相待，如瀑流之前波去而后后波乘之，无一刹那间两念并存之理。前念已往，空其位以待后念，后念即蹑次而发，无刹那之间隙。乃至三有身生生死死分段变易，必灭此乃生彼，灭此则必生彼，皆等无间也。此缘在九缘之外别有一缘，繇有前故有后，前灭故后生；生灭之门，惟识之宗也。八识皆有，故曰"若加等无间，从头各增一"：眼十，耳九，鼻舌身八，意六，末那四，阿赖耶五。

# 十二支 [自注]：一曰十二因缘

因缘者，因此而缘于彼也，与"九缘""四缘"之缘，文同义别。缘谓相循不舍，此通序一期生死，相缘而起。

"**无明缘行**""**行缘识**" 无明，即七识之有覆性也。行，七识之别境之慧，生起四惑及前六一切心所，成种种现行烦恼也。此二属过去支，因前生为无明所障蔽，结成现行。因此现行熏习执为自内我体，遂生起不断之阿赖耶识。在前有已灭，中有身中此识不灭，以成后有之主公识 "识" 下应有 "第" 字八识也。

"识缘名色"　　名色，五蕴也。名者受想行识，色即色蕴。因过去之识执持不灭，缘附父精母血，结成五蕴，取胎中之形，谓之色；色中即含藏受想行识种子，以其未有发见之实，故谓之名。此中无思无为，自然分别，故抟合而成五根，玲珑巧妙，成浮尘色，具胜用根。皆是识神在内变化，成其质性，为有生后受想行识之蕴。又云 "识缘名色，名色缘识" 者，则以既有色，还复生起后有中含藏之识，则名色又缘附于识也。识缘名色者，过去之识缘后有之名色；名色缘识者，名色复缘现在未来之识也。

"名色缘六入"　　入色声香味触法也。有此色受想行识之蕴，自然缘彼六处而与相入。

"六入缘触"　　既入于六尘，则五蕴与彼六处相遇而触，觉彼六尘明暗、喧寂、香臭、甘苦、冷暖、违顺等相矣。

"触缘受"　　既与相触而觉其有，则眼受色，耳受声，鼻受香，舌受味，身受触，意受法，引彼尘而归我根，还与领纳而生喜乐忧苦舍诸受相。

"受缘爱"　　受之则取喜避忧，厌苦欣乐，于可喜乐，生其耽爱。

"爱缘取"　　爱色则取色，乃至爱是法则取是法。

"取缘有"　　既取外尘为己受用，遂以长养六根，增益六识，以执持七八二识，有之不离。

"有缘生"　　生谓一期寿命中成种种业，作生死相，据现在未灭者为生，尽其寿命。

"生缘老死"　　一期之报将终，生还衰减以至于死。若其实相，则刹那不停，方生方死。过去一刹那死，现在一刹那生；未来一刹那已生，现在一刹那又死。如镫赴焰，焰增油减，至灭乃休。

自名色以下皆现在支，而爱、取、有三支，为 "无明行识" 之因，结成未来八识种子，循环生死之中，无有休息，皆此十二有支相缘不舍，惟一阿赖耶识贯彻始终也。[ 自注 ]: 有谓中有后有；支者，一期生死中之支派。

# 三境

境者，识中所现之境界也。境本外境之名，此所言境，乃识中觉了能知之内境与外境相映对立所含藏之体相也。

"**性境**" 性，实也。所见所知者，于地水火风、色香味触既所实有，识所明了宛然之境界，亦是如实而知，非情计所测度安立不必实然之境。前五见色果色，闻声果声，知香本香，知味果味，觉触果触，不缘比拟，定非谬妄，纯是此境。第六依前五随色声等起如实法，不待立名思义自尔分别者，其一分性境也。七识妄揽八识为自内我，立八识相分为境，非其真实，故不具此境。第八本如来藏，无有境界，横为末那所执，而成见相二分，虽缘根身器界以为性境，而本无其境，故《颂》中于八识不言何境。

"**带质境**" 因四大五尘之质带起，立此一境，是执着相分而生其见分。谓之假，则有质可带；谓之真，则本性实法所无。一切颠倒迷妄皆此境所为，恃其有质，信可爱取，挟质妄行，坚不可破。此境前五所无，不于声色等起意计故。第六为似带质，以意缘前五卸落影子之法尘，于声色等立可忻可拒之相，其实彼质不为吾意所带动，如蝶恋花，花终不恋蝶，故曰似带质。第七为真带质。八识本无区宇之质，第七带起而据为自内我，第八即为所带动而成一可据之境，流转生死中，为自境界，故曰真带质。八识虽有五心所，而不挟带外境之质为其见分，故不具此境。

"**独影境**" 全不因实有而立其境，独有其影，了无实用。此境惟第六有之。前五有实境则如实而知，非影也。第七本无自体，如本无镜，不得有影，所执乃第八实有之相分，非影也。惟第六一识，于前五过去色声等，形去影留，忽作忆念，宛在心目之间，此名有质独影。又或因名言配合，安立境界，如想兔有角，便俨然一戴角之兔，可说可画，此名无质独影，一半似真，一半是妄。

性境实性所生；带质，遍计性所生；独影，依他起性所生。独影虽非真实，然不于境中横生意计，执为自性，亦不强物从已，坚立崖岸，如镜中见影，可即影而知形，必不向影而求其言笑，若于此一着妄计，则即落带质矣。故六识通三性，因性生影，因影生带质也。

# 三量

量者，识所显著之相，因区画前境为其所知之封域也。境立于内，量规于外。前五以所照之境为量，第六以计度所及为量，第七以所执为量。

**"现量"**　现者，有现在义，有现成义，有显现真实义。现在，不缘过去作影。现成，一触即觉，不假思量计较。显现真实，乃彼之体性本自如此，显现无疑，不参虚妄。前五于尘境与根合时，即时如实觉知是现在本等色法，不待忖度，更无疑妄，纯是此量。第六惟于定中独头意识细细研究，极略极迥色法，乃真实理，一分是现量。又同时意识与前五和合觉了实法，亦是一分现量。第七所执非理，无此量。第八则但末那妄执为量。第八本即如来藏，现量不立，何况比非。故《颂》但言性，不言境量。

**"比量"**　比者，以种种事，比度种种理。以相似比同，如以牛比兔，同是兽类；或以不相似比异，如以牛有角，比兔无角，遂得确信。此量于理无谬，而本等实相原不待比。此纯以意计分别而生，故惟六识有此。同时意识以前五所知相比，求其得理；散位、独头缘前所领受以证今法，亦多中理，皆属比量。前五不起计较，不具比量。第七一向执持污尘，坚信迷着，不起疑情，亦无此量。第八无量，前注已明。

**"非量"**　情有理无之妄想，执为我所，坚自印持，遂觉有此一量，若可凭可证。第七纯是此量。盖八识相分，乃无始熏习结成根身器界幻影种子，染污真如，七识执以为量，此千差万错，画地成牢之本也。第六一分散位独头意识，忽起一念，便造成一龟毛兔角之前尘。一分梦中独头意识，一分乱意识，狂思所成，如今又妄想金银美色等，遂于意中现一可攘可窃之规模，及为甚喜甚忧惊怖病患所逼恼，见诸尘境，俱成颠倒。或缘前五根尘留着过去影子，希冀再遇，能令彼物事倏尔现前，皆是第六一分非量。前五见色闻声等，不于青见黄、于钟作鼓想等，故不具此量。第八无量，准前可知。

现量乃圆成实性显现影子，然犹非实性本量。比量是依他起性所成，非量是遍计性妄生。

《瑜伽论》三量外，有至教量，谓值佛出世，及法恒住，所说一实至教，闻已生信，即以所闻至教为己识量。此量从根门入，与意识和合而成，亦三量所摄。若因闻至教，觉悟己性真实，与教契合，即现量。若从言句文身思量比度，遮非显是，即属比量。若即着文句起颠倒想，建立非法之法，即属非量。

# 三性

此性指识中相应心所有此三种差别，于见分三性中俱依他起性摄，以皆资藉缘生故。若圆成实性，但一无三。

**"善性"**　能成善品十一之才质。

**"恶性"**　能造根本六惑、大随八、中随二、小随十之才质。

**"无记性"**　记谓纪其功过之因，而别之为善恶之果。无记者，可以善而未即善，可以恶而尚未恶，乃识初发之机，一切恶善皆繇此作，遍行、别境、不定三位、十四心所之才质也。别有士用果，如着衣吃饭耕种工技等，其果亦无记，亦繇遍行别境起其功用。此无记性复有二：

一 **"有覆无记"**　覆，盖覆也。如瓦隙日光，四边皆受障蔽，但受一隙之影。此性覆障真如广大之体，于五蕴中，八识执持我为我，我法为我法，虽未即为恶，而为染污之本，乃七识别境中一分邪慧所成。恶性成烦恼，善性成无明，而烦恼乃无明所发生，故前六随惑皆七识根本四惑所生，而四惑又别境慧所生。若论其本体，则此性即是无覆性锢蔽而成有覆，如隙中日即全日光；故统言三性，不分为四。

二 **"无覆无记性"**　乃真如不守自性，加被润生所成，本无覆障，虽为七识所染，而本体自如，遍行初心但有觉了，无执着，无分别。然其可善可恶不得纯净无垢，如水初波，未有宁静。

善恶二性，惟第六通具，以一切善恶皆缘意造也。前五善性具，恶性有缺，识依根发，功不胜故。如小随十，前五对境则有，境去则忘，不留滞结成内毒，如第六之攀缘过去未来也。前五善恶亦待一分同时意识和合乃成；若同时意识未生，但与五根和合，则前五止有有覆无记。

无记八识俱有。此性在八识但成五遍行，未堕善恶。至七识结就，则即此遍行而生别境之慧。至六识生，则即此五遍行具诸别境，及不定四。

其流注前五，则遍行生五别境；其遍行止是一性，贯串八位识中，为可善可恶资粮。在八识但有初发识光，未有障覆。至结成第七，则此性自生覆矣。七识以障覆为性，还能障覆第八，使成异熟种子，结生死因；又能障覆前六，使成根随诸恶、根本四惑及八大随，皆此有覆之所结成。此有覆性以法执成我所，是所知障。无明现行为烦恼种子，非即有烦恼现行，故但名无记，不便判作恶性耳。六识受七识之染，前五以第七建立我所，各各成自类遍行别境，不得圆通，皆是有覆，不能还归第八无覆本位。惟八识一位无覆无记，余俱有覆。

# 见分三性

此三性乃真妄所自分。凡有言说，俱从此证持。一乃性之本体，二性之作用，三性之变染。相宗依依他起，证圆成实。

**"圆成实性"** 即真如本体，无不圆满，无不成熟，无有虚妄，比度即非，眨眼即失，所谓"止此一事实，余二定非真"，此性宗所证说，乃真如之现量也。八识转后，此性乃现。

**"依他起性"** 或依境，或依根，或依言，或依义，辗转依彼事理，拣别真妄而实知之，此相宗所依以立量，就流转中证还灭理，比量也。繇此度理无谬，虽未即亲证真如，而可因以证如，繇八识五遍行流注六识，而成此性。

**"遍计性"** 不依真如，不依事理，从一切世间颠倒法相类不相类，遍为揣度，而妄即为真，非量也。因此而成痴慢疑邪之惑。永与真如不契，从七识有覆性中一分邪慧流注六识而成此性。

# 五位惟识

此以惟识一宗该尽万法，一切事理见相善恶凡圣，皆识所证。流转者，此识之流转；还灭者，即于识而还灭之。百法统万法，五位统百法，若非自识,彼法不成。一缕阿赖耶识旋生七位,建立种种迷悟规矩。凡一切相,皆从见生,见相皆从自证分生,一散而万,相宗所以破逐法执理之妄也。

**一 "自性惟识"** 真如自性刹那一念结成八识,各为心王。在含藏未发为阿赖耶识;转念执染为末那识;发动于心意为纥利耶识;依五胜用根为眼识、耳识、鼻识、舌识、身识。总是如来藏中一色光明逐地流转,是八位心王自性皆惟识也。

**二 "相应心所惟识"** 八识五心所,七识十八,六识具五十一,前五约略有三十四。一一心所成彼善恶无记三性,具诸作用,皆是识所显现生起,于八位中各与彼识相应。有此识则有此心所。凡所有心所皆是此识建立成熟,识外别无心所也。

**三 "所缘惟识"** 内而五根为根身,成种子、根二缘。外而五尘与地水火风四大为器界,及一分法尘,结成前境,为空、明、境三缘。识缘之而生者,与六七八三识互相为缘,作分别、染净、作意、根本四缘。及等无间,待彼灭而此生者,亦非识外别有相资相互相待,别有可缘之色法,皆即识所结成所印持而成乎有彼,以见立相,又因相而生见,如束芦转。若有眼识,不成胜用,即无青黄等色可缘之相。余十色法,例此可知。如毛嫱丽姬,鸟见高飞,鱼见渊潜,缕彼识别,所缘亦别。足知地水火风色香味触及一分法尘:种种名,种种义,种种功田,种种触受,缘以生识者,皆识中所现之影也。

**四 "分位惟识"** 乃二十四种不相应法,各自有其分位,不可分入八识分位中者,如他人识等与己八识不相应然。惟末那执染障碍人法二空,故有分别相应不相应法,实则统于真如中本无异同,但因识所计较,判彼与我为不相应耳。二十四详《惟识谛》。

**五 "实性惟识"** 六无为,非识所有境界,乃真如实性。然真如流转而成八识,识还灭而即实性,如反覆掌,面背异相,本无异手,故四智即惟识也。

# 二障

障者，障蔽真如也。有障则智成识，无障则识成智。

**"烦恼障"** 我执所成。繇七识揽八识为自内我，令诸遍行心所染着流注前六，成诸恶业，既以患得患失自恼，还以恼害一切有情。此障以七识贪痴为根本，至前六识生起嗔分，增长中随小随十二染品。

**"所知障"** 法执所成，繇七识执八识相分为己见分，生一分别境之慧，建立非法之法，即所知者为障，而还能障蔽所知，迷失妙悟。此障以七识慢及邪见与痴一分为根本，流注六识，生起狂疑，增长大随八及中随一分无惭无愧。惟前五无，以前五所知虽一□□之光，而实性境现量，无非量也。

# 我法二障各二

**"分别我法执"** 此二执在八识本无。至有生后，八识种子还生七识现行，遂染第六意识，于人法二障生慢疑邪见等现行，起我非我法非法虚妄分别，流注前五同时意识中，增长贪嗔痴等。直至地前资粮圆足，入见道位，意识初转，则现行二执不复生起。故第六《颂》云："发起初心欢喜地。"第七《颂》云："极喜初心平等性。"以七识为分别根本，六识为分别现行。此二执于六识生，即资六识而灭。以观门妙察照破二执本非实有，皆以因缘合集而成，遂得脱离出缠，不复生起无明烦恼粗相。

**"俱生我法执"** 此二执乃无始时来，以七识所染现行，薰成八识种子，伏于隐微，为生死根本。七识拘定一窍之光，为八识见分，遂与根身器界相依成彼之境，为八识相分。其执见分为自内我，不能打破疆界，认根身为法器，乃至菩提自我得；涅槃自我证，皆是我执。其依相分安立境界，乃至知有法可证，有佛可学，皆是法执。此二执非见道位中所可还灭，以见道位中以人空法空二观折伏现行二障，而能观者即是我，所观者即是法。繇在未生以前，如影随形，虽日月镫光暂灭而隐，究竟形未灭而影相暗存，不缘六识生，不于六识转，非观所能断绝。须于修道位行起解灭，渐次成熟，至不动地，不劳自己功用，无能观之我，则此我执摧灭。

而犹有道可修，有佛可学，法执未除。至金刚道后，尽舍八识种子，法执方净。然尚未能现大光明，合十方尘刹为一智所摄，尚有微细法执，不能入异类，合四智成一智，息三界苦轮。必至佛位。具四无碍智，俱生法执方得灭尽无余。

# 四分

分者，八识位中各各所证之分量也。前二分无后二分，第三分不能证第四分。安慧建立三分，护法加立第四。

**"见分"**　能见者为见分。

**"相分"**　所见者为相分。然惟能见方有所见，所见者非真实相，因我能见，认为实相，见异则相亦异。如罗刹见雨成刀，雨遂有刀相。故谓此二如蜗牛二角，合则一，离则二也。第八相应心品有作意想思，乃其见分；触受二品所触所受，四大六尘，即其相分。第七以八识作意想思生起别境之慧，为其见分；认第八所有遍行光明之量为可执之实，乃其相分。第六以己遍行别境不定心所为其见分，以第七非量及前五根境现量为其相分。前五以瞥尔现前之知见与同时意识和合者为其见分，以五浮尘根及色声香味触之境缘为其相分。

**"自证分"**　自证者，不起见，不缘相，而自有能证之体，惟第八心王有之，乃见相之总持也。前七无。

**"证自证分"**　以真如智光灼知八识，即是如来藏证知八识心王生灭之因。此惟第九白净识有此分，自其证八识铨真则谓之白净识，自其普照一切见相则谓之大圆镜智。

# 五受

八识所受外缘，于身心有此五种差别。

**"忧"**　逆境未至而先逼心。

**"喜"** 顺境可得而先悦心。

**"苦"** 逆境逼身。

**"乐"** 顺境乐身。

**"舍"** 不逼不悦，若一切随缘应得受用，忧喜苦乐俱不相应，名为舍。

前五有苦乐舍三受；忧喜不关身，故无。七八二识，忧喜苦乐俱未曾领纳，惟有舍受，遍受一切，未分别故。第六忧喜最重，苦乐虽在身，而意亦领纳。若随缘起意，虽极思量，不见苦乐，无所忧喜，则是舍受，意识具全。


# 三界九地

地犹位也。修行此地之染净为因，成就托生为果。因以从染入净，次第而臻。随因得果，九等差别以分。要为从根求净，误以八识为圣证，上地报尽，还生下地。故《颂》云："界地随他业力生。"三界"界"，限也。四果四空，相因成熟，故通为二。

**一 "五趣杂居地"** 人、天、畜生、饿鬼、地狱为五趣。趣有意趣、趣生二义。意趣为因，趣生为果。此天趣乃有分段生死，不知佛法。此宗专说当人八识，而旁及天、鬼、畜、狱，以人造彼因，必堕彼果者言也。

**二 "离生喜乐地"** 发有为心，出离生死，以净行为喜乐，在四果中为须陀洹。此地折伏鼻舌二识，虽有胜用根闻香知味，而不起爱香甘、憎臭苦分别。

**三 "定生喜乐地"** 既发愿出离，志不退转，决定依净乐生住，在四果中为斯陀含。

**四 "离喜妙乐地"** 修习净行，不因忻慕，自领净乐，在四果中为阿那含。

**五 "舍念清净地"** 无待欣乐，与净行自然相安，与五欲自然不染，在四果中为阿罗汉。

以上四地，乃人中修学二乘所得果地，皆从六根折服现行烦恼。不知惟识法即转成智，不能还灭根本烦恼及所知障。若于此发广大心，从四加行、二资粮进发心欢喜地，即入佛乘。若但成熟不舍，堕后四地天趣中。

**六 "空无边际地"** 灭尽根尘，一空无所不空。

以下不复来生人间，然报尽仍堕五趣，以八识种子未得还灭也。

**七 "识无边际地"** 折伏七识一分粗障，据第八识为涅槃境。

**八 "无所有处地"** 八识心所不现，心王不灭。

**九 "非非想处地"** 不灭之八识时现光影，而不能成普照之圆明。

以上四地，乃四空位，随其愿力功德，依空而住，不生人间，乃阿罗汉修证之极果也。初地为欲界。二地至五地为色界，不起欲想而依色托生。后四地为无色界，不依色托生，处于空虚，有无不定，渐高渐上，依空界住。无三有五蕴，但八识不转，报尽还生。

# 三有身

**"前有身"** 谓寿命欲尽时，根已坏，前六无依，亦随坏灭，惟八识依寿暖尚在时。

**"中有身"** 八识离根，为七识薰染，不能解散，于虚空中抟结。自非速堕地狱者，一七日成此身，待缘托生。

**"后有身"** 中有身遇父母交合，见一线之光，投入母腹，初七名羯喇蓝，二七名额部昙，三七名闭尸，四七名健南，五七名钵罗奢伽，以后生发毛指爪，具诸浮尘根，至于出胎，其受想行识即随色住。此众生死此生彼中间三位，八识蕴结，不空而有，一谓之三阴身。

# 二类生死

**"分段生死"** 如一人报尽，中有身抟聚不散，还为一人。乃至堕三恶道，报已还复受生。或修行净行，生种姓家，成四果。净染因果虽异，皆随六根而转。识依我执，终不舍离为因；一类相缘，出没生死为果。

**"变易生死"** 此生报尽，不复结为中有；一类相续之身，随缘分合，其净行成熟，超禅入空，舍世间五蕴，依空而住，不食段食，不结浮尘根色。此上四地所得净果，乃至劫终方始毁坏。其分别我执已尽，去一分末那，而法执末那亦不现前，惟阿赖耶识坚固未转，为因而得此果。

# 六位心所

识之本体为心王。王犹主也，统领当位心所也。心王所发之作用为所。

一　"**遍行**"　　八识皆有。遍者，遍四一切心也。

（一）遍一切性。善恶无记皆因触受而生，作意而起，想思而成。

（二）遍一切识。谓八位识皆以此五种心所而为其体用。若此五心不动，止是无覆之光，识体不立，识用不行。自七识以下七位识所有遍行，皆是第八遍行流注。识虽有八，遍行无二。当其瞥尔与根身器界相缘起识者，即是八识遍行。触八识相分而受之，因作意认为自内我，增长想思，即是七识遍行。于触受作意想思上诸分别，即于所触受等更增分别触受等相，而始终以此五为分别主，即是六识遍行。其八识一动，即分注五根，如一油透五镫草，相缘起诸苦乐舍等违顺触受作意想思，即是前五遍行。

（三）遍一切地。谓三界九地，有此识则有此遍行心所。初地八识遍行俱全，二地以上除鼻舌二识遍行，六地以上惟八识遍行常住不灭。

（四）遍一切时。谓自无始之始至究竟之终，其余心所或有间断，惟此五种心"心"下应有"所"字。贯彻八位识中，刹那不停，浩劫不息。有所缘，则缘别境以下五位；无所缘，则守其本位，而自尔分明。此一位乃惟识之本领，万法之根苗，未到金刚道后识体，此心所无可脱离，行于五位，终不休息，所谓一波才动万波随也。此心所凡具五品，一发俱发。一"触"，初与所缘相触，觉有彼境也。二"受"，引所触以为自受之忧喜苦乐舍也。三"作意"，念方动之机也。四"想"，有此能想之灵，可入事理也。五"思"，有此能思，可自起作为也。缘触生受，缘受作意，缘作意而成想思，故《成惟识论》以触为首。凡所触所受，作意乃知，想思皆作意现行，故《规矩》以作意为首。

二 **"别境"** 十遍行中起诸心法，各各缘境而别成境界，不得一时俱有，或一品孤行，或相缘而成二成三乃至成五。此心所第八无有，以第八于根身器界但有触受，具可作意想思之能，未缘境故，无别注而立一思量之境界。第七有第八相分可缘，内缘根身，遂于见分中起慧，自信为审知明了。而余四必待第六意起方生，故但有慧。第六全，无境合故，缘所忻所求所喜之境而有"欲"；于素所信可之境见为是处而印可之，而有"胜解"；于曾所惯习之境见为利益而记忆系恋，则有"念"；于所印可系心之境法一心专注不忘，则有"定"；因而于中辗转思维，智巧从之而生，则复生"慧"。此五以慧为生起之因；以欲故而立胜解，或以所信为胜解而欲之；以欲解故而成念；以念而成定；于所定而生慧。或辗转缘生，或一类孤行，于善于染皆有，而无记之成有覆，亦因慧而起，因余四而盛。

三 **"不定"** 不定者，无有决定之心，不得安隐，乃善恶交持之际，有此心所，是比非二量之所互成，于独影境不得自在，惟第六意识有此四心。"心"下应有"所"字。前五现量决定，无此不定。第七坚执非量，亦无此心。"心"下应有"所"字。意发不恒，当其习于恶而意忽不安，则有"恶作"；其欲向于善而心忽倦怠，则有"睡眠"；其修习善品而善不现前，则旁徨急求而为"寻"，凝神待观而为"伺"。从此猛勇解脱，则纯乎善；从此放散驰求，则堕于染；意识善恶之分，在此而决。

四 **"善十一"** 第八为种子含藏之识，虽诸善品，亦其五遍行所成，而非藏中所有。第七纯为染根，即使或成善品，亦但法执，不成为善。惟第六全具，以一切善染皆繇意造也。前五有同时意识和合，又为诸善之所成就，意中善染，至前五乃发见于事为，如眼见美色不为欣慕留连等，是其无贪。余识余品，例此可知。然前五识胜劣不等，如鼻舌二识，于信勤不放逸行舍诸品现行，非其胜用。《规矩》言善十一者，统五识言之，非一一识皆具也。十一品中以无贪无嗔无痴三品为戒定慧净行根本，余八皆以此三善增善防恶，其与根随二惑对治，思之可见，不须刻意分别。

五 **"根本烦恼"** 八识虽有俱生二执、异熟二障为烦恼种子，而未起七识，不成现行，故无此根本六惑。第七虽未发露，而执第八为自内我，贪恋隙光，痴迷不晤，怠慢不求还灭，失正法眼而堕邪见，植根深固，蕴毒在中，作前六烦恼之因。至第六则以贪痴慢邪故，不得则生嗔，闻正法而与己异则生疑。至前五功用短劣，虽不能起邪慢疑等见，而贪嗔痴倍为粗猛。根本者，随惑三品皆緣此而生，此为根也。贪嗔痴属烦恼障，慢疑邪属所知障，通云烦恼，所知必成烦恼也。

**六 "随烦恼"**　　随者，随根本烦恼而起成诸恶也。凡一切违善顺恶，成自恼恼他现行，总以根本六惑为根，随根随境相随不舍。五趣杂生地炽然充满，二地以上粗能折伏，不能断绝，乃诸恶之纲宗。而谓之随者，见过非自此而招，亦不在此折伏，如大盗，持仗把火为从，根本惑乃其主谋为首也。第八无根本惑，故亦无随惑。第七有四根惑，成大随，染有覆无记性为无明。第六三随二十品全具，以一切烦恼皆从意生，意识备六本惑，则诸恶相随，无所不至。前五作根依境，不留不结，故无忿恨等蕴毒深重之小随。又大随随痴而起，七六前五俱有痴故，故所同具。中随随痴嗔二分而起，第七无嗔，故无。小随忿恨恼害嫉依嗔，悭依贪痴，覆依疑，诳谄依邪，憍依慢，六惑皆依，故惟六识具有。大中小者，随惑有三种义：

（一）自类俱起。不信与懈怠放逸等同时俱起，不相妨碍；无惭无愧本同一念，同时俱起。此义大中二随俱有。若忿则不谄，憍则不覆，乃至乍然之忿必无深远之恨，小随专注，一心不得俱起，此义无。

（二）遍染二性。谓不善、有覆二性。大随中随即不成恶，亦有此心，"心"下应有"所"字，是无明非独烦恼故。小随专是恶性，非无记故，此义无。

（三）遍诸染心。若大随于无惭无愧及忿恨等，皆依此不信等心而遍互相染，緣违善故顺于不善。若中随于大小二随十八种心"心"下"所"应有字。不必皆染，虽不信等未必定无惭愧，若忿恨等尤属惭愧心变成之恶。若小随等一念蕴结成毒，全不与大中二随相应，故皆无此义。故曰皆具名大，具一名中，俱无名小。

凡此善染五十一心所具于第六；前五善具染不具；第七有染无善。故知流转之根祸生于末那，还灭之法即以斩绝末那为擒王破竹之元功矣。二乘愚者但依六根而施折伏，不但根本未拔，萌芽复生，且其所用折伏者即

## 六位心所缘生图

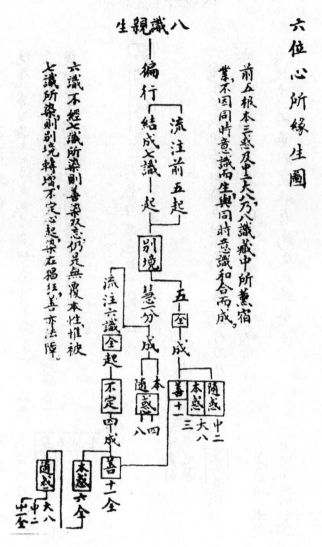

末那之双执，岂非认贼为子之大愚乎！

前五根本三惑及中二大八，乃八识藏中所熏宿业，不因同时意识而生，与同时意识和合而成。

六识不经七识所染则善染双忘，仍是无覆本性，惟被七识所染，则别境转增，不定心起，染在猖狂，善亦法障。

八识心王流转图

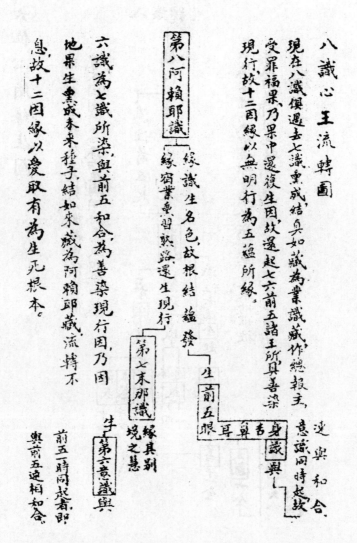

现在八识俱过去七识熏成，结真如藏为业识藏，作总报主，受罪福果、乃果中还复生因，故还起七六前五诸王所，具善染现行，故十二因缘以无明行为五蕴所缘。

六识为七识所染，与前五和合，为善染现行因，乃因地果生熏成未来种子，结如来藏为阿赖耶藏，流转不息，故十二因缘以爱取有为生死根本。

# 六识五种

一 **"定中独头意识"** 谓入定时缘至教量，及心地自发光明，见法中言语道断，细微之机及广大无边境界二者为实法中极略极迥之色法，与定中所现灵异实境显现在前。此意识不缘前王与五根五尘而孤起，故谓之独头。此识属性境、现量、善性。

二 **"散位独头意识"** 从凡夫至二地无寻有伺，于一切善、恶、无记、士用果等境非现前而起，意不缘前五及根尘色法，自规度，自拟议，缘过去卸落影子，作未来实相。此识不与前五和合而孤起，故名独头；行住坐卧时俱有，故名散位。此识当理者属比量、独影境；不当理者属非量，以其恋著过去而生希羡，属带质境。三性通摄。

三 **"明了意识"** 即 **"同时意识"** 五识一起，此即奔赴与之和合，于彼根尘色法生取，分别爱取，既依前五现量实境，故得明了。初念属前五，后念即归第六。其如实明了者属性境、现量；增起分别违顺而当理者属比量；带彼前五所知非理恋著者属非量、带质境。此识无独影境。三性皆通。

四 **"梦中独头意识"** 梦中前五根隐，识亦不发，但有夙习熏染，遂于幻中现其影似，而起计较、恩冤、违顺等想，不缘前五，故名独头。此识全属非量。带醒时根尘以为妄本，属带质境。三性皆有，俱非真实。

五 **"乱意识"** 谓大惊大忧大劳大醉及病狂人妄起意计，及一阐提人耽着颠倒，矫诬自性，但求殊异因而生起狂想。此识意亦无主，并不得名为独头，或时亦缘五根而起，不得明了，全属非量、带质及恶、无记二性，虽有皆非真实。

# 八识十证

一名十理，以十理证知八识体相。此护法师以二乘不知八识，证明其于前五外实有非妄。

**"持种"** 谓执持一切善染种子，流转还灭皆依持此识，以此识本是如来藏白净识之本体，即可复真归元，故能持菩提涅槃之种，不尔，众生必无成佛之理。乃为七识熏染，受异熟果，成阿赖耶，则顺流注于七六前五，生诸心所，作不净因，结轮回果，故能成十二因缘流转不息之种。

**"异熟心"** 异熟有三义：一、变异而熟，谓如贪因得贫果，与因相反。二、异时而熟，过去因作现在果，现在因作未来果。三、异类而熟，谓人中因天中得果，五趣异类通受凤因为果。凤习熏染善恶等因乃至不相应心所不于当时当位当类得果，而此识流转趣生为总报主。前七断灭，不复受报，惟此虽异必熟，非但罪福不爽，亦且习气中于不知不觉之中，成熟而成自然矣。

**"趣生"** 一期报尽，前七俱已消灭，惟此八识实有不亡，恒相接续，遍生五趣中，趣意而分段不杂，随其善染，周历五趣。

**"有受"** 色身所有浮尘、胜用二根，各各不相执受，五识各依其根，无能统摄，且有间断昏忘，惟八识总合诸有而摄受之。

**"生死"** 初生前六虽有胜用根而未能发识，末那亦隐，不成心所。寿命将终，惟余寿未尽，暖息未散，诸识消灭，惟此八识持寿暖不即散灭。与生俱生，至死不离，惟八识心王而已。

**"缘"** 谓十二因缘中识缘名色之识，即此识也。从中有身见一线之光，万里立赴，即时缘附父精母血，结成五蕴，故曰识缘名色。五蕴既结成后有，识即处蕴中，故又曰名色缘识。此中前七俱未发起、故知所言识者即是八识。

**"依食"** 谓受生后至命终时，依四种时而生，食为所依。其依之而住者，乃此八识，一类相持，无有间断。若非此识，前五虽能取食，而何所滋养令其恒住？

**"灭定心"** 谓二乘入灭尽定，前六王所皆灭，第七染心不起，惟此识不散。其七识一分非染，我障虽未还灭，然亦即是所执第八之相分，非别有体性。乃至无想天入九地真灭尽定，亦有此八识心王，但无心所，除菩萨定中白净识，佛定中大圆镜智，皆是此识为在定之心。

**"心染净"** 染净至七识而结，至六识而具。然染之即成染，净之即成净，受染受净之心，八识心王也。所因以成染净者，即用八识心所之五遍行也。七识揽之以为染根，前六藉之以成现行，离八识外别无可染可净之心。盖前七俱无自体，随缘现影，此乃染净真心也。此义直穷染净根本，彻底透露，异于二乘但据前六为染净心，于彼折伏，冀得清净，乃惟识之纲宗，于斯炳矣。此中误将"生死时心"与"持寿暖识"合而为一，故但有九证。

# 八识三藏

阿赖耶，此翻为藏。藏有三义，前一就本识言，后二依他立义，其实一也。能藏义兼王所，所、执二义，专指心王。

**"能藏"** 此识体本虚，故能含藏前七无始熏习染所有善恶种子，又能藏现有前七所作善染诸法现行为未来种子。心王既尔，心所亦然，以五遍行中一切心所皆能建立也。此就八识体量功用而言，谓之能藏。

**"所藏"** 此就前七依之以藏而言，谓之所藏。前七所有善染心所皆藏于此识之中，为彼所藏，即定为彼所染。如一库藏本无铜铁，而用贮铜铁，为铜铁所藏，则名为铜铁库矣。从彼得名，即受彼染，八识不自还其真空本来之体量，听前七据为所藏，遂无自位，为前七作总报主。

**"我爱执藏"** 就末那识坚执为自内我而宝惜不舍者而言，则为执藏。乃至九地四空，此爱不忘，此识不转，直至八地菩萨方能除执，能所无执，则双泯矣。此八识流转生死之祸苗，皆繇七识强揽，而其还灭转智，亦在七识解缚，还其无所无能之本体。我恒一摧，藏即舍矣。

# 八识所熏四义

所熏者，被前七熏成种子，非自有种子也。必拣所熏非能熏者，见还灭转智不于此识著丝毫工夫，但绝能熏，自无熏染。

一 **"坚住性"** 无始以来，真如一分本体为末那所执，受其熏染，成其分段，种子现行辗转相因，不离不散，以坚住故，持彼所熏，永不忘失。异生灭法，不能生起，抑不忘灭，故受前七熏，而不能熏前七。

二 **"无记性"** 谓无覆无记也。既本无善恶，亦无障碍，如清水流于大地，遇沙石则洁，遇泥垢则浊，无必受之熏，亦无不受之熏，力弱志迁，异有胜用，可自作善恶有覆等现行。

三　**"可熏性"**　此拣心所，专言心王，常住自如，无所发动，熏至则坐受，不待捐己徇他，异有增减，可者因其可而受之，如人善饮啖，能胜酒食，不伤醉饱。发为心王，即有所注向，不遍可熏矣。

四　**"与能熏和合"**　谓八识缘名色而生前七见相二分，和合成一人，分段自然，如父依子，从其安养，全付家业，任彼营为，受其安危，异他人识与己有分段，虽熏不受。

# 七识能熏四义

能熏者，能熏第八识也。前五熏八识相分，成未来一切相。七识熏八识见分，成未来一切见。第六二分通熏。

一　**"有生灭"**　遇缘则生，缘灭则灭。异坚住性，能久持受，而以有生故，生起八识本无之色法以熏八识，是有能熏之资。此义前六显有，第七虽坚持我执，而瞥尔妄生即有生，命终消灭，后有变易即有灭，特不似前六之速迁耳。

二　**"有胜用"**　七识有执持之强力，六识有分别之善巧，前五有觉了之明慧，异无覆性之体虚而作用不行。以我足熏之力，熏彼普受之量，是具能熏之才。

三　**"有增减"**　增则自增，减则自减，善染轻重，皆繇乎己，欲熏则熏，不受他熏，异可熏性，是有能熏之权。

四　**"与所熏和合"**　繇自阿赖耶，生自末那及前六识，自然此熏彼受，如子依父，故能熏彼而不逢违拒，是有能熏之缘。此义缘兼王所而言，前七王所皆与八识心王相和合也。若八识心所，亦有生灭胜用，应不受熏，还自熏心王，与前七同为能熏，以遍行五心"心"下应有"所"字。贯彻八位识中，虽各分属，原无二致，非八位中有四十遍行也。

# 邪见五种

此六七二识心所根惑中不正见也。其类甚多，要不出此五见之中。

**一 "身见"** 执妄身为我，起种种贪着，如此土玄门之类。此见七识为根本，至六识而增长，属我执无明。

**二 "边见"** 不得中道，堕于一边。凡有二种，一切不正之见皆此二见为主。一、"断见"，谓一切法究竟消灭；无因果。二、"常见"，谓一切法常在不灭，破如幻于非断非常、亦断亦常法，各得一边，执之成妄。此见从六识生起，七识以恒审持之，结习不舍，属法执无明。

**三 "邪见"** 妄立魔天神鬼，信为生缘，如今世天主教之类。此见全是六识妄结，恼乱他人，属烦恼。

**四 "见取"** 于非果计果，如以无想天为涅槃之类。此见缘七识执八识为自内我，因据八识心王不生灭为果，属无明。

**五 "戒禁取"** 于非因计因，如持牛狗戒、衣草木、食秽恶、拔发熏鼻、卧刺投棘；今之穿胁、烧指、打饿七、坐钉关，乃至积薪自焚、跳火坑等，皆其眷属。此见全是六识非量结成，七识痴疑迷，自恼恼他，属烦恼。


# 迷悟二门

二门皆尽惟识宗旨。《规矩颂》前八句恭颂流转门，后四句颂还灭门。

**"流转门"** 门者，如共一室，内开二门，一门为吉祥之路，一门为凶祸之途，惟人所趋。所趋一异，则安危悬隔。盖生人趣中，同此阿赖耶识，悟者飈之增涅槃菩提，迷者飈之堕五趣生死，惟自所向往之门，决于发足时耳。流转者，五趣生死之门也。从八识顺其习气瀑流之机，起五遍行，不复回顾真如，一注七六二识，一注前五识，生诸心所，成随烦恼，谓之流。从七识违背真如，转变其圆实之性，染八识无覆为有覆，变六识别境令生不定，而具根本六惑，乘前五之发即与和合，变成三惑重障，谓之转。且流且转，转而复流，现行种子互相生而不已，因果相仍而不舍，永无出离。十二因缘之业海，皆繇此门而出也。《成惟识论》以流转显生死因，故顺其缘生之势立三变门，从真如变赖耶为一变，从赖耶变末那为二变，从末那变前六为三变，顺序也。

**"还灭门"** 还灭者，灭妄还真。非灭妄不能还真，还真则妄自灭，此所谓十方薄伽梵，一路涅槃也。还者，逆八识顺流之波，穷前五之妄，归同时之意识，即还六识妙观，不转前五成妄。穷六识之妄归七识，即还七识本无之体，不染六识具诸惑障。穷八识之染因于七识，而本自无覆，即还本体，不受其染，渐渐舍彼异熟，即还真如。灭者，于七识命根一刀斩断，绝灭无余，六识枝蔓随之摧折。七识灭则六识灭，六识灭则七识后念灭，前五同时意识、八识见相二分皆灭。此门惟博地凡夫早悟惟识宗旨，不为二乘根门所惑，及阿罗汉加行成熟，不自愫疑，发大乘心，精进不已；飈四资粮至初地入见道位，于六识灭现行二障，于七识灭分别二执；至二地入修道位，渐次成熟；入第七远行地，不假观门，六识灭尽；至第八不动地，七识我执永灭，惟余间起之法执；八识因之将还白净，惟异熟识在；至等觉位一刹那顷，微细俱生法执断尽无余，第八异熟即此顿空，入佛果位；六七二识得复，无妨再用，为利他权法，照大千界，应十地机；而第八转成无垢，即证大圆镜智；前五因其现量，成无漏功德，分三类身，总还圆成实性真如本体矣。六七二识还灭最在前，自初地初心而始，以见修二位皆于此二识施功用故，故谓"六七因中转"，还灭之切，在此二识也。前五及八识还灭在后，前五尤在最后，八识至八地赖耶始灭，至等觉异熟乃空，还归无垢。前五直至佛果，乃得圆明，初发无漏分身，应众生之用。盖其还灭之功在六七二识，在八识尚有一分无功之功，在前五并此而无，故谓"五八果上转"。若欲于前五施还灭之功，则是二乘折伏根门愚法；若欲灭尽八识，即堕外道断见。七识纯用灭，六识半灭半还，自类种子不因七识染者，亦八识之分注，可用为观门，还其本智；因七识染者，七识灭则自灭。前五第八惟还无灭。《规矩》说还灭法立四颂，从粗入微，以前五始，以第八终，逆序也。

# 八识转四智次第

此约渐教而说。若从相宗悟入，只有径灭七识，余七一齐俱转。相宗显标渐教，密示顿宗，在人自悟耳。

**"前五识转惟一品"** 变相观空，乃同时意识入人空观，虽前五异前心所不立，仍是六识带转，前五未能自得无漏真智，不可谓转。直至佛果，方证即相即空，无观无变，分身无漏，前五之果顿转成智。盖前五虽与第八俱于果转，因中无功，而八识犹有澄定扩充无功之功。惟前五自见道修道直至等觉位，全不于此用修用证，不动丝毫，即成无漏，故言如来亦有肉眼；八识转后依旧是旧时人，而三类之身自现，□所以大异于二乘守定根门下折伏死功、打车不打牛之大愚者在此。

**"六识三品转"** 初三资粮位入初地见道位中，断分别我法二执现行无明烦恼上品障。自二地至七地修道位，断分别二执中品障，以未能常在双空观，俱生二障犹然间起而成现行。七位后常在观门，俱生二障永不现行，断下品障。此识但有现行，七识乃其种子，故但于现行转，不能转种子；即能转分别种子，不能转俱生种子。从八地至等觉位，不于此识修因，亦不于此识得果。八地以上观察智不行。

**"七识三品转"** 初地初心入见道位，以六识无漏智观我执不生，而法执犹恒，此因六识而转，为下品转。至第八不动地，我执永伏，法执间起，染性已空，有覆未泯，觉为有智可得，有佛可乘，为中品转。至等觉位一刹那顷，俱生法执尽灭无余；入佛果位，不妨仍示平等智中差别，应十地菩萨堪受之机，为上品转。虽有三品，而初发心时早识此末那为八识流转根本，一刀斩断，不假六识观门，渐次降伏，尤惟识秘密法也。

**"八识三转异名"** 初次凡夫直至远行地，名阿赖耶识，此翻藏识，皆被七识执为内自我，令藏过去末那所熏一类相续种子，亦藏现在前七现行我法二执种子。至远行地入第八不动地，七识俱生，我执不起，解放八识之缚，不受拘染，不熏未来种子，而七识俱法执未泯，执此八识有可修可证之法，此无始来时暗藏种子，虽现行不起，而未即消灭，累此八识带一分镜中远影，藏已舍而此不舍，名毗播伽识，此翻异熟，因伏果中，果位不圆，智成有漏。至等觉位一刹那顷，七识转尽，从此尽未来际，不受一毫熏染，无始以来原不曾熏动丝毫，还与真如契合无二，名无垢识，一曰白净识，《解深密经》立为第九识，实即八识转后之异名尔。八识与七识同时俱转，八识无孤转之理，故曰如束芦交转。转入之功全在第七，有一分因，即获一分果，更无观待。此已得阿罗汉果，不自憍慢放逸，堕四空天趣，而加修习之功，成熟净行四品，凡二位升进。

# 四加行

此位未证惟识，乃二乘进道之阶基。二品通四，前二因，后二果。

一 **"暖"** 用智慧火，烧烦恼薪，薪不尽，火必不断，常令温暖，不受业风阴暗逼恼，身心喜悦和畅。

二 **"忍"** 于一切净行难行难忍者，不怖不忧不惮不退，如法修习，忍受担荷。

三 **"顶"** 暖品既熟，一切烦恼尽皆退伏，超出浊欲界中，终不堕陷。

四 **"世第一"** 修习忍行已熟，于精进勇猛，成殊胜净行，世所希有。

此四位于阿罗汉果中，勤行不怠，不贪天乐，乃得不入四空界地。但犹于根门修习，未证惟识，灭七净八。故顶者不脱身中之顶，世第一者于俗第一，未离三界。特其精进既熟，自然一旦能发大心，入三资粮位。

# 资粮三位

此三位俱于六识用功，净其现行，未证七八还灭境界。资粮三位，凡三十品。

**"十住"** 始舍二乘根门之学，住菩萨道中。

**"十行"** 舍二乘独觉行，行菩萨行。

**"十回向"** 以十行回向真如，发广大愿，得广大心，超彼根门，证知人法二空，在此一位疾入初地。

资粮者，见道之资粮。此大心阿罗汉至顶世第一位，功熟慧生，发广大心，舍其已证之果，依菩萨道，虽未即证知，而如法修行，皆出离分别二障之实法。如人行路，行至方知；不尔，但从人问，未能悉彼程途曲折境界。故从十住进十行、十回向，修习圆满，得登初地，入见道位，与所住所行所回向一一印合，双空至理。

十住者，以方便三昧，无沈掉心，现自体无生灭智慧，住于真如圆性之中，不以生灭心为其信解。此位初舍二乘自守根门之愚，如人舍其卑陋之居，从大宅中安心而住。

一　"初发心住"。从二乘见佛威神而发，依菩萨道住。

二　"治地住"。初舍二乘深重我执，发哀悯众生欲度之心，而安住之庄严佛土。

三　"修行住"。观前诸法皆非坚实，而欲修妙净之行，常住不倦。

四　"生贵住"。于诸佛至教深生净信，如托生佛家，不堕下品。

五　"具足方便住"。凡所修行，皆悉护念众生，观知众生无边境界，乐住其中。

六　"正心住"。一心依佛，于诸赞毁，心皆不动。

七　"不退住"。不因佛难出世、佛法难学而生退转，久住不离。

八　"童真住"。身语意三业，长净无失，全童真性。

九　"法王子住"。观察审知众生烦恼习气，知所调护，可以代佛说法，无所疑怯。

十　"灌顶住"。为佛乘甘雨灌注，智光加被世界众生，通体明了。［自注］：十品中有初终次序，渐进至十。

十住初住佛乘，十行则舍根身而以智慧通行菩提道中，具知佛所恒行，即如法行之，无有疑碍。如住大宅已定，知彼室中所有壁宇应当修治，所有器具应当足用，以十波罗密为其实行。

一　"欢喜行"。行檀波罗密，具足喜舍。

二　"饶益行"。行戒波罗密，饶益净行。

三　"无违逆行"。行忍辱波罗密，顺受有情。

四　"无屈挠行"。行精进波罗密，不生怯退。

五　"无痴乱行"。行禅波罗密，澄定不惑。

六　"善现行"。行般若波罗密，空智现前。

七　"无著行"。行方便波罗密，无所执著。

八　"难得行"。行愿波罗密，发广大心。

九　"善法行"。行力波罗密，护持正法。

十　"真实行"。行智波罗密，如法实知。［自注］：十品同时并修，无有渐次。

于一切住一切行，皆悉回念，所发大愿深心，不求别福及余善果，但用修所应修，觉所应觉，趋入佛位，利益众生。至此体道功用将次圆足，分别我法二执，以广大资粮厌伏不起，于佛境界亲所历证，功不浥讹，一登初地，见道圆满。

一 "救护一切众生离众生相回向"。求证人空。

二 "等不坏回向"。一切平等，不坏世法，求证法空。

三 "等一切诸佛回向"。求证法空。

四 "至一切处回向"。求证人空，一切处：三界九地。

五 "无尽功德藏回向"。不以现得功德而自厌足，求证法空。

六 "入一切平等善根回向"。求证法空。

七 "随顺众生回向"。求证人空。

八 "真如回向"。舍智求智，求证法空。

九 "无缚无著解脱回向"。求证法空。

十 "入法界无量回向"。求证人法双空，出离分别二障。［自注］：十品一心普摄，无分别渐次。

# 十地

自地前至初地为见道位，二地至七地为修道位。六识七地转尽。七识初地转起，与八识前五佛果位方转尽。

一 "欢喜地" 从地前一资粮位如法修习，亲历亲证，忽尔得广大心，灼知分别二执之我见法见，皆与自性了不相关，顿然舍尽。见道位中功已圆满，得大自在，生大欢喜，于双空观中，意识发现无漏智观，乃六识转成妙观察智之始也。七识因六识后念增长二执者，亦因六识妙观之力，现行不起，不复增长昏迷，得现行平等。惟除自类末那种子未净，故此地于八识全不相应，前五亦不受转。

二 "离垢地" 初地于见道位中功已圆满，而俱生二障伏八识种子中，成七识现行，非见所能摧伏；以见从六识观起，仍用八识流注见分，不与八识相应故。菩萨进此地时，行起解灭，入修道位，勤修戒定慧三品。虽此三品，二乘于根门亦尝修习，而此地分别执灭，则原是旧时人，不是旧时行履处。此地以纯净心具足菩萨圆满妙戒，远离尘垢，无不严净。

**三 "发光地"** 此地以纯净心入最胜定，总持大□□切清净妙湛之理，定中显现。

**四 "焰慧地"** 此地以纯净心证菩提法，智火焰生，烧尽烦恼，烛破无明，永离暗蔽。此三地戒定慧一时同证，而繇戒得定，繇定得慧，有升进机。

**五 "难胜地"** 此后三地，乃前三地戒定慧增长圆满所登。难胜者，净戒圆满，无所拣择，于真俗二谛，行相相违，皆悉融通，入缠不怖：一切世出世间无能胜者。

**六 "现前地"** 印合无为真如，无境不定，随所安住，菩提妙法无不现前，无入定、住定、出定差别相。此诸位中增一分进修，则灭一分习气，所谓"六七俱生地地除"也。

**七 "远行地"** 充满慧体，尽法界际皆其智量所摄，双空常在，不立入观出观有间断法。修道位中功已圆满，至此舍分别意识而行别路，脱尽情想，全不依根发识，生有漏心。此妙观察智之极境，六识转智之胜果尽于此矣。此上第六识智双遣，专于意不起遍行处净七八二识。

**八 "不动地"** 见修二位功俱圆满，至此无见无修，于不作意中妙凝智体，不□余有俱生我执，得相恼乱。七识已净，八识□有我爱执之为藏者，遂舍藏名。盖初地以六识净七识故，但伏现行，不伏种子。八地不假六识观门，直从七识净其根本，乃与俱生二惑相应对治，除一分七识，即净一分八识，乃七识因穷八识果净之始也。

**九 "善慧地"** 藏识既舍，廓然无我，得大神力，转诸根身器界，皆成般若智体，净俱生法执中一分粗障，永除带质境惑。

**十 "法云地"** 大智充满，如云集空，一切诸法悉受总持，无有一法而不在其智中者，将降法雨，加被法界。若大用流行，则俱生二执俱舍。但在静函妙法之际，法见独存，亦是无始以来熏成种子所持，如镜外远影，不即不离，则是俱生一分微细对影之障，未能销陨。以故前五胜果未得分身无漏，息法界苦轮，法犹在自而不在他也。从此以上，法云久满，灵雨忽飞，至等觉位，一刹那顷脱尽无始以来异熟种果中一分法相，相分融化，见分自无，自证分无可证，乃得还其真如本体，成白净识。前五分曰"分曰"二字义未详，或是"见分"二字。无量，所作所□皆证妙果，在识名为白净，尽脱七六前五□名，在智名为圆镜，亦无观察平等之异。前七丝毫不存，第八自然还元，前五自然圆通，等觉道成，佛果即得矣。

# 八识转成四智

**前五识转为"成所作智"**　　三类分身，光明相好，成就众生，各得解脱。以眼耳鼻舌身现诸功德，成其所作，随缘利物。此佛果位中用此智为化身大用。若在修习位中，则二地初禅已舍鼻舌二识，至第三无寻无伺地五识俱不起，识既不存，智亦不显，乃至十地，于此前五因地无工夫，果位无功德。直至佛地，智果乃圆。盖前五直从八识五遍行流注成诸心所，故随八识而转，在大圆镜根本智后，故名后得智。此转乃就其现量而成化身功德，还而非灭，顺转也。

**第六意识转为"妙观察智"**　　妙观察者，观中察出人法双空，不同二乘有相观也，能使极略极迥之法昭朗现前。此智最为先转，地前已证。见道位初入欢喜地，便能观察现行分别二执之妄，而证二空。至远行地常在双空观中，则俱生二执虽未除种子，而永不现行。然意识所转之智，尽于此地。自此以上，不待作意观空，自证本智，此智不用。佛果位中一切妙智，一大圆镜智所摄，更无用此观察矣。此有顺逆二转：自八识流注之意，亦是如来藏一分净光，有观察之能，以之观空，即成妙智，顺转也；其自七识所染发见之识，一动念即属非量，无分善染，俱成有覆，则须灭除，逆转也。

**第七末那识转为"平等性智"**　　繇有我执故，与物不平；繇有法执故，所见不等。初繇第六意识入双空观，折伏现行二障，渐证平等，至修道位已满证无功用行，一刀割断末那，不执八识为自内我，不复依持八识起善染之作相，且不就八识见分为修证之总持，则不平不等之根断绝无余。至佛果位中，就菩萨机，应菩萨化而成就之。又若有修有证一分法相，以八识见分随缘化导，然他受用则然，若自受用，则一色平等，即大圆镜智无可现起。就其光明普照则谓之大圆镜，就其本体一如则谓之平等性，其实一智也。此转灭尽末那，即成平等，逆转也。

**第八阿赖耶识转为"大圆镜智"**　　八识本体即如来藏，无有境量而大，无有亏欠而圆，无不普照而如镜。繇无始以来，七识划地忽生熏习覆障，将此执为内自我，遂成阿赖耶识。然本七识熏成有漏之体，非如来藏遂为拘碍缩小，蒙昧不可还复。在见道位中不得亲证，至不动地，七识不能拘执使成赖耶，则此识乍尔脱缚轻安，金刚道后，宿习消尽，入佛果位，刹那之间，大圆镜智即尔现前，七识灭尽，圆镜智自显，还白净识，即圆镜智不持灭。

《相宗络索》全书终